개정판

퇴옹성철, 이 뭣고?

가야산 호랑이의 체취를 맡았다

■ **서명원** S.J. (Bernard SENÉCAL)

1953년 캐나다 퀘벡에서 태어났으며, 2004년 프랑스 파리 7대학(Paris University - Denis Diderot) 동양학과에서 한국불교학 박사학위를 취득했다.
2017년 8월 현재 예수회 사제이자 서강대학교 종교학과 교수로서 서강대학교 종교연구소 소장도 맡고 있으며 (사)선도성찰나눔실천회 법사로 활동 중이다. 대표 저서에 *Jésus le Christ à la rencontre de Gautama le Bouddha* (Paris: Cerf)가 있다. 2015년에 우수인재로 한국 국적을 취득하여, 12월 24일에 주민등록번호를 발급받은 데 이어 주민등록상 성과 이름도 서명원으로 고쳤다.

개정판

퇴옹성철, 이 뭣고?

가야산 호랑이의 체취를 맡았다

초　판 1쇄 발행　2013년 12월 14일
개정판 1쇄 발행　2017년 8월 18일

지은이 ❙ 서명원 S.J. (Bernard SENÉCAL)
발행인 ❙ 박종구
편집인 ❙ 전종호
발행처 ❙ 서강대학교출판부

주　소 ❙ 서울특별시 마포구 백범로 35번지
전　화 ❙ (02) 705-8212
팩　스 ❙ (02) 705-8612
등　록 ❙ 제2002-000170호

ISBN　978-89-7273-335-5　93220

값 24,000원

* 잘못된 책은 구입하신 곳에서 바꿔드립니다.

개정판

퇴옹성철, 이 뭣고?

가야산 호랑이의 체취를 맡았다

서명원(徐明源) S.J.
Bernard SENÉCAL

서강대학교출판부

이 연구는 2012년도 서강대학교 교내연구비 지원에 의한 연구임 (201210062.01)
This work was supported by the Sogang University Research Grant of 2012.

Master Sŏngch'ŏl and the Korean Sudden/Gradual Debate

Is it Awakening^{Bodhi} and History^{Sattva} or History and Awakening?

Bernard SENÉCAL S.J.

[개정판]

책머리에

졸저 『가야산 호랑이의 체취를 맡았다 – 퇴옹성철, 이 뭣고?』가 출간된 지 5년이 되었다. 출간 당시 이 책의 마지막에 실은 영어 논문 「Sŏn Master T'oeong Sŏngch'ŏl's Legacy: A Reflection on the Political Background of the Korean Sudden/Gradual Debate」에 관하여 상당한 반발이 일어났지만 지금까지 그 반발을 뒷받침하는 학문적인 차원에서의 실질적인 반박은 나오지 않았다. 박태원 교수(울산대 철학과, 이하 박태원)가 『불교평론』에 논문을 발표했지만[1] 이 논문의 밑거름이 된 책 『가야산 호랑이의 체취를 맡았다 – 퇴옹성철, 이 뭣고?』에 수록된 다른 논문들은 언급하지 않았던 데다 소위 논란의 대상이 되었던 졸고의 내용 중 50퍼센트를 이유도 없이 배제하였고, 그리고 남은 50퍼센트에서는 필자의 논문을 완전히 왜곡시켜 제시한 후 이를 반박하는 수준에 불과하였다(이 책의 부록 참고). 이상호 거사(서강대 종교학과 대학원 수료)가 입증했듯이 박태원은 '구조적 공진점(point of structural resonance)'을

1 박태원, 2014, 「돈점논쟁, 진리담론인가 권력담론인가」, 『불교평론』(여름), 126~151.

이해하지 못했고,[2] 2016년 9월 23일 서강대 종교연구소에서 개최한 학술대회에서 조명제 교수(신라대 역사문화학과)가 지적했듯이 박태원의 논문은 비학문적 호교주의에 불과하다.[3]

『가야산 호랑이의 체취를 맡았다 – 퇴옹성철, 이 뭣고?』의 지은이로서 이 졸저에 대한 한국 불교의 반응 또는 대응을 접하면서 배운 것은 필자가 25년 이상 불교를 공부하고 가르치면서 배운 것보다 훨씬 더 크다고 말할 수 있다.

종교를 알기 위해서는 무릇 창립자가 가르친 이상(理想) 말고도 그의 신봉자들이 창립자의 이상을 따라서 어떻게 실천하고 살아가는지도 보아야 한다. 대체적으로 『가야산 호랑이의 체취를 맡았다 – 퇴옹성철, 이 뭣고?』라는 책에 대한 불교계 언론의 응답은 평균적으로 방어적이며 감정적이고 주관적인 수준에 불과하였다고 할 수밖에 없다. 당시 서강대학교출판부의 실무 책임자에게 전화를 걸어서 과격하고 위협적인 언사를 남겼고, 초판본 후론에 실린 성철 스님의 열반송에 대한 해석과 재해석에 시비를 따지면서 글을 수정해야 한다는 암묵적인 요구를 강하게 보내왔다. 『법보신문』이라는 불교계 주간신문에서는 1면 전체를 할애한 「서명원 서강대 신부, 성철 스님 폄훼 논란」이라는 자의적인 해석과 선정적인 제목의 기사를 게재하면서 신규탁(연세대 철학과)・황순일(동국대 인도철학과)・김성철(동국대 불교학과) 교수의 언급을 기사 끝에 인용해 이 영어 논문의 내용을 뒷받침할 근거가 지극히 미약하다고 주장하고 필자의 태도가 비학문적이라고 반박했지만 실상 이들 세 교수야말로 해당 기사에서 그 주장을 뒷받침할 학문적 근거를 제시하지 못하고 있었다. 이어서 한 주 뒤 발간된 1월 14일 자 『법보신문』의 사설에서는 필자에

---

2 이상호, 2014, 「서명원의 '성철논문' 논란 재(再)점화될까? 불교학자 '비판'에 서강대 박사수료생 '반박'」, 『미디어붓다』(7월 7일), http://www.mediabuddha.net/news/view.php?number=10871 (2016년 2월 5일 확인).

3 조명제, 2016, 「"선사 퇴옹성철의 유산 – 한국돈점논쟁의 정치적 배경에 대한 숙고"에 관한 논평문」, 서강대학교 종교연구소 학술대회 자료집 『일상생활과 수행은 하나(生修不二)!』(서울: 서강대학교 김대건관), 132.

대해 "성철 스님을 '군사독재 정권에 부응한 정치적 인물'로 본다"는 등의 궤변을 늘어놓은 뒤 "마지막 논문이 이러하니 이전 논문에 대해 의미를 두어야 하는지도 의문"이라고 싸잡아 매도하더니 국내 불교학자들에게 "논리적이고 상세한 반박을 기대한다."고 밝혔다. 그렇듯 없는 이야기를 지어서 사실인 것처럼 보도한 『법보신문』의 사설이 요구한 수준의 반박이 나왔다는 소식을 필자는 지금까지 듣지도 보지도 못했다. 혹시라도 접한 분이 있다면 알려주시길 바란다.

또 어떤 스님을 통해서 들은 이야기에 따르면 이 영어 논문은 성철 스님을 비판하려고 하는 어떤 세력이 필자의 배후에서 필자를 조정하면서 공동 집필한 논문이라는 터무니없는 소문마저 돌았다고 한다.

그런데 필자는 이러한 반응에 강한 자극을 받게 되어서 한국 불교의 돈점 논쟁에 과연 정치적 배경이 있는지 없는지, 그리고 정치적인 배경이 있다면 그 배경은 무엇인지에 관한 연구를 더욱더 심도 있게 이어 갈 수 있었다. 그러던 중 20세기 후반 대한불교조계종이 배출한 최고의 수도자상인 퇴옹성철과 일본의 근대불교학 사이에 밀접한 관계가 있고, 성철 스님의 공생활과 역대 정권 사이는 진흙탕에서 꽃을 피우지만 더러운 진흙에 물들지 않는 연꽃과 연못 같은 관계임을 발견했다.

바꾸어서 말하면 『가야산 호랑이의 체취를 맡았다 – 퇴옹성철, 이 뭣고?』에 대한 불교계 언론과 불교학자들의 비학문적 호교주의에 입각한 방어적 · 감정적 · 주관적인 대응은 이 개정판을 출간하는 데 좋은 화력을 제공했다고 할 수 있다. 이번에 출간하는 개정판 『가야산 호랑이의 체취를 맡았다 – 퇴옹성철, 이 뭣고?』의 제3부 제2부에 실려 있는 "The Philosophy of T'oeong Sŏngch'ŏl"(「퇴옹성철 선사의 철학」)에서 나타나는 연구 결과는 '가야산 호랑이의 체취를 맡았다'라는 구절에 내포된 핵심 주제를 더욱더 잘 입증한다고 할 수 있다. 이미 아는 분들도 계시겠지만 한국의 종교(계)를 전 세계적으로 소개하는 *Journal of Korean Religions (JKR)*는 국제저명 저널

중에서도 손꼽히는 학술지다. “The Philosophy of T’oeong Sŏngch’ŏl”(「퇴옹 성철 선사의 철학」)는 2016년 4월에 발간된 *JKR* 봄호(Vol. 6 No. 1)에 게재되었다.

2016년 12월 14일
서명원 S.J.

[초판]
책머리에

"性徹, 이 뭣고?"라고 물으며

"당신은 '가야산 호랑이'에 관한 이 책을 어떤 자격과 어떤 입장, 그리고 어느 신분으로 집필하셨습니까?"

누군가 필자에게 이렇게 묻는다면,

'한국과 깊은 인연을 맺고 한국 문화를 잘 알고자 노력해 온 서양인으로서, 성철 스님을 통해서 한국 불교를 이해하려고 하는 가톨릭 사제로서, 대학의 종교학과에서 불교를 가르치고 있는 학자로서'라고 대답할 수 있다.

그러나 더 넓은 관점에서는 '불교와 그리스도교의 경계선을 꾸준히 넘나드는 수도자(修道者)로서' 이 책을 펴냈다고 본다. 다시 말해서 "**생로병사(生老病死)의 이치, 즉 죽음을 넘나드는 고통의 바다에서 영원히 벗어나고자 하는 한 사람으로서 이 책을 집필했습니다.**"라고 대답하는 것이 가장 정확할 것이다.

***

지난 2013년 9월 25일, 필자는 육조혜능 선사의 열반 1,300주기와 퇴옹성철 선사의 열반 20주기를 추모하기 위해 열린 학술행사에 참석했다. 종합토론 중 청중석에서 "퇴옹성철이 선종(禪宗)의 인가(印可)를 받으신 정안종사

(正眼宗師)이십니까?"라는 의문이 제기되었다. 이 학술행사에 참석한 발표자 중 한 명은 이에 대해 "그것은 여전히 한국 불교가 결정해야 할 일"이라고 답했다.

성철 스님은 1940년 대구 팔공산 동화사 금강선원에서 오도송(悟道頌)을 읊으셨다. 원택 스님의 책 『성철스님 시봉이야기』에 따르면, 퇴옹성철은 법을 누구에게 받아 누구에게 전했는지에 관하여 묻는 상좌 스님에게 '그 질문은 나중에 이야기한다.'라고 하시며 대답을 않으셨다고 한다. 그분의 이러한 침묵은 지혜로운 수행자의 모습, 즉 '예'와 '아니오'라는 양극단을 뛰어넘어 중도(中道)의 정신대로 사는 모습을 나타낸 것이라고 생각할 수 있다.

***

'가야산의 호랑이'와 인연을 맺은 지 20여 년, 필자 또한 그분의 득도(得道)나 인가(印可) 여부에 관하여 연구하지 않을 수 없었다. 필자는 성철 스님께서 당시 한반도 선지식들에 대해 거듭 실망한 끝에 누구에게서도 인가를 구하지 않았던 점에 관하여 고찰할 때, 테크닉에 있어서는 종교학 방법론에서 사용하는 환원주의(還元主義)적이고 분석적인 방법을 채택했다. 즉 종교학자들이 종교의 본질이 무엇인지 정의(定義)하기 위해 '그것의 부재로서 종교가 성립되지 못하는 바로 그것'을 찾아가듯, '그것이 없을 때 성철 스님의 생애 및 전서가 성립되지 않는 바로 그것은 과연 무엇일까?'라는 질문을 던져 왔다. 그리고 이십여 년간 연구한 끝에 그것은 바로 '성철(性徹)'이란 법명의 의미, 즉 불성을 철저하게 이룬 사람이라는 뜻에서 드러나듯 '그 자체로 사람들을 일깨워 주는 철두철미(徹頭徹尾)한 힘(awakening power)'이라고 결론지었다. 참으로 '불성을 철저하게 깨치게 하는 바로 그것'은 예나 지금이나 필자를 비롯한 모든 중생과 피조물들이 깨달아서 살도록 이끌어 주는 역할을 한다. 이를테면 생로병사의 이치를 깨닫고 자비를 베풀면서 사랑, 기쁨, 평화, 인내, 친절, 선행, 진실, 온유,

절제의 열매를 맺으며 살 수 있도록 이끌어 주는 것이다.

***

1993년부터 오늘에 이르기까지 가야산 호랑이의 체취를 맡아 왔고, 1996년부터 지금까지 참선수행을 해 온 필자는 그동안 국내외에서 다음의 질문을 자주 들었다.

"**서명원 신부가 아직도 그리스도인이냐**? (Are you still a Christian?)"

"**왜 종교를 불교로 개종하지 않느냐**? (Why don't you become a Buddhist?)"

"**모든 종교가 다 똑같지 않은가**? (Aren't all religions the same?)"

이 자리를 빌려 필자는 분명히 대답하고 싶다.

"예! 석가세존과 불교를 무척 사랑하되 저는 여전히 그리스도인입니다. 지구상에 존재하는 종교들에는 유사한 면이 있지만, 분명한 차이점들도 있습니다. 그 차이점들을 인정할 때 혼합주의에 빠지지 않을 수 있습니다. 저는 불교와 그리스도교 사이에서 가교(架橋) 역할을 건전하게 하고 싶습니다."

***

다양한 종교는 짙은 안개 속에 숨어 있는 산꼭대기로 올라가도록 만들어진 오솔길들에 비유할 수 있다. 정상을 향해 닦인 수많은 오솔길들은 결국 산꼭대기로 수렴되어 정상에서 하나가 된다. 누군가가 그중 하나의 오솔길을 선택하여 정상을 정복한다손 치더라도, 그가 선택하지 않은 다른 수많은 산길들의 의미나 차이점마저 사라지는 것은 아니다. 설령 산꼭대기에 오른 그 사람이 하산하지 않고 그곳에서 영원히 살고자 마음먹는다 할 때조차도 그 오솔길들은 사라지지 않고 존재한다.

종교도 마찬가지다. 종교적 언어의 측면에서 볼 때 불교와 그리스도교는 결국 언어도단(言語道斷)이다. 즉 두 종교는 각기 자기 종교의 방식으로 언어화할 수 없는 완전한 침묵의 진리에로 인도해 준다. 그렇다손 치더라도 서로 다른 종교적인 언어로서, 사라지지는 않는다. 다른 비유로 말하자면 영어권 사람이 한국어를 배우고, 한국어권 사람이 영어를 배우면 그만큼 자신의 세계가 넓어지고 풍요로워진다. 그렇다고 해서 자기 모국어가 사라지는 것은 아니다. 오히려 모국어를 잘할수록 외국어를 잘 배울 수 있는 법이다. 지구상에서 사용하는 언어가 다양하지 않고 하나뿐이라서, 모두가 똑같은 언어와 문화 속에서 살아간다면, 우리는 만나도 서로에게 배울 것이 없을 뿐더러 서로를 풍요롭게 해 줄 수도 없을 것이다. 어떻게 보면 종교도 마찬가지다.

***

불자와 그리스도인이 각각 25% 정도씩 차지하고 있는 한국은 불자와 그리스도인이 서로 깊이 사귀면서 더 좋은 사회를 만들기 위해 협력할 수 있는 잠재력이 세계 어느 곳보다도 높은 나라다. 두 종교 간의 상호 교류와 협력을 위해 애쓰는 분들 덕택에 점차 나아지고 있으나, 아직은 이 가능성을 거의 활용하지 않는 것처럼 보인다.

인류 역사상 요즘처럼 종교 간 대화가 활발하게 진행되었던 적도 없었으니, 불교를 넓고 깊게 아는 그리스도인들이나 그리스도교를 잘 아는 불자들이 많아져서 서로 존경하는 문화가 형성될 것이라고 기대해 봄직하다. 이러한 기대가 '그림의 떡'으로만 비추어지지 않았으면 싶다. 그리고 '우리나라' 안팎에서 그리스도인들과 불자들이 더욱 존중하는 문화가 형성되어 한국의 통일과 통합, 그리고 동북아시아 및 세계의 평화 분위기가 무르익는 데 이 책이 작은 디딤돌이 되면 좋겠다는 마음으로 두 손을 모은다.

***

이 책을 내기까지 물심양면 도와주신 모든 분들께 감사드립니다.

먼저 성철 스님의 선사상을 이해하는 데 아낌없는 도움을 주신 백련불교문화재단 이사장 원택 스님이 떠오릅니다. 그리고 지난 18여 년간 인내와 자비로 선 수행을 지도해 주시며, 멘토로서 저에게 조언과 지원을 아끼지 않으시는 선도회 지도 법사 박영재(法境) 노사님께 마음을 다하여 감사드립니다. 표지 그림을 그려 주신 완묵(翫墨) 서광일 대자님의 도움도 상당한 힘이 되었습니다. 제가 백련암으로 첫걸음을 내디딜 수 있도록 이끌어 주신 송미화 교장 선생님과도 이 기쁨을 나누고 싶습니다.

한국의 돈점논쟁의 정치적인 배경을 인식할 수 있게 해 주신 서울대 국사학과 최병헌 명예교수님과 프랑스 파리7대학(Université Paris 7—Denis Diderot) 한국문화학과 야니크 브뤼네톤(Yannick Bruneton) 교수님의 연구결과들이 없었다면 부록의 영어 논문은 나올 수 없었을 것이라고 감히 이야기할 수 있습니다.

예수회 한국관구 관구장 신원식 신부님, 서강대학교 사도직공동체 원장 기수현(Daniel Kister) 신부님과 그 회원들께 평화롭고 기쁜 감사 인사를 보냅니다. 기도를 통하여 영적 지원을 보내 주고 계시는 수녀님과 수사님들께도 평화와 감사의 인사를 드립니다.

함께 연구하는 동안 책 발간의 아이디어를 제공해 주었던 최용운 박사님께도 감사드립니다. 원고를 세밀하게 검토해 준 서강대학교 종교연구소 연구원들의 성실함은 큰 도움이 되었습니다.

멀리 캐나다와 프랑스, 스위스, 벨기에에서도 열심히 선 수행을 하여 늘 큰 힘이 되어 주시는 프랑수아(François Higghins), 브리짓(Brigitte Billet 乾理), 마린(Marine Polosson 乾毋), 루이즈(Louise Gosselin 圓程), 오딜(Odile Charvais 圓所), 카트린(Catherine Baly 圓居) 등에게 한국에서 따뜻한 평화의 마음을 띄

웁니다.

누구보다도 함께 선 수행을 하고 농사를 짓는 여주 도전리 산골 공동체(현 사단법인 도전돌밭공동체)의 심만택 부부, 이종수(圓道), 채지수(覺勇), 이원주, 권연담, 무연(無燕), 졸리앙 부부(Alexandre Jollien 慧泉, Corine Jollien 慧源)와 아들 오귀스탱(Augustin Jollien 慧敏)은 항상 함께해 주고 있습니다. 또한 그동안 선(禪) 모임과 성서(聖書) 모임을 같이 한 분들과 여주 도전리에서 유기농 농사를 짓기 위해 애써 주시는 김경섭 회장님 부부를 비롯한 많은 분들께도 감사드립니다.

그리고 책 편집에 대한 전반적인 책임 외에도 외국인의 서툰 한국어를 거듭 수정하는 데 시간을 아끼지 않았던 김선래 선생에게 크나큰 신세를 졌다는 인사를 마지막으로 전하고 싶습니다.

2013년 12월 도전리 산골에서
별이 바람에 스치우는 깊은 겨울밤,
고개를 숙이며 서명원 천달(天達) 신부 합장

*이 글의 일부는 개정판이 출간될 때 약간 수정됐습니다.

일러두기

■ 이 책에 수록된 글들은 다음의 국내외 학술지·단행본에 게재되었거나 학술대회에서 발표되었던 적이 있으며, 내용을 독자들이 훨씬 더 편하게 읽을 수 있도록 보강하여 다듬었다. 각 출처는 다음과 같다.

제1부 제1장 「『선문정로』에 나타난 선종의 전통에 대한 인식」: 「『선문정로』의 전통인식」, 『백련불교논집』 제15집(2005년), 서울: 대한불교조계종 백련불교문화재단, 63~95.

제2장 「그리스도교 관점에서 조명하는 돈점논쟁」: 「비교종교학적 관점에서 본 한국불교의 돈점논쟁」, 『보조사상』 제24집(2005년 8월), 서울: 보조사상연구원, 381~416.

제2부 제1장 「'가야산 호랑이'의 선사상을 어떻게 서양에 소개할 것인가?」: 「성철스님 이해를 위한 고찰: 그분의 면모를 어떻게 서양에 소개할 것인가?」, 『불교학연구』 제17호(2007년 8월), 서울: 불교학연구회, 33~53.

제2장 「한국간화선의 전통과 해석에 대한 비판적 고찰-대한불교조계종의 간화선 세계화 캠페인에 부쳐」: "A Critical Reflection on the Cho'gye Order's Campaign for the Worldwide Propagation of Kanhwa Sŏn," *Journal of Korean Religions*, vol 2, no 1 (March 2011), Seoul: Sogang Institute for the Study of Religion, 75~105; 『믿음과 수행-상월원각대선사 탄신 100주년 기념』, 불학논총, 제2권, 대한불교천태종 총무원, 원각불교사상연구원 엮음(서울: 대한불교천태종출판부), 152~178.

제3장 「현대 한국에서의 『법보단경』 번역과 퇴옹성철」: "Le *Sūtra de l'Estrade* dans la Corée contemporaine," *Archives de Sciences Sociales des Religions* 147 (juillet-septembre 2009), Paris: L'École des hautes études en sciences sociales, 209~227.

제3부 제2장 "The Philosophy of Sŏn Master T'oeong Sŏngch'ŏl (1912~1993)": identical title (같은 제목), *Journal of Korean Religions* Vol. 7, NO. 1 (April 2016), Seoul: Institute for the Study of Religion, 93~132.

부록 1 "Sŏn Master T'oeong Sŏngch'ŏl's Legacy: A Reflection on the Political Background of the Korean Sudden/Gradual Debate": identical title (같은 제목), *Seoul Journal of Korean Studies* 25, no. 1 (June 2012), Seoul: Kyujanggak Institute for Korean Studies, 89~126.

- 이 책에서 성철 스님의 현토(懸吐)·편역(編譯) 『돈황본 육조단경(敦煌本 六祖壇經)』 외의 『육조대사법보단경(六祖大師法寶壇經)』은 『법보단경』으로 줄여 적었다. 그리고 『대정신수대장경(大正新修大藏經)』을 인용하여 출처를 밝힐 때는 『대정장(大正藏)』으로 줄여 표기했으며(영어 논문에서는 'T'로 표기), 인용 순서는 '제목과 권수, 번호, 페이지·단 수 및 줄 수'로 하였다.

  예) 『돈황본 육조단경(敦煌本 六祖壇經)』: 『대정장(大正藏)』 권48, 2007, 351 b15.
  『법보단경(法寶壇經)』: 『대정장』 권48, 2008, 351 b15.

- 주석에서 외국어 원서를 직접 참고했거나 한글 번역본에 실리지 않은 원서 내용을 참고했을 경우 한글 번역본이 있다 하더라도 한글 서지사항을 표기하지 않았다. 국문·영문 논문이 같이 발표된 경우 국문 논문의 서지사항을 우선하였다.
- 국내 가톨릭 서적에서 『성경』의 출처를 밝힐 때 장과 절 사이의 문장부호로 쉼표(,)를 사용하는 관용이 있지만 이 책의 경우 국내외 학술서의 『성경』 표기 및 한글 맞춤법을 참고하여 쌍점(:)을 사용하였다.
- 외국어 표기, 특히 중국 인명·책명·지명의 경우 과거인·과거의 책명 및 지명은 종전의 한자음대로 표기하고, 현대인·현대의 책명 및 지명은 원칙적으로 중국어 표기법에 따라 표기하되, 필요에 따라 한자를 병기했다. 또한 각 장에서 처음 나오는 한자 단어·구절 등에는 한글·한자를 병기하되, 두 번째 표기부터는 한글만 적었다. 다만 부득이한 경우에는 이 방식을 따르지 않고 한자만 사용하였다.
- 승려의 호칭에 있어 학계에서는 공식적으로 높임말을 생략하고 법명만 사용하는 관례가 있으나 이 책의 특성상 '스님'이라는 존칭을 사용했다. 다만 법명 앞에 호를 붙이거나 존칭이 반복될 경우엔 생략하였다.
- 돈점논쟁의 경우 '돈점'과 '돈·점'을 함께 썼다. '돈돈' 교의(가르침) 등도 마찬가지다.
- 성철 스님의 별칭 '가야산의 호랑이'는 문맥에 따라 '가야산 호랑이'라고 쓰기도 했다.
- 그림 자료에서 근삿값을 구할 때에는 소수점 아래 두 자리에서 반올림하였다.
- 산스크리트어 표기의 경우 단어 앞에 '(산)'이라고 밝혔다.
- '간화선'의 로마자는 McCune-Reischauer System에 의거, 'Kanhwa Sŏn'으로 표기했다.

차 례

제 3 부 20세기 한국사와 퇴옹성철의 사자후(獅子吼)
—깨달음bodhi과 역사sattva인가, 역사와 깨달음인가?

표 차례

그림 차례

서 론

성철 스님을 바라보는 여섯 장(章)의 모자이크 그림

1993년 1월에 필자가 향적 스님(현 해인사 주지, 전 대한불교조계종 중앙종회 의장)을 만나 뵙기 위해 생애 처음으로 경상남도 합천군의 해인사를 방문했을 때, '가야산의 호랑이'라는 별명으로 유명하고, 대한불교조계종 종정[1]이며 해인총림의 방장이던 퇴옹성철[2](退翁性徹, 1912~1993) 스님이 입적하시기 몇 개월 전이라는 사실에 대해 전혀 몰랐다. 그런데 해인사에 도착하여 늦은 저녁 온돌 객실에 앉아 홀로 참선을 하던 중 홀연히 마음속 깊은 곳에서 한국 불교의 법보사찰인 해인사(海印寺)와 특별히 강한 인연이 맺어지기 시작하는 것이 확실히 느껴졌다. 그리고 몇 개월의 시간이 흐른 뒤 성철 스님이 입적하셨고, 그로부터 얼마 후 버스웰(Robert E. Buswell Jr.)의 *The Zen Monastic Experience: Buddhist Practice in Contemporary Korea* (『파란 눈 스님의 한국 선

1 대한불교조계종은 1962년 통합종단 출범 후 효봉(제1대), 청담(제2대), 고암(제3~4대), 서옹(제5대), 성철(제6~7대), 서암(제8대), 월하(제9대), 혜암(제10대), 법전(제11~12대), 진제(현 종정, 제13대) 스님 등 10명의 대종사를 불교계 최고의 정신적 지도자이자 법의 상징으로 받드는 종정으로 추대했다. 종정의 임기는 5년이며 한 차례 연임할 수 있다. 정천기, 2007, 「불교 조계종 종정 누가 추대되나」, 『연합뉴스』(2월 7일).

2 법호 퇴옹(退翁)은 물러가는 늙은이라는 의미이고, 성철(性徹)은 자기의 본래 모습인 불성(佛性)을 철저하게(徹) 이룬 사람이라는 뜻이다. 상좌인 원택 스님은 『성철 스님이 들려준 이야기』 2권에서 이 법명을 "자성(自性)을 확철(確徹)하게 깨쳐 불(佛)을 이루라."라는 뜻으로 풀이하기도 하였다. 원택 스님 엮음, 2012b, 『성철 스님이 들려준 이야기』, 2(서울: 글씨미디어), 122.

수행기』)를 숙독하던 중 성철 스님이 일으킨 돈점논쟁(頓漸論爭)에 관한 얘기를 읽자마자, 한국 불교에 관한 박사논문 주제를 드디어 찾았다는 굳건한 확신을 갖게 되었다. 과연! 그 책의 내용은 이런 것이었다.

> 해인사 강원에서 사용되는 교과목과 관련하여 한 가지 특이한 점은 사집과의 가장 중요한 과목이며 지눌의 대표작인 『법집별행록절요병입사기(法集別行錄節要幷入私記)』를 해인사에서는 더 이상 공부하지 않는다는 것이다. 이 책은 선불교의 다양한 수증론(修證論)에 대한 분석적 비평서로서 돈오점수를 주장하는 책이다. 그러나 1980년대 조계종 종정으로서 해인사 방장 스님을 역임한 성철(性徹) 스님이 자신의 노작이지만 문제점이 많은 글인 『선문정로(禪門正路)』를 펴내고, 거기서 철저하게 돈오돈수(頓悟頓修)를 주장하며 지눌의 선 수행법을 부정한 결과 이 책은 교과목에서 빠지게 되었다. 성철 스님의 지눌 스님에 대한 비판의 초점은 지눌 스님이 점수를 주장했다는 데 있다. 이에 대해 성철 스님은 "정통적 선종 교리에 배치되는… 엉터리"라고 혹평했다. 성철 스님에 따르면 선문의 정통 교리로서의 '정로'는 돈오돈수이기 때문에, "지눌은 정통적 선 법계에 의해 깨친 선사가 아니며, 따라서 선종의 모범이 될 수 없고, 그의 사상적 핵심은 화엄선(華嚴禪)"이라는 것이었다. 여기서 성철 스님이 말한 '화엄선'은 화엄 교학과 결합된 선 수행으로서 타락한 형태의 선이라는 냉소적인 의미를 가진 단어였다. 결국 성철 스님이 지눌 스님의 돈오점수설을 이단으로 치부하면서 해인사 강원에서는 지눌 스님의 『법집별행록절요병입사기』를 가르치지 못하게 했던 것이다.[3]

3 로버트 버스웰, 1999, 『파란 눈 스님의 한국 선 수행기』, 김종명 옮김(서울: 예문서원), 133~134. [Buswell, Robert E., Jr., 1992, *The Zen Monastic Experience: Buddhist Practice in Contemporary Korea* (Princeton: Princeton University Press), 100~101.]

그때부터 필자는 성철 스님을 대상으로 한 연구를 11년 동안 활발하게 수행하여 2004년 '퇴옹성철 선사의 생애(生涯) 및 전서(全書)'라는 주제의 논문[4]으로 박사학위를 취득했다. 그리고 2013년 현재 서강대 종교학과의 교수로서 9년째 불교를 가르치는 동안에도 가야산의 호랑이에 대한 연구를 진행하며 국내외에서 성철 스님에 관한 다양한 논문을 한국어, 영어 그리고 프랑스어로 발표해 왔다. 그러다 보니 어느새 필자의 인생을 좌우하는 가야산 호랑이와의 만남이 지속된 지 20년이라는 긴 세월이 흘렀다. 돌아보니 작년(2012년)은 성철 스님이 탄생한 지 100주년이 되는 해였고 올해(2013년)는 입적한 지 20주년이 되는 해다. 그동안 심도 있게 연구하며 맡아 온 가야산 호랑이의 체취를 이 작은 책자를 통해 모든 이와 나누면 좋겠다는 생각이 들었다.

20여 년의 연구 기간 동안 필자는 가야산 호랑이에 관한 다양한 이야기를 많이 들을 수 있었다. 그중에는 좋은 이야기도 있었고 안 좋은 이야기도 있었는데, 어떤 이야기는 귀에 거슬릴 정도였다. 전자의 예로는 "우리 가운데 사신 붓다" 또는 "선종(禪宗) 역사상 육조혜능(六祖慧能, 638~713)만큼 그릇이 큰 선사"라는 극찬을 들 수 있었다. 후자의 예로는 "성철 스님의 선사상(禪思想)을 통해 불교를 배우려는 사람은 영원토록 불교를 모를 수밖에 없다."라고 하거나 "성철 스님이 입적하시자마자 한국 언론계가 그분을 신격화한 것은 아주 큰 잘못이었다."라는 등의 매우 비판적 얘기들이 있었다. 필자는 퇴옹성철에 대한 균형 잡힌 평가를 찾기가 지극히 어려운 국내 연구 환경에서 그분을 연구해 오는 가운데 까다롭고 골치 아픈 화두를 들고 상당히 많은 고민을 할 수밖에

4 "La vie et l'oeuvre du Maître Sŏn T'oeong Sŏngch'ŏl 退翁性徹 (1912~1993)" (퇴옹성철 선사의 생애 및 전서), PhD diss., Université Paris 7－Denis Diderot, UFR LCAO [프랑스 파리 7－드니 디드로 대학교 박사학위논문(동양학과 한국불교학 전공)].

없었다. "도대체 가야산 호랑이는 누구인가?"

20년 넘게 가야산의 호랑이를 학문적 대상으로 삼아 탐구하고 닦아 온 필자는 그동안 정신적으로 주요한 세 단계의 과정을 거쳤다고 할 수 있다. 첫째 단계는 박사 과정 중, 즉 보조지눌(普照知訥, 1158~1210)의 사상을 연구하기 전의 시간으로 이때에는 성철 스님께 완전히 심취해 있었다. 둘째 단계는 서강대 종교학과 교수로서 대학원생들과 함께 수년간 『보조전서(普照全書)』를 숙독하고 난 다음 성철 스님에게 크게 실망했던 것이고, 셋째 단계는 정교수로 진급할 때가 되어 성철 스님의 장단점을 훨씬 객관적으로 바라볼 수 있게 된 시기이다. 비유컨대 이제는 갓난아기를 씻긴 뒤 구정물을 버린다고 갓난아기까지 같이 버리는 것은 아닌지 살펴볼 수 있는 수준을 이루었다고 할 수 있다.

사실, 성철 스님이 매우 복합적인 인격을 가진 분이었던 만큼 그분을 아주 다양한 각도에서 바라보는 연구를 하는 것은 학자에게 당연한 일이다. 그렇기 때문에 앞에서 언급한 그분에 관한 네 가지 평가, 즉 그 상호 모순적인 평가가 모두 일리 있는 것이라고 볼 수 있다. 그리고 이 책, 『가야산 호랑이의 체취를 맡았다－퇴옹성철, 이 뭣고?』의 특징은 그렇듯 퇴옹성철에 대한 다양한 해석의 가능성을 인정하고 이를 배경으로 삼아 어느 한 쪽에 치우치지 않는 것이다.

이 책이 성철 스님의 선사상을 새롭게 해석하는 데 일조한다면 그것은 전적으로 경계인으로서의 필자의 삶과 학문적 활동 덕분일 것이다. 그리스도교 문화권에서 성장한 가톨릭 사제였다가 세속으로 돌아온 원로 신학자 니터(Paul F. Knitter)의 "붓다 없이 나는 그리스도인일 수 없었다."라는 말처럼,[5] 필자는 1985년 한국 땅에 발을 디딘 이래 석가세존 없

5 "신학자로서의 나의 일은 항상 변화하는 세계 속에서 성서와 사도신조를 재해석하고 뜻이 통하게 하는 것이다. 불교는 내가 그 일을 하는 데 큰 도움이 되어 왔다. 그러므로

이 살 수 없을 정도로 불교와 깊은 인연을 맺은 불교학자일 뿐 아니라 1996년 이래로 (사)선도성찰나눔실천회(약칭 선도회)와 함께하는 선 수행(禪 修行)을 활발하게 지속해 왔기 때문이다.

제1부 '돈점논쟁 그리고 불교와 그리스도교의 만남'은 두 장으로 구성된다. 제1장 「『선문정로』에 나타난 선종의 전통에 대한 인식」은 성철 스님의 입장과 함께하며, 즉 100% 그분의 편에 서서 퇴옹성철의 두 걸작[6] 중 하나인 『선문정로(禪門正路)』(1981)를 통해 그분의 선종의 전통에 대한 인식(傳統 認識)을 설명해 준다. 제2장 「그리스도교의 관점에서 조명(照明)하는 돈점논쟁」은 이러한 논쟁을 통해 그리스도교의 핵심적 경전인 신약성경을 새롭게 해석할 수 있는 놀라운 가능성을 보여 주는 논문이다.

제2부 '한국 불교의 세계화와 포스트-퇴옹성철'은 세 개의 장으로 나뉜다. 제1장 「'가야산 호랑이'의 선사상을 어떻게 서양에 소개할 것인가?」에서는 가야산 호랑이의 선사상을 민주주의의 요람인 서구 문명에 알리기 위해 극복해야 할 여러 어려움을 지적한다. 제2장 「한국간화선의 전통과 해석에 대한 비판적 고찰—대한불교조계종의 간화선 세계화 캠페인에 부쳐」에서는 퇴옹성철의 영향을 받아 한국 불교의 가장 대표적인 수행법으로 인정받고 있는 간화선(看話禪)을 서구 문명에 진출시킬 때 생길 수밖에 없는 몇 가지 문제점을 지적한다. 제3장 「현대 한국에서의 『법보단경』 번역과 퇴옹성철」에서는 한국이 군부독재 체제에서 민주주

불교는 내가 더 좋은 그리스도인이자 더 좋은 신학자가 될 수 있게 해 주었다는 것을 분명히 하고 싶다." 폴 니터, 2011, 『붓다 없이 나는 그리스도인일 수 없었다』, 정경일, 이창엽 옮김(서울: 클리어마인드), 14. [Paul F. Knitter, 2009, *Without Buddha I Could not be a Christian* (New York: Oneworld Publications).]

6 퇴옹성철의 두 걸작은 1981년 출간된 『선문정로(禪門正路)』(합천: 장경각)와 1982년 출간된 『본지풍광(本地風光)』(합천: 장경각)이다.

의 체제로 바뀌기 1년 전인 1987년, 『돈황본 육조단경(敦煌本 六祖壇經)』[7]을 펴낸 성철 스님이 이 책을 통해 어떻게 당신의 생애 및 전서에 월계관을 씌우는지 탐색한다.

제3부 '20세기 한국사와 퇴옹성철의 사자후(獅子吼)－깨달음(bodhi)과 역사(sattva)인가, 역사와 깨달음인가?'는 두 개의 장으로 이뤄진다. 제1장 「선사(禪師) 퇴옹 성철의 유산: 한국돈점논쟁의 정치적 배경에 대한 숙고(Sŏn Master T'oeong Sŏngch'ŏl's Legacy: A Reflection on the Political Background of the Korean Sudden/Gradual Debate)」는 이슈가 되었던 그 영어 논문의 한글본이다. 석가세존과 초기불교, 아소카불교의 사회와 정계의 관계를 살펴보고, 역사적인 관점에서 중국과 한국에서 벌어진 돈점논쟁의 정치적 배경을 각각 드러낸 뒤, 현대 한국돈점논쟁(韓國頓漸論爭) 역시 그 역사의 연장선상에 있으며 정치적인 배경이 있을 수밖에 없음을 입증하는 내용이다. 초판을 준비할 때, 현대 한국 불교에서 일어난 돈점논쟁을 새롭게 조명하고 있는 이 영어 논문이 뜨거운 토론의 대상이 될 가능성이 있다고 본 학자들은 필자에게 꼭 한글로 번역하라고 했던 반면, 곤란한 문제(issue)를 일으킬 가능성이 없지 않다고 본 다른 어떤 학자들은 한글로 번역하지 말라고 했다. 결국 필자는 숙고 끝에 이 글을 번역하지 않고 그대로 게재하기로 하였다.

초판 간행 후 번역에 들어간 작업이 2년여 만에 완료되어 개정판을 내게 되었다. 이 책의 초판이 출간되었을 때 신랄한 비판이 수없이 많이 쏟아

7 고비 사막 동쪽에 자리한 둔황(Dunhuang, [敦煌])의 오아시스는 인도와 중국을 잇는 비단길(Silk Road)의 전통적인 주요 경유지 중의 하나다. 20세기 초, 둔황에서는 4~10세기에 만들어진 사료의 필사본 등이 발견되었다. 당시 시대상을 알려 주는 이들은 사해(死海)의 사료만큼 역사적으로 중요하다. 『돈황본 육조단경(敦煌本 六祖壇經)』은 스타인(Stein) 5475번, 『대정장(大正藏)』 권48, 2007, 337~345이며, 830~860년에 만들어진 것으로서 그보다 더 오래된 원고의 복사본으로 추정된다.

지기 시작했다. 특히 비판의 핵심은 당시 제3부에 실렸던 영어 논문에 있었다. 하지만 이 책, 특히 이 논문의 내용에 대한 철저한 이해를 보여주는 견해는 단 하나도 없었다. 오히려 피상적이거나 부분적인 이해로써 책의 전체를 깎아 내려 평가하는 수준이었으며, 감정적이고 투사적인 수준의 비판, 즉 흑백논리에 빠진 비학문적·비불교적인 반박의 수준에 불과했다. 또한 필자의 기대와는 달리, 학자를 포함한 많은 사람이 복합적인 짜임새로 구성되어 있는 영어 논문을 이해하는 데 많이 어려워하고 있음을 알게 되었다. 동시에 필자는 이 책에 실린 영어 논문을 포함하여, 이 내용을 지지하는 사람들이 왠지 모르게 자기 의견을 공개하지 못하고 있다는 사실을 발견했다. 필자는 얼마 전 유포되기 시작한 이 영어 논문의 일부 내용에 대한 상당한 오역을 불식시키기 위해서 이 논문의 한글 번역을 시작했고, 번역을 마치는 대로 최대한 빨리 공개하기로 하였다.

필자는 이 논문에서, 비판자들의 주장과는 달리, 성철 스님께서 정치적 활동을 하셨다는 주장을 한 적이 결코 없다. 오히려 그 주장과는 반대이다. 성철 스님께서 정치적 활동을 하시지 않기 위해 아낌없는 노력을 하셨다고 썼다(이 책의 210~211, 319~320쪽 참고). 이러한 오해는 'politics'와 'polity'(두 개념의 차이에 대해 202, 311쪽 참조)의 의미의 차이를 이해하지 못한 데서 연유한 것 같다. 필자가 주장하는 것은, 불교에 대한 성철 스님의 해석학에 당시 정치사회적 분위기와 그 영향이 반영(反映)되어 있다는 점이고, 이를 6가지의 구조적 공진점을 통해 밝히고 있을 뿐이다. 이것은 누구나 깨달음의 체험을 언어화하는 바로 그 순간부터 시공의 제약을 피하지 못하기 때문일 뿐이다. 이 논문은 성철 스님의 불교를 독재정권과 동일시하는 것이 아니라는 이야기도 분명히 밝혔다(248, 355쪽 참고). 뿐만 아니라, 필자는 또 6가지 구조적 공진점을 한 가지만 따로

떼어 놓고 보면 의미가 없으므로, 다른 공진점들과 함께 보면서 서로 어떻게 관계를 맺고 있는지를 꿰어 볼 때 이 논문의 핵심을 이해할 수 있다고 썼다. 그럼에도 불구하고 예외 없이 이 책에 대한 비판자들은 모두 이 함정에 빠져 버렸다(247~248, 355쪽 참고). 오래전부터 필자는 늘 흑백 논리를 떠나서, 성철 스님의 장단점에 대해 함께 썼다. 이 책의 내용 전체가 그 사실을 증명해 주고 있다. 긴 안목으로 볼 때, 성철 스님의 이미지를 지나치게 컨트롤하려고 하는 것은 그분과 그 사상을 올바르게 알리는 데 역효과를 낼 수밖에 없다. 국내외의 불자와 비불자가 들려주는 학문적 평가를 열린 정신으로 수용하고 허용할 때, 그분께서 펼치신 선사상(禪思想)의 좋은 면(面)들을 더욱더 널리 선양할 수 있을 것이다. 원택 스님은 『금강신문』(2014년 1월 15일)과의 인터뷰에서 "학술적으로 대응하는 것이 맞다고 판단하여, 올가을쯤 이와 관련한 학술대회를 개최할지 생각 중"이라고 말씀하셨는데, 객관적이고 학문적인 틀을 제공하는 학술대회라면 필자는 흔쾌하게 참석하여 입장을 기꺼이 선명하게 밝힐 것이라고 표명하였으나 아직 그런 요청을 받지 못하였다.

중도사상을 올바르게 이해한다면, '읽지 말라'는 주장 안에 '읽어라'라는 주장이 숨어 있음을 잊어서는 안 될 것이다.

제1장 「선사 퇴옹성철의 유산: 한국돈점논쟁의 정치적 배경에 대한 숙고」에 이어서 게재한 제2장의 영어 논문 "The Philosophy of Sŏn Master T'oeong Sŏngch'ŏl(1912~1993)" (「퇴옹성철 선사의 철학」)은 성철 스님이 주창한 선사상의 핵심을 입증하는 후속 연구결과이다. 이 논문은 한국의 종교(계)를 전 세계에 소개하는 A&HCI 등재 학술지 *Journal of Korean Religions (JKR)*의 2016년 봄호(Vol. 7 No. 1)에 실려 출판되었다.

한편 이 책의 골격을 이루고 있는 세 부분의 내용은 서로 긴밀하게 맞물린 관계로 이해하는 것이 옳다. 즉 제3부의 내용이 제1부와 제2부의 내용을 부정하는 것이 아니라, 오히려 제1부와 제2부의 내용을 더욱더 소중히 여기도록 독자를 초대하는 것으로 보는 것이 좋다. 가야산 호랑이의 선사상을 정치사회적 차원으로만 환원할 수 없는 까닭이다. 오히려 그 사상을 잘 이해하려면 그분을 다양한 시점에서 역동적으로 계속 바라보아야만 한다.

이제, 불교를 깊이 이해하는 데 가야산 호랑이에게 크나큰 신세를 진 필자가 이 책의 글들을 통해 조금이라도 갚을 수 있었으면 하는 바람뿐이다. 만일 독자들께 미흡하게 느껴지는 내용이 조금이라도 있다면 "하룻강아지 범 무서운 줄 모른다."는 속담처럼 필자의 역부족을 질책해 주시길 바란다.

*이 글의 일부는 개정판이 출간될 때 추가됐습니다.

제1부
돈점논쟁(頓漸論爭), 그리고 불교와 그리스도교의 만남

제1장 『선문정로(禪門正路)』에 나타난 선종의 전통에 대한 인식

제2장 그리스도교 관점에서 조명(照明)하는 돈점논쟁

제 I 장

『선문정로(禪門正路)』에 나타난 선종의 전통에 대한 인식

선 수행(禪 修行)의 바른 길

본 연구는 1981년 출판된 『선문정로(禪門正路)』를 통해 퇴옹성철(退翁性徹, 1912~1993)이 선종(禪宗)의 전통(傳統)을 어떻게 인식(認識)하였는지를 해석학적 문제(解釋學的 問題)와 관련하여 탐구하는 것이다. 저자의 시대적 맥락(context)과 전통(text), 그리고 해석(interpretation)이라는 세 가지 요소는 소위 해석학적 순환(hermeneutical circle)으로 이루어지고 있음[1]을 염두에 둘 때, 성철 스님이 20세기 후반 한국 불교의 역사적 상황에서 어떻게 선종의 전통을 이해하고 받아들여서 시대에 맞게 해석(解釋)하였는지를 탐색하는 것이 본 연구의 목적이다.

'선문정로'라는 책의 제목을 통해서 우리는 저자의 의도를 알 수 있는데, 이는 곧 '선 수행(禪 修行)의 바른 길'을 보여 주는 것이다. 그런데

1 윌리엄 페이든, 2005, 『성스러움의 해석』, 이민용 옮김(서울: 청년사), 196~219. [William E. Paden, 2003, *Interpreting the Sacred: Ways of Viewing Religion*, revised and updated ed. (Boston: Beacon Press books), 110~124.] 특히 이 책의 원서 116쪽, 한글 번역본 207쪽에서 정확한 내용을 참조할 수 있다. 이에 대해 더 알고 싶다면 다음의 책을 참고. Claude Geffré, 1983, *Le Christianisme au risque de l'interprétation* (Paris: Cerf).

여기서 이러한 의문들이 생길 수 있다. '선 수행의 바른 길'이라고 말한다면, 바르지 않은 길도 있다는 이야기일까? 만일 그렇지 않다면 바른 길에 대한 이야기를 굳이 할 필요가 없는 게 아닐까? 나아가 우리는 성철 스님이 말하는 바른 길이 한 갈래인지 아니면 여러 갈래인지에 대해서도 궁금해 할 수 있다.

그러나 여기서 이 질문들에 대한 그분의 대답은 아주 명확하다. 선 수행의 제일 바른 길은 하나밖에 없으며, 이는 곧 '간화선수행(看話禪修行)을 통한 돈오돈수(頓悟頓修)의 정로(正路)'[2]이다. 성철 스님은 또 자신의 걸작 『선문정로』에서 여러 이단(異端)의 길을 공격하기보다는 하나의 대상만을 유일하게 비판(批判)하였다. 그것은 하택신회(荷澤神會, 668~760[3])로 말미암아 시작되고 규봉종밀(圭峰宗密, 780~841)로 이어져, 마지막에는 보조지눌(普照知訥, 1158~1210)이 집대성했다고 많은 사람이 생각하는 돈오점수(頓悟漸修)사상이다.[4] 그 시대부터 지눌사상(知訥思想)은 한국 불교에 지대한 영향을 끼쳤다. 그렇기 때문에 『선문정로』의 목적은 아주 분명하다. 그것은 잘못된 지눌사상을 부수어 버리는 것, 그리고 이를 통해 20세기 이후의 선 수행자(禪 修行者)들에게 올바른 길을 드러내는 것이다.

성철 스님은 그렇게 함으로써 자신이 살던 역사적 맥락 안에서 전통을 해석하여 『돈황본 육조단경(敦煌本 六祖壇經)』의 주요 문장의 정신을 드러내었다는 사실에 유의해야 한다. 그 문장은 다음과 같다.

2 "견성(見性) 방법은 불조 공안(佛祖 公案)을 참구(叅究)함이 가장 첩경이다." 퇴옹성철(退翁性徹), 1981, 『선문정로(禪門正路)』(합천: 장경각), 2. 성철 스님은 공안과 화두를 동일시한다. 공안과 화두의 차이에 대해서는 인경, 2011, 「공안선과 간화선」, 『쟁점으로 살펴보는 간화선』의 제4장(서울: 명상상담연구원), 179~216을 참고.

3 또는 670~762.

4 "무릇 이설(異說) 중(中)의 일례(一例)는 돈오점수(頓悟漸修)이다." 퇴옹성철, 『선문정로』, 3.

"오직 견성(見性)하는 법(法)만을 전(傳)하며, 세상(世上)에 출현(出現)하여 사종(邪宗)을 파쇄(破碎)하노라[5] (唯傳見性法 出世破邪宗)."[6]

이 내용은 육조혜능(六祖慧能, 638~713)의 정신을 이어 살았던 성철 스님의 굳건한 정신을 드러내 준다. 그분은 여기에 나오는 견성법(見性法)과 돈교법(頓教法)[7]의 의미, 즉 견성돈오교법(見性頓悟教法)의 의미를 동일시(同一視)했다.[8]

성철 스님은 출가한 선 수행자를 대상으로 『선문정로』를 엮었다. 전문 수행자들을 독자로 삼은 데다 저자의 해박하고 특별한 표현 방식[9]의 특성상 이 책은 일반인은 물론 선 수행자가 읽기에도 매우 버겁다.[10] 그러나 이 말은 일반인들이 읽을 수 없다거나 읽어서는 안 된다는 뜻은 아니다. 이 책은 누구에게나 열려 있다. 일반인들을 위한 책으로 『선문정로평석(禪門正路評釋)』이 있는데, 성철 스님의 상좌 몇 분이 편집한 이 책

5 퇴옹성철, 1981, 앞의 책, 82.

6 『육조대사법보단경(六祖大師法寶壇經)』; 『대정장(大正藏)』 권48, 2008, 351 b15. 이 인용문의 자세한 분석 및 해석은 필자의 박사논문에서 볼 수 있다. 서명원(Bernard Senécal), 2004, "La vie et l'oeuvre du Maître Sŏn T'oeong Sŏngch'ŏl 退翁性徹 (1912~1993)" (퇴옹성철 선사의 생애 및 전서), PhD diss., Université Paris 7－Denis Diderot, UFR LCAO [프랑스 파리 7－드니 디드로 대학교 박사학위논문(동양학과 한국불교학 전공)], 412~416. 앞으로 이 책에서 『육조대사법보단경(六祖大師法寶壇經)』은 『법보단경(法寶壇經)』으로 줄여 쓴다.

7 "유전돈교법 출세파사종(唯傳頓教法 出世破邪宗). 오직 돈교법만을 전하여 세상에 나와 삿된 종을 부수는도다." 퇴옹성철(退翁性徹) 현토(懸吐)·편역(編譯), 1987, 『돈황본 육조단경(敦煌本 六祖壇經)』(합천: 장경각) 5, 41, 204; 『대정장』 권48, 2007, 341 c18.

8 "돈황본에는 돈교법(頓教法)이라 하고 다른 본[대승사본(大乘寺本), 흥성사본(興聖寺本), 덕이본(德異本), 종보본(宗寶本)]에는 견성법(見性法)이라고 하였는데, 이는 교가(教家)의 돈교가 아니요 선문의 「견성돈오교법」을 지칭하는 것이어서, 견성법이 곧 돈교이며 돈교법이 곧 견성법이다." 위의 책, 41.

9 언어학에서는 idiolect라고 하며, 한 사람이나 몇몇 사람들만 사용하는 언어라는 뜻임.

10 퇴옹성철(退翁性徹), 1993b, 『선문정로평석(禪門正路評釋)』(합천: 장경각), 291.

은 퇴옹성철이 입적하던 1993년에 출판되었다.[11] 일반인들을 위해 편집한 도서임에도 불구하고 『선문정로평석』 또한 쉽게 읽기 어려운 대목들이 있다. 2006년에는 한자를 괄호 속에 넣고 어휘 풀이와 문장 해석을 추가하는 등 『선문정로』를 쉽게 볼 수 있도록 개정하여 『옛 거울을 부수고 오너라: 선문정로』[12]라는 이름으로 선보였다.

본고(本稿)에서는 성철 스님의 돈오돈수에 대한 전통 인식을 『선문정로』를 통해 고찰함으로써 그 걸작의 의미를 좀 더 분명하게 드러내고자 한다. 구체적으로는 성철 스님의 언어관(言語觀), 『선문정로』의 구조(構造) 및 구성요소(構成要素), 성철 스님의 인용 방법(引用 方法)에 나타난 창과 방패, 『돈황본 육조단경』과 『선문정로』, 전통에 대한 비타협성과 배타성, 간화선수행－돈오돈수 체득을 위한 필수 수단의 순으로 그 의미를 살펴보도록 하겠다.

성철 스님의 언어관(言語觀)－손가락과 달

먼저 『선문정로』에서 진리를 가장 핵심적(核心的)으로 나타내는 말 '돈오돈수' 자체의 실제적 타당성에 대해서 반드시 고찰할 필요가 있다. 그것은 깨침을 통해서 얻은 인식을 말로써 어디까지 표출할 수 있느냐 하는 문제이다. 왜냐하면 깨침의 체험을 '모든 언어를 완전히 초월(超越)하는 경지에 도달하는 것'이라 할 때, 우리가 어떠한 말을 사용하더라도 그 표현은 소용이 없을 뿐더러 결국에는 진리 그 자체를 왜곡할 수밖에

11 편집과정에 대해서는 위의 책, 291~294 참조.

12 퇴옹성철, 2006b, 『옛 거울을 부수고 오너라: 선문정로(禪門正路)』, '성철 스님 법어집'(합천: 장경각).

없으므로, 다만, 완전한 침묵을 취해야 한다는 결론에 이를 것이기 때문이다. 나아가 돈오돈수라는 단어마저도 부족하게 되어 문제가 될 수밖에 없을 것이기 때문이다. 뿐만 아니라 필자가 학술대회에 논문을 발표할 필요도 없고, 스님들이 법문을 펼칠 필요도 없을 뿐더러, 책을 펴내는 것도 소용없다. 즉 대혜종고(大慧宗杲, 1089~1163)가 스승인 원오극근(圜悟克勤, 1063~1135)의 『벽암록(碧巖錄)』을 불살라 버렸듯이 『선문정로』라는 유명한 걸작을 창문 밖으로 내던져 버리거나 불살라 버려도 무방하려니와 그렇게 하는 것에 최고의 가르침이 담겨 있다고 해도 실언(失言)이 아닐 수 있다.

그럼에도 성철 스님은 설법이나 저술을 통해 어떤 것들을 가르쳤다. 이는 그분이 언어를 '깨달음을 통해 얻은 인식과 돈오돈수라는 표현은 최소한 서로 직결되어 있다.'고 본 것으로 생각할 수밖에 없게 한다. 그렇지 않다면 그분의 업적인 '성철 스님 법어집'[13] 전체가 모순이 될 것이다.

성철 스님은 우리가 서술하는 것들이 어느 정도 화자의 인식이나 화자가 인식한 내용을 정확하게 복사한 것임을 가리키는 '언어의 그림이론'[14]을 제기하였다. 그런데 그것은 성철 스님이 중생이 중도(中道)를 체득할 수 있도록, 자신의 총서(叢書)에서 언어를 초월하게끔 초지일관(初志一貫) 중생을 초대하는 점에서 역설 그 이상으로 역설적이다. 왜냐하면 그렇게 함으로써 성철 스님은 '깨달음을 통해서 얻은 인식이야말로 언어로 묘사할 수 있는 모든 가능성을 초월한다.'고 추정했기 때문이다. 이러한 역설

13 모두 11권으로 되어 있음.

14 이 이론은 본래 비트겐슈타인의 이론으로, 칼루파하나는 이를 불교에 적용한다. 데이비드 J. 칼루파하나, 2008, 『불교철학사: 연속과 불연속』, 김종욱 옮김(서울: 운주사), 81 [David J. Kalupahana, 1992, *A History of Buddhist Philosophy, Continuities and Discontinuities* (Honolulu: University of Hawai'i Press), 31] 참조.

적 언어관은 시종일관(始終一貫) 『선문정로』를 관통한다. 그것은 사실상 언어에 대한 성철 스님의 이론이 우리가 방금 열거한 양극단 사이를 오간다는 것을 의미한다. 즉 그분은 '언어의 그림이론'과 '깨달음을 통해서 얻은 인식이 언어를 초월한다는 이론'의 사이를 오간다. 언어에 대한 성철 스님의 이러한 입장은 선종의 핵심인 석가세존의 중도사상에 충실했던 것으로 볼 수 있다. 성철 스님은 『선문정로』의 서언(序言) 첫째 및 둘째 단락,[15] 그리고 『백일법문』 상(上), 제1장 첫째 단락[16]에서 언어에 관한 자신의 입장, 즉 진리를 표출하는 데 있어서의 언어의 한계성을 지적하였다.

언어야말로 '달을 보여 주는 손가락(指月)' 정도에 불과하다. 그렇다고 해서 길잡이의 역할을 해 주는 그 손가락의 필요성까지 부정할 이유는 없다. 그럼에도 불구하고 그 손가락이나 그 주인에 걸려서는 절대로 안 된다. 그러한 까닭으로 퇴옹성철이 입적하기 얼마 전 남긴 유언은 "내 말에 속지 마라. 나는 늘 거짓말만 하니까."[17]였다. 당신 자신이나 자신의 말에 걸리지 않기를 바랐던 성철 스님의 정신은 열반송(涅槃頌)에서도 두드러지게 나타난다.[18] 사실 자신에 대한 군중의 애착이나 집착을 끊어

15 "영취산정(靈鷲山頂)에서 세존(世尊)이 염화(拈花)함은 사슴을 가리켜 말이라고 함이요, 소림암굴(少林岩窟)에서 이조(二祖)가 삼배함은 모난 나무로 둥근 구멍을 막음이니, 고금(古今) 선지식(善知識)들의 현언묘구(玄言妙句)는 모두 눈 속에 모래를 뿌림이다. 열갈(熱喝)과 통봉(痛棒)도 납승(衲僧)의 본분이 아니거늘 어찌 다시 눈뜨고 꿈꾸는 객담(客談)이 있으리오마는, 진흙과 물속에 들어가서 자기의 성명(性命)을 불고함은 고인의 낙초자비(落草慈悲)이다." 퇴옹성철, 1981, 앞의 책, 1.

16 "불교의 근본을 이론과 언설을 가지고 이렇게도 설명하고 저렇게도 설명하는 것은 어쩔 수 없어서 그렇게 하는 것이니, 이 법문이 선문의 골수가 아닌 줄 알고 들어야 합니다." 퇴옹성철, 1992a, 『백일법문(百日法門)』, 상(上): '성철 스님 법어집' 1집 1권(합천: 장경각), 14.

17 원택 엮음, 1995, 『우리 시대의 부처 성철(性徹) 큰스님』(합천: 장경각), 40~41.

18 "평생(生平)을 기광남녀군(欺誑男女群)하니, 미천죄업(彌天罪業)이 과수미산(過須

버리기 위한 방편으로도 볼 수 있는, 자신을 낮추려는 정신은 성철 스님에게 일찍이 나타난 것 같다. 예컨대 1951년부터 4년간, 경상남도 통영의 안정사(安靜寺) 부근에 손수 세워 머물렀던 천제굴(闡提窟)[19]의 이름만 봐도 그것을 알 수 있다. 성철 스님은 언어가 성립될 수 있는 시공(時空)과 언어가 성립될 수 없는 시공 초월의 경지를 자유자재로 오갔던 것이다.

이러한 언어관 때문에 성철 스님은, 뭐라고 하든지 간에, 그것을 곧바로 부인하곤 하였다. 그러나 예나 지금이나 중도 정신을 드러내는 스님의 자유로움은 오히려 무명(無明)에 빠져 있는 중생들에게는 모순된 행동 방식처럼 보일 수 있기 때문에 그분에 대해 자가당착에 빠졌다고 비판하는 소리들이 들려오는 것도 사실이다. 그러나 필자는 성철 스님의 언어관을 설명하는 이 글이, 근거 없는 오해들을 부분적으로나마 일소시키는 데 도움이 되기를 바라는 마음이다.

『선문정로』의 구조(構造) 및 구성요소(構成要素)

가. 돈오점수를 반박하기 위한 전체 구조

『선문정로』는 88권[20]의 전통적(傳統的) 경론(經論)과 조사어록(祖師語

彌山)이로다, 활함아비한만단(活陷阿鼻恨萬端)이여, 일륜토홍괘벽산(一輪吐紅掛碧山)이로다(일생 동안 남녀의 무리를 속여서, 하늘을 넘치는 죄업은 수미산을 지나친다. 산 채로 무간지옥에 떨어져서, 그 한이 만 갈래가 되는지라, 둥근 한 수레바퀴 붉음을 내뿜으며, 푸른 산에 걸렸도다)." 퇴옹성철(退翁性徹) 편역(編譯), 1993a, 『고경(古鏡): 조계선종소의어록집(曹溪禪宗所依語錄集)』(합천: 장경각), 7.

19 천제는 일천제[一闡提, (산) *icchantika*]의 준말. 해탈의 성품(性品)이 없어 부처가 될 수 없는 사람, 또는 중생을 제도하기 위해 일부러 열반의 깨달음에 들지 않은 보살을 뜻한다.

錄)에서 발췌한 326개[21]의 인용문이 19개의 장으로 나뉘어 구성된다. 그런 의미에서 『선문정로』는 인용문으로 구성된 모자이크 작품이라고 할 수 있다.

『선문정로』의 주요 구성요소를 종파나 경전에 따라 분류한 [그림 1]을 보면 보조지눌을 포함한 '성철 스님의 사상적 적대자'[22]의 인용문이 34개로 전체의 10.4%인 반면 퇴옹성철의 사상의 타당성을 뒷받침해 주는 이들의 인용문은 292개, 89.6%이다. 성철 스님이 이 모자이크를 만든 목적은 자기와 반대 입장에 서는 사람들의 오류를 드러내려 했을 뿐 아니라, 자기 사상의 타당성(妥當性)을 증명하는 데 있었음이 나타난다. 바꿔 말하자면, 『선문정로』 서언의 세 번째 단락에서 확인할 수 있듯이 이설(異說)인

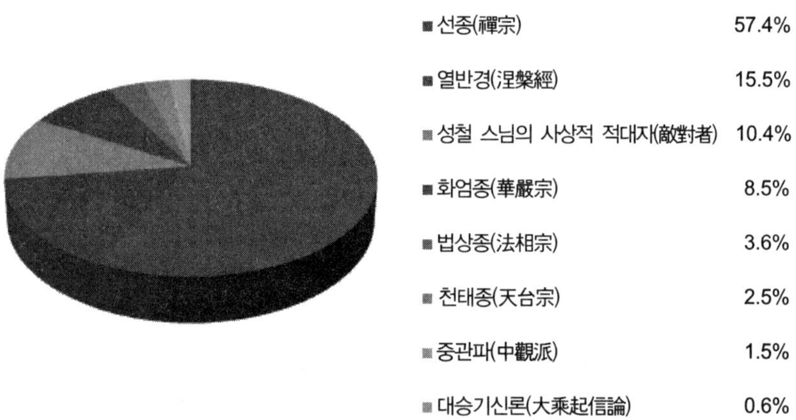

[그림 1] 『선문정로』의 주요 구성요소

경론과 조사어록 88권에서 발췌한 326개 인용문을 종파나 경전에 따라 분류한 도표. 성철 스님의 사상의 타당성을 뒷받침하는 이들(89.6%)이 대부분을 차지한다.

20 88권의 명록(名錄)은 필자의 박사논문, 288~315에 있음.

21 이 숫자는 세는 방법에 따라 약간 달라질 수 있음.

22 화엄 사상에 많이 젖어 있던 저자들. [그림 2] 참고.

돈오점수를 반박하는 동시에 돈오돈수를 원상(原象) 복귀시키는 데 전통을 사용하였다.[23] 그 목적 때문에 『선문정로』의 구조 전체는 어떤 대립을 드러내고 있다.

그 대립은 특히 제13장 「해오점수(解悟漸修)」, 제14장 「분파분증(分破分證)」, 제15장 「다문지해(多聞知解)」에 두드러지게 나타나지만, 책 전체를 통해서도 확인된다.

[그림 2]를 보면 성철 스님이 반박하고자 하는 사람들이 누구인지 구체적으로 알 수 있다.

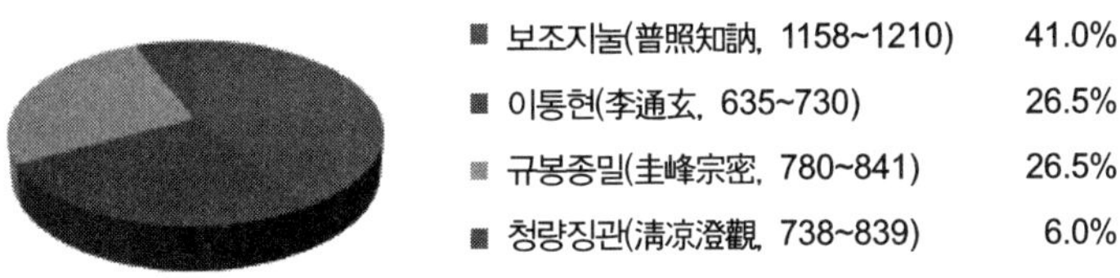

[그림 2] 『선문정로』 중 성철 스님과 적대적 관계인 화엄 사상가들의 비중

보조지눌 14개(41.0%), 이통현·규봉종밀 각 9개(26.5%), 청량징관 2개(6.0%)가 인용되었으며, 이들 34개의 인용문이 전체에서 차지하는 비중은 10.4%이다.

앞에서 언급한 것처럼 언어가 달을 가리키는 손가락이라고 할지라도 체험과 언어 사이에 존재하는 최소한의 관계성을 완전히 부인한다면, 『선문정로』의 밑바닥에 깔려 있는 돈점 대립구조의 의미가 완전히 사라져 버린다는 데 우리는 유의해야 할 것이다.

23 "정법상전(正法相傳)이 세구년심(歲久年深)하여 종종(種種) 이설(異說)이 횡행(橫行)하여 조정(祖庭)을 황폐케 하므로 노졸(老拙)이 감히 낙초자비(落草慈悲)를 운위(云謂)할 수는 없으나, 만세정법(萬世正法)을 위하여 미모(眉毛)를 아끼지 않고 정안조사(正眼祖師)들의 수시법문(垂示法門)을 채집(採集)하여 선문(禪門)의 정로(正路)를 지시(指示)코자 한다." 퇴옹성철, 1981, 위의 책, 1.

『선문정로』는 각각의 제목이 달린 19개의 장으로 나뉘어 있음에도 불구하고 책 전체를 관통하는 돈점의 근본(根本) 대립 외에 나타난 다른 전체적 구조를 찾아보기가 매우 어렵다.

필자가 박사논문을 쓰며 다른 구조를 찾던 끝에 내린 결론은 결국 각각의 장이 다른 모든 장을 담고 있다는 것이었다.[24] 그것은 목차에서 각 장 사이 제목들에 나타나는 빈번한 유사성(類似性)만 보더라도 확인할 수 있다.[25] 뿐만 아니라, 성철 스님이 따라가려는 틀이 서언(序言)과 각 장의 앞머리에는 제시되지 않았다는 사실도 이러한 주장을 뒷받침해 준다. 만약 필자가 지적하는 『선문정로』의 구조 밖에 다른 틀이 또 있었다면, 성철 스님이 서언이나 각 장의 앞머리에서 그 사실을 밝혔을 것이다.

돈점의 근본 대립 이외에 『선문정로』에 뚜렷한 구조가 없다는 가장 분명한 징표는 아마도 책 속에서 파사현정(破邪顯正), 즉 정법을 드러내기 위해 계속 반복하는 성철 스님의 표현들 때문이라고 할 수 있다. 하나의 장만 면밀하게 읽어도 책의 전체 내용을 파악할 수 있다고 볼 수 있을 정도이다. 예로써 제2장 및 제4장에 각각 수록된 『대열반경(大涅槃經)』의 「중생불성(衆生佛性)」에 관한 10개 인용문과 「무상정각(無上正覺)」에 관한 39개 인용문을 들 수 있다.[26] 제목이 다르기 때문에 내용도 다른 것처럼 보이지만 실제 읽어 보면 성철 스님이 중생불성과 무상정각을 동일시하였다고 해도 무방하다. 같은 이야기를 반복하는 형식은 성철 스님의 페다고지(교육법)의 중요한 요소이다. 이를 "일즉다 다즉일(一卽多, 多卽一)"의 사상[27]과 일맥상통(一脈相通)하는 것

24 서명원, 2004, 앞의 논문, 248~255.

25 퇴옹성철, 1981, 앞의 책, 6~7 참조.

26 위의 책, 33~38, 45~65 참조.

27 "하나가 곧 일체이고 일체가 곧 하나(一卽一切 一切卽一)라는 일심법계(一心法界)의

이라고 보겠다. 그럼에도 불구하고 하나의 장을 깊이 있게 이해하려면 책 전체를 읽어야만 한다. 성철 스님이 귀에 못이 박히도록 되풀이한 이야기를 듣다 보면, 자연스럽게 그분이 건네는 진리를 터득하게 될 것이다.

마찬가지로 『선문정로』의 서언(序言)만 읽어도 그 전체 내용을 알 수 있다고 본다. 그러나 조심해야 할 것은 지적(知的) 이해만으로는 그 내용을 완전히 파악할 수 없다는 사실이다. 막상 문외한이 서언만을 대하고 보면, 이 책을 터득하기가 매우 어렵다는 사실을 알 수 있을 것이다.

나. 돈오돈수를 강조하기 위한 각 장의 구조

각 장의 앞머리에서 성철 스님은 그 구조를 한눈에 알아볼 수 있도록 하는 실마리를 제공해 주지 않았을 뿐 아니라, 각 장의 인용문들이 어떻게 연결되는지에 대해서도 설명해 주지 않았다. 그렇지만 우리는 각각의 제목을 통해서 성철 스님이 어떠한 취지로 그 장들을 구성하는 인용문을 발췌했는지 알 수 있다. 즉 이러한 인용문들을 통해서 하나의 일관된 논지를 밀고 나가기보다는, 자신의 입장을 증명하거나 반대하는 사람들의 입장에 대응(對應)하기 위해서 인용문들을 축적했던 것이다. 그리고 대체적으로 이러한 인용문들에 대한 성철 스님의 해설은 설득력 있는 논의(論意)를 밝히지 않은 반복적 서술에 불과하다.

돈점의 근본 대립구조 말고는 전체적 구조나 각 장의 구조가 없다는 사실 앞에서 우리가 지나치게 놀랄 필요는 없다. 왜냐하면 그것은 선종

도리." 퇴옹성철, 1992b, 『백일법문(百日法門)』, 하(下): '성철 스님 법어집' 1집 2권(합천: 장경각), 37.

의 정신과 일맥상통하기 때문이다. 수많은 반복에 대해서도 똑같이 말할 수 있다. 이러한 반복은 독자들로 하여금 이성(理性)으로만 파악할 수 없는 최소한의 개념, 혹은 단 하나의 화두 같은 개념인 돈오돈수에만 초점을 맞추도록 이끈다. 그것으로 미루어서 『선문정로』는 자체가 하나의 공안(公案)이라고도 할 수 있다. 다음에서 볼 수 있듯이, 『선문정로』를 섭렵한 후에는 공안집(公案集) 『본지풍광(本地風光)』[28]을 통한 간화선수행으로 들어가야 한다. 그리고 돈오돈수에 초점이 맞춰져 있다는 점에서, 불교의 근본입장을 중도사상(中道思想)의 실천에 둔 『백일법문(百日法門)』[29]과 『선문정로』가 상당한 유사성을 드러내는 점은 매우 흥미롭다.

다. 『선문정로』의 구성요소: 인용된 경론(經論)·조사어록(祖師語錄)과 저자(著者)

이제는 『선문정로』의 구성요소를 자세히 살펴보기로 하겠다. 필자는 앞에서 『선문정로』의 인용문들, 즉 88권의 경론들과 조사어록들에서 발췌한 326개의 인문(引文)들이 성철 스님의 반대자(反對者)들에게서 끌어 온 것과 성철 스님의 관점에서 돈오돈수를 주장했던 조사(祖師)들에게서 취한 것으로 나뉘며, 이 인용문들은 대립구조를 이루고 있다고 설명했다.

이어서 가장 먼저 주목해야 할 점은 성철 스님이 중국 종파들의 경전·조사어록만을 거의 대부분 인용했다는 것이다([그림 1] 참조). 326개 인용문 가운데 한국 스님의 것은 지눌 14개를 비롯하여 총 23개,

28 퇴옹성철, 1982, 『본지풍광(本地風光)』(합천: 장경각).

29 퇴옹성철, 1992a, 앞의 책, 333, 335; 1992b, 앞의 책, 369, 371.

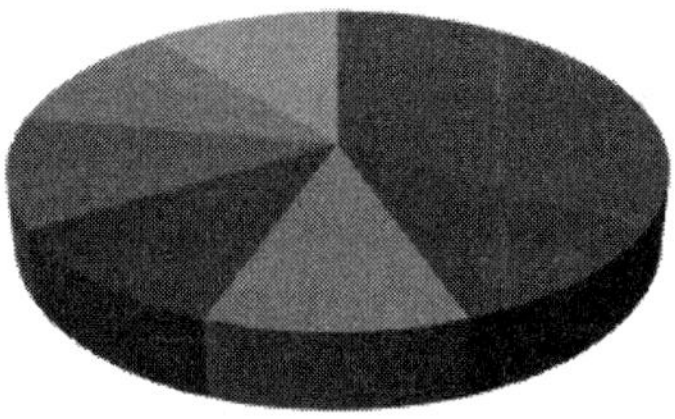

[그림 3] 『선문정로』에 나온 한국 스님의 저술 분류(지눌 제외)

지눌을 제외한 한국 스님 중 원효(3개)의 저술이 가장 많이 인용되었으며, 의상 등 6명의 인용문은 1개씩이었다. 이들은 전체에서 2.8%를 차지한다.

7.1%인 반면 인도 사람의 것은 거의 찾아볼 수 없으며, 티베트 사람과 일본 사람의 경론이나 어록도 전혀 인용되지 않는다. 또한 여성은 전혀 인용되지 않았다는 점을 페미니스트들에게 언급하고 싶다.

지눌을 제외한 한국의 조사는 모두 9개 인용되었는데, 이는 전체 인용문 가운데 2.8%(전체 326개 중 9개 인용, [그림 3] 참조)에 지나지 않는다. 구체적으로 살펴보면 3개가 인용된 원효(元曉, 617~686) 33.4% 말고는, 의상(義湘, 625~702) 11.1%, 체관(諦觀, ?~970) 11.1%, 태고보우(太古普愚, 1301~1382) 11.1%, 나옹혜근(懶翁惠勤, 1320~1376) 11.1%, 청허휴정(淸虛休靜, 1520~1604) 11.1%, 경허성우(鏡虛惺牛, 1849~1912)[30] 11.1%로, 한 번씩밖에 인용되지 않는다.[31] 다만 한국 사람들은 그들이 등장하는 각 장의 마지막 부분에서 주로 인용되고 있는데, 이것은 돈오돈수사상이 한국 불교에까지 대대로 이어지고 있다는 것을 드러내려 했기 때

30 성철 스님이 『선문정로』 제5장 끝머리에서 인용한 『선문촬요(禪門撮要)』의 저자가 과연 경허성우(鏡虛惺牛)인지에 대해서는 의심의 여지가 있다.

31 '선림고경총서(禪林古鏡叢書)'의 경우 나옹혜근과 태고보우의 어록을 제외한 나머지가 모두 중국 사람들의 것으로 구성되어 있다.

문일 것이다. 예로써, 제12장의 마지막에서 원효를 인용하고, 제8장의 끝 부분에서는 태고보우와 나옹혜근, 제13장의 마지막에서는 청허휴정, 제5장의 마지막에서는 경허성우를 인용한 것을 들 수 있다. 이 결과와 일본 선사의 인용문을 게재하지 않은 것으로 미루어, 성철 스님은 한국선종의 전통의 뿌리가 중국이며, 일본으로 전해지기 전에 도입된 적손(嫡孫)이라고 여기지 않았나 싶다. 또한 성철 스님이 한국 불교의 정체성을 정립하려 했음에도 불구하고 중국 불교 전통을 따르는 데 주저하지 않았던 사실로써 그분의 성향이 결코 배타적이지만은 않았던 듯하다. 즉 『한국불교(韓國佛敎)의 법맥(法脈)』[32]을 통해 알 수 있듯이, 중국과 한국 불교 전통의 연결(Sino-Korean connection)을 위해 태고보우가 중국에 가서 인가(印可)를 받았다는 사실이 성철 스님에게는 전혀 문제가 되지 않았다.

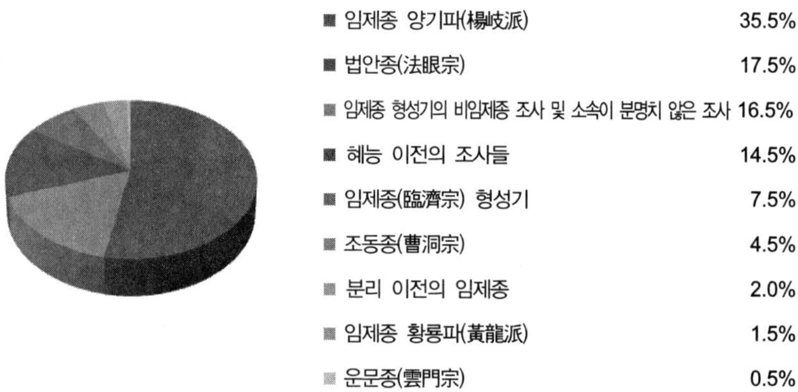

[그림 4] 『선문정로』의 인용문 중 선종이 차지하는 비중

326개 인용문에서 선종의 어록은 187개 인용되었으며, 이는 전체의 57.4%를 차지한다.

32 1976년에 출간된 '성철 스님 법어집' 2집 4권(합천: 장경각).

[그림 1]에서 볼 수 있듯이, 인용문의 57.4%(전체 326개 중 187개 인용)가 선종의 어록(語錄)이다. 또한 그중의 46.5%는 임제종(臨濟宗) 양기파(楊岐派)와 직간접적으로 관련된 것이라 할 수 있다. 즉 [그림 4]에서 분리 이전의 임제종(2.0%), 임제종 양기파(35.5%), 임제종 황룡파(黃龍派, 1.5%)의 인용문이 임제종 양기파와 직접 관련된 것이라면, 임제종 형성기[33](形成期, 7.5%)의 인용문은 간접적으로 관련된 것이다. 오가칠종(五家七宗)[34] 중 가장 많이 인용된 것은 17.5%를 차지하는 법안종(法眼宗)이다.

이것은 성철 스님이 법안종의 제3조이자 마지막 조사인 영명연수(永明延壽, 904~975)의 『종경록(宗鏡錄)』을 매우 아꼈기 때문이다(전체 326개 중 25개 인용).[35] 나머지 종파는 조동종(曹洞宗, 4.5%),[36] 운문종(雲門宗, 0.5%), 위앙종(潙仰宗, 0%)[37] 순으로 분포되어 있다. 그 외에도 육조혜능 이전의 조사들[38]이 14.5%, 임제종 형성기의 비임제종(非臨濟宗) 조사들 및 소속이 분명치 않은 기타의 조사들이 16.5%를 차지하고 있다. 이러한 통계들을 살펴본다면, 성철 스님이 얼마나 임제종 양기파를 선호했는지

33 육조혜능(638~713)에서 황벽희운(?~850)에 이르는 시기.

34 "중국 선종(禪宗)에 있어서 대표적인 7가지의 종파. 즉, 위앙종(潙仰宗)·임제종(臨濟宗)·조동종(曹洞宗)·운문종(雲門宗)·법안종(法眼宗)의 오종(五宗)을 총칭하여 오가(五家)라 하고, 이것에 임제종(臨濟宗)에서 파생한 황룡종(黃龍宗)과 양기종(楊岐宗)의 이종(二宗)을 더하여 칠종(七宗)이라 함." 길상 엮음, 2008, 『불교대사전(佛敎大辭典)』, 제4판(서울: 홍법원), 1784쪽.

35 퇴옹성철, 1981, 앞의 책, 13~14.

36 조동종(曹洞宗)의 『종용록(從容錄)』은 '선림고경총서'의 마지막인 제35~37권으로 발행되었음에도 불구하고 『선문정로』에는 전혀 인용되지 않았다.

37 『위앙록(潙仰錄)』은 '선림고경총서'의 제13권임에도 불구하고 『선문정로』에서는 전혀 인용되지 않았다.

38 "보리달마(菩提達磨), 2조혜가(二祖慧可), 3조승찬(三祖僧璨), 4조도신(四祖道信), 5조홍인(五祖弘忍)." 이철교, 일지, 신규탁 엮음, 월운 감수, 1995, 「중국선종법계도(中國禪宗法系圖)」, 『선학사전(禪學辭典)』(서울: 불지사), 862.

한눈에 알 수 있다.

이 사실은 그분이 가장 많이 인용한 6명의 저자들을 알려 주는 [그림 5]를 통해서도 알 수 있다. 그들 가운데 19.0%의 비중을 가진 육조혜능 말고도 양기파의 대표자인 원오극근(圜悟克勤, 1063~1135) 21.5%, 대혜종고(大慧宗杲, 1089~1163) 12.0%, 중봉명본[39](中峰明本, 1263~1323) 11.0%를 찾을 수 있다. 나머지 저자들로는 앞서 언급한 영명연수와 화엄종 제4조인 청량징관(淸涼澄觀, 738~839)이 각각 23.5%와 13.0%를 차지하고 있다.

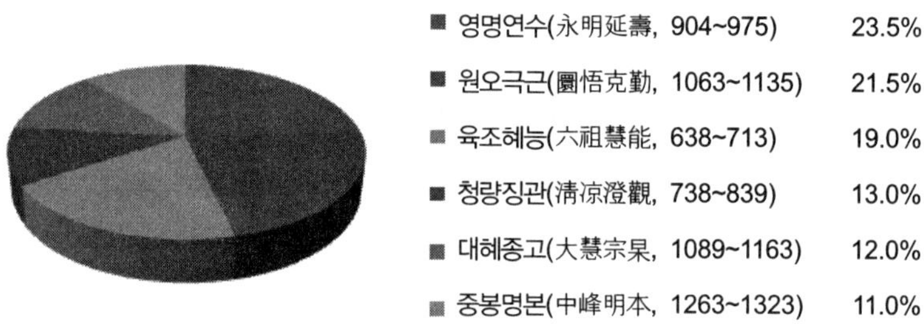

[그림 5] 『선문정로』에 가장 많이 인용된 저자 6명(지눌 제외)

지눌을 제외할 때, 『선문정로』에서 가장 많이 인용된 저자는 모두 6명이며, 이들의 인용문(107개)이 전체에서 차지하는 비중은 32.8%이다.

39 임제종 양기파 제12대 조사들, 즉 태고보우(太古普愚)와 나옹혜근(懶翁惠勤)에게 각각 인가(印可)를 전한 중국조사인 석옥청공(石屋淸珙) 및 평산처림(平山處林)과 동시대 사람이다.

성철 스님의 인용 방법에 나타난 창과 방패

앞에서 성철 스님이 『선문정로』에서 어떤 경론과 조사어록, 저자들을 인용하는지를 살펴보았으므로, 이제는 그것들을 어떻게 인용하고 있는지 알아보도록 하겠다. 이미 성철 스님이 자신의 견해에 반대하는 이들을 비난하며 자신의 사상인 돈오돈수가 선종의 전통임을 입증하기 위해 다른 경론이나 조사어록을 사용했음을 알고 있다. 이 대목에서 한 번쯤 질문할 수밖에 없는 것은 성철 스님이 그들을 객관적으로 인용했는지, 아니면 아전인수(我田引水) 격으로 인용했는지 하는 점이다.

성철 스님은 자신이 인용하고 있는 저자들의 사상에 충실하지 않았다는 비판을 많이 받았다. 그 전형적인 예로, 『선문정로』 서언의 『절요(節要)』 앞머리에 나오는 보조지눌의 인용문을 들 수 있다.

> "돈오점수(頓悟漸修)의 대종(大宗)인 보조(普照)도 돈오점수(頓悟漸修)를 상술(詳述)한 그의 「절요(節要)」 벽두에서 하택(荷澤)은 시지해종사(是知解宗師)니 비조계적자(非曹溪嫡子)라고 단언(斷言)하였다."[40]

박성배는 이것이 왜 잘못된 인용인지 잘 설명하면서,[41] 『선문정로』에는 방금 언급한 예와 비슷한 경우들이 너무 많다고 지적한다.[42] 심재룡도 성철 스님의 인용 방법에 대하여 문제를 제기한다. 심재룡에 따르면 청

40 퇴옹성철, 1981, 앞의 책, 3.

41 박성배, 1992, 「성철 스님의 돈오돈수설 비판에 대하여」, 강건기, 김호성 엮음, 『깨달음, 돈오점수인가 돈오돈수인가－돈점논쟁의 역사와 현재－』(서울: 민족사), 248~253.

42 "성철(性徹) 스님은 보조국사(普照國師)를 인용(引用)하거나 돈오점수(頓悟漸修)설을 비판할 때 이와 비슷한 오류를 선문정로(禪門正路) 곳곳에서 되풀이하고 있다." 위의 책, 253.

허휴정이 『선가귀감(禪家龜鑑)』에서 보조지눌의 돈오점수를 인정했음에도 불구하고 성철 스님이 자신의 입장을 입증하기 위해서 『선교결(禪教訣)』[43]을 사용할 때 휴정의 돈오돈수만을 강조한 것은 인용 방법에서의 문제를 보여 주는 것이라고 주장한다.[44] 필자가 볼 때, 성철 스님은 어떤 때는 화엄종(華嚴宗) 제4조이자 성철 스님이 가장 많이 인용한 6명의 저자들 중의 한 명인 청량징관을 반대자로 인용하는가 하면, 다른 어떤 때는 자신과 같은 편으로 생각하는 듯하다.[45] 마찬가지로 퇴옹성철은 선정겸수(禪淨兼修)하는 것을 강하게 반대했으면서도[46] 자신의 입장을 밀고 나가기 위해서는 그러한 수행을 하는 조사들을 인용하기도 했다. 앞에서 예로써 잠시 살펴보았듯이 그분이 즐겨 인용하는 영명연수를 비롯하여 운서주굉(雲棲袾宏, 1535~1615),[47] 양기파의 감산덕청(憨山德清, 1546~1623)[48] 등이 그러하다. 성철 스님의 주장이 옳다면 선수행을 하는 조사들 중에 선정겸수에 매력을 느끼는 사람들이 있는 까

43 퇴옹성철, 1987, 앞의 책, 291~310.

44 Jaeryong Shim, 1999, *Korean Buddhism, Tradition and Transformation*, Korean Studies Series #8 (Seoul: Jimoondang Publishing Company), 223~224.

45 필자가 횟수를 일일이 따지면서 분류한 결과, 부정적인 인용 2회(제1장의 스물아홉·서른 번째 인용문), 긍정적인 내용 13회(제4장의 열두 번째, 제9장의 네 번째, 제12장의 세~다섯·일곱~아홉·열두 번째, 제14장의 열여섯·열여덟~열아홉 번째, 제15장의 여섯 번째 인용문)이다. 이 마지막 인용문에서 성철 스님은 청량징관의 사상과 선종의 입장이 일치하는 듯 이야기하는 것으로도 보인다. "청량(清涼)은 화엄교종(華嚴教宗)의 최고봉이다. 다문총지(多聞摠持)를 위주로 하는 교가(教家)에서도 실지에 있어서는 증지(證知)를 표방하지 않을 수 없는 것이다." 퇴옹성철, 1981, 앞의 책, 200.

46 "선가에서 선정겸수 운운하는 것은 본분납자가 아니며 육조(六祖)의 법손이 될 수 없다." 퇴옹성철, 1987, 앞의 책, 77.

47 또는 1536~1615. 『선문정로』에 인용되어 있지 않지만 '선림고경총서'의 제4권인 『치문숭행록(緇門崇行錄)』의 저자이다.

48 『선문정로』 제11장의 네·여섯 번째 인용문, 제13장의 스물두 번째 인용문.

닭은 무엇인지에 대해 그분이 설명을 했으면 더 좋았을 것이라는 아쉬움이 있다.

필자는 성철 스님이 『선문정로』에서 조사들의 말씀을 상당히 자유롭게 인용하는 것을 보고 크게 놀랐다. 그분처럼 경론들과 역대 조사들의 글들을 인용하는 것이 중국 문화권의 모든 큰스님들의 전형적인 인용 방법이라는 것을 나중에 알게 되었다. 그런데 여기서 문제되는 것은 '학계에서 요구하는 엄밀한 객관성(客觀性)을 벗어나 주관적으로만 보일 수 있는 이러한 인용법을 과연 우리가 어떻게 이해해야 하는가?' 하는 점이다.

필자는 이러한 질문에 다음과 같이 대답하고자 한다. 먼저 성철 스님은 학자(學者)가 아니라 독학한 선 수행자이며 선사(禪師)라는 점을 염두에 두어야 한다. 이러한 차이 때문에 성철 스님은 제일 먼저 학자들과 대화하려고 하지 않았다. 위에서 이미 언급한 바와 같이 모든 선사들이란 학계에서 바라보기에는 주관적으로 보일 수 있는 인용 방법을 사용하고 있는데, 이러한 것에 대하여 비판만 할 것이 아니라, 왜 그들이 그러한 방법을 사용하고 있는지를 먼저 연구하고 이해하려는 자세가 학자들에게 더 건설적일 수 있다는 것이 필자의 견해다. 그래서 필자의 첫 번째 목적은 성철 스님의 사상적 입장의 타당성에 대한 확인보다는 그분과 조사들의 인용법을 이해하는 데 있음을 밝힌다. 그 다음에 인용 방법에 대해 제기하는 의문은 '계란과 닭의 이야기'를 통해 쉽게 풀 수 있을 것이다. 양계장에서는 닭 없이 계란을 얻을 수는 없으므로, 이 논리는 '닭이 먼저'라는 대답을 요구한다. 그러나 선종의 논리는 달라서 '계란이 먼저'이다. 여기서 계란이야말로 깨달음이 아니고 무엇이겠는가? 그렇다면 필시 닭은 팔만대장경(八萬大藏經)이다. 깨달음에서 팔만대장경이 나온 것이지, 팔만대장경에서 깨달음이 나온 것은 아니다. 그렇지 않다면 팔만대장경을 '달을 가리키는 손가락일 뿐'이라고 하지는 않았을 것이다. '어떻게 깨달음인 달에서 손가락인 팔만대장경으로 넘어갔는지'를 이해한다면, 손가락이 달을 담을 수 없듯이 팔만대장경이 깨달음을 담을 수 없다는 것을 이해하는 데 어려움이 없을 것이다. 그러므로 역대 조사들이 말씀에 걸리지 않고 손가락들을 자유자재로 인용할 수 있었음을 이해할 수 있다. 그들의 최고 목적은 옛 조사들의 말씀을 반복하는 것이 아니었다. 수단과 방법을 가리지 않고 깨달음을 얻으려는 수행자들을 격려하는 데 있었다. 환언하자면 선사에게 중요한 것은 '어록들이 주장하고 있는 것보다 그 어록들을 어떻게 활용하느냐' 하는 점이다. 물론 이러한 인용 방법을 받아들이지 못할 수도 있지만, 우선은 있는 그대로를 인정해야 할 것이다.

그러한 역대 조사들의 인용 방식을 간과해 버린다면, 불교계에서는 성철 스님 같은 수행자를 학계의 학자로서 보려 하거나, 학계에서는 학자적인 저술활동을 기대하게 될 것이다. 그렇게 된다면 상당한 오류에 빠질 수밖에 없는데, 이런 오류는 서양에서도 흔히 일어난다. 예를 들자면, 서양에서는 참선 수행을 해 본 적이 없는 데다 그 필요성도 느끼지 못하는 학자들이 선종에 대한 발표를 하고 글이나 책을 쓰는 경우가 허다하다. 필자가 알고 있는 프랑스의 어느 불교학자도 몇 년 전 백과사전 『인사이클로피디어 유니버설리스(*Encyclopedia Universalis*)』에 선종에 대한 소논문을 기고하기도 했다.

성철 스님은 책을 쓰려는 의지가 크지 않았던 분이라는 점도 잊어서는 안 된다. 그분의 저술활동은 스스로 자진해서 시작한 것이기보다는, 돈오돈수에 대한 자신의 입장이 받아들여지지 않았기 때문에 그렇게 할 수밖에 없었던 것으로 간주해야 한다. 원택 스님을 비롯한 몇몇 상좌들의 막대한 노력 없이는 성철 스님의 법어집이 나올 수 없었을 것이다.

인류 역사상 큰 성인(聖人)들은 흔히 글을 쓰는 데 많은 시간을 내지 않았으며, 그들은 당신이 살던 당시 전통에 대해서도 상당히 자유로웠다는 사실은 아주 잘 알려져 있다. 석가세존은 이에 대한 아주 좋은 예를 보여준다. 그는 고대 힌두교 전통에 대하여 상당히 자유로웠으며 한 편의 글도 남기지 않았다. 그럼에도 불구하고 그 제자들은 그분의 가르침을 암송하면서까지 세상에 전했다. 그리고 그 가르침이 기록되기 시작한 것은 석가세존의 입적 후, 적어도 200년이 지난 다음이었다.

여기서 우리는 한 가지 큰 역설과 부딪치고 있다는 것에 대하여 유의해야 한다. 곧 성철 스님은 역대 조사들에게 충실하려 하면서도 그들을 인용할 때에는 매우 자유분방한 사고방식을 보여 주었다. 그러므로 성철 스님이 술이부작(述而不作)하기만 했다고 결론지을 수는 없다. 틀림없이 성철 스님은 불교의 최고 핵심개념인 깨달음, 무명, 수행에 대해 정의를 내리면서 극단적이고도 새로운 해석을 제공하였다.[49] 성철 스님의 사상은 지눌에 대한 비판, 그리고 지눌이 자신의 사상적 바탕으로 삼은 하택신회와 규봉종밀에 대한 비판을 통해 형성되었다고 생각할 수 있는데, 결과적으로 이것은 그의 사상을 더욱 두드러지게 했다고 볼 수 있다.

『돈황본 육조단경』과 『선문정로』

들어가는 말에서 필자는 이미 『선문정로』의 정신을 드러내는 『돈황본

49 Jeongbae Mok, 1998, "The Modern Significance of Sudden Awakening," in *Sŏn Thought in Korean Buddhism*, ed., Korean Buddhist Research Institute (Seoul: Dongguk University Press), 293~316.

육조단경』의 인용문 한 대목(唯傳頓敎法 出世破邪宗)을 지적했다. 이 구절 말고도 『돈황본 육조단경』과 『선문정로』의 공통점을 보여 주는 다른 징표를 많이 찾을 수 있다.

첫째, 『돈황본 육조단경』 현토·편역은 퇴옹성철이 집필한 마지막 책이라는 것에 주목해야 한다. 이 책은 성철 스님이 입적하기 6년 전인 1987년 출간되었다. 성철 스님의 집필서로는 『돈황본 육조단경』 현토·편역과 『선문정로』 외에 『한국불교(韓國佛敎)의 법맥(法脈)』(1976)과 『본지풍광(本地風光)』(1982)이 있다.[50] 『돈황본 육조단경』은 성철 스님의 집필서 가운데 가장 나중에 출간되었지만 '성철 스님 법어집(法語集)' 2집 중 맨 처음에 실렸다. 이러한 편집순서는 이 책의 중요성을 가늠하게 해준다. 그렇지 않고서야 성철 스님의 맨 마지막 집필 작품이 두 번째 법어집의 첫머리에 배치될 이유가 없었을 것이다.

[표 1] 『돈황본 육조단경』의 지침과 『선문정로』

	『돈황본 육조단경』 지침	『선문정로』
I	識心見性(식심견성)	見性成佛(견성성불, 제1장의 제목)
II	內外明徹(내외명철)	內外明徹(내외명철, 제11장의 제목)
III	唯傳頓法(유전돈법)	唯傳見性法(유전견성법, 제6장의 여섯 번째 인용문)
IV	無念爲宗(무념위종)	無念正宗(무념정종, 제6장의 제목)
V	定慧體一(정혜체일)	定慧等(정혜등, 제4장의 스물다섯 번째 인용문)
VI	無生西方(무생서방)	無生法忍(무생법인, 제5장의 제목)
VII	不汚染修(불오염수)	無心保任(무심보임, 제7장의 제목)
VIII	佛菩提因(불보리인)	衆生佛性(중생불성, 제2장의 제목)

50 퇴옹성철, 1992a, 앞의 책, 336~337; 1992b, 앞의 책, 372~373.

둘째, 『돈황본 육조단경』의 앞에서 나오는 성철 스님의 각 지침들만 보더라도 『선문정로』와 이 책 사이에는 유사한 점이 많다([표 1]).

셋째, 『법보단경(法寶壇經)』은 『선문정로』에서 가장 많이 인용된 여섯 경전 가운데 세 번째로 많이 인용되었다. 아래 [그림 6]에서 확인할 수 있듯, 이 여섯 경전이 『선문정로』에서 차지하는 비율은 전체 326개의 인용문 가운데 127개로 39.0%에 이른다. 이 127개를 기준으로 할 때, 『열반경(涅槃經)』이 39.0%, 『종경록(宗鏡錄)』이 19.5%, 『법보단경』이 16.0%를 차지한다. 이 밖에 『종용록(從容錄)』과 함께 중국 선종의 쌍벽서(雙壁書)로 꼽히는 『벽암록(碧巖錄)』은 『천목중봉화상광록(天目中峯和尙廣錄)』, 『대방광불화엄경수소연의초(大方廣佛華嚴經隨疏演義鈔)』와 함께 각각 8.5%씩 인용되고 있다.

또한 [그림 5]에서 볼 수 있듯이, 보조지눌을 제외하고, 『선문정로』에서 가장 많이 인용된 역대 조사들의 107개 인용문 가운데 육조혜능은 19.0%로, 23.5%와 21.5%를 각각 차지하는 영명연수와 원오극근에 이어

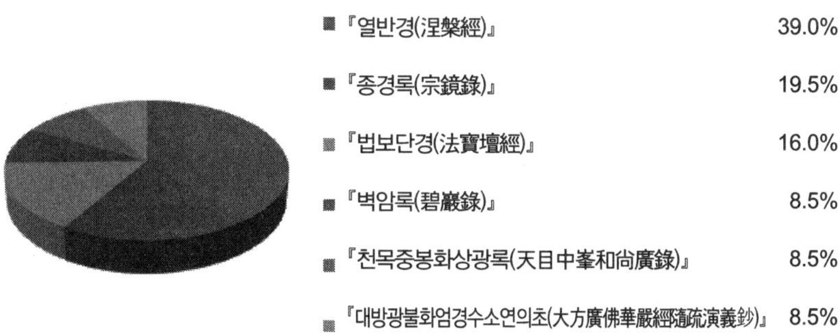

[그림 6] 『선문정로』에 가장 많이 인용된 경전 6권

88권의 경론과 조사어록 가운데 43권은 1개만 인용되는 수준이었으나, 『열반경(涅槃經)』 등 6권은 전체의 39.0%인 127개가 인용되었다.

세 번째이다. 모두 합치면 20개인 인용문들은 제1, 2, 6, 7, 11, 12, 13, 16장에 산재(散在)해 있다. 여기서 주의해야 할 것은 그 인용문들이 각 장의 어디에 배치되어 있는가 하는 것이다.[51]

넷째, 『선문정로』에서 성철 스님은 『돈황본 육조단경』이 아닌 『법보단경』에 나오는 인용문만 사용하였음에 유의해야 한다. 여기서 우리는 왜 그렇게 하였는지 의문을 가질 수 있다. 그 대답은 매우 간단하다. 『선문정로』를 집필할 당시 성철 스님은 『돈황본 육조단경』의 중요성을 인식하지 못하였기 때문이다. 그분은 『선문정로』를 발간한 1981년 이후 『돈황본 육조단경』의 성립 연대가 『법보단경』보다 오래되었음을 인식하였고, 1987년 이 책을 현토·편역하여 발간한 데 이어 자신의 사상적 투쟁을 밀고 나가는 데 그것을 최우선적으로 사용하기로 하였기 때문이다.

이 모든 징표를 통해 성철 스님은 만년(晩年)에 자기 인생의 모든 업적을 육조혜능의 권위하에 놓아두려고 애썼음을 분명히 알 수 있다. 성철 스님이 육조혜능에게 두었던 큰 비중으로 미루어 볼 때, 자신의 사상적 입장을 강화하기 위해 불교 또는 선종의 가장 위대한 분의 권위를 빌렸다는 것을 확인할 수 있다.

그러나 여기서 문제로 삼을 만한 것은 혜능의 역사성(歷史性)으로, 그가 『돈황본 육조단경』의 진정한 저자로서의 권위를 가질 수 있는가 하는 것이다. 혜능이라는 인물이 존재했을지도 모르지만, 역사적 비평에 따르면, 그분에 대해서 알려진 바가 거의 없는 데다 『돈황본 육조단경』의 저자일 가능성이 매우 적다.[52] 그러나 혜능의 역사성에 문제가 제기된다고

51 예를 들면, 제1장에서 열세 번째로 나오는 『돈황본 육조단경』의 인용문은 간단해 보일지언정 그 장에서 핵심적인 역할을 한다. 필자의 박사논문, 329~369 참조.

52 후루타 쇼킨(古田紹欽), 다나카 료쇼(田中良昭), 1993, 『혜능－중국 선종의 육조』, 남동신, 안지원 옮김(서울: 현음사), 211.

하여, 성철 스님이 자기 업적의 전체를 혜능의 권위 아래 두었던 것이 모두 큰 실수였다고 할 수 있겠는가? 필자는 이 질문에 대해 성철 스님에게는 혜능의 역사성보다 혜능이 구현하는 이상이 훨씬 중요했기 때문에 그렇지 않다고 생각한다. 물론 혜능을 하나의 상징적 인물로만 받아들이는 것은 역사적 객관성을 무시하는 순수한 주관주의라고 역설(力說)할 수 있겠지만, 그러한 정신적 자세는 모든 종교에서 나타내고 있는 공통된 모습이라고 할 수 있지 않겠는가? 그 일례로서 그리스도인과 유대인, 무슬림에게 있어서 신앙의 시조(始祖)이자 공동의 조상으로 인정받는 아브라함(Abraham)의 경우를 보자. 혜능과 마찬가지로 아브라함의 경우에도 우리가 그에 관해 확실히 알 수 있는 것은 거의 없다. 『성경(聖經)』에 묘사된 것처럼, 그가 역사적으로 존재했다는 증거(證據)를 찾기란 매우 어렵다. 무엇보다도 아브라함은 필수불가결한 어떤 숭고한 종교적 이상일 가능성이 많다. 그럼에도 불구하고 요르단 강 서안 지구에 자리 잡고 있는 헤브론(Hebron)이라는 도시에서는 예나 지금이나 그리스도인과 유대인, 무슬림이 함께, 역사적으로 확인되지 않은 그분과 그 가족들의 묘지를 추모하고 있다. 혜능과 마찬가지로, 아브라함은 그리스도인, 유대인, 무슬림의 마음 가운데 머물고 있는 이상적 패러다임과 같은 인물이다. 이는 흔히 역사적 사실이 거의 알려지지 않은 어떤 인물에게 인간의 이상을 투사함으로써 구현되는 법이다.

전통에 대한 비타협성(非妥協性)과 배타성(排他性)

위에서 나타난 결과들로 미루어 볼 때, 성철 스님이 생각하는 정통성이란 선배들(古鏡)을 향한 충실함이라고 이해할 수 있다. 바꿔 말하자면, 자신의 사상적 투쟁에 있어서 성철 스님은 (마침내 그렇게 되었음에도 불구하고) 혁명가의 역할을 전혀 맡으려고 하지 않았다. 자신이 옳다고 본 옛 조사들의 참다운 전통만을 회복하려 할 뿐이었다. 여기에는 성철 스님의 전통에 관한 당신의 상당한 신뢰와 더불어 전통을 해석하는 자신의 관점에도 큰 자신감을 갖고 있었다는 것이 전제되어 있다. 다시 말하지만, 그것은 전통을 해석하는 성철 스님의 자신감이 거의 절대적일 때 가능한 것이다. 왜냐하면 그분은 당신 해석만 옳고 나머지는 모두 엉터리인 것으로 삼았기 때문이다. 성철 스님이 머무르던 시대적 맥락(脈絡)에서 그분의 해석학(解釋學)은 올바른 전통의 궤도를 이탈한 이단(異端)을 진단하는 데 있었다. 그 때문에 그분의 해석학은 이단들로 하여금 그 전통의 궤도 안으로 돌아오도록 강력하게 권고하였던 것으로 보인다. 그리고 그렇게 함으로써 전통을 달리 해석할 수 있는 다른 모든 가능성을 배격하였던 것으로 보아야 한다.

한편 전통을 해석함에 있어 성철 스님의 비타협적(非妥協的)인 입장의 기초를 이루는 것이 무엇인지 궁금해하지 않을 수 없다. 그러한 입장은 몇몇 학자들이 성철 스님을 "근본주의자(根本主義者) 또는 시대정신(時代精神)을 놓친 사람" 등으로 비난하게 만들었다.[53] 필자는 2005년 발표한 소논문[54]에서도 이 주제를 다루었다. 인류의 철학사와 종교사를 '이상적 균형을 이루기 위하여 양극단으로 오고가는 연속'이라고 정의할 수 있

53 "…… 그런데 성철 스님은 해인사강원에서 『절요』를 가르치지 못하도록 엄명을 내렸다고 한다. …… 오늘날은 분서갱유의 시대가 아니다." 박성배, 1992, 앞의 논문, 268~269; "Sŏngch'ŏl's 'historical imagination' seems to run wild, when he ultimately denies Chinul's late change of attitude." Jaeryong Shim, *op. cit.*, 223.

54 서명원, 2005, 「비교종교학적 관점에서 본 돈점논쟁(頓漸論爭)」, 『보조사상(普照思想)』 제24집(8월) (서울: 보조사상연구원): 381~416. 이 책의 제1부 제2장 「그리스도교 관점에서 조명하는 돈점논쟁」은 이 논문을 윤문·강화한 것이다.

다면, 무엇이 성철 스님으로 하여금 전통에 대하여 그토록 극단적으로 배타적(排他的)인 해석을 하게끔 했는지 질문해야 할 것이다. 물론 성철 스님을 한국 불교 역사와 단절된 채 반짝이는 유성(流星)처럼 잠시 스쳐 지나는 존재로 여기거나, 그런 식으로 잊힐 존재로 간주하면, 어쩌면 그 문제는 쉽게 해결될 수도 있을 것이다.

필자는 성철 스님의 등장을 우연의 일치라기보다는, 한국 불교에 있어서 지눌의 사상 자체나 그 사상을 해석하는 몇 가지 방식으로 인해 발생한 돈점 사이의 불균형에 응답하는 필연적이며 필수적인 것으로 이해하고자 한다. 그렇지 않다면 20세기 한국 불교에 있어 성철 스님이 '오신' 까닭을 더욱더 궁금해할 수밖에 없다. 앞에서 언급한 2005년의 소논문에서 필자는 그리스도교 안에도 있는 돈오돈수적 패러다임의 핵심성, 즉 그리스도교적 전통에서 돈오돈수 없는 돈오점수는 분명히 생명력을 잃어버릴 수밖에 없음을 드러냈다. 그리고 이제 성철 스님을 비판하는 학자들조차도 대개 그분의 출현과 의미에 대해 결론지을 때는 매우 신중해진다는 사실[55]을 염두에 두면서, 이러한 비교종교학적 접근 방법의 결과가 한국돈점논쟁(韓國頓漸論爭)에 반영된 더 큰 의의와 성과를 밝혀줄 수 있을지에 대한 판단은 고요한 아침의 나라의 학자들에게 맡기고 싶다.

55 "그럼에도 불구하고 필자는 지금도 성철 스님의 은혜를 잊지 못한다." 박성배, 앞의 책, 268; "But the final judgement on Sŏngch'ŏl's exclusive approach in Sŏn must await future Korean Buddhists' practice." Jaeryong Shim, *op. cit.*, 233.

간화선수행－돈오돈수 체득을 위한 필수 수단

『선문정로』 그 자체가 상당히 읽기 어려운 작품임을 잊어서는 안 될 것이다. 이 책을 이해하고자 한다면, 성철 스님의 총서(叢書) 전체의 맥락에서 이를 다루어야 하며, 또 다른 한편으로는 그분이 활동했을 당시 한국 불교의 맥락 안에서도 이를 살펴보아야 한다. 그렇기 때문에 원택 스님은 "저는 큰스님께서 '나는 『선문정로』와 『본지풍광』 이 두 권의 책으로 부처님께 밥값을 했다.'고 하시는 말씀을 들었습니다. 큰스님께서 이 두 권의 저서를 이렇듯 귀하게 여기시는 만큼, 혹 다른 곳에서의 논지와 차이가 있다면, 이 두 권이 기준이 될 것입니다."[56]고 말한 바 있다. 이 인용문을 통해서, 우리는 성철 스님이 『선문정로』 만큼 『본지풍광』을 중요하게 생각하였다는 사실을 확실히 알 수 있다. 그렇기 때문에 『본지풍광』에 있는 백여 칙의 공안들을 통한 꾸준한 간화선수행은 『선문정로』의 핵심 개념인 돈오돈수를 체득하기 위한 필수 수단이라고 보아야 할 것이다. 사실 『본지풍광』은 선종의 쌍벽서인 『종용록』[57]이나 『벽암록』[58]과 더불어 선종의 제 '삼벽서(三壁書)'로 손꼽을 만한 가치가 있다고도 볼 수 있다. 그러나 성철 스님이 오가칠종을 통합한 무문혜개(無門慧開, 1183~1260)가 집필한 선종 최후의 공안집인 『무문관(無門關)』을 전혀 언급하지 않은 것은 의문으로 남는다.

『선문정로』가 그만큼 읽기 어려운 책이라면, 과연 관심을 쏟을 만한 가치가 있는지 궁금해할 수도 있다. 그러나 『선문정로』를 숙독하는 데

56 퇴옹성철, 1992a, 앞의 책, 336; 1992b, 앞의 책, 372; «"책 두 권 냈으니 나는 이제 부처님께 밥값 했다. 이 책을 이해하고 실천하는 사람이면 바로 나를 아는 사람이다."» 원택, 2012d, 『성철스님 시봉이야기』, 개정판(파주: 김영사), 286.

57 '선림고경총서' 제32~34권.

58 위의 총서, 제35~37권.

크나큰 노력과 시간을 쏟아부은 필자에게 이 질문이 돌아온다면 그 대답은 "그렇지 않다."이다. 독서삼매에 빠져 이 걸작(傑作)을 수백 시간 아니 수천 시간 동안 다루면서 언어와 종교 간의 차이 너머에 있는 배움을 체험할 수 있었다. 즉 전통적인 한국의 한 선사(禪師)의 사상세계 안으로 깊이 빨려 들어갈 수 있었을 뿐더러, 외국인임에도 불구하고 성철 스님과의 인연을 주관적이면서도 객관적으로 가꿀 수 있었다. 박사논문을 준비하는 필자에게 지도교수는 "박사과정에서 걸작을 선택하여 읽는다면, 그것을 끝까지 읽어야만 한다."고 했는데, 이는 바로 『선문정로』를 두고 한 말이었다. 그리고 지도교수의 이러한 말은 성철 스님이 선언한 바대로, 자신의 인가를 받으려는 사람이라면 『선문정로』를 완전히 익혀야 한다는 말과 동일한 의미로 볼 수 있다. 그 뜻은 『선문정로』의 정신을 완벽하게 체득해야 한다는 것이다. 그리고 그렇게 된다면 『선문정로』를 버려도 된다. 그것은 바로 성철 스님이 몸소 지시한 것이다. "자기 중심(自己中心)의 무진보고(無盡寶庫)는 개발하지 않고 불조(佛祖)의 언설만 학습하면 남의 보배만 헤아리는 것을 면치 못한다. 수도상 제일 장애(修道上 第一 障碍)인 경론습송(經論習誦)을 단연 폐기하고 용맹정진(勇猛精進)하여 자기보장(自己寶藏)을 활개(豁開)하면, 미래 겁이 다하도록 활용하여도 무궁무진하나니 불법(佛法)은 불가사의중(不可思議中)의 불가사의(不可思議)이다."[59] 이 내용으로 미루어 『선문정로』를 버리는 것만으로는 안 된다. 크게 발심(發心)하여 『본지풍광』에 따른 본격적 간화선수행 안으로 들어가야만 한다.

성철 스님이 우리에게 행하도록 권장한 수행은 직접 본인이 행한 오후수행불행(悟後修行佛行)으로서, 바로 그것들을 통해서 성철 스님은 자

59 퇴옹성철, 1981, 앞의 책, 198; 1993b, 앞의 책, 216, 뒤표지.

신의 궁극적 목적을 성공적으로 이루었다. 공안(公案) 공부를 철저하게 이루면서 깨침을 얻을 수 있었다. 대중이 이를 어떻게 받아들이는가와 무관하게, 이는 성철 스님의 총서 밑바닥에 깔려 있는 근본사상(根本思想)이라 할 수 있다. 이것은 바로 성철 스님의 위대함을 드러내는 것이요, 성철 스님이 지시하는 길을 따라가는 모험과 도전의 아름다움이다.

물론, 성철 스님이 사회에 이바지했던 것과 일반 불자들을 위해 남겼던 것이 무엇이냐고 따지고 물을 수 있을 것이다. 성철 스님은 선 수행의 뚜렷한 방향을 보여 주는 동시에 끝까지 그 길에서 몸소 행함으로써, 당시 한국 불교와 한국 사회가 필요로 했던 것, 즉 절대적으로 청정한 살아 있는 부처(incorruptible Buddha)의 모습을 구현하였다. 성철 스님은 당신이 해야 하는 일을 하였다. 그것 말고 다른 것을 성철 스님에게 요구해서는 안 될 것이다. 바로 그것 때문에 성철 스님은 입적하기 직전 이렇게 말하지 않았겠는가? “아이다, 인제는 가야지. 내 할 일은 다 했다…….”[60]

60 원택, 2001a, 『성철스님 시봉이야기』, 1(서울: 김영사), 19.

제 2 장
그리스도교 관점에서 조명(照明)하는 돈점논쟁

비교종교학적으로 대비해 보는 '돈점(頓漸)'의 개념

필자는 한국불교(韓國佛敎)를 연구하는 외국인(外國人)[1]으로서 한국 불교의 돈점논쟁(頓漸論爭)을 연구하면 할수록 그 중요성을 더욱 뚜렷하게 인식(認識)하게 된다. 보조지눌(普照知訥, 1158~1210)의 돈오점수론(頓悟漸修論)에 대한 퇴옹성철(退翁性徹, 1912~1993)의 철저한 비판(批判)은 1966년까지 한국 불교 안에서 일반적(一般的)이었던 사고방식(思考方式)에 극단적(極端的)인 도전장(挑戰狀)을 내밀었다. 그러나 성철 스님의 비타협적이며 무조건적인 돈오돈수사상(頓悟頓修思想)은, 원효(元曉, 617~686)나 지눌의 저서들에서 볼 수 있듯이, 다양한 교리적 차이를 뛰어넘어 조화(調和)를 선호하며 구현하려는 회통적 통불교(會通的 通佛敎)의 이상(理想)[2]과는 양립하기가 참으로 어렵다. 필자는 화두의 의심 덩어리

1 서명원(Bernard Senécal), 2005a, 「나는 왜 불교학(佛敎學)을 하는가? – 한국을 알기 위해 접근할수록 매료」, 『불교신문(佛敎新聞)』(6월 3일): 8.

2 "교학면(敎學面)에서 볼 때, 한국 불교(韓國佛敎)는 중국(中國)의 교판적(敎判的)인 학종(學宗)과 일승사상(一乘思想)을 받아들이고, 한 걸음 더 나아가 총화적(總和的) 민족불교를 완성하여 소승(小乘)·대승(大乘)·일승(一乘)을 회통(會通)한 통불교(通佛敎)를 건설하였다." 김영태, 1986, 『한국불교사개설(國佛敎史槪說)』[서울: 경서원(經

같은 이 논쟁을 이해하고자 아낌없는 노력을 하는 가운데, 그로부터 배워 얻은 바가 대단히 크다고 말할 수 있으며, 나아가 한국 불교에 대한 깊은 통찰을 얻으려는 사람이라면 누구나 조만간 이 돈점논쟁과 반드시 대면할 수밖에 없으리라는 결론에 이르렀다. 또한 이 돈점논쟁은 중국 등 과거 다른 나라에서 있었던 논쟁과는 다른 것으로서 한국 불교만의 주요 특징 가운데 하나로 일컬을 수 있으며, 이 논쟁은 한국 불교를 사상적으로 더 심화(深化)시켜 주고 그만큼 더 풍요롭게 만들어 준다고 본다.

그러나 한국의 돈점논쟁을 잘 이해하려는 사람은 어느 정도 복잡한 공식에 맞닥뜨려야 할 것이다. 즉 철저한 수행자들이었던 지눌과 성철의 고유한 사상적 근거(根據)가 되는 통찰(通察)의 핵심(核心)들을 각각 정확히 터득해야만 하고, 나아가 그 복잡한 공식을 풀이하는 데 소위 해석학적 순환(解釋學的 循環, hermeneutical circle)[3]의 세 가지 기본 요소(基本

書院)], 17~18. 그러나 1997년 발간된 이 책의 수정판 『한국불교사』에는 이 내용이 실리지 않았다. 수정판이 나오기 전, 필자가 발표한 『한국불교사개설』에 대한 다음의 서평을 참고할 수 있다. Bernard Senécal, 1996, "Écrire l'histoire du bouddhisme coréen –Lecture critique d'un ouvrage d'introduction–" (한국불교의 역사를 쓰는 일–개설서에 대한 비판적 고찰), *Revue de Corée* 98, vol. 28, no 1 (30 juin), 5~33. 한국 불교를 회통적 통불교로 보는 개념의 유래와 그 개념에 관한 비판에 관해서, 최병헌, 2013, 「한국불교사의 체계적 인식과 이해방법론」, 최병헌 외, 『한국불교사 연구 입문』(파주: 지식산업사), 85~89를 참조. 최병헌은 또 이 책에서 '통불교'는 1929년 권상로가 「조선불교사의 이합관」(『불교』 62)에서 한국불교사를 분리와 통일이라는 관점에 따라 체계화하면서 불교종파 13종을 통합한 원효의 불교를 '통불교'라고 지칭한 것이 최초이며, 1980년대까지 한국 불교의 성격론으로 불교학계에서 폭넓은 지지를 받았던 통불교와 호국불교의 개념은 메이지 시기(1868~1912) 일본 불교계에서 널리 사용되고 있었고, 그러한 용어를 한국 불교계가 빌려 와서 그대로 사용해 온 사실을 지적하면서 이 개념과 담론을 호국불교라는 용어와 함께 학술적 개념으로 자리 잡게 한 학자는 일본 근대불교학을 성립시킨 주역 중 한 사람인 무라카미 센쇼(村上專精, 1851~1929)로서 그의 학문적 성취가 한국 불교인들에게도 직접 영향을 미쳤다고 밝히고 있다.

3 이 책의 제1부 제1장 각주 1 참조.

要素)인 맥락(脈絡, context), 전통(傳統, text), 해석(解釋, interpretation)을 염두에 둘 필요가 있다. 다시 말해 지눌과 성철 스님 모두 불교 전통(佛敎傳統)에 충실하면서도, 자기가 태어난 역사적 맥락(歷史的 脈絡) 안에서 각각 어떻게 그 전통(傳統)을 그 시대(時代)에 맞게 해석(解釋)했는지 파악해 내는 것이 중요하다. 그리고 참다운 해석을 하기 위해서는, 공시적(共時的, synchronic) 시간관(時間觀)을 통해 전통을 있는 그대로 해석하는 연역적 사고(演繹的 思考)와 통시적(通時的, diachronic) 시간관을 통해 자기의 시대적 상황(時代的 狀況) 안에서 전통을 재해석(再解釋)하는 귀납적(歸納的) 사고가 서로 조화(調和)를 이루는 균형(均衡) 잡힌 자세가 요구된다.

여기에 반드시 첨가시켜야 할 요소는 돈점논쟁을 연구하는 연구자(研究者)의 현재 입장(立場)이다. 그러므로 연구자는 지눌과 성철 스님의 통찰 내용(通察 內容)뿐 아니라, 이를 바라보는 연구자 자신의 현재 입장을 가능한 한 객관적(客觀的)으로 밝히고, 이 중요한 요소를 연구에 필히 포함시켜야만 한다. 그 이유는 돈점논쟁에 관한 이 작업이 흥미로운 이론적 탐구(理論的 探究)로 끝나는 단순한 연구가 아니라, 삶의 근본적 의미(根本的 意味)와 직결되는 지극히 실존적(實存的)인 문제(問題)로 이어지는 연구이기 때문이다. 즉 이 연구는 시종여일(始終如一) '나는 어떻게 생사해탈(生死解脫)을 얻을 수 있겠는가?' 하는 결정적(決定的)인 자기탐색(自己探索) 및 수행(修行)과 연관이 있다.

이렇듯 돈점논쟁은 생존(生存)과 관계된 근원적인 문제임에도 불구하고 역사(歷史)에 대해 완전하게 열려 있는 해석학적 순환의 논리에서 본다면, 이는 해석자(解釋者)가 속한 시대에 따라 새로운 해석이 나올 수밖에 없다. 따라서 이에 대한 획일화된 이론적 정답(理論的 正答)은 있을 수 없으며, 나아가 해석자에게 구체적(具體的)인 역사적 맥락(歷史的 脈絡)을 넘어서는 그 이상의 답을 기대해서도 안 된다. 그렇다고 해서, 그 누구도 정답이라고 단언하기 힘든 이 돈점논쟁 앞에서 진리를 탐구할 필요가 없다는 식의 상대주의적 결론(相對主義的 結論)으로 넘어가지는 말아야 한다. 왜냐하면 참다운 해석을 하려는 꾸준한 노력을 통해서 얻게 되는 진리(眞理)야말로 가장 절대적인 것이기 때문이다. 그러므로 진리를 고정(固定)시키지 않고 언제나 더욱 역동적(力動的)으로 탐구(探究)하여 그 뜻을 심화해 가는 수행자의 모습은 『금강경(金剛經)』에서 말하는 '머무름 없음(無住)'[4]에 가장 충실(忠實)한 자세(姿勢)로 남을 것이다.

본고(本稿)에서는 '종교 간 대화(宗教 間 對話)의 시대(時代)'라고도 말할 수 있는 현대사회(現代社會) 안에서, 한국 불교의 돈점논쟁을 비교종교학적 관점, 특히 그리스도교의 관점에서 어떻게 새롭게 조명(照明)할 수 있는지를 살펴보고자 한다. 여러 종교에 걸친 방대한 연구를 시도하는 것보다는, 한국 불교의 돈점논쟁에서 주요 내용을 이루는 돈오돈수 및 돈오점수 개념(概念)을 가능한 한 이에 해당하는 그리스도교의 개념과 대비(對比)시켜 신약성경을 새롭게 해석할 수 있음을 보여 주고자 한다. 이를 위하여 다음과 같은 세 가지 단계로 본 연구를 진행시켜 보겠다.

① 퇴옹성철의 돈오돈수사상이 지닌 특성(特性)을 여러 각도로 살펴본다. 즉 성철 스님의 사상에 대한 여러 비판들을 재고해 보고, 그분의 해석학적 순환 문제를 살펴본 다음, 그분에 관하여 바르게 이해

4 "응무소주이생기심(應無所住而生其心). 마땅히 머무르는 곳 없이 그 마음을 일으켜야 한다." 『대정장(大正藏)』 권8, 235, 749 c22~c23.

하는 견해들을 밝힌다.

② 그리스도교의 근본이 되는 경전인 『신약성경(新約聖經)』에 돈오돈수 및 돈오점수에 해당(該當)될 수 있는 기본 개념(基本 槪念)이 있는지의 여부를 확인(確認)한다. 그리고 만일 그와 유사(類似)한 개념들이 있다면, 그 개념들이 『신약성경』 안에서 서로 어떻게 양립하며 병존하는지(連結)를 탐구하고 제시한다.

③ 그 결과를 통하여 한국 불교의 돈점논쟁을 조명한다.

위의 방법론(方法論)을 적용시키면서, 그리스도교를 불교의 개념 혹은 반대로 불교를 그리스도교의 개념으로 환원(還元, reduction)시켜 놓으려는 의도가 필자에게는 전혀 없다. 또 어떤 가치 판단(價値 判斷)에 근거하여 불교(佛敎)나 그리스도교의 우월성(優越性)을 가리거나 그 두 종교를 뛰어넘는 새로운 신흥종교(新興宗敎)를 만들려고 하지도 않겠다. 다만 양쪽 종교(宗敎)의 유사 개념의 대비적 관찰을 통하여 상호 조명(相互 照明)하는 가운데, 각 종교의 전통을 더 깊이 이해할 수 있다는 사실을 밝히려 할 뿐이다. 그렇게 하기 위해서는 서로 간의 차이점(差異点)과 최소한의 공통점(共通點)을 알아내고 인정해야 한다. 나아가 그러한 점들을 살려냄으로써 실제적으로 보람 있는 대비(對比)가 이루어질 수 있을 것이다. 그러므로 필자는 불교와 그리스도교를 결코 동일시(同一視)하려 하거나, 두 종교를 무조건적으로 대립(對立)시키려 하지 않을 것이다. 필자는 불교와 그리스도교를 '비슷한 면이 아주 많은' 전혀 다른 종교라고 본다. 비슷한 면과 다른 면 중에서 연구자의 초점이 전자와 후자 가운데 어디에 맞춰져 있는지에 따라 강조하는 논점도 달라지게 마련이다. 그러므로 양쪽을 조화롭게 고수할 때 연구의 균형(均衡)을 어느 정도 맞출 수 있을 것이다.

필자가 알기로, 본 논고가 지향하는 바와 똑같은 목적으로 연구된 선례(先例)는 아직까지 없다. 그렇기에 필자는 반드시 이 연구를 해야만 하는 것으로 확신한다. 왜냐하면 이 세상에는 어느 종교라도 완전히 독립적(獨立的)으로 따로 존재(存在)하는 것은 없기 때문이다. 또한 인류 종교사(人類 宗教史)적으로도, 불교와 그리스도교는 그 선교적 특성(宣教的 特性)으로 인하여 가는 곳마다 그 나라의 문화와 서로 큰 영향(影響)을 주고받았기 때문이다.[5] 무엇보다도 불자와 그리스도인의 숫자가 대략 전체 인구의 25%씩을[6] 각각 차지하는 이 '조용한 아침의 나라'에서는 더욱더 그럴 수밖에 없다고 본다. 이와 같이 한국은 불자와 그리스도인의 대화(對話)가 가장 많이 이루어질 수 있는 나라임에도 불구하고 불행히도 현실적으로는 그런 대화가 거의 없는 편이다.[7] 그렇기 때문에 본 논고가 다루는 주제는 장차 한국의 간화선(看話禪)이 그리스도교 문화권(文化圈)인 서양사회(西洋社會)에 더 뿌리내리기를 희망하는 모든 이에게 필수불가결(必須不可缺)한 관심 영역이 되리라고 본다.

5 불자들과 그리스도인들의 범세계적 차원의 대화에 대한 책으로 Michael Von Brück and Whalen-Lai, 1997, *Buddhismus und Christentum* (Munich: Beck)을 참조.

6 2016년의 자료를 보면 그리스도교 인구는 꾸준히 증가하는 반면 불교 인구는 줄어들고 있어서 이러한 균형이 깨어진 것 같다.

7 지난 2011년 미국 뉴욕 유니언신학대학에서 대한불교조계종의 진제 종정과 만나 종교 간 대화를 나누었던 저명한 원로 신학자 폴 니터(Paul F. Knitter)는 이렇게 말한다. "불교와 그리스도교 두 전통에 속하는 것이 내게 실제로 이루어졌다. 이 책을 쓰면서 지난 이십 년 동안 불교로 건너가 본 노력을 돌아볼 때 붓다 없이 나는 그리스도인이 될 수 없었다는 것이 분명해졌다. 내게는 두 전통에 속하기가 단지 가능한 것만이 아니다. 내게는 그것이 필요하다! 내가 종교적일 수 있는 유일한 길은 다른 종교들과의 관계를 통해서이다. 나는 불자가 되는 것을 통해서만 그리스도인이 될 수 있다." 폴 니터, 2011, 『붓다 없이 나는 그리스도인일 수 없었다』, 정경일, 이창엽 옮김(서울: 클리어마인드), 392. [Paul F. Knitter, 2009, *Without Buddha I Could not be a Christian* (New York: Oneworld Publications), 216.]

퇴옹성철의 돈오돈수사상의 특성

가. 성철 스님에 대한 비판 재고(批判 再考)

필자는 '성철의 생애(生涯) 및 전서(全書)'[8]라는 주제로 박사학위논문을 쓰는 가운데, 국내 도처에서 성철 스님에 대한 신랄한 비판을 말할 수 없을 정도로 계속 들어야 했다. 학자들은 물론 평범한 사람들조차도 간혹 "돈오돈수사상이 도대체 실제 삶에서 무슨 소용이 있겠느냐?"라는 혹독한 질문을 하였다. 뿐만 아니라 그들 중 몇몇은 성철 스님의 열반송(涅槃頌)[9]을 인용하면서, 입적하기에 앞서 성철 스님은 자신이 저질렀던 사상적 오류에 대해 스스로 고백했다는 주장에로까지 밀고 나갔다. 필자가 박사과정을 마치고 2004년 가을 학기부터 서강대학교 종교학과 대학원생들에게 한국 불교에 관해 가르치기 시작했을 즈음에도, 성철 스님에 대한 무조건적이고 강한 거부 반응(拒否 反應)을 직접 보고 들을 때가 많았다. 예외적으로 퇴옹성철의 사상을 전반적으로 받아들이는 조계종 승려 한 분이 있었는데 그 스님은 세미나 토론 시간에 내내 다른 학생들의 비난을 계속 받으면서 한 학기를 보내다시피 했다. 막상 보니 성철 스님의 돈오돈수사상을 완전히 배격해야만 정상적인 사람 취급을 받을 수 있는 정도의 분위기였기에, 이런 상황에서는 퇴옹성철의 돈오돈수사상의 의의(意義)에 대한 객관적 토론을 진행시키기가 어

8 서명원, 2004, "La vie et l'oeuvre du Maître Sŏn T'oeong Sŏngch'ŏl 退翁性徹 (1912~1993)," (퇴옹성철 선사의 생애 및 전서), PhD diss., Université Paris 7－Denis Diderot. UFR LCAO [프랑스 파리 7－드니 디드로 대학교 박사학위논문(동양학과 한국 불교학 전공)].

9 "생평기광남녀군 미천죄업과수미 활함아비한만단 일륜토홍괘벽산(生平欺誑男女群 彌天罪業過須彌 活陷阿鼻恨萬端 一輪吐紅掛碧山)." 퇴옹성철(退翁性徹) 편역(編譯), 1993a, 『고경(古鏡): 조계선종소의어록집(曹溪禪宗所依語錄集)』(합천: 장경각), 7.

려울 수밖에 없었다. 물론 가끔씩 한국의 돈점논쟁에 관하여 조심스럽게 처신하는 사람들을 만날 수 있었지만, 그런 경우들이 비교적 많지는 않았다.

필자는 오늘에 이르기까지 성철 스님에 대한 그 모든 비판을 하나하나 귀담아 들어 왔다. 그럼에도 불구하고 결코 그분에 대하여 친밀감(親密感)이 떨어지기는커녕 오히려 성철사상의 참다운 특성(特性)이 무엇인지를 정리하는 데 큰 도움이 되었다고 본다. 필자는 또한 종달(宗達, 1905~1990) 노사(老師)를 통해 임제종(臨濟宗) 양기파(楊岐波)의 법맥(法脈)을 잇고 있는 (사)선도성찰나눔실천회(약칭 선도회)에서 1996년부터 법경 노사(法境 老師)의 지도(指導) 아래 꾸준한 참선 수행(參禪 修行)을 해 왔다. 그러는 동안, 성철 스님의 돈오돈수가 선도회에서 주창하는 사상이 아님에도 불구하고 이는 필자에게 한결같이 큰 힘이 되어 왔음에 틀림이 없다.

성철 스님이 많은 비판과 반박을 일으켰던 이유 가운데 하나는 그분의 사상 자체(思想 自體) 때문이 아니라, 오히려 사상을 전달(傳達)하는 방법(方法)에서 비롯된 것이라고 본다. 쉽게 말해서, 그 내용(內容)보다는 포장(包裝)에 초점이 맞춰진 것이라고 말할 수 있다. 물론 어떤 사람들은 "바로 전자(前者)가 문제 되기 때문에 후자(後者)도 그렇다."는 식으로 다른 견해를 제기할지도 모른다. 그렇다고 하더라도, 본고에서는 성철 스님의 사상(思想)에서 문제시(問題視)될 만한 모든 점을 일일이 다 언급하기보다는, 그 가운데 가장 핵심적(核心的)인 것만을 골라 두드러지게 지적하고자 할 따름이다. 무릇 사람들은 자기가 숭상하는 스승의 약점(弱點)을 듣기 싫어하고, 또 어쩔 수 없이 듣게 된다면 보통은 크게 실망하게 마련이다. 하지만 스승에 대한 참다운 존경(尊敬)이란 스승의 약점(弱點)들에도 불구하고 그의 궁극적(窮極的)인 위대(偉大)함을 믿는 제자(弟

子)의 직관(直觀)에서 비롯해야 할 것이다.

나. 성철 스님의 해석학적 순환(解釋學的 循環)의 문제

지눌에 비하여 성철 스님은 해석학적 순환에 있어서 늘 다양한 역사적 맥락(歷史的 脈絡)에 따른 전통에 대한 새로운 해석을 적극적으로 찾았다기보다는, 변형(變形)과 양립될 수 없는 절대적(絶對的)인 전통만을 주로 강조(强調)했을 따름이다.[10] 이는 성철 스님의 고도의 연역적(演繹的)인 사고구조(思考構造)와 압도적(壓倒的)인 공시적 시간관(共時的 時間觀)을 잘 드러낸다. 그 때문에 그분에게 통시적(通時的, diachronic)인 면과 귀납적(歸納的)인 면이 전혀 없다고 말할 수는 없으나, 대비하여 볼 때 이 측면들이 상당히 미약하다. 따라서 그분의 역사적 원근감(歷史的 遠近感, historical perspective)도 이와 마찬가지라고 볼 수 있다. 쉽게 말하여, 자신의 돈오돈수사상 때문인지는 모르겠으나 그분은 점차적(漸次的)인 것은 무엇이건 전혀 받아들이지 못하고, 또한 사건(事件)들의 시간적 전개(展開)를 고려하거나 중시하지 않았다. 그것에 대한 두드러진 예(例)로써, 그분은 『백일법문(百日法門)』에서 천태종 교학(天台宗 敎學)을 길고 면밀하게 소개하려고[11] 하면서도, 그 묘한 돈점(頓漸)의 회통(會通)을 전혀 언급하지 않고[12] 오로지 돈적(頓的)인 면에만 초점을 맞추었던

10 전통과 변형을 유지하는 길을 보여 주는 책으로써, Jaeryong Shim, 1999, *Korean Buddhism, Tradition and Transformation*, Korean Studies Series #8 (Seoul: Jimoondang Publishing Company)를 참조할 수 있다.

11 퇴옹성철(退翁性徹), 1992b, 『백일법문(百日法門)』, 하(下): '성철 스님 법어집' 1집 2권(합천: 장경각), 11~87.

12 Neal Donner, 1991, "Sudden and Gradual Intimately Conjoined: Chih-i's T'ien-t'ai View," in *Sudden and Gradual, Approaches to Enlightenment in Chinese Thought*, ed., Peter N. Gregory, Studies in East Asian Buddhism 5 (Honolulu: University of Hawai'i Press), 201~226.

것을 들 수 있다.[13] 이와 같은 이유에서 성철 스님은 시대(時代)에 대한 시간적 착오(錯誤)를 여기저기에서 비일비재하게 저질렀다. 예컨대 아무런 근거도 제시하지 않고 천태지의(天台智顗, 538~597)의 원돈지관(圓頓止觀)[14]이나 육조혜능(六祖慧能, 638~713)의 가르침을 이보다 훨씬 후대(後代)인 송(宋, 960~1279)대의 원오극근(圜悟克勤, 1063~1135)과 대혜종고(大慧宗杲, 1089~1163)의 간화선수행(看話禪修行)과 거의 동일시하였다.[15]

이와 마찬가지로, 성철 스님은 자신의 사고방식과 시간관이 한쪽으로 지나치게 치우쳐 있었기에, 진리(眞理)에 대한 정의(定義)란 역사적 제약(制約) 안에서 이루어진다는 사실을 최소한도 인정하지 못했던 것으로 보인다. 예를 들면 그분이 중도사상(中道思想)의 독창성(獨創性)에 대해서 언급할 때 그 사상을 평지돌출(平地突出)한 것에 비유하는 것으로 미루어 보더라도[16] 이를 잘 알 수 있다. 즉 성철 스님은 지눌사상이 태어난 역사적 배경(背景)을 전혀 고려하지 않았다. 또한 그분의 전서에서는 아무리 찾아보아도, 화엄 교학(華嚴 敎學)과 선의 조화를 이루어야 했던 지눌의 시대적 입장(立場)을 깊이 있게 객관적(客觀的)으로 다루었던 흔적을 전혀 찾을 수 없다. 그런데 이는 지눌뿐 아니라 다른 어느 고승(高僧)이나 조사(祖師)들을 인용하는 경우에도 마찬가지여서, 역사적 맥락을 경시(輕

13 어떻게 보면, 성철 스님이 하나의 이상(理想)으로 여길 수 있는 중도사상(中道思想)을 통해서 불교의 전체(全體)를 회통적(會通的)으로 소개해 주면서도 다양한 종파(宗派)의 고유성(固有性)을 상실시키는 결과를 초래했다. 필자의 박사논문, 제1권, 195~221 참조.

14 퇴옹성철, 1992b, 앞의 책, 46, 67.

15 퇴옹성철 현토(懸吐)·편역(編譯), 1987, 『돈황본 육조단경(敦煌本 六祖慧能)』, '성철 스님 법어집' 2집 1권(합천: 장경각), 309~310.

16 퇴옹성철, 1992a, 『백일법문(百日法門)』, 상(上): '성철 스님 법어집' 1집 1권(합천: 장경각), 71~83.

視)하거나 또는 완전히 무시(無視)하면서 필요한 내용만을 아전인수(我田引水) 격으로 발췌하는 경향이 두루 나타났다. 결과적으로 성철 스님이 축적하여 제공한 돈오돈수에 대한 수많은 경증(經證)들은 설득력이 약할 때가 많다. 그러므로 성철 스님의 진리관(眞理觀)에 대해 매우 이상적(理想的)이며 고정적(固定的)이라고 해도 과언이 아니다. 또한 성철 스님은 지극히 절대적(絕對的)인 자신의 진리관이 지니는 상대성(相對性)을 인식하지 못한 것 같다. 결국 진리에 대한 성철 스님의 이해가 연역적(演繹的)이며 동시에 공시적인 만큼 그분은 타인(他人)의 관점을 받아들이지 못했고, 자신만의 독특하고 절대적인 세계(世界)를 구축했던 것으로 볼 수밖에 없다. 그렇기 때문에 성철 스님의 세계 안에 들어가려면 완전히 그와 똑같이 생각해야만 할 것이다.

그런 문제들 때문에 흔히 성철 스님을 두고 '물거품 속의 인물, 과거의 인물, 이제는 묻어도 되는 인물' 등이라는 표현을 쓰며 신랄하게 비판하는 경우가 많다. 그러나 아무도 부인(否認)할 수 없는 그분의 약점(弱點)들을 계속 되풀이해서 지적(指摘)하기보다는, 그분의 주요작품(主要作品) 안에서 핵심적 기표(記標)들이 어떻게 서로 연결되며 의미(意味)를 부여하는지에 주의를 집중하고 그것을 살펴보는 것이 그분이 추구했던 사상의 의의를 찾는 데 훨씬 더 실제적이고 효과적(效果的)일 것이다. 달리 말하면, 성철 스님의 돈오돈수사상의 궁극적 구성원리(窮極的 構成原理)가 어떤 모습인지를 알아내는 데 그분의 여러 약점으로 이루어진 구정물을 버리는 것이 중요하다는 뜻이다.

다. 성철 스님을 바르게 이해하기 위하여

성철 스님을 바르게 이해하기 위해서는 성철 스님과 지눌의 공통점과 차이점 몇 가지를 분명히 알아야 한다. 무엇보다 먼저 그들이 살았던 각 시대를 비교하여 보면, 거기에는 두드러진 유사점(類似點)이 있음을 알 수 있다. 즉 외세(外勢)의 침입(侵入), 군인(軍人)들의 쿠데타, 불교의 생명(生命)을 위협하는 승가(僧伽)의 심한 타락(墮落), 치열한 경쟁(競爭)과 피할 수 없는 분열이다. 그러나 그 밖의 나머지 점에서는 전연 다르다. 두 사람의 초상화(肖像畵)나 사진(寫眞)만을 보더라도 곧바로 그들의 얼굴에 드러난 성격적 특성(特性)이 다르다는 것을 짐작할 수 있다. 지눌의 얼굴 표정은 온정과 친절을 풍기는 반면, 성철 스님의 안광은 한결같고 형언할 수 없는 강경한 뱃심을 보여 준다. 지눌의 호(號)인 '목우자(牧牛子)'와 성철 스님의 별명(別名)인 '가야산(伽倻山)의 호랑이'에서도 그 성격적 차이(差異)가 즉각 나타난다. 또한 두 선사(禪師)의 저서들에서 풍기는 분위기도 대단히 상반(相反)된다. 즉 지눌의 저서에서는 늘 상대방의 입장에서 자신의 사상을 밝히려는 사변적 정신(思辨的 精神, speculative mind)이 보이는가 하면, 성철 스님의 저서에서는 시종여일 심하게 독단적(獨斷的)이며 단호한 어조로 자신의 주장을 끝까지 밀고 나가는 모습이 나타난다. 그렇기 때문에 성철 스님은 대체적으로 학자들에게 지눌에 비해 큰 매력을 주지 못하는 듯싶다.

그런데, 두 사람의 여러 차이점들 가운데 가장 중요한 것으로, 그들이 각각 밟아 나간 영적 여정(靈的 旅程, spiritual itinerary)이 다르다는 것을 지적할 수 있다. 성철 스님은 출가한 지 3년 만에 혹독하고 순수한 간화선(看話禪)을 통해서 29살에 단박에 깨친 반면 지눌은 경전(經典)을 접하며 세 차례에 걸친 점차적인 깨달음을 경험했다.[17] 그러나 성철 스님은 출가하기도 전에 사상이 지극히 돈오돈수적인 영가현각(永嘉玄覺, 665~713)의 『증도가(證道歌)』를 숙독하였고, 또한 선종(禪宗)의 필독서인 『대혜선사어록(大慧禪師語錄)』을 자신의 실제적 간화선수행(看話禪修行)의 지침서(指針書)로 삼았다. 지눌이 거의 마흔이 되었을 때 같은 어록을 통해 간화선을 발견한 것과 달리, 성철 스님은 20대 초반에 이를 알게 되어 평생(平生)의 수행(修行) 및 설법(說法)의 핵심으로 삼았다. 아마도 이러한 근원적인 개인체험(個人體驗)의 차이(差異) 때문에, 양자의 시간관도 서로 다른 것이라고 짐작할 수 있을 것이다. 점수(漸修)를 강조하는 지눌의 시간관은 무엇보다도 통시적이다. 그렇다고 하여 공시적인 면이 없는 것은 아니지만, 그 면이 크게 부각되어 있다고 말할 수도 없다. 그러나 돈수에 초점을 맞추는 성철 스님에 따르면, 그러한 통시적인 면과는 추호도 타협해서는 안 된다. 이러한 여러 차이만 보더라도 필자는 "지눌과 성철의 사상은 결국 동일(同一)하다."고 주장하는 사람들의 견해에 동의하기가 어렵다.

그렇다면, 도대체 성철 스님의 돈오돈수의 구체적 의미는 무엇인가? 그것은 성철 스님이 매우 아꼈던 『돈황본 육조단경(敦煌本 六祖壇經)』의 주요 인용문(主要 引用文)들을 살펴보면 일목요연(一目瞭然)하게 알 수 있다.

그 첫째 인용문은 "깨달음을 얻고 난 다음의 수행은 부처의 수행이다(悟後修行佛行)."[18]이다. 성철 스님에 따르면, 이 말은 '구경각(究竟覺)인

17 곧 지눌은 스물다섯 살이던 1182년에 『법보단경(法寶壇經)』을, 서른한 살이던 1188년에 이통현(李通玄, 635~730)의 『신화엄경론(新華嚴經論)』을, 그리고 마흔 살이던 1197년에 『대혜선사어록(大慧禪師語錄)』을 읽으면서 각각 깨달음을 경험하였다. 지눌, 1989, 『보조전서(普照全書)』, 보조사상연구원 엮음(서울: 불일출판사), 419~420; Robert E. Buswell Jr., 1983, *The Collected Works of Chinul. Translated with an introduction* (Honolulu: University of Hawai'i Press), 23~25, 27~29.

18 "법달일문언하대오 체루비읍자언 화상실미승전법화칠년 피법화전 이후전법화 염념수

오(悟)를 단박에 이루는 수행자(修行者)는 의심의 여지없이 실제적으로 부처가 되므로, 체험한 그 순간부터 아뢰야식(阿賴耶識)에 있는 미세망념(微細妄念)까지도 아주 다 사라져 버려, 그는 더 이상 부처가 되기 위해 닦을 필요가 없게 된다.'는 의미다. 이것은 성철 스님 자신이 체득한 것으로서 석가세존(釋迦世尊)을 비롯한 역대 조사가 체득했던 바와 같으며, 바로 이러한 근본적 체험 없이는 불교가 탄생하지 못했으리라고 주장한다.[19] 즉 불교는 바로 깨달음의 종교라는 뜻이다.[20] 뿐만 아니라 누구나 꾸준한 간화선수행을 통하면 이와 같은 궁극적 경지(境地)에서의 돈오돈수를 체험할 수 있다고 그분은 한결같이 주창했다.[21] 그는 깨닫고 나서도 부처가 되기 위해 계속 닦아야 하는 경험들을 모두 완전히 배척했다.

둘째 인용문은 "오직 견성(見性)하는 법(法)만을 전(傳)하며, 세상(世上)에 출현(出現)하여 사종(邪宗)을 파쇄(破碎)하노라(唯傳見性法 出世破邪宗)."[22]로서, 그 내용은 육조혜능의 대를 이어 살았던 성철 스님의 굳건한 정신을 드러내 준다. 그는 여기에 나오는 견성법(見性法)과 돈교법(頓敎法)의 의미를 동일시하였는데,[23] 전자(前者)는 『법보단경(法寶壇

행불행 대사언 즉 불행시불기시청입(인)무불오자. [法達一聞言下大悟 涕淚悲泣自言 和尙實未僧轉法華七年 被法華轉 已後轉法華 念念修行佛行 大師言 卽 佛行是佛其時聽入(人)無不悟者.]" 퇴옹성철 현토·편역, 1987, 앞의 책, 18, 233; 퇴옹성철, 1981, 『선문정로(禪門正路)』(합천: 장경각), 106~107; 『대정장』 권48, 2007, 343 a4~7 (괄호 안의 것은 원서 수정 이전의 글자임).

19 퇴옹성철, 1992a, 앞의 책, 14~26.

20 위의 책.

21 성철 스님의 절대적 인간관에 대해서는 다음 두 권의 책을 참조. 위의 책, 14~26; 퇴옹성철, 1981, 「중생불성(衆生佛性)」, 『선문정로』의 제2장, 33~38 참조.

22 "유전견성법 출세파사종(唯傳見性法 出世破邪宗)." (오직 부처님의 성품을 친견하는 법만을 전하여 세상에 나와 삿된 종을 부수어 버려라.) 퇴옹성철, 1987, 앞의 책, 41; 『대정장』 권48, 2008, 351 b15. 이 인용문의 자세한 분석 및 해석은 필자의 박사논문, 412~416에 있다.

經)』, 후자(後者)는 『돈황본 육조단경』에 각기 해당된다. 또한 성철 스님이 그 인용문을 많이 사용하는 것으로 미루어, 그분이 이 내용을 얼마나 중요시했는지도 잘 알 수 있다.[24] 물론 성철 스님에게는 견성법(見性法)이나 돈교법(頓教法)이 모두 돈오돈수와 같은 맥락의 것이다.

셋째 인용문은 "본래 마음을 알지 못하면 법(法)을 배워도 이익이 없느니라(不識本心學法無益)."[25]이다. 따라서 성철 스님에게는 '진리에 대한 체험이 무조건적으로 먼저'라야 된다. 즉 '깨달음이 먼저지 팔만대장경이 먼저가 아니'라는 것이다. 그렇다면 성철 스님의 선교관계(禪教關係)를 어떻게 이해할 것인가? 이는 선종의 종지(宗旨)를 형언하는 교외별전(教外別傳), 불립문자(不立文字), 직지인심(直指人心), 불급언전(不及言詮) 등의 표현들과 다를 것이 없다. 그렇기 때문에 성철 스님에 따르면, 교(教)를 단절(斷絕)해야만 깨침을 얻을 수 있다. 역시 성철 스님의 법어집(法語集)을 이루는 11권의 책들은 모두 한결같이 그 길을 향하여 이끌어 줄 뿐이다. 예컨대 『백일법문』 700여 쪽의 주요 가르침은 불교의 다양한 사상적 주류(主流)를 하나의 고유개념(固有概念)인 중도사상으로 결정(結晶)시켜 준다. 그러나 팔만대장경(八萬大藏經)의 핵심인 그 중도사상은 지적(知的)으로만 터득되는 것이 아니고 오로지 간화선수행을 통해서만 체득할 수 있다고 그분은 주창했던 것이다. 어떻게 보면 『백일법문』의 고도(高度)의 회통적인 설법(說法)은 교(教)를 단절하도록 집중적으로 정신을 각성시켜 준다. 구경각을 통해서 그 단절을 결정적으로 이룬 사람은

23 이 책의 제1부 제1장 각주 7 참조.

24 퇴옹성철, 1981, 앞의 책, 82; 1992b, 앞의 책, 315, 323, 326~327, 338; 1987, 앞의 책, 5, 38~53, 204, 309.

25 "불식본심학법무익(不識本心學法無益)." 1987, 위의 책, 26, 39, 109~110; 『대정장』 권48, 2007, 338 a4~5.

경전들을 자유자재로 사용할 수 있게 된다.

이 사실을 통하면, 위에서도 언급했듯 성철 스님의 교(敎)에 대한 인용법을 더 잘 이해할 수 있게 된다. 그분은 진리에 대한 자기체험(自己體驗)을 위주로 불교전통(佛敎傳統)을 재독(再讀)했기 때문이다. 그렇기에 그분은 역사적 배경에 대한 걸림 없이 불교전통을 나름대로 이해하고 해석하는 데 완전히 자유로웠다. 어떻게 보면 경전들을 통해 성철 스님의 깨달음의 체험을 나타낸 것이 아니라, 오히려 성철 스님의 마음이 그 경전들을 담았던 것이다. 비유하자면, 성철 스님에게는 선(禪)을 통한 깨침인 계란이 먼저 있는 것이었지, 교(敎)인 닭이 먼저 있는 것이 아니었다. 두말할 나위 없이 그러한 이치를 파악하려면 상당한 가치관(價値觀)의 전도(顚倒)가 요구된다. 그렇기 때문에 성철 스님이 사용하는 경증(經證)들을 받아들이려면 그분과 똑같은 경지에서 교(敎)를 보아야만 한다.

그러나 성철 스님은 단연 단경(壇經)을 공시적으로 이해하고 숙독했으므로 그 통시적 형성 과정에 대한 관심은 조금도 없었다. 그분은 『돈황본 육조단경』을 혜능이 몸소 설법한 내용의 기록으로 생각했으며 하택신회(荷澤神會, 668~760[26])의 작품일 수도 있다는 생각은 전혀 하지 못했던 것으로 보인다. 무엇보다도 『돈황본 육조단경』의 현토(懸吐)·편역(編譯)의 출간이 성철 스님이 입적하기 6년 전이었던 1987년에 이루어진 사실에 대해서는 그분이 당신의 돈오돈수사상을 입증(立證)하기 위해 행했던 최후의 노력으로 보아야 할 것이다. 뿐만 아니라 성철 스님은 당신의 철두철미한 성격상 오로지 돈오돈수사상만을 밀고 나갔던 점을 고려할 때, 그분은 어디까지나 자신을 육조혜능과 완전히 동일시

26 또는 670~762.

하였던 것으로 여겨진다. 구경각의 경지에서는 일불일체불(一佛一切佛)이라 하므로 그렇게 볼 수도 있을 것이다.[27] 반면에 지눌은 단경을 일찍 알게 되었고 이를 통해 첫 번째 깨달음을 얻었던 데다 이를 평생토록 매우 아꼈음에도 불구하고 돈오점수적인 입장을 고수했다.

성철 스님은 당신이 주장한 사상이 평범한 일반인들에게 얼마나 극단적이며 추상적 이상(理想)으로 여겨졌는지를 과연 인식했을지 하는 점은 의문으로 남는다.

누군가 돈오점수사상을 완전히 배척했던 "성철 스님을 무엇에 비유할 수 있을까?" 하고 질문한다면, "자나 깨나 외줄타기만 하는 곡예사"라고 대답하면 될 것 같다. 참으로 위험천만하기 짝이 없는 외줄타기를 과연 오매일여로 할 수 있을지 그 가능성의 여부를 물을 수밖에 없는 놀이를 염념수행불행(念念修行佛行)으로 하는 존재는 완전히 깨어 있는 사람이나 신(神)뿐일 것이다.

이로써 우리는 성철 스님의 돈오돈수사상이 지닌 특성을 정의하는 작업을 마무리하였다. 그러면 그분이 왜 그토록 중력(重力)을 거스르는 그런 입장(立場)만 고수했는지를 이해하려 하되, 혹시나 그리스도교 안에서도 이와 유사한 경우가 있는지를 알아보기 위하여, 그리스도교의 근거가 되는 『신약성경』 안에서 돈오돈수와 돈오점수의 개념을 살피는 단계로 넘어가 보자.

신약성경에 나타난 돈오돈수와 돈오점수의 탐구

『신약성경』은 소위 예수 그리스도(BCE 6~CE 30[28]) 사건을 다루는 그

27 길상 엮음, 2001, 『불교대사전(佛教大辭典)』(서울: 홍법원), 2141쪽 참조.
28 BCE 7년과 CE 33년 사이일 수도 있다.

리스도교의 가장 핵심적인 경전이다. 그 내용은 크게 둘로 나눌 수 있는데, 앞부분은 예수 그리스도라는 인물의 생애(生涯)를 알려 주는 공관복음(共觀福音)[29]과 사도(使徒) 요한의 복음으로 구성되어 있고, 뒷부분은 예수가 죽고 난 다음에 있었던 그 제자(弟子)들의 활동에 대하여 기록한 사도 바울의 서간(書簡) 및 다른 자료들로 이루어져 있다. 두말할 나위도 없이 『신약성경』의 앞부분과 뒷부분, 전체를 아무리 읽어 보아도, 불교의 전문용어(專門用語)인 돈오돈수와 돈오점수의 표현, 또는 그와 유사한 낱말들을 찾기 어렵다. 그렇지만 『신약성경』을 다시 읽으면서 깊이 있게 잘 살펴본다면, 그 불교용어(佛敎用語)들이 의미하는 진리에 대한 체험의 구조와 상당히 유사한 내용을 발견할 수 있을 것이다.

가. 『신약성경』에서의 돈오돈수(頓悟頓修) 탐구

공관복음에서 '단박에 깨쳐서 단박에 수행(修行)이 완전히 이루어지는' 확실한 경우는 그야말로 하나밖에 없는데, 그 체험은 예수 그리스도에게만 해당(該當)된다.[30] 과연 예수 그리스도는 공생활(公生活)을 시작하기에 앞서 돈오돈수와 아주 흡사한 체험을 했다고 볼 수 있다. 그 이유는 그가 그 체험을 한 뒤부터 죽을 때까지, 진리의 궤도(軌道)에서 조금도 이탈(離脫)하지 않고 오로지 이타행(利他行)으로서 살다시피 했

29 공관복음(共觀福音)은 마태오·마르코·루카복음으로서, 이 세 복음이 예수 사건(事件)을 다루는 관점(觀點)이 서로 공통적(共通的)이므로 이를 공관복음이라고 부른다. 이 책에서는 그 가운데 내용이 가장 풍요로운 루카복음을 위주로 사용한다.

30 예를 들어, 소위 성모영보(聖母領報, 루카 1:26~38)와 사도(使徒) 바울의 회심(사도행전 9:1~19)의 경우에서도 돈오돈수적인 구조(構造)를 드러내고 있다고 볼 수는 있지만, 예수의 경우만큼 분명하지는 않다.

기 때문이다. 달리 말하여, 그는 그때 체득했던 경지에서 한 치도 더 이상 후퇴(後退)하지 못하는 양, 오로지 외길 인생만을 걸었기 때문이다. 이는 구조적인 면에서 불교적 배경과 많이 다르지만, 앞에서 언급하였던 『돈황본 육조단경』의 '오후수행불행(悟後修行佛行)'과 일맥상통(一脈相通)하는 것으로 볼 수 있다.

이제 『신약성경』에서 '예수의 궁극적(窮極的) 깨침'이 어떻게 묘사되어 있는지 살펴보자. 사실 그것은 지극히 소박한 내용으로서, 예수가 요르단 강에서 세례(洗禮)를 받고 나서 기도하고 있을 때 돌연 일어났던 사건이다.[31] 그가 그때 어떻게 기도했는지, 또 무엇 때문에 그 순간에 그런 체험을 했는지에 대한 언급을 신약성경에서는 전혀 찾아볼 수 없다. 뿐만 아니라 그가 석가세존과는 다른 어떤 수행의 과정(過程)을 겪은 후 득도(得道)하게 되었는지조차도 알 수 없다.[32] 환언하면, 앞의 언급처럼 그 체험으로 인하여 맺힌 열매로 미루어 보아 예수의 궁극적 체험이야말로 더 이상 있을 수 없는 가장 갑작스러운 체험이었던 것이다. 그렇다면 그 깨침의 정확한 내용(內容)은 무엇이었을까? 석가세존이 궁극적 체험을 통해 연기(緣起)의 법칙(法則)을 깨달았는가 하면 예수는 성령(聖靈)을 가득히 받아 하느님의 아들이라는 사실을 깨달았다고 한다.[33] 성경의 말씀을 어구에

---

31 루카 3:21~22.

32 필자와 달리 니터는 세례를 받기 전의 예수의 수행에 관하여 이렇게 말한다. "나는 예수의 구도와 깨달음의 대부분이 그의 '숨겨진 생애' 동안에 일어났다고 생각한다. 사실, 복음서들은 어린 시절 예수가 "지혜와 은혜 안에 '자라났다'" (루카 2:40)고 명백하게 말한다. 그리고 그것은 예수가 집을 떠나 어느 스승에게서 배웠음을 암시한다. 그 스승은 사막에 살고 있던 사촌인 요한이었다." 폴 니터, 앞의 책, 226 [Paul F. Knitter, *op. cit.*, 115] 참조.

33 "이런 점을 인식하면서 예수가 "너는 내가 누구라고 말하느냐?"라고 애태우듯 물은 것에 답하려고 한다면, '하느님의 아들'이 '깨달은 이'와 비슷한 의미라는 것을 이해할 수 있게 될까? 나는 그럴 수 있다는 것을 점차 확신하게 되었다. …… 하지만 '신적인'이라는 형용사를 '깨달은'이라는 의미의 형용사로 번역하자고 제안하는 것은 마치 예수가

걸리지 않고 해석해 보면, 이는 그가 그 순간부터 궁극적 진리와 최대한(最大限) 가까워졌다는 의미, 즉 그 궁극적 진리와 하나(一致)가 되었다는 의미다.[34] 또한 불교적으로는 그가 마하반야바라밀(摩訶般若波羅蜜)을 완전히 이루었다고 볼 수 있는 것이다.

예수의 세례 이야기에 뒤이어 나오는 것은 77대(代)로 이어지는 예수의 족보(族譜)[35] 이야기다. 그 내용의 핵심은 사람들이 예수를 '요셉이라는 사람의 아들'[36]로 여겼지만, 그 족보를 거슬러 올라가 맨 마지막에 이르면 예수가 '하느님의 아들'이라는 것에 있다.[37] 여기서도 그 내용을 글자 그대로 받아들이거나 역사적 사실성(事實性)을 따지기보다는, 그 족보 이야기가 전하고자 하는 상징적 의미(象徵的 意味)를 터득해야 된다. 방금 위에서 말한 바대로 그가 진리와 최대한 가까이 다가간 순간, 즉 진리와 하나가 된 사람이라면 겉모습은 예나 지금이나 똑같을지언정, 이제는 그의 법안(法眼)이 활짝 열려 본래(本來) 모습 자체가 결정적(決定的)으로 환히 드러났다는 뜻이다. 이는 석가세존이 성불(成佛)하고 난 뒤 이전에 당

보리수 아래 붓다의 체험과 같은 체험을 한 것처럼 그 둘을 동일시하는 것은 아니다. 차차 분명히 이야기하겠지만, 예수와 붓다, 그리고 그 둘의 체험에는 매우 실제적이고 분명한 차이가 있다. …… 붓다의 깨달음이라는 렌즈를 통해 예수의 신성을 이해하는 것은 그리스도교의 전통적 믿음을 잘라 내고 그 자리에 불교를 이식해 대체하려는 것이 아니다. 오히려 깨달음의 개념은 그리스도교 전통의 먼지 쌓인 선반에 있어서 그리스도인들이 주목하지 못하고 진가를 알아보지 못했던 상징들과 가르침들을 재발견하고 회복할 수 있게 해 준 손전등 같은 것이었다." 위의 책, 226~227 [ibid., 114~115] 참조.

34 "예수의 신성은 그의 영혼 안에 있는 영의 존재와 활동을 깨달은 결과라고 이해하는 것은 그를 매우 특별한 인간이긴 하지만 동시에 매우 실제적인 인간으로 남아 있게 하는 것이기도 하다." 위의 책, 228 [ibid., 116] 참조.

35 루카, 3:23~38.

36 위의 책, 3:23.

37 위의 책, 3:38.

신이 함께 수행했던 다섯 고행자나 속가의 아버지를 만났을 때 경험했던 것과 유사한 것으로 볼 수 있다. 다시 만난 아들에게 예전처럼 궁전으로 되돌아오기를 간절히 권고했던 아버지께 석가세존이 말했던 것은 "저의 혈통이 바뀌었습니다."[38]이었음을 참고할 수 있다. 마찬가지로 석가세존이 자기 자신을 "고타마의 벗"이라고 불렀던 동료 고행자들에게 "이제 나는 너희의 벗이 아니라 여래(如來)다."라고 대답한 것과도 유사하다.

예수의 족보 다음에 나오는 장면은 소위 사막 체험(沙漠 體驗)이다.[39] 그는 혼자 광야(廣野)에 가서 40일 동안 고행(苦行)하며 아무것도 먹지 않았고 악마(惡魔)의 유혹(誘惑)을 받았다. 악마(惡魔)는 온갖 종류의 유혹들을 이용해 꾀었음에도 불구하고 예수의 마음을 전혀 움직일 수가 없었다. 이 사건은 더 이상 닦을 것이 없는 예수, 그 얻은바 경지에서 더 이상 후퇴할 수 없는 확철대오(廓徹大悟)한 예수의 모습을 드러낸 것으로 볼 수 있다. 이어서 예수가 사막에서 나와 세속(世俗)으로 들어가 사람들과 더불어 공생활을 시작하는 모습이 그려진다.

예수의 공적 활동 기간(公的 活動 期間)은 길어야 3년 정도밖에 되지 않았는데, 그 활동의 주요 내용(主要 內容)은 다음과 같은 세 가지 모습으로 나누어 말할 수 있다. 첫째는 예수가 구마자(驅魔者) 또는 치유자(治癒者)로[40] 활동하며 사람들에게 죄의 용서(容恕)를 베풀어 주고,[41] 자신에게 찾아오는 온갖 부류의 사람들 중 어느 누구도 배격하지 않으며

38 다카쿠스 준지로(高楠順次朗), 1989, 『불교(佛教)철학의 정수』, 정승석 옮김(서울: 대원사), 50~51. [Takakusu, Junjiro, 1947, *The Essentials of Buddhist Philosophy*, ed., Wing-Tsit Chan and Charles A. Moore, Honolulu: University of Hawai'i T. H., 33~34.]

39 루카 4:1~13.

40 위의 책, 4:31~44; 5:12~16.

41 위의 책, 5:17~26.

정신적(精神的)·육적(肉的)·영적(靈的)으로 모두 해방(解放)시켜 주는 상당한 보살심(菩薩心)[42]을 드러내는 모습이다.[43] 둘째는 예수가 공적 활동을 시작할 때 제자들을 뽑아서 자신의 존재방식(存在方式)에 참여(參與)하도록 그들을 키우며 가꾸는 모습이다.[44] 셋째는 그가 홀로 또는 제자들과 함께 자주 산(山)이나 외딴곳으로 가서 관상(觀想)을 하는 모습이다.[45] 물론 예수 그리스도의 일생(一生)은 장수했던 석가세존에 비하여 매우 짧았지만, 그는 그 짧은 생(生) 동안 오로지 상구보리 하화중생(上求菩提 下化衆生)의 정신대로만 살았다고 할 수 있다.[46]

예수 당시의 사회가 지나치게 경직된 유대교 전통을 지니고 있었음에도 불구하고 그는 이 전통 속에서도 완전히 자유롭게 활동하였기에 대중(大衆)에게 막대한 인기(人氣)를 끌었고, 그로 인하여 그는 기존질서(旣存秩序)를 유지하려는 사람들과 어느새 심한 대립관계(對立關係)에 놓이게 되었다. 예수는 그 사람들이 자신을 아주 빨리 처치해 버릴 방법을 찾기 시작했다는 사실을[47] 알면서도, 오로지 홀로서기를 해 가면서 결코 죽음에 대한 두려움 없이 의연히 자기가 가야 할 길을 갔다. 예수는 결국 자신이 원하기만 했다면 피할 수도 있었을 십자가형을 온전히 받아들였다. 그렇다면 도대체 『신약성경』이란 무슨 희소식(喜消息)을 전하기

42 길희성, 2004, 『보살(菩薩) 예수』(서울: 현암사) 참조.

43 예수는 남의 생각을 꿰뚫어 볼 수 있거나 앞을 내다볼 수 있는 능력 등도 지니고 있었다.

44 마르 1:16~20; 마태 4:18~22; (루카 5:1~11).

45 예를 들자면, 이는 루카 3:21, 5:16; 6:12; 9:18; 9:28~29; 11:1; 22:42~44 등에서 볼 수 있다.

46 이 말씀은 예수 그리스도가 완전히 깨달은 분이었기에 하느님의 뜻과 전적으로 하나 되어 그 뜻을 시시각각으로 실천하며 살았다는 의미이다.

47 마르 3:6; 루카 6:11.

에 '복음(福音)'이라는 이름을 받았을까? 그것은 아마도 석가세존이 중생(衆生)들에게 생사해탈(生死解脫)의 길을 가르쳐 주었듯이, 예수도 죽음을 뛰어넘는 하나의 길을 사람들에게 보여 주었기 때문일 것이다. 그리스도교에서는 목숨을 내어 놓은 예수 그리스도는 전체(全體)와 하나라고 말한다.[48] 이는 물론 "영이 하나와 똑같다(0=1)."라고 말하는 식의 이성초월적(理性超越的)인 논리(論理)다.

예수 사건[49]에 있어서 우리가 궁금해할 수밖에 없는 것은, 어찌하여 별 볼 일 없는 작은 나자렛 마을의[50] 평범한 가정에서 태어난 사람이, 내세울 학벌마저 전혀 없는 사람이, 책이나 철학서라고는 하나도 남기지 않은 사람이, 득도(得道)했다거나 누구한테서 인가(印可)를 받았다는 식의 소리를 한 적도 없는 사람이, 그리고 무엇보다도 공생활을 시작한 지 3년도 채 못 되어 그 당시 가장 수치스러웠던 사형방법(死刑方法)으로 목숨을 빼앗겼던 바로 그 사람이, 죽은 지 2,000여 년이 지난 오늘에도 여전히 남아 있는 그리스도교라는 종교의 창시자(創始者)가 될 수 있었는지 하는 사실이다.

결론적으로, 동서고금(東西古今)을 막론하고, 예수가 자신의 공생활에 앞서 돈오돈수적 맥락의 체험을 했는지 안 했는지의 여부나 판단은 물론 사람들의 믿음 하나하나에 달려 있다. 이것은 석가세존의 성도(成道)의

48 하느님의 영원한 말씀으로 말미암아 "모든 것이 생겨났고 그분 없이 생겨난 것은 하나도 없다." (요한 1:3) 또한 "영원한 말씀이 사람이 되시어" (요한 1:14) 즉 예수 그리스도가 되시어, 공생활을 하시다 만물의 구원을 이루기 위해 죽었다가 부활하신 뒤 승천(昇天)해 하느님 오른편에 앉아 계신다고 고백한다. (사도신경) 즉 그리스도교의 창조관에 있어서 예수 그리스도가 되신 영원한 말씀은 초지일관 삼라만상과 하나다.

49 어떤 이벤트 같은 사건을 지칭하는 용어가 아니다. 역사적 인물로서의 예수의 삶 전체를 지칭한다.

50 요한 1:46.

경우에도 마찬가지다. 그런데 여기서 "그것이 정말인가?" 하는 질문에 "예."라는 확실한 대답을 하지 못하는 사람에게 있어서 그리스도교나 불교의 바탕 전체는 완전히 무너질 수밖에 없다. 그러나 설사 그렇다 하더라도 '석가세존과 예수 그리스도는 어찌하여 그토록 깊이 인류(人類)의 역사를 변화(變化)시킬 수 있었는가?' 하는 질문은 여전히 그대로 남게 될 것이다.

나. 『신약성경』에서의 돈오점수(頓悟漸修) 탐구

『신약성경』에 쓰인 것처럼 제자가 되는 길은 늘 스승의 부르심에 단박에 응답하는 데서 비롯된다.[51] 이것은 자기 자신도 스승과 같은 사람이 될 수 있다는 사실을 갑작스럽게 깨닫는 체험으로 이해할 수 있기에,[52] 이 경험이 보조지눌의 돈오(頓悟)와 똑같다고 말할 수는 없겠으나 그 깨침의 구조상 어느 정도는 이에 해당된다고 볼 수 있다. 또한 예수 그리스도가 공생활을 시작하자마자 제자들을 뽑았던 목적(目的)은 자신의 대(代)를 이을 수 있는 사람들을 일깨우려는 것에 있다.[53] 그래서 스승의 가르침을 제대로 받아들인 제자라면, 그도 자기의 스승처럼 사람들의 해방(解放)을 위해 일하는 가운데 새로 생겨나는 제자들을 일깨우는 사람, 즉 장차 자기 차례가 되어서 대를 이어 주어야 할 제자들을 일깨우는 그런 사람일[54] 것이다. 이는 자각각타(自覺覺他)의 과정(過程)이라고 할 수 있다. 그렇지만 성숙한 제자가 될 때까지는 오래 추구해야 되므

51 마태 4:18~22; 마르 1:16~20; 루카 1:38; 5:11; 5:28.

52 "제자는 스승보다 높지 않다. 그러나 누구든지 다 배우고 나면 스승처럼 될 것이다." 루카 6:40.

53 마르 3:14~15; 루카 9:1~6.

54 마태 28:19~20.

로(更參三十年[55]), 그 첫 번째 깨달음대로 되기를 바란다면 점차적 수행을 해야만 된다.

달리 말하자면, 제자도 이(理, noumenal world)에 있어서는 본래(本來) 모습[56]이 이미 스승과 똑같다는 사실을 알게 되었지만, 사(事, phenomenal world)에 있어서는 그 모습이 아직 두드러지게 나타나지 않았기 때문에, 제자에게서 그 모습이 표출되기까지는 시간적 과정을 통하여 닦아 나가는 것이 필요할 수밖에 없다. 그러므로 '단박에 깨치고 닦은 스승 예수 그리스도의 돈오(頓悟)'와 '부르심에 응답한 순간부터 꾸준히 닦아야 하는 제자의 돈오'는 그 글자는 똑같다 하더라도 내용 면에서는 다르다고 볼 수 있다. 그러한 돈오점수적인 경우들은 『신약성경』 안에서 비일비재(非一非再)하다.

또한 제자들에게 해당되는 돈오는 사람마다 그 강도(强度)가 다르고[57] 점차적 수행의 진전속도(進展速度)도 다르다.[58] 그러나 일단 돈오를 했다면, 수행도중(修行道中) 잠시 옆으로 빠질 수는 있겠지만 그 부르심의 궤도에서 완전히 이탈(離脫)하는 일은 결코 일어나지 않는다. 도저히 불가능(不可能)하다. 죽음을 앞두고 수난의 길로 들어가는 스승을 배반(背反)하였다가 다시 그 스승에게 돌아오는 사도 베드로나,[59] 스승을 팔아넘긴 후 극심한 죄책감(罪責感)을 견디지 못하고 스스로 자기 목숨을 끊었던 사도 유다를[60] 통해서도 잘 나타난다. 즉 계속 엉뚱한 길을 갔다가도 스

55 『무문관(無門關)』 제19칙; 『대정장』 권48, 2004, 230 c7; 『벽암록(碧巖錄)』 제4칙; 『대정장』 권48, 2003, 144 c16~17.

56 즉 하느님의 모습, 라틴어로 이마고 데이(imago Dei). 창세기 1:26~27.

57 예로써 성모영보(루카 1:26~38)의 경우와 사도 바울의 회심(사도행전 9:1~19)의 경우가 다른 경우들보다 더 강도가 높은 것으로 보인다.

58 예로써 즈카리아의 경우(루카 1:8~25)는 상대적으로 강도가 약하며 속도도 느리다.

59 마태 26:69~75; 마르 14:66~72; 루카 22:56~62; 요한 18:25~27.

60 마태 27:3~5.

승이 구현하는 이상으로 되돌아오는 제자는 아직도 자신이 목적지(目的地)에 이르지 못했다는 사실을 되풀이하여 고백함으로써, 늘 그 스승에게 더 열렬히 귀의(歸依)할 수 있게 된다.

그러면서도 제자는 자신을 진리로 이끌기 위하여 절대적 매개역할(絕對的 媒介役割)을 하는 스승과 조만간 헤어져야 한다. 공관복음과 요한복음의 근본구조(根本構造)만 보더라도 그 사실을 바로 알 수 있다. 그래서 그리스도론(論)의 교의(教義)에서는 그리스도가 바로 하느님의 말씀이라고 하면서도, 역설적으로 유한(有限)한 분(예수 그리스도)이 무한(無限)한 분(하느님)을 담을 수 없다고 한다. 그렇기 때문에 죽음을 앞두고 있는 예수 그리스도는 슬퍼하는 제자들에게 "내가 떠나는 것이 그대들에게 이롭다."[61]라고 말했다. 사실 스승의 어쩔 수 없는 죽음으로 말미암아 겪어야 하는 이러한 단절(斷絕) 없이는, 제자들이 스승의 가르침을 가장 미세한 의식에 이르기까지 내면화(內面化)하는 것은 불가능하다. 왜냐하면 스승이 살아 있는 한, 제자들은 스승이나 스승의 말씀에 걸려 넘어지기가 쉽기 때문이다. 이것은 마치 '달을 가리키는 손가락(指月)'의 손가락과 흡사하다고 볼 수 있다. 바꾸어 말하면 그리스도나 그분의 가르침이 복음적 생활의 절대적 근거임은 틀림없는 진리로되, 그 근거로부터 단절되어야만, 즉 그 근거에 집착하지 않게 될 때 그 근거대로의 삶이 이루어진다는 역설적인 뜻으로 이해할 수 있다. 제자들은 스승이 구현하는 이상을 붙들려고 하기보다는, 오히려 그 이상에 저절로 붙들려져야만 한다. 그것은 바로 '본래 마음(本心)'을 '아는 것(識)'이다. 그러한 근본적 체험 없이는 스승의 법을 배워도 이익(利益)이 없다(學法無益).[62] 앞에서 언급

61 요한 16:7.

62 스승이 마지막 숨을 거둘 때까지 제자(弟子)들이 그분의 가르침을 도저히 이해하지 못하는 모습을 신약성경에서 철두철미하게 확인할 수 있다. 참조: 루카 9:45; 18:34; 22:24.

한 성철 스님의 열반송의 의미를 바로 그러한 맥락에서 이해할 수 있다. 즉 '가야산의 호랑이'는 입적하기에 앞서 자신을 극도로 낮춤으로써, 그 제자들로 하여금 자신과 자신의 가르침에 대한 온갖 집착(執着)을 끊게 하려고 했던 것이다. 신약성경에서나 선종에서나, 돈오점수를 하던 제자가 머지않아 스승이나 그 스승의 가르침과 단절을 겪는 일은 필수불가결(必須不可缺)한 과정이다.

그렇다면 스승과의 단절을 겪고 난 후 제자들이 걷는 점차적 수행의 목적지는 무엇일까? 그것은 위에서 본 대로 스승과 똑같이 되는 데 있다. 그리스도는 명확히 "누구든지 잘 배우고 나면 스승처럼 될 것이다."[63]라고 말하였다. 또한 그리스도교의 한결같은 전통에 따르면, 그러한 완전한 합일(合一)의 체험은 점차적으로 또는 한 번에, 즉 단박에 이루어질 수 있다.[64]

63 참고로 위의 각주에서 언급한 루카 6:40과 마태 5:48; 루카 6:36; 요한 14:2에서도 볼 수 있다.

64 "그 둘 모두 똑같은 혼약(즉 합일 – 필자 주)이지만 하나는 영혼의 속도에 따라 조금씩 조금씩 이루어지고 다른 하나는 하느님께서 한꺼번에 이루어주신다는 차이가 있기 때문이다." 십자가의 성 요한, 2007, 「제23노래, 6」, 『영적 찬가Ⅱ』, 서한규 옮김(서울: 게쎄마니), 62. [Thomas M. Reid OCDS, 2006, *The Spiritual Canticle Study Guide*, St. John of the Cross Study Guide, Volume 3 (Michigan: The Grotto Press).] 다만 성철 스님의 돈오돈수적 견성과 십자가 요한 성인의 주님과의 한꺼번에 이루어지는 합일은 다르다. 성철 스님이 말하는 견성은 전적으로 자력의 체험인 반면 십자가 요한 성인이 말하는 주님과의 합일은 완전히 타력적이다. 그러나 두 분의 체험에서 나타난 자력(적) 또는 타력(적)인 특성을 각 종교의 종교적인 특성으로 절대화할 수는 없다. 승려 가운데도 타력적인 수행을 한 분들이 더러 있다. 예컨대 1910년 출가하여 내무부 장관, 동국대학교 총장 등을 역임한 백성욱(1897~1981) 박사의 수행법에서도 타력적인 면이 관찰된다. 김원수, 2012, 『마음을 어디로 향하고 있는가』(파주: 김영사), 69 참조. 또한 근현대 한국불교사의 대표적 선승인 청화(1923~2003) 선사는 타력적인 염불 중심으로 수행하고 가르쳤다. 필자가 2002년경 청화 선사가 조실로 주석했던 성륜사에 방문했을 때 중국 인광 대사의 언록 『화두 놓고 염불하세』가 구내서점의 눈에 띄는 곳에 비치되어 있었다. 인광, 2000, 『화두 놓고 염불하세 – 인광 대사 가언록』, 김지수 옮김(서울: 불광출판부), 18~36 참조. 뿐만 아니라 선불교 역사상 수많은 선사들이

다. 『신약성경』에서의 돈오돈수와 돈오점수의 관계

『신약성경』은 돈오돈수와 돈오점수의 두 가지 사상을 모두 내포(內包)하고 있다고 볼 수 있다. 그래서 양쪽 패러다임(paradigm)이 양립하며 공존(共存)한다. 전자(前者)는 예수께, 후자(後者)는 그 제자와 모든 사람에게 각각 해당된다. 그런데 돈오돈수가 돈오점수보다 더 핵심적인 것에는 틀림이 없다. 그래도 예수는 자신만큼 깨어 있지 않은 사람들에게도 자신의 인가(印可)를 전해 주었다.[65] 그는 결코 사람들에게 돈오돈수를 요구하지는 않았다. 오히려 돈오점수적인 과정을 밟고 있는 사람들에게 지대한 인내(忍耐)를 보여 주며 그들의 실수에 대해서도 한결같은 용서를 보여 주었다. 그러면서도 자기 제자들의 발전속도(發展速度)가 너무 느린 것에 대해 크게 화를 낸 적도 있었을[66] 뿐만 아니라, 결국 제자들에게 자신만큼 깨달아서 살아야만 된다는 충격적(衝擊的)인 발언(發言)을 여러 차례에 걸쳐서 했다.[67] 그것으로 미루어 볼 때, 이미 『신약성경』 안에는 돈오돈수와 돈오점수 사이에 보완성(補完性)이 있음을 알 수 있다. 왜냐하면 스승 예수가 돈오돈수를 하는 순간부터 돈오돈수적인 생활의 본보기가 되지 않았다면, 돈오점수를 하는 사람들이 어느 방향(方向)을 향해 수행해야 하는지, 그리고 그 수행이 성공할 가능성(可能性)이 있는지 없는지를 전혀 알 수 없었기 때문이다. 그것은 현재에도 유

선정겸수(禪定兼修)를 하면서 수행의 자력성과 타력성을 결합시켜 불도를 닦았다. 중도사상에 따르면 가장 자력적인 것이 가장 타력적인 것이듯, 가장 타력적인 것이 가장 자력적인 것이다.

65 마태 16:17~19; 요한 21:15~19.

66 마태 17:17; 마르 9:19; 루카 9:41.

67 앞의 각주 60 참조.

효한 수행의 핵심 지침이다. 특히 점수(漸修)는 그 길의 끝까지 단박에 가신 스승이 계속 제시해 주는 방향과 목적지가 없다면 늪의 침체[68]에서 허덕일 수밖에 없다. 그래서 참다운 돈오점수는 돈오돈수 안에 담겨 있다고 보아야 된다. 환언하자면, 『신약성경』 안에서 돈오돈수 없는 돈오점수란 의미가 없다.

『신약성경』에서 구경각(究竟覺)은 이(理, noumenon)와 사(事, phenomenon)의 통합, 시공(時空)과 영원(永遠)의 통합, 즉 공시적 시간관(共時的 時間觀)과 통시적 시간관(通時的 時間觀)의 완전(完全)한 결합(結合)으로 해석할 수 있다. 돈오돈수한 예수는 그 통합(統合)의 궤도를 시시각각(時時刻刻) 추호도 이탈하지 않으며 살아간다. 그런 현실의 통합은 역사의 전개를 전혀 배제하지 않는다. 그러나 귀납적이고 연역적인 사고의 통합이 완전히 이루어지는 지금 당장의 순간(瞬間), 즉 과거의 전체가 결정되듯이 미래의 전부가 열리는 순간만이 중요하다. 반면 신약성경에는 점차적으로 닦는 제자가 궁극적인 목적지를 향해 있으면서도 아직은 그 현실(現實)의 통합을 이루지 못한 까닭에 옆길로 빠져나가게 되는 경우들이 있다. 그렇기 때문에 스승이 실제적으로 구현하는 돈오돈수의 이상이 없으면 그 제자는 따라가야 할 방향을 잃어버릴 수밖에 없다. 그래서 그러한 사람들에게 『돈황본 육조단경』의 '유전돈교법 출세파사종(唯傳頓教法 出世破邪宗)'이라는 말을 상기시켜 줄 필요가 있다. '오직 돈교법만을 전하여 세상에 나와 삿된 종을 부순다'라는 말 자체는 비록 『신약성경』에는 없지만, 그 의미는 예수의 깨우침의 체험과 정통(正統)으로 맞아떨어지는 것으로 볼 수도 있다. 그 때문에 이 말은 돈오돈수가 가리키는 실제적 이상을 망각할 정도로 돈오점수의 '점'에 지나치게 매몰된 사람들에게 반드시

68 여기서 늪은 '스승이 제시해 주는 방향과 목적지가 없는' 그 자체를 뜻한다.

필요한 해독제(解毒製)다.

한국 불교의 돈점논쟁에 대한 조명(照明)

고요한 아침의 나라에서 벌어진 돈점논쟁을 깊이 생각하는 사람이라면 누구나, 지눌 이후 750여 년간 그의 사상적 영향(思想的 影響)하에 있던 한국 불교가 왜 하필이면 오랜 세월이 지난 지금에서야 이런 논쟁을 하게 되었는지에 대해 궁금하게 여길 수밖에 없다. 그것이 우연(偶然)의 일인지, 아니면 역사적 상황(歷史的 狀況)의 결과(結果)인지 알아야 할 것이다. 바꾸어 말해서, 성철 스님이 한국 불교 안에 잠시 나타났다가 사라진 단순히 유성(流星) 같은 인물인지, 아니면 오래도록 그 자취를 남길 만한 인물인지를 알아야 할 것이다.

성철 스님의 태도(態度)를 설명(說明)해 주는 이유로는 여러 가지를 파악해 볼 수 있다. 그분의 독단적(獨斷的)인 자세는 주로 그가 독재정권(獨裁政權)하에서 활동했기 때문이거나, 지배적(支配的)인 심리구조(心理構造)를 지녔기 때문이거나, 해방 이후 완전히 갈라진 한국 불교를 근원으로 돌아가게 함으로써 그 사상적 통일(統一)을 이루려 했기 때문이거나, 혹은 해인사(海印寺)의 헤게모니(주도권)의 경향들을 드러내는 인물이었기 때문이라는 등등의 여러 가지 이유를 들 수는 있겠다. 그리고 사실 그 모든 이유에는 각각 어느 누구도 부인(否認)할 수 없는 의미가 있을 수 있다. 그렇다고 해도 성철 스님의 일생이 오직 돈오돈수에 대한 직관(直觀)에 근거하고 있었다는 것과 이것이 그분의 철저한 간화선수행의 열매이기도 했다는 분명한 사실이 퇴색하지는 않는다.

그 열매에 대해서는, 앞의 글 '『신약성경』에 나타난 돈오돈수와 돈오점수의 탐구'에서 충분히 드러냈기에 돈오돈수에 대한 그분의 직관을 더욱 소중히 여길 수밖에 없다. 성철 스님은 불교 창립(創立)의 근본 패러다임인 깨달음을 극단적으로 상기시켜 주는 인물로서, 모든 불자가 불교의 근원(根源)으로 바로 들어가기를 주창(主唱)했다. 그분의 일생과 전서의 초점이 오로지 그것에 맞추어진 것도 명백한 사실로써, 그분은 자신이 수행했던 '간화선을 통한 돈오돈수적인 체험'을 다른 사람들에게도 권장했다. 반면 그리스도교 전통에서는 돈오돈수적 패러다임이 아주 명확하게 나타나는 경우는 오로지 창시자에게만 국한(局限)되어 있고, 나머지 사람들은 거의 모두 다 돈오점수의 과정을 따라가는 것으로 나타난다. 불자(佛者)인 지눌도 이와 똑같은 결론(結論)을 내고 일반적인 중생들을 위한 돈오점수의 과정을 제공하였다. 그러면서도 만년(晩年)의 지눌은 대혜종고의 어록을 읽으며 간화선을 접견했고 이후 상근기(上根器)의 수행자들에게 그 사상적 유산(遺産)도 남겨 주었다.

그런데 성철 스님이 돈오점수를 주장하는 지눌에 대하여 비판을 가하는 순간 그 이전에는 없었던 문제(問題)가 생기기 시작했다. 그 때문에 필자는 성철 스님이 과연 얼마나 지눌을 이해했는지 물어볼 수밖에 없다. 그러나 다른 측면에서 볼 때 이는 지눌이 지나치게 돈오점수적 패러다임을 강조했기 때문에 생긴 반작용으로 성철 스님의 그러한 태도가 발생한 것으로 이해할 수도 있다. 즉 지눌의 불균형이 성철 스님의 또 다른 불균형을 불러일으켰던 것이라고 할 수 있다. 아니면 지눌의 전서에는 그런 불균형이 없었으나 후세가 지눌의 사상을 지나치게 돈오점수 중심(中心)으로 해석했기 때문에 발생했던 문제로 볼 수도 있다.[69] 만일

69 필자가 원택 스님에게 직접 들은 이야기에 따르면 성철 스님 당시 한국 선원들의 분위기는 모두 돈오점수에 젖어 있었다고 한다.

그렇게 본다면, 오히려 성철 스님의 반응(反應)은 지눌의 사상이 내포하고 있던 위험성(危險性)에 상응하는 것이 된다.

어쨌든지, 완전히 비타협적인 성철 스님의 극단성을 어떻게 설명할 수 있겠는가? 이에 대한 대답을 위에서 다양하게 언급했던 이유들 가운데서 찾기보다는, 오히려 한국 불교 안에 있는 불균형(不均衡)을 바로잡으려는, 그분이 선택할 수밖에 없었던 방법으로 여길 수 있다고 본다. 그러나 성철 스님의 사상이 극단적이었던 만큼 그분의 사상은 받아들여지기 힘들었고, 그래서 그분은 더욱더 자기주장(自己主張)을 극단적으로 밀고 나갔을 수도 있다. 그리고 무엇보다도 성철 스님은 이론이 선(禪)을 망치게 한다고 굳게 믿으면서도, 늘 간화선수행을 하는 사람들을 위주(爲主)로 설법(說法)했음을 잊어서는 안 된다.

돈오돈수적 패러다임의 바람직한 길

본 연구에서 우리는 그리스도교 전통 안에 나타나는 돈오돈수와 돈오점수의 관계를 통하여 돈오돈수의 우수함을 찾을 수 있었다. 그렇게 볼 때, 지눌 이후 지난 750여 년에 걸친 한국 불교의 역사도 성철 스님을 통하여 새로운 전환기를 맞이한 것으로 여길 수 있다. 즉 성철 스님의 사상은 돈오돈수적인 배타주의(排他主義)를 통해서 지눌의 지나친 돈오점수에 대응(對應)하는 것에 다름 아니다. 그 결과 성철 스님은 돈오돈수적 패러다임의 핵심성(核心性) 및 그 우수성(優秀性)을 상기시키는 데 성공했지만, 균형을 잃은 돈오점수에 대응하기 위해 그분이 사용했던 방법 자체도 지나치게 불균형적이었다고 말할 수 있다. 곧, 성철 스님은 불균형을 통해서 불균형에 응답(應答)했던 것이나 다름없다. 그런 의미에서 볼 때, 우리는 성철 스님을 지눌과의 관계를 통해서만 이해할 수 있으며, 이는 결국 '지눌 없는 성철'이란 존재할 수 없음을 뜻한다.

성철 스님의 이러한 방식(方式)은 불행히도 오늘날 많은 사람에게 쉽게 받아들여지지는 않는다. 그럼에도 불구하고 그분 사상의 한 특성인 극단성에 쉽게 빠지지 않으면서 그분의 한결같은 가르침을 받아들이는 것은 바람직하다고 본다. 즉 돈오점수를 완전히 배격하지 않으며 통시적 시간관과 귀납적 사고방식을 수용하는 가운데 그분이 상기시키는 돈오돈수의 핵심성을 받아들이는 것이야말로, 세계적으로 종교 간 대화(宗敎間 對話)가 활발해지고 있는 오늘날의 시대적 과제인 동시에 한국 불교를 더욱 아름답게 꽃피우는 길이다.

제2부
한국 불교의 세계화와 포스트-퇴옹성철

제1장
'가야산 호랑이'의 선사상(禪思想)을
어떻게 서양(西洋)에 소개할 것인가?

제2장
한국간화선의 전통과 해석에 대한 비판적 고찰
—대한불교조계종의 간화선 세계화 캠페인에 부쳐

제3장
현대 한국에서의
『법보단경(法寶壇經)』 번역과 퇴옹성철

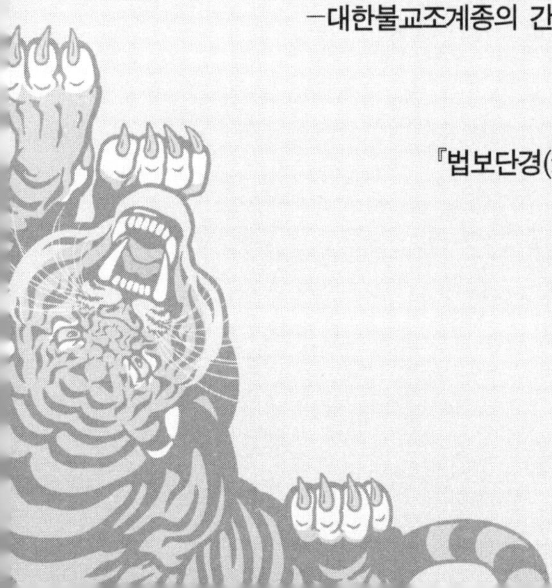

제1장

'가야산 호랑이'의 선사상(禪思想)을 어떻게 서양(西洋)에 소개할 것인가?

종교적·학문적으로 접근하는 돈오돈수론

필자는 세계적으로 알려진 해인사(海印寺)에 서양인 학자들과 함께 갈 때마다 사찰 입구에 자리 잡은 웅장한 대리석 광장 한가운데에 있는 성철 스님(退翁性徹, 1912~1993)의 사리탑을 두고 "누구의 것이냐?"라는 질문(質問)을 듣는다. 이에 대해 답변을 할 때 그분이 한국 불교의 근대 역사 속에 자리 잡고 있는 영향력(影響力)이 매우 크고 깊다는 것을 다시금 실감(實感)한다. 백련암(白蓮庵) 또는 겁외사(劫外寺)[1]에 갈 때도 그렇다.

보조지눌(普照知訥, 1158~1210)의 돈점론(頓漸論)을 신랄하게 비판한 성철 스님의 전서(全書)를 보더라도 이 사실을 확인할 수 있다. 더욱이 간화선수행(看話禪修行)을 한국 불교의 대표적인 유산(遺産)으로 여기는 지금 대한불교조계종의 현실에서, 돈오돈수사상(頓悟頓修思想)이 간

1 성철 스님의 탄생 90주년, 열반 8주기를 맞아 복원된 생가(生家) 터 안에 건립된 사찰. '시간과 공간 밖에 있는 절'이라는 뜻의 사찰명은 말년의 성철 스님이 추위를 피해 11월부터 이듬해 4월까지 머물렀던 부산의 거처명에서 빌렸다. "2001년 3월 30일 경남 산청군 단성면 묵곡리 생가 터에 기념관을 건립하고 겁외사를 창건하였다." 원택 스님 엮음, 2012b, 『성철 스님 행장』(서울: 글씨미디어), 219.

화선의 밑거름이 된다고 주창(主唱)한 성철 스님의 입장을 경시할 수 없는 것이 자명하다. 이제는 성철 스님을 좋아하고 싫어하는 것에 상관없이 그분을 제외한 채 한국 불교를 논하는 것은 역사를 왜곡하는 것이 될 수밖에 없다. "그분의 면모(面貌)와 선사상(禪思想)을 어떻게 서양(西洋)에 소개할 것인가?" 하는 질문은, 많은 관심과 기대 속에서도 "한국 불교가 충분히 알려져 있지 않은 서양 문명세계, 특히 서양 불교학계에 한국 불교를 어떻게 소개할 것인가?" 하는 질문과 직결된다.

그러나 실제로 성철 스님을 서양에 소개하는 데 바탕이 될 수 있는 그분의 삶과 전서에 대해 합의된 이론들을 한국 내에서 찾는 것은 상당히 어렵다. 성철 스님에 대한 다양한 평가의 내용을 요약하면 양극으로 나누어 볼 수 있다. 예를 들면 "성철은 살아 있는 부처였다.[2]"라고 하거나 "성철은 거짓말쟁이였다."라고 하는 극단적인 것들이 그렇다. 필자는 "성철의 불교를 아는 것은 불교 전체를 아는 것과 마찬가지다. 지눌을 읽는 것은 완전히 시간 낭비다." 아니면 "성철의 불교를 불교로 안다면 아예 불교를 영원토록 모를 것이다. 어서 성철에 대한 연구를 그만두고 지눌을 읽어라." 등등 성철 스님에 대하여 서로 상반되는 의견을 여러 불교학자로부터 계속 들어 왔다. 혹은 돈점논쟁(頓漸論爭)에 관하여 "진짜 어려운 문제다."라고 한다거나 "돈오점수(頓悟漸修)와 돈오돈수(頓悟頓修)가 똑같다." 또는 "돈점논쟁에 관하여 정리 또는 정립한 이론이 하나도 없다."라는 주장도 회자되곤 한다. 이러한 극단적인 의견들은 성철 스님이 입적한 지 벌써 약 14년[3]이 되었음에도 불구하고 국내에서 그분의 삶과 사상에 대한 공통된 평가를 내리지 못하는 실상을 잘 반영하고 있다고 본다.

2 이청, 1993, 『우리 옆에 왔던 부처 - 성철 큰스님 전기소설』(서울: 일요신문사).

3 이 논문이 처음 쓰인 때는 2007년이다.

2006년 출간된 『퇴옹성철(退翁性徹)의 깨달음과 수행(修行)』[4]이란 책에 담긴 다양한 논문도 이런 현실을 매우 잘 보여 주고 있다.

이러한 관점에서 보면, 성철 스님과 그분의 사상(思想)은 논쟁(論爭)과 토의(討議)의 여지가 있는 하나의 주제로서 역사 안으로 들어왔다고 말할 수 있겠다. 또한 이 논쟁을 배경으로 확인할 수 있는 것은 성철 스님에 대해 무관심한 사람을 찾기가 어렵다는 사실이다. 하지만 위에 열거한 이유들로 인하여 "성철 스님의 선사상을 어떻게 서양에 소개할 것인가?" 하는 질문에 관한 답을 간단하게 내릴 수는 없다.

그럼에도 불구하고 프랑스에서 성철 스님을 주제로 한 논문[5]으로 박사학위를 받은 필자는 본고를 통해서 한국 학자들과 가능한 한 많은 의견 교환과 논의를 거치면서, 조금이라도 더 성철 스님의 삶과 사상에 대하여 정리를 해 보고자 한다. 특히, 성철 스님을 이해할 때 고정적(固定的)인 자세보다는 역동적(力動的)이고 유연한 입장에서 바라보아야 한다는 전제를 세우고, 겸손을 유지하며, 진리에 관한 대화적 접근 방법을 따라 고찰하고자 한다.

성철 스님의 생애와 그분의 선사상을 이해하고 서양에 소개하기 위한 시도는 진리에 관한 필자의 개인적 연구와 함께 병행한 선 수행(禪 修行)과 무관하지 않다. 실로 필자는 '가야산의 호랑이'의 전서를 1993년부터

4 조성택 엮음, 2006, 『퇴옹성철(退翁性徹)의 깨달음과 수행(修行)』(서울: 예문서원). 이 책에 대한 필자의 다음 소논문을 참조. 서명원(Bernard Senécal), 2012c, "Sŏn Master T'oeong Sŏngch'ŏl's (1912~1993) Legacy: One Century after his Birth and (almost) Two Decades after his Death," [퇴옹성철 선사(1912~1993)의 유산: 탄생 100년 후, 입적 약 20년 후] *Journal of Korean Religions*, vol 3, no 2 (October) (Seoul: Sogang Institute for the Study of Religion): 173~186.

5 서명원, 2004, "La vie et l'oeuvre du Maître Sŏn T'oeong Sŏngch'ŏl 退翁性徹 (1912~1993)" (퇴옹성철 선사의 생애 및 전서), PhD diss., Université Paris 7－Denis Diderot, UFR LCAO [프랑스 파리 7－드니 디드로 대학교 박사학위논문(동양학과 한국불교학 전공)].

열심히 섭렵하면서 그분의 돈오돈수사상(頓悟頓修思想)을 통해 필자의 신념을 보다 확고하게 할 수 있는 힘을 얻었다.[6] 결과적으로, 성철 스님에 대한 필자의 열정은 몇몇 학자들로부터 "너무 심취해 있다."는 비판을 받을 만한 정도까지 되었다. 또한 선 수행의 스승으로부터 "살불살조(殺佛殺祖)의 종풍(宗風)에 따라 성철의 영향에서 좀 벗어났으면 좋겠다."는 암시적인 가르침을 들은 적도 있었다.

하나의 종교사상(宗教思想)을 제대로 평가하기 위해서는 지나치게 그것을 이상화(理想化)하거나 무조건적으로 반대하는 부정적인 시각을 떠나서 '그 종교사상이 근본적으로 중생들의 고통의 원인을 근절하는 데 도움이 되느냐, 되지 않느냐' 하는 기준을 적용하는 것이 필요하다. 그렇기 때문에 아리스토텔레스가 "플라톤을 좋아하지만 진리를 더욱 선호한다."고 말한 것을 염두에 두고 '성철 스님에 대한 몇 가지 오해(誤解)의 불식(拂拭)', '20세기 한반도 역사에서 그분의 등장과 의의(意義)', 그리고 '돈오돈수론과 간화선수행에 대한 고찰(考察)'이라는 주제들을 통하여 본론을 이끌어 가고자 한다.

성철 스님에 대한 몇 가지 오해(誤解)의 불식(拂拭)

성철 스님은 단순한 이해의 차원에서 수월하게 정의될 수 있는 인물이 아니다. 여기서는 변증법적인 방법론을 통해 그분에 대해서 자주 들을 수 있는 주요한 오해들을 풀어 보려고 한다.

6 서명원, 2005c, 「비교종교학의 관점에서 본 한국 불교의 돈점논쟁(頓漸論爭)」, 『보조사상(普照思想)』 제24집(8월) (서울: 보조사상연구원): 381~416. 이 책의 제1부 제2장 「그리스도교 관점에서 조명하는 돈점논쟁」은 이 논문을 윤문·강화한 것이다.

가. 한국 불교 역사 속에서의 위치(位置)

성철 스님은 40~50년 후 한국 불교 역사에서 사라질 선사는 아니다. 그렇지만 다가올 한국 불교 500년의 미래를 결정할 인물인지 아닌지 논의하기에는 아직도 시기상조이다. 그러나 그분이 자신의 수행 체험과 불경에 입각하여 불교를 깨달음의 종교라 하고, 깨달음의 내용은 중도(中道)의 진리이자 아뢰야식(阿賴耶識)에 있는 미세망념(微細妄念)까지도 완전히 사라져 버리는 것[7]이라고 하며, 혹독한 간화선수행(看話禪修行)이 깨달음을 얻을 수 있는 바른 길임을 제시한[8] 20세기 후반 한국 불교의 큰 개혁자라는 점은 분명하다.

---

7 "견성은 제8아뢰야식인 3세를 영원히 끊은 무여열반이라야 하니 무여열반은 즉 무심이다. 그리하여 자재위 이상의 대보살들도 미세무명을 아직 벗어나지 못하고 제8아뢰야식에 머물러 있으므로 견성이 못된다. 제8의 미세한 망상까지 모두 없애야만, 여래의 정법안장을 전해받는다." 퇴옹성철(退翁性徹), 1993b, 『선문정로평석(禪門正路評釋)』, '성철 스님 법어집' 1집 3권(합천: 장경각), 43.

8 "견성(見性) 방법은 불조 공안(佛祖 公案)을 참구(參究)함이 가장 첩경이다." 퇴옹성철(退翁性徹), 1981, 『선문정로(禪門正路)』(합천: 장경각), 2; "선·교를 통한 견성의 내용이 구경묘각(究竟妙覺)에 있으며, 견성이 곧 성불이며(見性成佛) 생사해탈(生死解脫)인 종문의 본래지취(本來旨趣)를 바로 세우는 데 역점을 두셨다. 그리하여 이러한 구경불지(究竟佛地)에 도달하기 위해서는 조사의 방편(祖師方便)인 경절문활구(徑截門活句)의 조사공안(祖師公案) 곧 화두(話頭)를 열심히 참구하여 오매일여(寤寐一如)의 경지에서도 계속 공안을 의심하여 무명(無明)의 칠통(漆桶)을 타파함으로써 심신 내외가 사무쳐 환히 밝은(內外明徹) 구경의 불지무념에 이르러야만 비로소 견성이며 해탈이며 성불임을 제시하신 것이다." 원융이 쓴 '후기' 중에서. 퇴옹성철, 위의 책, 289~293; «성철 스님은 늘 법문하시면서 강조하셨다. "사람이면 누구에게나 영원한 생명과 무한한 능력이 있다고 부처님께서 말씀하셨다. 그러므로 우리도 부처님이 가신 길을 가면 그 누구라도 영원한 생명과 무한한 능력을 개발하여 쓸 수 있다. 그 지름길이 바로 참선이다."» 원택, 2012d, 『성철스님 시봉이야기』, 개정판(파주: 김영사), 326; «"불교에서는 성불하는 방법이 여러 가지 있습니다. 관법(觀法)을 한다, 주력(呪力)을 한다, 경을 읽는다, 다라니를 외운다 등등 온갖 것이 다 있습니다. 그런 여러 가지 방법 가운데서 가장 확실하고 빠른 방법이 참선입니다. 견성성불하는 데에는 참선이 가장 빼어난 방법입니다."» 원택 스님 엮음, 2012b, 『성철 스님이 들려준 이야기』, 2(서울: 글씨미디어), 28.

나. 인가(印可)와 깨달음

성철 스님은 구체적인 역사적 맥락 안에서 진리에 관한 체험을 하고 나서, 그 체험에 이르는 길, 즉 진리에 관한 당신의 지혜를 배우려고 하는 선 수행자(禪 修行者)들에게 가르쳐 준 인물이다. 깨달음의 체험은 시시각각 중도의 이치대로 살 수 있게 해 주는 것이다. 그것은 깨달은 자를 신격화(神格化)하여 그에게 전지자(全知者)의 성격을 부여해 주는 성질의 것이 아니다. 필자가 알기로 성철 스님은 깨달음에 관하여 늘 권위(權威) 있게 말하면서도 자신이 깨달았다는 말은 한 번도 하지 않았다. 석가세존(釋迦世尊)도 인가(印可)를 받지 않았음에도 불구하고 당시부터 오늘날까지 세계적인 성자(聖者)로 인정을 받아 왔다. 어떻게 보면 석가세존의 성도(成道)와 마찬가지로 성철 스님이 확철대오한 경지에 대한 평가는, 그분이 인가를 받았는지 혹은 받지 않았는지를 떠나서, 후대에게 맡겨져 있다.

다. 돈오돈수사상(頓悟頓修思想)과 오후수행불행(悟後修行佛行)

성철 스님이 말하는 돈오돈수 체험(頓悟頓修 體驗)은 불가능한 것이 아니지만 쉽게 이룰 수 있는 것도 아니다. 드물기는 하지만 인류의 모든 종교가 그런 체험의 가능성을 인정한다. 성취하기가 지극히 힘든 그 높은 이상(理想)이 없다면 수행의 궁극적 목적지와 수행자가 가고자 하는 방향(方向)도 사라진다. 물론 돈오돈수의 돈수(頓修)를 어떻게 이해해야 하는가가 문제겠지만 말이다. 성철 스님에 따르면 그 돈수는 깨달음을 얻은 후부터 한결같이 행하는 부처의 수행을 의미한다.[9]

9 "오후수행불행(悟後修行佛行). 깨달은 뒤에는 부처의 행을 수행한다." 퇴옹성철 현토(懸吐)·편역(編譯), 1987, 『돈황본 육조단경(敦煌本 六祖壇經)』, '성철스님 법어집'

라. 창의성(創意性)과 개척 정신

성철 스님을 두고 술이부작(述而不作)했다고만 할 수도 없고 평지돌출(平地突出)이었다고 할 수도 없다.[10] 예컨대 성철 스님의 『백일법문(百日法門)』을 보면 중도에 대한 설법(說法)은 틀림없이 일부 학자들의 영향을 받은 내용임에도,[11] 그렇다고 거기에 나오는 발췌문의 선택 및 해설에 성철 스님의 창의성이 나타나지 않는 것은 아니다.[12] 마찬가지로 돈오돈수란 말은 성철 스님이 몸소 현토・편역한 『돈황본 육조단경(敦煌本 六祖壇經)』에는 전혀 보이지 않지만, 『법보단경(法寶壇經)』에는 한 번 등장한다.[13] 이것이 비록 성철 스님이 지어낸 내용이 아님에도, 즉 중도 및 돈오돈수사상이 새로운 사상은 아니지만 이 사상들을 한국 불교의 개혁자로서 한국의 역사적 맥락 속에서 알맞게 소개한 것을 미루어 보면 성철 스님의 창의성이나 개척 정신을 알 수 있다.[14]

2집 1권(합천: 장경각), 18.

10 서명원, 2005b, 「'선문정로(禪門正路)'의 전통인식(傳統認識)」, 『백련불교논집(白蓮佛教論集)』 제15집: 82~83. 이 책의 제1부 제1장 「『선문정로』에 나타난 선종의 전통에 대한 인식」은 이를 윤문·강화한 것이다.

11 대표적인 연구로, "성철의 중도설은 그 자신의 독창적인 주장이 아니라 미야모토 쇼손(宮本正尊,1893~1983)이 제시한 시각과 주요 입론을 그대로 수용한 것이다." 조명제, 2016, 「성철의 불교관과 일본 근대불교학」, 『일상생활과 수행은 하나(生修不二)!』, 서강대학교 종교연구소 학술대회 자료집, 9월 23일[서울: 서강대학교 김대건관] (서울: 서강대학교 종교연구소), 68.

12 "지금까지 어느 누구도 나와 같이 부처님의 중도사상으로써 선(禪)과 교(教)를 하나로 꿰어서 불교를 설명한 사람은 없을 것이다." 퇴옹성철, 1992a, 『백일법문(百日法門)』, 상(上): '성철 스님 법어집' 1집 1권(합천: 장경각), 335~336.

13 "염념반야관조 상리법상 자유자재 종횡진득 유하가입 자성자오 돈오돈수 역무점차 소이불립일체법 제법 적멸(念念般若觀照 常離法相 自由自在 縱橫盡得 有何可立 自性自悟 頓悟頓修 亦無漸次 所以不立一切法 諸法 寂滅)." 『대정장(大正藏)』 권35, 2008, 358 c26~29.

14 "물론 그 개혁의 내용은 때로는 근대 지향적이기도 하고 때로는 전통 복고적이기도 하였다." 조성택, 앞의 책, 6.

마. 박학한 종교가로서의 면모(面貌)

주지하듯이 성철 스님은 현대의 학계(學界)에서 활동하는 학자가 아니었고 육조혜능(六祖慧能, 638~713)과 같은 문맹자(文盲者)도 아니었다. 경상남도 산청군 단성면 묵곡리 출신으로 훗날 성철이 될 이영주는 출가(出家)하기 전 초등학교만 졸업했을 뿐 대학교에 다니지 않았다. 출가한 후 그분은 보통 이상의 열성을 가지고 불교 경전들을 독학으로 섭렵하며 꾸준히 선 수행을 하면서 깨우쳤다. 산간 선승(山間 禪僧)이었기에 그의 경전(經典) 공부는 선 수행과 맞물린 관계, 즉 이론과 실천이 불가분(不可分)의 관계를 이루는 것이었다. 그래서 성철 스님을 제대로 이해하고 평가하기 위해서는 무엇보다 그분을 박학(博學)한 종교가(宗教家)로서 생각해야 한다고 본다.[15]

바. 『한국불교의 법맥』과 역사관(歷史觀)

성철 스님은 역사의식이 전혀 없는 선승은 아니었지만,[16] 그렇다고 해서 역사학 전문가도 아니었다. '가야산의 호랑이'란 별명으로 불릴 정도의 산간 선승이었다고 해도, 그분은 20세기 한국 불교의 위기를 극복

15 윤원철은 성철 스님의 입장을 학문적으로 비판하는 것이 정당한지에 대하여 의문을 제기하였다. '가야산의 호랑이'를 종교가로서 이해해야 한다는 것이다. 윤원철, 1995, 「한국 선학(韓國 禪學)에 있어서 방법론적 성찰(方法論的 省察)의 부재(不在)에 대한 단상(斷想)」, 『종교와 문화』 1권(12월) (서울: 서울대학교 종교문제연구소): 147~162.

16 "성철이 역사에 무관심한 '몰역사적' 선승이었다고 하는 세인들의 평가는 주로 당시 사회적 엘리트에 대한 일반적 기대와 성철의 대응방식이 일치하지 않았다고 하는 데서 출발하는 것이다." 조성택, 앞의 책, 6.

할 수 있는 나름대로의 역사관을 가진[17] 개혁자로서,[18] 1976년 한국 불교사와 연관되는 『한국불교(韓國佛敎)의 법맥(法脈)』이란 책을 출판했다. 이 저서는 학문적인 면보다 종교적인 측면의 독특한 각도에서 역사를 보는 것에 더 가치를 둔 책이라고 평가하는 것이 더 적절할 것 같다.

『한국불교의 법맥』에는 태고보우(太古普愚, 1301~1382)가 석옥청공(石屋淸珙, 1272~1352)으로부터 인가를 받았고, 그 이후 한국에서 임제종(臨濟宗) 양기파(楊岐派)의 법통(法統)이 그대로 유지되어 왔다는 내용이 나오는데, 이 중 앞의 이야기에 관해서는 의심의 여지가 없지만 뒤의 주장에 대해서는 사실과 달리 지어낸 이야기라는 주장까지 공공연히 대두된다. 현대 사학의 관점에서는 성철 스님의 한국불교사관이 반영된 이 주장이 타당하지 않지만 그분의 법통설(法統說)만큼은 사료에 입각한 사실이 아니라 하더라도 역사적인 가치를 지닌 것으로 보아야 한다. 즉 『한국불교의 법맥』은 성철 스님이 20세기 후반 한국 불교의 법통설을 어떻게 이해했는지를 알려 주는 좋은 자료가 된다. 뿐만 아니라 이 저술을 종교가로서 종교적 체험을 정당화하는 데 꼭 필요한 종교적 역사관으로서의 가치가 있는 것이라고 인정할 수도 있다. 왜냐하면 법(法)은 마음에서 마음으로 전해진다고 볼 때 시공(時空)을 초월하여서도 얼마든지 전해질 수 있는 성질의 것이라고 생각할 수 있기 때문이다.[19] 그러나 이러한 종교

17 "성철은 자신이 몸담고 있는 시공간에 대한 역사적 의미를 말한 적이 없다." 위의 책, 5.

18 "실제로 성철이 살았던 시기는 한국 근현대사의 질곡을 가장 압축적으로 경험하던 시기였고 성철은 시기마다 나름대로 현실에 대한 자신의 역사적 역할을 해 왔다." 위의 책, 5~6.

19 그렇다면 지눌은 중국에 가지 않고서도, 즉 『대혜선사어록(大慧禪師語錄)』을 읽었을 때 대혜(大慧)로부터 심인(心印)을 받았다고 볼 수도 있다.

적 체험의 세계가 개인에게 국한되어 있다는 점에서 이는 누구나 동의할 수 있는 객관적인 역사적 사실과는 아주 거리가 멀다.

예를 들자면 필자는 어떤 선사(禪師)가 자신을 두고 "나는 석가세존의 84대째 법제자"라고 말하는 것을 들은 적이 있다. 그런데 그는 이어서 "그것은 사실로 입증하기 어려운 얘기"라고 했다. 이 말의 뜻은 그가 인가를 받은 법은 석가세존으로부터 이심전심(以心傳心)으로 전해져 온 법임에는 틀림없지만, 실제로 그 법맥이 끊임없이 이어졌다는 사실을 입증하는 일은 거의 불가능하기 때문이라는 것이었다. 즉 그의 이야기는 사상적 계승(思想的 繼承)이되 인적 계승(人的 繼承)이 아니라는 의미다.[20] 그토록 자유롭게 말하는 선사는 과학적 역사의 진리와 종교적 역사의 진리를 엄밀하게 구별할 줄 아는가 싶었다. 만일 성철 스님이 "내가 『한국불교의 법맥』에서 말하는 법통설(法統說)은 방편일 뿐이다."라고 말했다면 문제가 전혀 없었을 것이다. 물론 성철 스님에게 현대의 사회과학이 요구하는 객관성, 즉 주체와 객체의 뚜렷한 구별을 기대하는 것은 어느 정도 무리가 있다고 할 수 있겠지만, 그분이 과학적 역사의 진리와 종교적 역사의 진리를 혼동하여 말했던 것은 우리가 그분을 바르게 이해하는 데 걸림돌로 작용한다.

유명한 미국 역사학자인 페어뱅크(John K. Fairbank)는 "역사란 역사가들인 우리가 일어났다고 믿는 사건들이다."라고 말했다.[21] 왜냐하면 수많은 다양한 역사적 자료를 접하고 분석하여 그것을 의미 있게 해석하는 데는 주관적인 사고(思考)의 요소(要素)가 작용할 수밖에 없기 때문이다. 물론 그렇다고 해서 역사학자들이 역사를 상상으로만 연구한다고 말할

20 최연식, 2006, 「'성철(性徹)의 법맥론(法脈論)에 대한 비판적 검토(批判的 檢討)'를 읽고」, 조성택 엮음, 『퇴옹성철의 깨달음과 수행』(서울: 예문서원), 392~400.

21 "History, Fairbank says, is what we historians think happened." Anne F. Thurston, 1992, *China: A New History* (Cambridge: Belknap Harvard), back cover.

수는 없다. 그들은 실제로 일어났다고 확인할 수 있는 사건들을 기준으로 믿기 때문이다. 그럼에도 불구하고 그 믿음에 주관적인 요소들이 개입되어 있음을 인정할 때 '역사가들이 일어났다고 믿는 사건들'은 가장 객관적인 것이 된다. 환언하자면 완전한 객관성은 있을 수 없지만 가능한 한 완전한 객관성에 다가가려면 자기의 주관성을 객관화시킬 수 있는 메커니즘이 필요하다. 비유컨대 시소를 타는 사람과 같다. 상대방과 함께 시소를 타면서 계속 오르락내리락할 때 세상을 바라보는 다양한 견지를 유지할 수 있으며, 그것이야말로 바로 시소를 타면서 느낄 수 있는 묘미다. 만약 시소에 앉아 있기만 하고 움직이지 않는다면 세상을 바라보는 각도가 고정될 수밖에 없게 되어 그 묘미를 잃어버린다. 이 비유를 통하여 살필 수 있는 또 하나의 관점은 주체와 객체 사이의 힘의 균형관계이다. 즉 상대의 힘과 나의 그것이 균형을 맞출 때 서로가 역동적인 평형 상태를 이룰 수 있다. 마찬가지로 역사적 진리에 대한 다차원적(多次元的)인 대화나 접근 방법을 통하여 사실들을 바로 보려고 하는 노력은 자기 주관성을 통제하여 객관성을 확보하는 메커니즘이 된다. 어떤 경우 성철 스님은 그 사상의 메커니즘이 약해 보이기도 하므로 그분이 말하는 역사란 자신의 상상력에서만 나왔던 것 같기도 하다.[22]

22 그런 경향이 성철 스님에게만 있는 것은 아니다. 심재룡은 이렇게 말한다: "…… 중국 불교는 일종의 역사적 해결과 논리적 해결을 한데 합친 교상판석(教相判釋)을 시도하였다. …… 해설자가 '일종의'라는 수식어를 붙이는 이유는 이러하다. 이른바 역사적 해결이라는 어느 종파의 교판은 실은 본래 불교의 다양한 역사적 변천을 무시하고 자기 종파의 소의 경전을 가장 높은 자리에 놓으려는 편파적 해석에 따르기 때문이다." 심재룡, 1994, 『중국불교철학사』(서울: 철학과 현실사), 62~63.

사. 사실(事實)은 사실(事實)이요, 거짓은 거짓이로다

오늘날 꾸준하며 적정한 간화선수행은 능소분별(能所分別)에서 벗어났다가도, 차별계(差別界), 즉 사바세계의 현상계에서는 잘 드는 칼날같이 날카로운 정신으로 역사적인 것과 비역사적인 사실을 구별할 수 있도록 해 주어야 한다. 그렇지 않으면 그 수행은 아무런 소용이 없을 뿐더러 위험할 수도 있다.

성철 스님을 이해하는 데 장애가 되는 몇 가지 오해를 불식하였으므로 이제 그분의 등장 의의를 검토하겠다.

20세기 한반도 역사에서 그분의 등장과 의의(意義)

필자는 성철 스님의 생애(生涯)와 전서(全書)를 연구하는 동안 한국 불교의 역사상 이 분의 등장은 결코 우연의 일치가 아니라는 생각이 들었다. 그래서 '20세기 한반도 역사의 무대에서 성철 스님이 던지는 의의(意義)가 무엇일까?' 하는 의문을 제기하기에 이르렀다. 그것에 대답하기 위하여 그 의의를 사상적인 측면과 정치사회적인 측면으로 나누어서 살피고자 한다.

가. 사상적(思想的)인 측면에서의 의의

필자는 보조지눌에 대한 연구를 하지 않은 상태에서 성철 스님의 업적을 접하기 시작했다. 그래서 지눌의 사상에 결핍된 요소가 분명히 있고, 그의 사상은 마땅히 성철 스님의 비판 대상이 되었다고 생각했다. 그러다 지눌의 세계 안으로 들어가기 시작하면서 '도대체 무엇이 결핍되었을까?' 하는 궁금증이 생기기 시작했다. 다시 말해서 보조지눌이 지리산 상무주암(上無主庵)에서 대혜종고의 어록(語錄)을 읽으며[23] '그의 세 번째이자 마지막 깨달음을 얻었고 자신의 가슴에 막혀 있던 데가 완전히 그리고 영원히 사라졌다면, 성철이 말하는 돈오돈수의 체험과 무엇이 다를까?' 하는 의문이 들었던 것이다.[24] 더군다나 지눌이 자기 사상의 세 번째 전개 단계에서 대혜 선사의 간화선을 완전히 이어받았다고 여겼다면, 성철 스님의 간화선사상과 지눌의 사상 사이에서의 차이점(差異点)을 찾기가 더욱 힘들어진다.

둘을 구분하는 근본적인 차이점 하나를 들자면, 지눌은 중생(衆生)들을 교화(敎化)하기 위해서 『대혜선사어록』에 근거하여 자기의 마지막 사상 단계로 넘어가면서도 『법보단경(法寶壇經)』과 화엄 교학(華嚴 敎學)에 입각한 제1단계와 제2단계에 대한 가치를 끝까지 인정했다는 것에 있다. 물론 간화선수행을 제대로 하기 위해서, 교(敎)를 무조건적으로 버리고 임제종 양기파의 법맥을 직접 이어받아야만 된다는 철칙을 세운다면, 역시 이를 근거로 지눌에게 잘못된 점을 찾을 수 있겠지만 그렇게 하지 않

23 "「선부재정처역 부재료처 부재일용응연처부재사량분별처 연 제일부득 사각정처료처 일용응연처 사량분별처참」 홀연안개 방지개시옥리사 여 어차계회 자연물불애응 수부동소 당하안악이(「禪不在靜處亦 不在鬧處 不在日用應緣處不在思量分別處 然 第一不得 捨却靜處鬧處 日用應緣處 思量分別處叅」 忽然眼開 方知皆是屋裡事予 於此契會 自然物不碍膺 讐不同所 當下安樂耳)." 보조사상연구원(普照思想硏究院) 엮음, 1989, 『보조전서(普照全書)』(서울: 불일출판사), 420; "「선정은 고요한 곳에도 있지 않고 또 시끄러운 곳에도 있지 않으며, 날마다 반연에 응하는 곳에도 있지 않고 생각하고 분별하는 곳에도 있지 않다. 그러나 먼저 고요한 곳이나 시끄러운 곳이나 날마다 반연에 응하는 곳이나 생각하고 분별하는 곳을 버리고 참구하지도 말아야 한다. 만일 갑자기 눈이 열리면 비로소 그것이 집안일임을 알 것이다.」 하였다. 나는 거기서 가만히 그 뜻을 깨치게 되어, 저절로 물건이 가슴에 걸리지 않고 원수도 한 자리에 있지 않아 당장에 편하고 즐거워졌다." 지눌, 김달진 역주, 1987, 『보조국사전서』(서울: 고려원), 364.

24 지눌은 구경각(究竟覺)을 이루었다고 한 적이 전혀 없다.

아도 된다면 문제가 될 것이 없다고 보아야 한다. 지눌은 자기가 살던 시대가 당면한 급선무의 하나가 선(禪)과 교(教)를 화합시키는 것이라고 여겼고 이를 이루려는 입장에 있었기에 『대혜선사어록』을 통한 깨달음 이후에도 당연히 교외별전(教外別傳)의 이치를 극단적으로 따라가려고 하지는 않았을 것이다.

그러나 성철 스님은 지눌의 이러한 역사적 입장에 대한 이해를 전혀 보여 주지 않았다. 만일 성철 스님이 지눌의 역사적 입장을 이해하고 배려했다면 지눌을 비판하기가 어려웠을 것이다. 그래서 류제동에 따르면 성철 스님은 지눌의 실제 사상과 관계없이 그를 비유적인 표적으로 삼아 자기의 선사상(禪思想)을 밀고 나가는 방편으로서 지눌을 비판했을 것이라고 보는 것이 타당하다고 주장한다.[25] 류제동의 주장이 사실일 경우 성철 스님을 끝까지 믿고 따라가기 위해서는 적어도 한동안 지눌사상을 아예 접하지 말아야 한다는 결론을 내려야 할 것이다. 지눌이라는 역사적인 인물이 객관적으로 존재했음에도 불구하고 성철 스님의 맥락으로만 읽어야 할 것이기 때문이다. 그러나 필자의 입장에서는 "성철은 성철이요, 지눌은 지눌이로다."라고 외치고 싶어진다.[26] 나아가 성철 스님이 지

25 "어쩌면 성철은 지눌 자체에 대해서는 별 관심이 없었다고도 하겠다. 성철은 오늘날의 수행자들에게 관심이 있었으며, 그 수행자들이 함부로 깨달음을 운운하면서 혹세무민하는 것을 보고 깨달음의 어려움을 강조하고자 지눌을 하나의 비유적 표적으로 삼아 비판했다고 보는 것이 타당할 것이다." 류제동, 2007, 「지눌과 성철의 공통점에 대한 탐구－돈오점수적 구조를 중심으로」, 『*AKSE* (Association for Korean Studies in Europe) 창립 30주년 기념 학술대회』 자료집, 4월 16일~4월 20일 [프랑스 두르단], 70.

26 필자가 지눌과 성철 스님의 인생의 공통점과 차이점(差異点)을 대비하여 고찰한 졸고를 참고. 서명원, 2009b, "The Life and Works of Dhyāna Master T'oeong Sŏngch'ŏl (1912~1993)," (퇴옹성철 선사의 생애와 전서) in *India and Korea Through the Ages*, ed., Raghavan Vyjayanti (New Delhi: Manak Publications Pvt. Ltd), 259.

눌의 존재 의미를 12~13세기 고려시대의 역사적 맥락에서 해석하지 못했다는 사실은 역사적 의식을 소홀히 하였던 그분의 약점을 드러내는 것으로 이해할 수 있지 않을까 싶다. 결론적으로 지눌사상에 성철 스님이 비판했던 요소들이 결핍되지 않았다면, 그와 관련된 한국 불교의 사상적 문제를 바로잡기 위해 성철 스님이 등장했다고 말하는 것은 타당하지 않다.

나. 정치사회적(政治社會的)인 측면에서의 의의

정치사회적인 측면에서 볼 때 성철 스님은 위기에 빠진 20세기 한국불교의 난맥(亂脈)을 바로잡으려고 했음에 틀림없다. 그것은 어지러운 과거와의 관계를 끊고 새로운 미래를 열기 위해서였을 것이다. 김종인은 이렇게 말한다.

> "돈오돈수론(頓悟頓修論)은 과거로부터 이어져 온 억압적 유산과 급변하는 새로운 문화적 환경을 제대로 극복하지 못하고 정체된 상태로 쇠락하고 있는 한국 불교에 근본주의적 이념을 바탕으로 한 돌파구를 마련하기 위한 논리적 토대이다."[27]

김종인에 따르면 성철 스님은 한국 근대불교의 두 가지 길, 즉 지눌에 입각해서 세속과 함께 가려고 하는 길과 지눌을 등지고 세속을 벗어나서 가려고 하는 길 중에서 후자를 택했다고 한다.[28] 한국 불교의 개혁이 이

27 김종인, 2006, 「한국불교 현실에 대한 성철의 대응과 돈오돈수(頓悟頓修)」, 조성택, 『퇴옹성철의 깨달음과 수행』(서울: 예문서원), 337.

28 김종인, 2005, 「한국불교 근대화의 두 얼굴, 만해와 성철」, 『불교평론』 제22호(봄)(과천: 만해사상 실천선양회). 조성택이 『불교평론』 제30호(2007년 봄) '권두언'에 쓴 「봉암사 결사를 다시 생각한다－한국 근대불교사의 연속과 불연속」이란 글에 간략하기

러한 선택에서 비롯된 것이라면 성철 스님은 돈오돈수론(頓悟頓修論)을 통하여 불교 내에서 사상적 쿠데타를 실행한 것과 같다. 그것은 어느 정도 당시 공산주의와 극단적인 대립 관계에 있었던 한국의 정치사회적 상황의 영향에서 비롯되었던 것임을 보여 주는 상징이지 않을까 싶다.[29] 왜냐하면 돈오돈수사상도 지눌의 돈오점수론(頓悟漸修論)과 절대적인 대립 관계를 형성하는 성질의 것이었기 때문이다.[30] 그러므로 성철 스님의 등장과 그분의 돈오돈수사상은 혼란기에 빠진 불교를 개혁해야만 하는 절대절명의 시대적 요청으로부터 나왔던 것으로 이해할 수 있다. 그러면 이제 성철 스님이 당신의 돈오돈수론을 어떻게 펼쳐 나갔는지 살펴보겠다.

돈오돈수론과 간화선수행에 대한 고찰

"성철 스님을 그 누구와 비교할 수 있는가?"라는 질문을 받는다면 "자

는 하지만 비슷한 내용의 이야기가 나온다.

29 서명원, 2007, "Le contexte politique du subito-subitisme (頓悟頓修) du Maître Sŏn 禪 T'oeong Sŏngch'ŏl 退翁性徹 (1912~1993)," in [Proceedings of] *The 30th Anniversary Conference of Association for Korean Studies in Europe* (AKSE), 71~73 참고; 백낙청에 따르면 '적대적 공존'을 유지하는 '분단체제'이다. 이는 "상극관계에 의존하는 일종의 공생체제"로서 서로 격렬하게 싸우는 관계가 사실은 "묘하게" 서로를 의존하며 존재하며 공생하는 체제다. 백낙청, 2009, 『어디가 중도며 어디가 변혁인가』(파주: 창비) 참조.

30 필자는 성철 스님의 『선문정로(禪門正路)』가 돈점논쟁(頓漸論爭)과 불가분의 관계를 이룬다고 보기 때문에 그 관계를 떠난 『선문정로』는 존재 이유를 잃어버린다고 생각한다. 그렇기 때문에 원택이 『선문정로』를 두고 "큰스님이 스스로 '부처님께 밥값 하였다.'고 하신 책입니다. 학계에서처럼 보조국사님과 돈점논쟁(頓漸論爭)을 하자고 쓰신 책이 아니라, 누구에게나 깨달음을 얻는 바른길을 보이시려고 노심초사한 가르침이라 생각합니다."라고 말한 것과는 의견의 차이가 있다. 퇴옹성철, 2006b, 『옛 거울을 부수고 오너라: 선문정로(禪門正路)』(합천: 장경각), 424.

나 깨나 외줄 타기만 하는 곡예사"라고 대답하겠다. 필자는 언젠가 인간 문화재인 김대균이 눈부시게 외줄 타기를 하는 것을 직접 보면서 그가 귀신(鬼神)인지 사람인지 궁금해했던 적이 있다. 성철 스님을 연구하면서도 이런 생각이 들 때가 많았다.

가. 돈오돈수사상이 강조(强調)한 점(點)

성철 스님의 돈오돈수론은 견성(見性)에 이르는 과정(過程)보다는 그 자체를 강조했다. 『선문정로(禪門正路)』 제1장의 제목인 「견성즉불(見性卽佛)」이나 『돈황본 육조단경』의 제1지침인 '식심견성(識心見性)'만을 보더라도 그 사실을 알 수 있다.[31] 그분은 견성에 이르는 과정을 조금이라도 강조하면 수행자가 그 궁극적인 목적을 달성하는 궤도에서 이탈하게 되는 것으로 보았다. 따라서 성철 스님에게서는 통시적(通時的, diachronically)으로 생각하는 경향보다는 공시적(共時的, synchronically)으로 생각하는 경향이 더 두드러지게 나타났다고 할 수 있다. 즉 어떠한 점차적(漸次的)인 선 수행이라 하더라도, 점수(漸修)가 내포하는 이론은 견성하는 데 장애가 될 수밖에 없다고 보는 것이다. 급기야 성철 스님은 "이론(理論)이 선(禪)을 망친다."고까지 말했다.[32] 성철 스님은 이렇듯 극단적이고도 무조건적으로 견성의 궁극적인 체험에 초점(焦點)을

31 퇴옹성철, 1981, 『선문정로(禪門正路)』, '성철 스님 법어집' 2집 2권(합천: 장경각), 9, 18 참고; 퇴옹성철, 앞의 책, 21.

32 필자가 원택 스님에게 직접 들은 이야기다. 물론 수행의 궁극적 목적인 견성은 모든 이론을 초월하는 것이므로 이를 단지 이론의 결과로만 볼 수는 없다. 한편 어떤 학자들은 이론을 '도움이 되는 이론'과 '도움이 되지 않는 이론'으로 구분하는 것이 필요하다고 주장한다. 이를테면 '도움이 되는 이론'으로 수행의 발전 단계들을 세분하여 묘사하는 것을 들 수 있다. 하지만 필자가 알기로 성철 스님은 이런 구분을 하지 않았다.

맞추기 때문에 그의 사상에 심취하기 쉽다. 왜냐하면 모든 관심이 그쪽으로만 향하게 되기 때문이다.

성철 스님의 수행자로서의 면면(面面)은 깨닫기 전이건 깨닫고 난 다음이건 어떠한 수행이나 이론(理論) 없이, 이상적(理想的)인 수행자의 상(象)을 보여 주었던 육조가 되기 전의 혜능의 모습과 가깝다. 그러나 성철 스님은 원오극근(圜悟克勤, 1063~1135)과 대혜종고가 세운 간화선수행을 주창(主唱)하고 실천했다.

나. 성철 스님의 간화선수행의 세 단계[33]

성철 스님은 점수(漸修)를 그토록 반대하면서도 견성을 이루기 위해 겪어야 되는 세 가지의 수행 단계(修行 段階)－동정일여(動靜一如), 몽중일여(夢中一如), 숙면일여(熟眠一如)－에서 완전히 벗어나지는 못했다. 어떤 스님들은 성철 스님이 이 세 가지 수행 단계를 공시적인 것으로만 이해했다고 주장하는데 사실 그렇다 하더라도 불교의 핵심인 중도사상에 따라 통시적으로도 이해할 수 있었어야 했다.[34] 비유컨대 성철 스님은

33 "동정일여(動靜一如)와 몽중일여(夢中一如)가 되어도 숙면일여(熟眠一如)가 되지 않으면 이는 육진(六塵)의 영역(領域)이요, 숙면일여(熟眠一如)가 되어야 비로소 가무심(假無心)인 삼세(三細)이다. 이 미세(微細)를 단진(斷盡)하지 않으면 견성(見性)이 아니어서 정안종사(正眼宗師)가 될 수 없으니, 이것을 극력 구명(極力 究明)하여 기필(期必)코 이탈(離脫)하여야 불조(佛祖)의 혜명(慧命)을 계승할 수 있다." 퇴옹성철, 1981, 앞의 책, 44; "그러나 몽중일여(夢中一如)가 되면 벌써 화엄칠지(華嚴七地)며 숙면일여(熟眠一如)가 되면 팔지 이상(八地 以上)이다. 선문(禪門)의 정안종사(正眼宗師)치고 이 오매일여(寤寐一如)의 현관(玄關)을 투과(透過)하지 않고 견성(見性)이라고 하는 바는 없으며, 팔지 이상(八地 以上)인 숙면일여 이후(熟眠一如 以後)에서 개오(開悟)하였으니 구경각(究竟覺)이 아닐 수 없다." 위의 책, 118~119.

34 이 책의 제2부 제2장 각주 37 참조.

공중에서 외줄 타기를 하다가도 땅으로 내려올 때가 있었다. 즉 성철 스님은 오로지 외줄 타기와 같은 돈오돈수에 초점을 맞추면서도 점진성(漸進性)을 내포하는 가르침인 점수돈오적인 체험의 구조에서 완전히 벗어나지는 못했다. 성철 스님은 공시적으로만 사고하는 것 같으면서도 통시적으로도 사고했다. 그렇기 때문에 '성철사상에서 돈(頓)과 점(漸)은 어떤 관계를 갖고 있는가?'라는 의문을 제기할 수밖에 없다. 그러나 적어도 필자가 알기로는 성철 스님은 돈과 점의 연관성에 대하여 시원한 확답을 제공해 주지 않았다.

간화선수행을 하면서 동정일여, 몽중일여, 숙면일여의 이 세 가지의 수행 단계를 겪어 가면 차차 점진성에 대한 의식이 엷어진다. 그러나 그렇다 하더라도 그 점진성이 완전히 사라진다고 말하기는 어렵다. 왜냐하면 점진성을 모조리 배제하고 이 세 단계의 수행과정을 묘사하기란 가능한 일이 아니기 때문이다. 이 세 단계의 수행과정이 성철 스님의 수증론(修證論)에서 의미하는 바는 단지 수행자의 통시적인 의식이 공시적인 의식에 뒤처진다는 것일 뿐이다. 즉 수행자의 의식이 모든 사고의 범위들을 완전히 뛰어넘기 전까지는 과거와 현재 및 미래에 대한 분별을 계속하면서 시간감각뿐 아니라 시간의 인식을 더욱더 상대화해 간다는 의미이다. 더 정확하게 말하면 수행자의 의식이 시간의 흐름을 분명히 인식하는 동시에 그 흐름을 초월하는 의식 상태를 단박에 이루는 체험에 이르게 된다. 모순(矛盾)적이라고 지적할 수 있는 이것은 오히려 깨달은 사람의 의식 상태일 것이다.

문제는 시간의 점진적 흐름과 그 흐름을 초월한 상태의 상호 관계[35]에

35 무차별계인 정적진여(靜的眞如)에서 차별계인 동적진여(動的眞如)로, 차별계인 동적진여에서 무차별계인 정적진여로 넘나드는 그런 상호 관계를 뜻한다. 바꾸어 말해 열반이 곧 사바세계(涅槃卽娑婆世界)요, 사바세계가 곧 열반(娑婆世界卽涅槃)이고, 공이 곧 색(空卽是色)이요, 색이 곧 공(色卽是空)이며, 진여의 본체가 곧 작용(體卽用)이요,

대하여 어느 한 쪽에도 치우치지 않고 명확하게 설명하는 데에 있다. 지눌은 간화선이 깨달음을 얻는 최고의 지름길이라는 가르침을 받아들이면서도 화엄 교학의 점진성을 끝까지 유지하는 데 주저하지 않았던 반면, 성철 스님은 그것을 모두 버리려고 하였으나 완전하게 성공하지는 못했다. 깨달음에 이르는 수행과정(修行過程)에서 거쳐야 하는 의식의 세 단계를 서술할 때, 그분은 스스로 자가당착(自家撞着)에 빠진 듯한 인상을 주었기 때문이다. 철학적(哲學的)인 관점에서 성철 스님의 가르침은 조금 서툴게 구성된 것으로 볼 수 있다. 왜냐하면 성철 스님이 논리적으로 일관성(一貫性) 있는 가르침을 펴기 위해 어떠한 노력을 기울이게 된다면 결국에는 점진성을 강조하는 역효과를 내게 될 수밖에 없기 때문이다. 이러한 그분을 변호하기 위해서는 그분이 선사(禪師)이고, 형이상학적 사고(形而上學的 思考)에 대한 관심이 없는 분이라는 것을 어느 정도 상기시켜 주어야 한다.

다시 말해 성철 스님은 돈오돈수에 관해 설명할 때마다 돈(頓)과 반대되는 개념인 점(漸)을 사용할 수밖에 없었으며, 때로는 이 두 개념을 서로 대립시켰다. 이것은 아직 깨달음을 얻지 못하여 절대적인 관점을 가지지 못한 중생들, 즉 아직 상대적인 시공연속체(時空連續體) 속에서 점진(漸進)하고 있는 수행자들에게 깨달음의 경지에 있는 자기의 절대적 관점에서 설법하려고 노력하였기 때문이었다고 간주된다.[36] 그러나 이것으로 미루어 보면 점차적인 수행에 대한 말을 하지 않고 돈오돈수에 관한 설법만을 하려고 했던 성철 스님의 모든 시도는, 결국 부정하려고 하였던 점(漸)이라는 개념에 걸릴 수밖에 없기 때문에, 처음부터 하나의 단순

작용이 곧 본체(用卽體)인 상호 관계이다.

36 "불교의 근본을 이론과 언설을 가지고 이렇게도 설명하고 저렇게도 설명하는 것은 어쩔 수 없어서 그렇게 하는 것이지, 이 법문이 선문의 골수가 아닌 줄 알고 들어야 합니다." 퇴옹성철, 1992a, 앞의 책, 14.

한 수사법[37]에 지나지 않았음을 알 수 있다.

다. 돈오돈수와 돈오점수의 차이점은 무엇인가?

무엇보다도 수행의 극치인 깨달음을 강조했던 성철 스님은 이 깨달음에 이르는 수행에 있어 점수(漸修)라는 이름을 붙이지는 않았으나, 점차적(漸次的)인 세 단계의 과정을 제시하였고 이는 결국 점수의 범주에 드는 것이었다. 세 차례에 걸쳐 깨달은 지눌은 당연히 깨침 외에도 과정(過程)을 강조했다. 물론 성철 스님이 말하는 수행의 세 단계는 화엄 교학에서 말하는 깨달음의 52위(位)에 비하여 비교할 수 없을 정도로 훨씬 단순하다. 그렇다고 점차적인 수행의 과정을 묘사하는 단계로서, 성철 스님의 수행 세 단계와 화엄 교학의 깨달음의 52위 사이에 유사성이 전혀 없다고 말할 수는 없다. 물론 구경각의 경지인 돈오돈수의 견지(見地)에서는 선후 관계(先後 關係)가 있을 수 없으므로 단계를 묘사할 수 없지만, 시공적인 관점에서는 무상정각(無上正覺)에 이르는 단계가 있을 수밖에 없다.[38] 그렇다면 성철 스님의 돈오돈수와 지눌의 돈오점수의 차이점은 어디에 있을까? 그것은 바로 어디에 강조점을 두었는가에 달려 있다고 본다. 강조점의 위치가 달랐다고 해서 두 선사의 사상을 극단적으로 대립되는 관계에 두고 시시비비(是是非非)를 가리는 것에 무슨

37 Bernard Faure, 1991, *The Rhetoric of Immediacy: A Cultural Critique of Chan/Zen Buddhism* (Princeton: Princeton University Press).

38 "But when Korean meditation monks who are training in the kanhwa technique routinely admit that they expect it will take upwards of twenty years of full-time practice to make substantive progress in their practice, there seem to be valid grounds for questioning how subitist *in practice* the Sŏn tradition really is." Robert E. Buswell Jr., 1992, *The Zen Monastic Experience* (Princeton: Princeton University Press), 220.

의미가 있을까? 하는 의문이 생긴다. 단지 아쉬운 점은 지눌을 적대시하면서 흑백논리(黑白論理)에 입각하여 설법했던 성철 스님이 객관적인 시각을 확보하기 위해 가져야 할 최소한의 거리를 유지하지 못했다는 점이다.

성철 스님이 당신이 설법하는 내용뿐 아니라 자신마저도 애써 철저하게 부정(否定)하려는 모습을 보였던 것으로 미루어 보면,[39] 모든 진정한 선사들과 마찬가지로 그분도 이 문제를 극도로 예민하게 느끼고 있었던 것 같다. 그럼에도 불구하고 자기를 철저하게 부정하려는 그분의 말은 결국 무엇보다도 자신에 대한 신용(信用)을 높이는 데 기여했을 수 있다. 즉 성철 스님의 이러한 부정들은 오히려 사람들이 그분에 대하여 강하게 긍정하도록 하였을 것이다.[40]

퇴옹성철, 달라이 라마, 그리고 틱낫한

본고에서는 성철 스님을 어떻게 서양에 소개할 것인가 하는 의문을 염두에 두고 그분과 그분의 돈오돈수론을 종교적·학문적 입장에서 이해하고 평가하고자 했다. 비유컨대 종교적 입장은 정비공이 자동차가 잘 달릴 수 있는지 알아보기 위해 엔진을 살펴보는 것과 같은 반면에, 학문

39 《"스님, 한 말씀만 여쭈어 보겠습니다." "뭐를?" "1,300만 불자들이 있는데 그 불자들에게 한 말씀만." "한 말씀만" 내 말에 속지 마라." "내 말" "내 말 말이여, 내 말한테 속지 마라." "나는 늘 거짓말만 하니까." "무슨 말씀인지 잘 알겠습니다." "내 말에 속지 마라 그 말이여."》 백련문도회 편, 1995, 다큐멘터리 『스님, 성철 큰스님』의 제5편, 전 5편, VHS(서울: 리스프로).

40 "The master is sufficiently assured of his position in the hierarchy to be able to deny the hierarchy, thus cumulating the profits tied to the hierarchy and its symbolic denial." Faure, 1991, *op. cit.*, 20.

적 입장은 과학자가 그 엔진의 특성을 알고자 자동차를 해체하는 것과 같다. 해체된 자동차 엔진에 시동을 걸어서 어디로 떠날 수 있는 사람은 없다.

정확하게 성철 스님의 돈오돈수론은 학문적 연구 대상으로 삼기 전까지의 종교적 맥락에서 유효한 가르침, 즉 선원에 머물며 간화선에 집중하는 수행자들을 깨우치기 위한 고유한 사상이다. 그러나 이 사상은 마치 화두(話頭)처럼 수행자들의 평상시[41] 정신적인 균형 상태를 불안정하게 하는 것으로써, 그들의 잘못된 가치관을 전도시키기 위한 극단적인 사상이 되기 때문에 어떤 때는 위험할 수 있다. 더구나 성철 스님의 돈오돈수론은 진입하기도, 빠져나가기도 매우 힘든 사상으로 다른 모든 것에 배타적인 의미의 체계를 이룬다. 그렇기 때문에 돈오돈수론은 통전론적(通全論的, holistic) 성질보다는 전체주의적(全體主義的, totalistic) 성질의 것이라고 해도 과언이 아니다. 그러면서도 사람들을 강하게 끌어당기는 상당한 힘을 지니기 때문에 그들을 매료시켜서 다른 세계로 이끌어 가는 매개(媒介), 즉 무한 차원을 향해 열려 있는 창문과도 같은 역할을 한다.

그러나 성철 스님의 돈오돈수론을 학문적 연구 대상으로 삼아서 자동차 연구를 위해 엔진을 분해하는 것처럼 해체해 보면 그 사상은 아주 강력하지만 부서지기 쉬운 의미의 체계로 이루어져 있음을 알게 된다. 그렇다면 본고의 주제로 돌아가서 "성철 스님과 그분의 사상에 대하여 서양에 어떻게 소개할 것인가?"에 관한 대답을 다음과 같이 정리할 수 있을 것이다. 있는 그대로, 20세기 한국 불교를 개혁한 중요한 선사로서의 성철 스님의 이미지를 지나치게 꾸미지 않으면서 소개하면 된다. 그분의 사상인 돈오돈수론에 관해서는 깨달음에 대한 명확한 정의이며 일

41 '평상심시도(平常心是道)'에서 말하는 평상심이 아님.

정한 종교의 역사적인 맥락 안에서 깨달음을 얻는 데 촉매의 역할을 할 수 있는 사상이라고 설명하면 되지 않겠는가?

한편 성철 스님이 일으킨, 한국 불교계의 화두와 같은 한국돈점논쟁이 지닌 나름대로의 가치는 인정하되, 돈점논쟁의 소용돌이에 빠져 한국 불교 근대사에서 큰 획을 그은 다른 큰스님들의 존재를 결코 잊어서는 안 된다. 또한 성철 스님이 돈점논쟁을 통해서 '지눌'과 심한 대립 관계를 형성한 것은 한국 불교에 큰 관심과 기대를 가진 일반 서양인들에게는 좋지 않은 반응을 초래할 가능성이 더 높으므로 조심스럽게 다룰 필요가 있다고 본다. 서양에서 높은 대중적 지지와 신뢰를 얻고 있는 종교 지도자인 달라이 라마(14th Dalai Lama, 1936~)나 틱낫한(Thich Nhat Hanh, 1926~)이 정치적이거나 사상적인 면에서, 중국 또는 미국과 강한 대립 관계에 있음에도 불구하고 오히려 평화주의의 편에 서 있기 때문에 더욱더 크게 깨달은 자로서 인정받게 되었음을 상기해야 한다. 그런 점에서 보면 성철 스님이 자신의 사상을 밀고 나가면서도 지눌의 돈오점수론에 관한 지나친 비판을 아꼈더라면 더 좋았을 것이란 생각이 든다.

서양 문명의 밑거름이 되는 고대 그리스 철학의 대표자인 유명한 소크라테스(BCE 470~BCE 399)는 자칭 스승이라고 한 적도 없고, 제자로 삼은 사람도 없고, 깨달음에 대한 언급도 전혀 없이, 다만 산파술(産婆術)이라는 문답법으로 자기를 찾아오는 사람들의 마음속에 잠재된 생각을 끄집어내는 방법을 통해 대화를 나누고 진리를 찾으며 일생을 보냈다. 그는 늘 대화를 마치면서 "오늘 당신 덕에 많은 것을 배웠다. 또 만나자."라고 했을 뿐, 한 번도 스스로 결론을 내린 적이 없다. 민주주의적 정신의 바탕을 구성하는 소크라테스의 진리에 대한 이러한 대화식 접근 방법은, 달라이 라마가 중도(中道)에 입각하여 보여 주는 진리에 관한 천진난

만한 자세와도 너무나 흡사하다. 성철 스님이 강조하는 오후수행불행(悟後修行佛行), 즉 깨달은 뒤에는 부처의 수행을 실천함이 곧 달라이 라마의 진리에 대한 겸손하고 역동적인 자세를 의미할 수 있다면, 서구 문명에 잘 적용할 수 있는 깨달음의 정도에 관하여 신빙성 높은 평가 기준을 제공해 줄 것임이 분명하다.

불교는 탄생부터 지금까지 늘 석가세존이 세운 전통에 충실하면서도 이루 다 말할 수 없을 정도의 다양한 모습으로 그 명맥을 끊임없이 이어오고 있다. 예컨대 요즘 서양에는 틱낫한의 이른바 참여불교(Engaged Buddhism)와 함께 새로운 불교의 형태가 등장하기 시작했다. 성철 스님은 20세기 한국 불교가 획기적인 개혁을 도모할 수 있는 기반을 마련했지만, 그것이 한국 불교의 미래를 결정하는 데 지나친 역할을 해서는 안 될 것이다. 어디까지나 한국 불교의 미래는 세계불교의 중심에 설 가능성이 무한대로 열려 있기 때문이다. 성철 스님도 아마 자기부정(自己否定)의 의미를 담은 열반송(涅槃頌)을 통해 이 사실을 암시하려고 했을지도 모른다.[42]

42 이 책의 제1부 제1장 각주 18 참조.

제 2 장
한국간화선의 전통과 해석에 대한 비판적 고찰
─대한불교조계종의 간화선 세계화 캠페인에 부쳐

대한불교조계종의 천명(闡明): '간화선, 세계를 비추다'

2010년 8월 12일~8월 13일 양일간, 동국대에서는 '간화선, 세계를 비추다(Kanhwa Sŏn,[1] Illuminating the World: An International Conference on Kanhwa Sŏn in Comparative Perspective, 이하 KSIWC로 약칭)'를 주제로 한 대규모 국제학술대회가 개최되었다. 동국대학교 불교학술원이 주관한 이 학술대회에서 불교학술원장 버스웰(Robert E. Buswell Jr.)은 행사의 의의를 다음과 같이 밝혔다.

> "학자와 수행자 사이에 진정한 대화를 시작하고자 합니다. 그리하여 학문은 선 수행에 정보를 주고, 선 수행은 학문에 활기를 주게 되기를 바랍니다."[2]

1 실제 학술대회에서는 Revised Romanization System에 의거하여 "Ganhwa Seon"이라고 기재하였지만, 본 논문에서는 McCune-Reischauer System에 의거하여 "Kanhwa Sŏn"으로 기재함.

2 Robert E. Buswell Jr., 2010a, "Kanhwa Sŏn, Illuminating the World: An International

학술대회에는 국내외의 저명한 학자 14명(한국 6명, 해외 8명)이 참석하였고, 이와 더불어 4명의 저명한 선사들[3]이 이틀 동안 행사의 시작과 끝에 법문을 하였다. 천여 명이 넘는 비구, 비구니 스님들과 신도들이 전국 각지에서 찾아와 행사의 청중으로 참가했다. 이번 학술대회는 국내외에 한국 불교의 대표적인 수행법인 간화선을 종단(宗團)의 전형적인 특징으로 천명하고자 하는 대한불교조계종(이하 대한조계종)의 결연한 의지를 잘 드러내 주는 것이라 하겠다.

간화선(看話禪)은 원오극근(圜悟克勤, 1063~1135)의 제자이자 임제종(臨濟宗) 양기파(楊岐派)의 12대 계승자인 송나라(960~1279)의 선사 대혜종고(大慧宗杲, 1089~1163)가 제창한 불교의 명상[4]수행법이다. 간화란 '간화두(看話頭)'의 축약어인데, 글자 그대로 '말의 머리(話頭)를 본다(看)'는 의미이다. 여기서 '보는' 것은 수행자의 마음속에 제기된 의문이나 의심을 지속적으로 심도 있게 탐구해 들어가는 과정으로 이루어진다. 또한 '말의 머리'는 그러한 의문이나 의심이 마음속에서 제기되는 지점을 지시한다. 이와 같이 간화선은 공안(公案, 공적인 준칙[5]) 속의 핵심어를 관

Conference on Kanhwa Sŏn in Comparative Perspective: Origins, Development, Practice," in [Proceedings of] *Ganhwa Seon, Illuminating the World*/Kanhwa Sŏn, Se'gye rŭl Pich'uda (*Ganhwa Seon in Comparative Perspective: Origins, Development, Practice*) (ab. [Proceedings of] KSIWC), Seoul: Tongguk University Tongguk taehakkyo Pulgyo haksurwŏn chonghak yŏn'guso (Cho'gye Order Institute for the Study of Korean Buddhism) [12~13 August, Seoul: Tongkuk University], day 1: 24.

3 법문을 한 네 명의 선사는 혜국, 고우, 수불, 그리고 진제 스님이었음.

4 선(禪)은 명상을 뜻하는 산스크리트어 '디아나(Dhyāna)'에서 유래했다. 동양의 명상종에는 중국의 '찬(Chan)', 베트남의 '티엔(Thiền)', 일본의 '젠(Zen)', 그리고 한국의 '선' 등이 있다.

5 "공안이라는 용어가 불교적으로 사용된 기원은 분명하지 않다." Robert Sharf, 2000a, "How to Think with *Chan Gongans* 公案," in [Proceedings of] KSIWC 2010, day 1: 49~77; 공안은 문자 그대로 "중국의 관청에 의해 다루어지고, 발행되는 공적인 판시"를 의미한다. 이 용어를 선종에서 차용하였는데, 선종은 지관(止觀, śamatha/ vipaśyanā)과

찰하는 명상수행의 한 방법이다. 대혜와 그의 추종자들에게－재가자 뿐 아니라 출가자 모두－간화선이란 수행자에게 일시에 완전한 깨달음을 성취하게 해 주는 유일하고 실질적인 기법이었다. 달리 말해, 간화선은 이것에 앞서 존재했던 수행법인 문자선(文字禪)과 묵조사선(黙照邪禪)의 비실용적(impractical) 방식에 대립하여 출현했던 것이다. 보디포드(Bodiford)는 이에 대해 “다른 대안은 존재하지 않았다.”[6]라고 한다.

오늘날 학자들 사이에 공감대가 형성되어 있는 대로, 공안과 간화선은 선(禪)이 성숙되어 가는 과정에 있어 하나의 중요한 전환점이라 할 수 있다. 버스웰은 이러한 관점을, “간화선의 경절문(徑截文)은 중국 선불교에서의 실질적 돈오주의의 진화”[7]라는 표현으로 극대화시키기를 주저하지 않는다. 대혜에 의한 간화선의 발전은 수행의 돈오(頓悟)적 유형과 점수(漸修)적 유형 사이에 존재하는 오래된 긴장 관계의 절정인 동시에 해소를 의미할 수 있는데, 이 발전은 선(禪)의 오랜 역사를 통한 인도 불교

같은 전통적인 인도 불교의 명상법과 구별된, 특정한 불교 명상법을 지칭하기 위해 이 용어를 사용하였다. 공안수행은 대체적으로 전통적인 문서들 또는 당송대(唐宋代) 조사들의 전기나 그들이 가르쳤던 기록에서 도출된 질문의 제시로 구성된다. 한 가지 사례가 제시된 후, 그 이야기와 관련된 질문이 제기되는데, 이것은 대개 불교에서 인정되는 교리적 입장이나 일상의 논리와는 모순된다. 이것의 목적은 이성적 대답을 끌어내려는 것이 아니라, 명상의 역동적 형태를 위한 초점을 제공하는 것인데, 결과적으로 불이(不二)적 경험을 하게 한다. (Digital Dictionary of Buddhism에 나온 정의를 필자가 조정하여 완성한 것임.)

6 William Bodiford, 2010, “Keyword Meditation and Detailed Investigation in Medieval Japan,” in [Proceedings of] KSIWC 2010, day 2: 99.

7 Robert E. Buswell Jr., 1987, “The ‘Short-cut’ (徑截) Approach of K’an-hua (看話) Meditation: The Evolution of a Practical Subitism in Chinese Ch’an Buddhism,” in *Sudden and Gradual: Approaches to Enlightenment in Chinese Thought*, ed., Peter N. Gregory, Studies in East Asian Buddhism 5 (Honolulu: University of Hawai‘i Press), 321~377.

와 중국 문명의 만남뿐 아니라, 동아시아불교 전체의 발전에도 공히 해당될 수 있다는 것이 버스웰의 주장이다.

간화선은 송광사(松廣寺)를 수도와 참선 도량으로 삼았던 불일보조 국사(佛一普照 國師) 지눌(知訥, 1158~1210)에 의해 한국에 처음 도입되었다. 1197년 지눌은 지리산에 위치한 상무주암(上無住庵)에서 『대혜선사어록(大慧禪師語錄)』을 읽던 중 그의 세 번째이자, 마지막 깨달음을 얻게 된다.[8] 이 대목에서 아주 흥미롭고도 중요한 점을 발견할 수 있는데, 지눌은 결코 중국에 간 적이 없었으며, 마지막 깨달음을 명상이 아닌 대혜의 기록물을 매개로 하여 얻었다는 점이다. 1209년에 쓰인 지눌의 역작 『법집별행록절요병입사기(法集別行錄節要并入私記)』의 마지막 부분과 지눌 사후 5년 후 제자 진각혜심(眞覺慧諶, 1178~1234)이 기록한 『간화결의론(看話決疑論)』에서도 확인할 수 있듯이, 지눌은 그의 돈오점수문(頓悟漸修門)을 완성하기 위해 간화선을 사용하였다. 선교일치(禪教一致)로서 집대성한 이 돈오점수문은 하택신회(荷澤神會, 668~760[9])와, 화엄종과 하택종의 5대 조사였던 그의 제자 규봉종밀(圭峰宗密, 780~841)[10]의 사상에 기반을 둔 것이었다. 한국에 도입된 간화선은 송광사에서 '지눌과 그의 후계자들의 후원 덕택에 빠른 속도로 (확산되며) 한국 불교의 가장 흔한 수행법'이 되기에 이르렀다.[11] 하지만 여러 저명한 학자들은 혜심의 사후 지눌에 의해 성립된 교학과 명상 간의 균형이 그 기반을 잃어버렸다고 여

8 이 책의 제2부 제1장 각주 23 참조.

9 또는 670~762.

10 Buswell, 1983, *The Collected Works of Chinul. Translated with an Introduction* (Honolulu: University of Hawai'i Press), 262~263.

11 Buswell, 1992, *The Zen Monastic Experience* (Princeton: Princeton University Press), 150.

긴다. 고려왕조(918~1392)가 끝날 때까지 백운경한(白雲景閑, 1299~1375), 태고보우(太古普愚, 1301~1382) 그리고 나옹혜근(懶翁惠懃, 1320~1376)에 이르는 세 선사가 임제종 양기파에 속한 선사들에게 간화선을 배우기 위해 중국으로 건너갔다. 이들 세 선사는 그들의 스승으로부터 인가를 받은 후 고국으로 돌아와 "중한 연결(Sino-Korean Connection[12])"을 수립하였고, 이로써 전혀 새로운 간화선의 법맥이 출현하게 되었다. 대한조계종의 많은 승려의 주장에 따르면, 당시 중국으로부터 전수받은 법맥과 수행법은 고려왕조가 붕괴되기 이전에 이미 강화되었고 그 이후 오늘날에 이르기까지 국내 종단에서 주요한 명상법으로 전해지고 있다고 한다.

비록 논의의 여지가 없지 않으나, 대한조계종이 최근 한국간화선의 홍보를 위한 캠페인을 추진하게 된 배경에 대해 살펴보았다. 이러한 캠페인에 대한 비판적 고찰로서, 본고는 다음과 같은 해석학적 과정[13]의 세 가지 구성 요소들을－필자가 다루는 전통(傳統), 오늘날 그 전통이 존재하고 있는 구체적인 정황(情況), 그 전통이 주어진 정황 속에서 승가에 의해 해석되는 행위(行爲)－연속적으로 점검할 것이다. 이 요소들은 다시 세 핵심어, 즉 '간화선, 현대 한국, 한국조계종'으로 간단하게 표현될 수 있다.

12 "Sino-Korean Connection"은 중국에서 한국으로 간화선의 법맥이 계승되는 것을 표현하기 위해 필자가 고안한 표현이다. 이 가운데 "connection"이라는 단어는 한국의 언론과 기타 대중매체에서 부정적인 의미로 사용되는 경우가 많지만, 영어권에서 이 단어는 부정적인 의미가 전혀 담겨 있지 않은, 중립적인 의미를 내포하고 있다는 것을 알려두는 바임.

13 또는 "해석학적 순환." 이 책의 제1부 제1장 각주 1 참조.

간화선 수증(看話禪 修證)이 한국 불교의 종지종풍(宗旨宗風)인가?

대한조계종의 캠페인은 한국의 선 수행 방식이 전 세계에서 예외적이라 할 만큼 대혜에 의해 주창된 명상 전통을 충실하게 유지해 왔다는 강한 확신에 근거해 시작되었다. 이는 동아시아의 어떤 국가도 한국만큼 간화선수행의 순수함을 충실하게 유지하지 못하고 있다는 것을 의미한다. 달리 말하면 이는 다른 나라의 선 수행 방식은 대한조계종의 간화선수행만큼 '세계를 비출 수 없다'는 뜻이기도 하다. 이러한 순수함은 선 수행 방식이 다른 동아시아 국가의 방식과 차별되게 해 주는 근원적 요소로 작용하며 한국의 전통에 독특함을 부여해 줄 수도 있다. 대혜의 지지자들에게 대혜의 간화선은 급격하고 완벽한 깨달음의 체험을 하게 해 주는 가장 효과적이고 실질적인 방안이라고 여겨지고 있으며, 이러한 독특함은 마침내 한국 불교가 "세계를 비추기" 위한 캠페인을 벌이는 데 있어서 가공할 만한 활력소를 부여해 줄 수도 있을 것이다.

이와 관련하여 월암(月庵, Wŏram) 스님이 KSIWC에서 말했던 바를 함께 살펴볼까 한다. "현재 간화선이 집대성되어진 중국에서의 간화선풍 퇴조에 반해, 한국 불교는 지금까지 정통 법맥이 전승되어지고 있으며, 간화선 수증을 종지종풍(宗旨宗風)으로 삼으며,"[14]라고 주장한 월암 스님은 이에 다양한 통계 수치를 덧붙임으로써 자신의 견해를 공고히 하였다.

> "또한 전국 약 100개의 선원이 개설되어 안거 때마다 2천 200여 수좌가 용맹정진하고 있으며, 전국 여러 사찰에서 재가선원을 운용하고 있음을

14 Wŏram (월암), 2010, "Contemporary Situation and Practice in the Traditional Buddhist Korean Seon Center," in [Proceedings of] KSIWC 2010, day 2: 223~238.

볼 때, 감히 간화선의 종주국이라 해도 과언이 아닐 것이다."[15]

학술대회의 주최 측에서는 오늘날 한국에서 간화선수행이 얼마나 역동적으로 행해지는지 입증해 보이기 위해, 발표자로 참여한 외국 학자들이 전국 주요 선원들 몇 곳에 방문하는 일정을 학술대회의 부대행사로 마련하여 이들을 초대했다. 하지만 이러한 담론(narrative)[16]이 아무리 강력하고 매혹적이라 할지라도, 한국간화선 전통의 독특성, 동질성, 그리고 연속성에 대한 여러 질문은 면밀하게 검토될 필요가 있으며, 그 해결 방안도 모색되어야 할 것이다.

가. 한국간화선 전통에 대한 세 가지 질문

첫째, 한국간화선의 전통은 진정 독특한가? 분명한 사실은 대한조계종이 동아시아, 나아가 전 세계 어디에서도 간화선수행에 관한 독점권을 가지지 못한다는 것이다. 예를 들어, 간화선수행은 오늘날에도 일본[17]과 타이완에서 매우 활발하게 이루어지고 있으며, 간화선이 전 세계로 확산된 것은 바로 이 두 나라를 통해서다. 그렇다면, 한국에서 간화선이 수행되어지는 방식에 독특한 무언가가 있는가? KSIWC의 발표자들 중 한 사람이었던 혜민(慧敏, Hyemin) 스님은 근현대 한국의 저명한 선사 세 사람(송담, 수불, 그리고 성철)의 수행법에 대해 면밀히 고찰하였다. 비록 연구의 관점을 좁힌 결과였지만, 이 사례는 심도 있게 고려될 수 있다. 혜민 스님은 이

15 위의 논문, 190.

16 필자가 영어 논문에서 "narrative"라고 하였던 표현을 본고에서는 "담론"이라고 쓴다.

17 본 장(章)에서는 일반적인 개념의 일본 선(禪)과는 근본적으로 다른, 소위 "한국간화선"의 명확한 정의를 규명하기가 불가능하다는 것을 입증할 것이다. 그럼에도 불구하고 전 세계의 차원에서 볼 때 일본 선이 간화선보다 더 잘 알려져 있음이 자명하다.

날 발표를 마무리하면서 이들 세 선사 모두가 명상 중에 의정(疑情)의 "돈발(頓發)"의 중요성에 대해 상당한 의미를 부여하였음을 강조했다.[18] 그 결과 한국간화선은 의정을 발현시키기 위해 연속적인 화두 대신 하나의 화두만을 참구하는 것을 고집해 왔을 뿐 아니라 스승과 제자 사이의 대화, 즉 선문답(禪問答)의 역할을 경시하게 되었다고 볼 수 있다. 한국간화선의 이러한 특징이 바로 숭산(嵩山, 1927~2004) 스님[19]이 세계에 널리 설립한 관음선종(觀音禪宗)[20]의 가르침과 상당히 다른 점이라고 할 수 있다. 일본에서 6년여 동안 머물며 일본 임제종 선사들과 폭넓게 교유(交遊)한 숭산 스님은 일본 임제종(Rinzai school)의 영향을 깊이 받았다. 그는 연속적인 10개의 화두를 사용하였는데, 이를 일컬어 십문관(十門關)이라 불렀으며, 제자들을 정기적으로 만나면서 제자들의 수행과정을 점검하였다. 하여간, 누군가는 여전히 한국간화선을 구별 짓는 무언가를, 한국간화선을 다른 수행법보다 우월하게 만드는 이유를 한국만의 고유한 방법으로 '세계를 비출 수 있는' 관점에서 설명해야 한다. 어쩌면 대한조계종은 이렇게 답변할 수도 있을 것이다. 이른바 "의단(疑團)", 즉 의문덩어리를 촉발시키지도 않은 채 이 화두에서 저 화두로 옮겨 다니고, 또한 스승과 대면하면서 시간을 낭비하면 그 어느 누구도 완전한 깨달음을 성취하지 못할 것이라고 말이다. 하지만 우리는 연속적인 화두를 사용하는 교육이 반드시 대혜의

18 Hyemin (혜민, Ryan, Bongseok Joo), 2010, "Gradual Experiences of Sudden Enlightenment: the Varieties of Ganhwa Seon Teachings in Contemporary Korea," in [Proceedings of] KSIWC 2010, day 1: 236~237.

19 숭산 스님은 수덕사 법맥에 속한다.

20 관음선종(觀音禪宗)은 현재 전 세계 30여 개국에 선원 120여 곳을 운영하고 있다. 박인탁, 2016, 「이 절에 발 들이면 반드시 신실한 불자 된다 ④ 서울 화계사」, 『불교신문』(승인 3월 8일) 참조, http://www.ibulgyo.com/news/articleView.html?idxno=147249 (2017년 1월 17일 확인)

간화선 가르침과 함께 사용되지 못할 이유가 없다는 점을 인지하게 될 것이다.

둘째, 간화선의 수증(修證)이 한국 불교의 주요 원칙이자 교육방법인가? 즉 그만큼 간화선이 한국 불교에서 핵심적인가? 대체로는 결코 아니라고 할 수 있다. 한국 불교의 전통에서 순수한 명상수행이 차지하는 비중은 크지 않다. 한국 불교 안에는 기복(祈福)[21]행위뿐 아니라, 염불 및 관세음정근(觀世音精勤)에 입각한 민중 신앙이 차지하는 지위가 상당히 높다. 더욱이 대한조계종이 가장 강력한 종단이라고 해서 한국 불교가 이것으로 축소될 수 없다. 안타깝게도 이번 간화선의 진흥을 위한 캠페인에서는 한국의 다른 불교 종단을 무시하고 이들을 주변화(周邊化)시키는 경향이 보이며, 이 캠페인은 결국 간화선에 뚜렷하게 초점을 두고 있지 않는 비구·비구니 스님들 또한 주변화시키게 되지 않을까 염려된다. 한 스님은 필자에게 이렇게 말했다. "요즘에는 사람들의 주의를 끌고자 한다면 간화선에 대해 얘기해야 합니다."[22] 따라서 염불선을 주창한 유명한 선사 청화(淸華, 1923~2003) 스님[23]이 말하곤 했던, "화두 놓고 염불하세."와 같은 말을 하거나, 혜원(慧源) 스님[24]처럼 묵조선(默照禪)의 우수함을 칭송하기가 어렵게 되었다. 대한조계종이 그 구성원들 사이에서조차 간화선수행에 대한 공통된 이해와 합의를 이루어 내기란 아직도 요원한 일인 듯싶다.

한국의 돈점논쟁(頓漸論爭)은 대한조계종 내에서 풀리지 않고 존재해

21 수불(修佛) 스님에 따르면, 간화선수행은 한국 불교가 자신의 미신적 양상을 극복하는 데 도움을 줄 수 있다. Subul (수불), 2010, "Making Kanhwa Sŏn Accessible to the General Public," in [Proceedings of] KSIWC 2010, day 2: 35.

22 이 스님이 필자에게 익명을 요구하였음을 밝힌다.

23 청화 스님은 전라남도 곡성에 위치한 성륜사(聖輪寺)의 조실 스님이었다.

24 동국대학교 선학과 교수이며, 주요 저서들 중의 하나로 『북종선』(서울: 운주사, 2008)이 있음.

온 오랜 긴장 관계를 잘 설명해 주는 경우로 볼 수 있다. 지눌이 교종(敎宗)과 선종(禪宗)을 통합시키고자 하는 그의 입장을 결코 포기하지 않았다는 점을 고려할 때, 비록 그의 생애 말기에 간화선수행을 수용하고 옹호하기는 했으나, 간화선에 대한 그의 이해가 고려 말기 중한 연결을 통해 한반도로 유입된 교외별전(敎外別傳)의 가르침과는 어떻게 조화로울 수 있었을까?[25] 20세기 후반 한국 불교 역사상 가장 유명한 개혁가 중 한 사람인 퇴옹성철(退翁性徹, 1912~1993)은 단호하고도 지속적으로 지눌 선(禪)의 비정통성(非正統性)을 비난해 왔다.[26] 성철 스님은 이미 1967년에 한국간화선 전통이 지눌의 선사상과 일치한다는 주장을 반박함으로써 한국의 돈점논쟁을 촉발시켰다.[27] 앞서 밝힌 필자의 질문은 송광사의 아주 영향력 있는 선사, 구산(九山, 1909~1983) 스님이 보조지눌의 가르침을 따랐다는 사실에 비추어 볼 때 더더욱 타당하다.[28] 마찬가지로 현재 송광사의 방장인 보성(菩成, 1928~) 스님 또한 자신의 가르침이 송광사를 개창한 보조지눌의 정신에 완전히 충실하다고 단언하기를 주저하지 않는다.[29]

셋째, 지눌이 한반도에 간화선을 도입한 이래, 한국 불교가 과연 '정통성 있는 법통의 지속적인 전승'을 유지해 왔는가? 조선시대(1392~1910)에 법(法)의 계승이 단절되었다는 것은 이미 잘 알려진 사실이기 때문에 이 질문에 대한 답변은 부정적일 수밖에 없을 것이다. 물론 전승은 단절

25 김방룡은 그의 박사논문 「보조지눌과 태고보우의 선사상 비교연구」(원광대학교 박사학위논문, 1999)에서 이 주제를 다루었다.

26 퇴옹성철(退翁性徹), 1981, 『선문정로(禪門正路)』(합천: 장경각), 158~225.

27 퇴옹성철, 1992a, 『백일법문(百日法門)』, 하(下) (합천: 장경각), 315~367, 특히 315~321.

28 박정환, 2000, 「지눌과 구산의 선사상 비교연구」, 서강대학교 석사학위논문(종교학) 참조.

29 필자가 보성 스님에게 직접 들은 이야기다.

되었지만, 수행은 그렇지 않았다고 주장하는 이들도 있다.[30] 하지만 만약 억불숭유정책(抑佛崇儒政策) 하에서의 여건이 그러한 단절을 불러일으키기에 충분할 만큼 조선왕조가 불교에 냉혹했다고 한다면, 어떻게 승가(僧家)의 구성원들이 정기적이고, 지속적이며, 순수한 간화선수행을 유지해 낼 수 있었겠는가? 조선왕조 500년 역사에 걸쳐 가장 우뚝 솟은 불교계 인물로서 서산대사(西山大師)로 더 잘 알려진, 청허휴정(淸虛休靜, 1520~1604)의 경우를 예로 들어 보자. 순수한 간화선수행의 외골수적 대가(大家)였던 휴정은 자신의 입장과는 동떨어진 채, 간화선과 염불 두 가지를 겸하는 수행, 즉 선정겸수(禪淨兼修)의 가치를 인정하였다. 만약 그 유명한 휴정이 법계승의 단절이 발생하기 훨씬 이전인 16세기에 이미 두 가지 수행법에 몰두하고 있었다면, 우리가 어떻게 다른 이들 또한 선정겸수를 인정하지 않았다고 단정할 수 있겠는가?

나. 한국간화선의 정통성을 재건하는 세 가지 방안

만약 간화선의 정통 법맥이 조선왕조 500년 동안 진실로 단절되었다는 것을 인정한다면, 그 상황을 바로잡기 위해서는 무엇이 이행되어야 하겠는가? 필자는 한국의 불자들이 불법의 진정한 전승을 재건하기 위해 의지하는 세 가지 방안이 무엇인지에 천착(穿鑿)하였다. 그것은 아득한 시간의 간격을 초월하여 전승을 받는 것, 해외의 전승을 한국으로 가져오는 것, 전승이 유지되는 나라로 이동하는 것, 이 세 가지인데 다음에서 하나씩 검토해 보도록 하자.

30 Martine Fages and Steven Batchelor, 1999, *La Voie du Zen coréen* (Paris: Dharma), 25.

첫 번째 해결책은 원사(遠嗣), 즉 이미 입적한 선사와 살아 있는 승려 간의 아득한 시간의 간격을 뛰어넘는 전승을 말한다. 예를 들면, 이러한 전승은 꿈을 통해서 이루어지거나, 추앙받는 선사의 사리(舍利)[31]가 안치되어 있는 부도(浮圖)나 불탑(佛塔)[32]을 방문하는 동안에 이루어질 수 있다. 시간과 공간을 초월하는 그런 전승의 가능성은 이심전심(以心傳心)의 교리적 터전에서 성취된다. 조선왕조에서 가장 유명한 사례는 환성지안(喚惺志安, 1664~1729)과 용성진종(龍城震鍾, 1864~1940) 간의 원사로서, 일곱 세대 정도의 간격을 뛰어넘어 이루어졌다. 본 논문의 끝 부분에 있는 [그림 7]에서도 볼 수 있듯이, 용성은 동산혜일(東山慧日, 1890~1965)의 스승이고, 동산은 퇴옹성철의 스승이었다. 환성은 휴정의 제1세대 제자이며, 휴정 자신은 중한 연결을 만든 이들 중 한 사람인 태고보우의 제6세대 제자라고 한다. 따라서 성철 스님은 임제종 양기파, 나아가 육조 혜능과 보리달마, 그리고 석가세존과도 일흔 번째로[33]로 연결된다.[34] 이렇듯 석가세존과 자신의 직접적인 연결을 설립하는 환성의 계보가 자신에게 수렴된다는 것을 언급하지도 않은 채, 성철 스님은 이 계보를 대한조계종이 보조지눌이 아니라 임제종에 속한다는 것을 강하게 지지하는 데 사용했다.[35]

31 Sk. *śarīra*.

32 Sk. *stūpa*.

33 "칠불로부터 전해진 칠불통게계맥은 선맥과 함께 백용성 대종사로부터 하동산 대종사로 이어졌는데, …… 육십팔대가 용성진종이고, 육십구대가 동산혜일 대종사이고, 칠십대가 성철 스님이시다." 고준환, 2013, 「이 뭣고?」, 김형효, 한승원 외 지음, 『참선 잘하그래이』(파주: 김영사), 305~306.

34 서명원, 2004, "La vie et l'oeuvre du Maître Sŏn T'oeong Sŏngch'ŏl 退翁性徹 (1912~1993)" (퇴옹성철 선사의 생애 및 전서), PhD diss., Université Paris 7－Denis Diderot, UFR LCAO [프랑스 파리 7－드니 디드로 대학교 박사학위논문(동양학과 한국불교학 전공)], 746~761.

35 퇴옹성철, 1976, 『한국불교(韓國佛敎)의 법맥(法脈)』(합천: 장경각).

그러나 퇴옹성철은 비록 대한조계종의 정체성에 관한 정의를 분명히 제공하고 있음에도 불구하고 한반도에서 일제강점기가 끝나는 1945년까지 한 명의 선사도-심지어 송광사나 수덕사에서조차도-증득(證得)에 이르지 못했다고 주장했다.[36] 성철 스님은 현대 한국 불교와 중국 임제종 양기파 사이에서의 법맥 성립이 불충분했다고 보았기 때문이다. 만약 이러한 주장을 용인한다면, 그분의 선언은 1945년 해방 전까지의 간화선수행을 포함한 한국 불교 전체에 대한 총체적인 쇠퇴를 지적하는 사실로 귀결될 수밖에 없다. 그분에게 증득에 도달한 선사가 없는 한국 불교 전통은 마치 대부분의 생명력을 상실한 신체와도 같았다. 성철 스님의 제자들에 따르면, 빈사 상태의 전통을 되살리기 위해 성철 스님은 당신 스스로 수행하고, 연구하고, 깨달음을 성취했다(獨步獨學獨覺[37]). 이러한 측면에서 그분은 때때로 한 세대 앞의 경허성우(鏡虛惺牛, 1849~1912)에 비교하곤 하는데, 간화선수행을 재발견하고 재정립하기 위해 혼신의 힘을 쏟았던 경허의 노력은 20세기 한국 불교를 새롭게 하는 데 상당한 공헌을 세웠다. 이 선사들의 성취가 없었다면 원사는 그야말로 의미를 상실한 빈껍데기로 남았을 것이다.

한국 법맥의 상실에 대한 두 번째 해결책으로 해외의 전승을 한국으로 가져오는 방법이 있다. 이것은 종달(宗達) 이희익(李喜益, 1905~1990) 노사(老師)의 사례와 거의 일치한다. 일제강점기하의 부유한 집 자제들이 으레 그랬던 것처럼, 그는 1925년에 일본 유학길에 올랐다. 귀국한 후 그는 1931년 당시 임제종 묘심사파(妙心寺派) 경성별원(京城別院) 주지직을 맡고 있던 하나야마 다이지(華山大義, ?~1945) 노사 아래에서 공안수행을 시작했다. 하나야마 선사는 *Gateless Barrier: Zen*

36 원택 엮음, 1995, 『우리 시대의 부처 성철 큰스님』(합천: 장경각), 10 참조.

37 필자가 만든 용어임.

*Comments on the Mumonkan*의 저자, 시바야마 젠케이(柴山全慶, 1894~1974)의 선배 도반(道伴)이었다. 마침내, 1941년 한국과 일본을 오가며 수행하던 종달은 임제종 묘심사파(妙心寺派)의 법계를 받았다. 그는 1945년 해방 후 재가불자들에게 간화선을 가르치기 시작하였고, 1965년에 드디어 한국선도회(현 사단법인 선도성찰나눔실천회, 약칭 선도회)를 설립하였다. 선도회는 재가불자들을 위한 수행단체로서, 이들은 일상의 삶 속에서 간화선을 수행하면서, 자기 성찰과 통찰체험을 고통받는 이웃들과 함께 나누는 작지만 견고한 조직이다.

놀라울 것 없이 선도회는 대한조계종의 많은 승려로부터 관심을 받지 못한다. 대한조계종의 시각에서 본다면 선도회에 의해 지도되는 간화선은 토착적인 것이 아니라 일본에서 수입된 것, 즉 일본 선(日本 禪)이라고 규정되기 때문이다. 그들은 또한 선도회의 수행법을 거부했는데 그 이유는 하나의 화두만을 참구하는 대신, 대부분 『무문관(無門關)』과 『벽암록(碧巖錄)』에 바탕을 둔,[38] 연속된 화두를 사용하기 때문이다.[39] 위의 첫 번째 질문에서도 보았듯이, 연속된 화두를 사용하는 수행법과 일본 임제종의 점진적 접근법이 서로 일치한다고 주장하는 이들이 존재할 수 있는데, 이들은 이 수행법을 한국간화선에서 장려하는 급작스런 깨달음과는 상반되는 것으로 본다. 그러나 아주 흥미로운 사실은, 앞에 언급한 바 한국 근현대의 선사 세 분의 수행을 분석한 연구에서 혜민 스님은 그들 수행의 주요 특징이 돈오가 아니라고 결론짓는 점이다. 오히려 그는 상반된 주장, 즉 현저한 차이가 있음에도 불구하고 세 선사의 가르침은 "초월적 지혜로의 순간적 직관적 도약이 아니라, 인지적인 측면과 육체적인

38 서명원, 2010, 「간화선의 서양 전달과 그 수용－입실제도(入室制度)를 중심으로－」, 『한국선학(韓國禪學)』 26호(8월): 181~216.

39 "화두는 오직 하나만 선택해야 한다(但擧一話)." 월암, 2010, 앞의 논문, 214.

측면의 변화 모두를 요구하는 점진적 성숙의 과정"이라고[40] 주장한다. 선도회가 대한조계종의 인정을 받지 못하는 마지막 이유는, 그들이 선뜻 공언하지는 않겠지만, 대한조계종의 일부 승려들이 선도회를 싫어하는 이유와 비슷한 것으로써 선도회가 재가불자들에 의해 운영되는 단체이기 때문이다. 토착적인 선 수행이 아니라는 점과 연속된 화두를 사용하는 점, 그리고 승려가 아닌 재가불자들이 운영하는 조직이라는 선도회의 세 가지 특징은 대한조계종의 몇몇 구성원들이 한국 불교 전체를 통제하기 위하여 때로는 민족주의적이고 때로는 근본주의적인 입장에 어떻게 호소하는지를 잘 설명해 준다.

그러나 한국이 그 경계선 내에서 일본으로부터 온 모든 것을 거부하게 된다면 심각한 문제에 봉착하게 될 것이라는 것은 상식의 차원에서도 자명하다. 한국 불교 전문가들은, 비록 그들이 일본 불교학자들의 학문적 성과에 심각하게 의존해 왔음에도 불구하고, 그러한 의존성을 축소시켜야만 할 것이다. 확언컨대, 그것은 법신(法身)을 여러 개의 민족주의적 조각들로 잘라 버리는 행위가 되고 만다. 다행히도, 아직까지는 이를 의도하는 전문가는 없는 듯하다. 그렇다면 대한조계종은 왜 한편으로는 일본 불교학의 많은 부분을 수용하면서도, 그들의 수행 방법은 철저히 거

40 그러나 놀랍게도, 혜민 스님의 결론은 돈오돈수(頓悟頓修)의 절대적 지지자인 성철 스님을 포괄하는 동시에 그분을 "익명의 점수주의자"로 변화시킨다. 이것은 혜민 스님이 성철 스님의 삼관(三關) 또는 삼분단(三分段)을 공시적(公時的) 관점이 아닌(혜민, 위의 논문, 231), 통시적(通時的) 관점에서 해석하고 있다는 사실에서 비롯된다. 그러나 월암 스님은 이와는 반대로, 통시적 관점을 적극 반대하면서 공시적 관점을 옹호한다(월암, 위의 논문, 237). 필자의 견해는 양자택일을 넘어서는 관점, 즉 양측을 함께 포용하는 것이 가능하다는 입장이다. 한쪽만을 고집하게 되면, "적극적 돈오주의" 또는 "적극적 점수주의"로 치닫게 될 것이다. 여기서 삼관 또는 삼분단이란 동정일여(動靜一如), 몽중일여(夢中一如), 숙면일여(熟眠一如)를 말한다. 이 공부의 세 단계에서는 화두가 일관되게 성성적적(惺惺寂寂) 적적성성(寂寂惺惺)하게 들려야 한다.

부할까? 그것은 어쩌면 조계종 내부에 존재하는 학문과 수행 간의 단절을 반영하는 것인지도 모른다. 그러한 단절은 대혜의 사상을 편협하고 경직되게 해석해 온 한국의 간화선수행의 상당 부분을 특징짓는 근본주의적 경향을 부족하나마 설명해 주는 것으로 보인다. 만약 "학문은 선수행에 정보를 주고, 선 수행은 학문에 활기를 주기"를 바란다면, 누구도 잃을 것이 없으며 모든 이가 그러한 역동적 시너지로부터 이익을 얻게 될 것이다.

예를 들어, 수행자들이 대혜의 사상에 대한 더 나은 지식이 필요할 경우 학자들의 도움을 받는다면 대혜 역시—비록 한 가지 화두의 사용을 선호하기는 하였으나—다른 화두의 사용을 결코 금하지 않았다는 사실을 깨달을 수 있을 것이다.[41] 더욱이 『대혜선사어록』에 아주 많은 공안이 실려 있다는 사실을 고려할 때, 만일 단일 화두만으로도 충분했다면 대혜가 왜 그렇게 많은 화두를 수집했는지 질문해 보아야만 한다. 그것은 적어도 두 개의 화두가 다수의 사람들이 급작스러운 증득의 경험을 성취하도록 하기에는 충분한 숫자가 아니었기 때문일 수도 있다. 그러나 비록 그렇다 하더라도, "한 번에 한 개 이상의 화두를 참구하지 말라(但擧一話)."는 황금률은 유지되어야 했다. 또한 왜 필요한 만큼 오랫동안, 그리고 한 번에 하나의 화두를 드는 것이 한국간화선의 주된 특징들 가운데 하나인 의단의 촉발과 양립할 수 없는지에 대해서도 질문을 던져 보아야 한다. 필자의 연구에 따르면 그렇게 할 이유가 전혀 없다. 그러한 과정을 따른다면 오직 숙련된 선사만이 '언제 수행자가 이 화두에서 저 화두로 옮겨야 하는지'를 알 수 있다. 그러므로 『무문관』에서

41 "중국 원나라 시대의 문헌인 『선요(禪要)』에 의하면, 13세기 중국 선사 고봉원묘(高峰原妙, 1238~1295)는 본인이 평소에 참구하던 공안을 바꾼 후에서야 비로소 깨달음의 체험을 얻었다고 한다." 혜민, 위의 논문, 254.

무문혜개(無門慧開, 1183~1260)가 수집한 연속된 화두들이 대혜가 가르친 정신에 반드시 반하는 것이라고 할 수 없으며, 오히려 그 연장선상에 있다고 할 수 있다. 왜냐하면 일즉다, 다즉일(一卽多, 多卽一)이기 때문이다. 그러나 불행 중 다행으로, 오랫동안 기다려 온 『대혜선사어록』의 한글 번역본이 2011년 처음으로 출간되었으니,[42] 한국 학자들이 간화선 대가들로 하여금 하나는 모든 것과 연결되고, 모든 것은 하나와 연결되는 방식에 관한 오해를 뛰어넘을 수 있게 도와줄 것이다.

사실 선도회의 점진적 수행에 대한 공공연한 비판에도 불구하고 대한조계종도 이 수행법에 대하여 상당히 많은 관심을 보여 왔다. 선도회의 간화선 수행법은 1965년 이래 한국의 재가불자들의 요구를 충족시켜 오는 가운데, 특히 선원(禪院) 밖의 도시 문명 한가운데서 생활하는 일반인들에게 간화선을 가르치는 방법과 그 지식에 대한 노하우가 대한조계종보다 훨씬 더 많이 축적되어 있다. 예를 들어, 성철 스님이 재가수행자들이 증득에 도달했는지 못 했는지 결정하기 위해 사용했던 삼관(三關) 또는 삼분단(三分段)의 잣대가 과연 얼마나 현실적이라 할 수 있겠는가? 첩첩산중에서 한 가지 화두만을 붙잡고 수년간 지칠 줄 모르는 수행을 한 끝에 성취한, 이른바 성철 스님에 의한 깨침은 보통의 중생들이－아무리 이들이 근본적으로 불성을 지니고 있다고 할지라도－도달할 수 있는 범위를 확실히 뛰어넘는다. 그리고 성철 스님이 당신의 임신한 아내와 딸을 남겨 둔 채 출가했다는 사실을 명심한다면 더욱더 그렇다. 그러므로 가족과 더불어 살아가는 일상적인 선 수행에는 한 번에 한 개씩 해결해야 하는 연속된 화두의 도움을 받는 간화선수행을 적용하는 것이 훨씬 더 수월한 듯하다.[43]

42 김태완 옮김, 2011a~f, 『대혜보각선사어록(大慧普覺禪師語錄)』, 전 6권(서울: 소명출판).
43 서명원, 2010, 앞의 논문, 184~192.

한국 불교 법통의 상실에 대한 세 번째 해결책은 한국을 떠나 전승이 결코 단절된 적이 없는 나라로 이동하는 것이다. 비록 이 주제에 관해 심도 있는 연구를 수행한 적은 없지만, 필자가 아는 한 가지 사례를 제시한다면, 수십 명의 한국인들이 지난 몇 년간 미얀마에서 수계(受戒)를 받았다. 그들 중 많은 이가 수년간 대한조계종에서 간화선수행을 하다가 종단을 떠났다는 사실에 근거하여 판단해 볼 때, 그들의 이동은 다른 종류의 명상법을－이 경우에는 위파사나(Vipassanā)－배우고자 하는 욕구에서 기인되었으리라 추론된다. 그러나 다른 나라로 이동하지 않고 국내에서 다른 나라의 명상법으로 수행하는 경우도 있는데, 대한조계종 산하 선원에서 수행하는 승려의 반절 정도가 위파사나, 티베트명상법 등 간화선 외 다른 수행법에 의존할 뿐 아니라 일반 불자의 50~60%도 위파사나 등으로 수행하고 있다는 통계도 있다.[44]

앞에서 살펴본 것처럼, 법의 계승을 재설립하는 것에 대하여 필자가 자세하게 설명한 세 가지 해결책 가운데 두 번째, 즉 해외의 전승을 한국으로 가져오는 것과 세 번째, 즉 한국에서 전승이 결코 단절된 적이 없는 나라로 이동하는 것은 첫 번째, 즉 이미 입적한 선사와 살아 있는 승려 간의 아득한 시간의 거리를 뛰어넘는 전승에 비해 별로 중요하지 않게 여겨질지 모른다. 그럼에도 불구하고 대한조계종이 그 사실을 인정하건 인정하지 않건 간에, 세 가지 해결책은 모두 간화선 전통의 전승이 조선시대 500년 동안 단절되었다는 사실과 그 단절의 결과가 간화선수행에도 여전히 영향을 미치고 있음을 보여 준다.

필자가 이 글의 초반부에서 제기했던 한국간화선 전통의 독특성, 동질성, 연속성에 관한 세 가지 질문에 대한 답변을 모두 살펴본 결과, 간화

44 김태훈, 2013, 「간화선 부흥 위해 '조계종 드림팀' 뜬다」, 『세계일보』(4월 9일) 참조.

선을 전통 한국 불교의 특징으로 제시하는 강력하고 매력적인 담론에 대해 충분한 확신을 갖기에는 다소 미진한 사항이 있다는 결론을 내리지 않을 수 없다. 또한 한국의 KWM(Keyword Meditation, 간화선수행)이 직면해야 하는 다양한 도전을 고려해 볼 때, 간화선이 오늘날 한국에서 유지되고, 활성화되어 있다고 말하는 것은 시기상조임이 분명하다.

대한조계종이 종단 자체와 동일시하는 한국간화선의 전통을 점검하는 작업을 마쳤으니, 이제 해석학적 과정의 두 번째 구성 요소, 즉 현존하는 이 전통의 구체적인 정황을 살펴볼까 한다.

대한불교조계종이 처한 위기의 정황과 캠페인

무엇보다 우선적으로, 대한조계종이 간화선을 전 세계적으로 선전(宣傳)하기 위한 캠페인을 추진하도록 이끈 것은 위기의 정황이다. 대한조계종이 처한 위기와 그 상황은 국가적 수준과 세계적 수준으로 나뉘어 분석될 수 있다.

가. 국가적 수준에서의 내외적 도전

국가적 수준에서, 대한조계종은 내외적인 도전에 직면해 있다. 내적 도전은 종단 내부에서 비롯된 것으로서 주로 다음 사항들에 해당하는데, 신심(信心)이 깊은 불자들의 수적인 침체, 수도승의 삶을 위해 세속의 삶을 포기하는 젊은 세대가 줄어들고 있는 점,[45] 종단 내부의 교리적·

45 대한조계종 종단은 2005년 출가승 수의 감소에 대응하기 위해 출가 제한 연령을 종전 40세 이하에서 50세 이하로 상향 조정하였다. 김준기, 2005, 「'50세 출가' 조계종 다시

수행적 추세와 관련한 갈등이 그것이다. 외적인 도전은 한국 불교 내부 혹은 외부로부터 기인될 수 있다. 불교 내부적으로, 대한조계종은 여전히 전반적인 우위를 지키고 있음에도 경쟁 교단과의 경합에 직면해 있는 상황이다. 불교 외부적으로, 대한조계종은 지속적으로 그리스도교의 존재에 의해 제기되는 지속적인 도전에 직면해 있다. 천주교는 18세기 후반 한반도에 전래되기 시작했지만, 여러 우여곡절 끝에 그리스도교 전통이 이 땅에서 대규모로 자리 잡게 된 것은 조선왕조 말엽이 되어서였다.

당시 한국 불교는 이미 조선왕조에 의해 심각하게 훼손되었기 때문에 한국 불자들은 그리스도교의 부상(浮上)과 함께 제기되는 도전에 응할 수 있는 처지가 아니었을 뿐만 아니라, 일제강점기에는 불교를 가능한 한 오래 자국의 통제 아래 두고자 했던 일본 권력의 투지에 저항할 수 있는 입장에 있지도 않았다. 한국전쟁 이후, 감리교신자였던 이승만(李承晩, 1875~1965) 대통령은 한국 불교에서 일본적 요소를 제거하는 정화작업을 추진하는 한편 개신교의 확산을 강하게 격려하고 옹호했다. 그러나 이 대통령이 벌인 불교정화운동의 중요한 요소였던 왜색의 제거작업은 승려 간의 분열로 이어졌고, 대처승들의 관리하에 있었던 재산들을 회복시키기 위한 독신 승려들의 투쟁은 이승만 정권이 물러난 뒤 10년 후인 1960년대 후반까지도 지속되었다. 그때까지 남아 있던 불교의 최고 에너지는 이 과정을 거치며 불교 내부의 권력 다툼 속으로 흡수된 반면, '물 건너 온 서구 종교'는 지속적으로 확산되며 전국으로 퍼져 나갔다. 내부적인 권력 다툼을 벌이던 승려들은, 즉 한국불교태고종을 설립한 대처승과 독신 승려 간의 분규는 1962년 4월 12일에 대한

허용」, 『경향신문』(11월 11일).

조계종이 탄생하게 되었으나 대처승 측이 탈퇴했고, 대처승 측은 성철 스님이 해인총림 초대방장으로 추대되던 1967년에 분종을 선언한 데 이어 1970년에 한국불교태고종을 창종하기에 이르렀다. 대한조계종이 이러한 내부 싸움의 잿더미에서 벗어나기 시작하면서 해결해야 했던 급선무는 불교가 한국적 정황에서 주도적인 종교로 복귀할 수 있도록 눈앞에 놓인 과제들의 크기를 가늠하는 것이었다.

그로부터 지금까지, 수십 년간 그 목표를 성취하기 위해 기울인 노력에도 불구하고 오늘날 불교 인구는 전체 인구의 29.8%를 차지하는 그리스도교 인구에 비해 3.1% 뒤지는 26.7% 정도에 머물고 있다.[46] 뿐만 아니라, 전반적으로 병원, 학교, 사회단체 등을 통한 그리스도인들의 사회 참여가 불자들에 비해 여전히 우세하다.[47] 이런 경향은 정치적 영역에서도 대동소이하게 나타났는데, 299명의 국회의원 가운데 불자들은 18.1%에 그치는 데 비해, 그리스도인들은 65.6%에 달하고 있다.[48] 이러한 사실들

46 "불교 26.7%, 개신교 21.6%, 가톨릭 8.2%, 기타 종교 0.6%. 비종교인 43.0%" 한국교회 미래를 준비하는 모임(한미준), 한국갤럽. 2005. 『한국교회 미래리포트: 2005 한미준·한국갤럽 리서치』(서울: 두란노), 66~67; "문화체육관광부가 최근 발간한 『2008 한국의 종교현황』 통계자료에 따르면, 지난해 종교별 신도 수는 불교 3958만 1983명, 개신교 1194만 4174명, 천주교 487만 3447명, 유교 1018만 5001명, 천도교 10만 명, 원불교 148만 5938명, 그 밖의 종교 1442만 1511명 등이었다. 문화부는 종교단체들이 제출한 신도 수와 비교하기 위해 통계청의 2005년 『인구 및 주택 센서스 집계』 결과를 함께 표시해 놓았는데, 당시 총인구는 4704만 1434명이며, 전체 종교 인구는 2497만 766명이었다. 당시 통계청이 발표한 종교별 인구는 불교 1072만 6463명, 개신교 861만 6438명, 천주교 514만 6147명, 유교 10만 4575명, 천도교 4만 5835명, 원불교 12만 9907명, 그 밖의 종교 19만 7635명 등이다." 최영창, 2009, 「각 단체 신도 더하면 8259만 명? 황당한 종교인구 통계」, 『문화일보』(1월 22일).

47 이러한 사실은 불교계 여러 단체가 인정하는 바이며, 이를 개선하기 위해 공개적인 서약을 하기도 한다. 이러한 불교계의 현실 외의 자료를 찾던 중 인터넷 검색을 통해 이 점에 대해 다룬 석사논문 한 편을 발견할 수 있었다. 박순애, 2007, 「불교신도들의 종교생활과 자원봉사활동 실태 연구」, 성균관대학교 석사학위논문.

48 "본보가 18대 의원 299명 전원의 종교를 조사한 결과, 개신교 신자는 전체의 39.5%인

에 이명박 대통령이 네 번째 그리스도인 대통령이라는 점을 덧붙이면, 즉 불교에 대한 동정심이 전혀 없어 보이는 장로교 신자가 연속적으로 그리스도인 대통령의 맥을 이었다는 사실에서 불자들이 느꼈을 상당한 위기감을 이해하기란 어렵지 않다.

나. 세계적 수준에서의 한국 불교의 위기의식

세계적 수준에서 볼 때 한국 불교는, 서방 세계를 불교로써 점령해 나가고 있는 다른 단체나 국가 또는 지역들에 비해 훨씬 뒤쳐져 있다. 가령, 한국 불교는 사실상 해외 선교와 관련하여, 어떠한 경험도 없는 상태에서 일찍 세계 무대에 나섰던 일본, 타이완, 티베트 및 여러 동남아시아 국가들[49]과의 맹렬한 경쟁에 직면해야만 한다. 이 국가들은 매우 잘 정립된 세계적 불교 조직의 네트워크를 수년 내지 수십 년간 운영해 왔다. 반면 대한조계종의 학문적·수행적 전통은 여전히 일본을 비롯한 이 나라들에 비해 상대적으로 해외에서 잘 인식되지 못하고 있다. 이에 대해 1960년 이후 한국이 달성한 이례적인 경제적 성취, 즉 '한강의 기적'에 비해 한국불교단체가 거둔 성과는 초라하기 그지없다고 말할 수 있을 것이다. 그러나 지금 대한조계종은 한국의 대기업들이 주요 산업 분야에서 세계 시장을 주름잡고 있는 것처럼, 간

118명에 달했다. 천주교 신자는 26.1%인 78명으로 집계돼 구교와 신교를 합쳐서 모두 65.6%에 이르는 셈이다. 전체 의원 가운데 3분의 2에 육박하는 수치이다. 반면 불교를 믿는 의원은 54명으로 18.1%에 그쳤다. 원불교 신자는 1명에 불과했다. 또 43명은 종교가 없다고 대답했고, 한나라당 박순자 의원은 이례적으로 "불교와 기독교를 함께 믿는다."고 밝혔다. 또 '종교' 설문에 전혀 응답하지 않은 의원은 4명이었다." 김광덕, 2008, 「국회의원 299명 중 66%가 개신교·천주교」, 『한국일보』(9월 2일).

49 틱낫한 스님의 선(Thiền) 이외에도 미얀마, 캄보디아, 타이, 그리고 인도의 위파사나 전통 들에 대한 인기가 서구인 사이에서 매우 높다.

화선도 세계 무대에 우뚝 서는 것을 분명 꿈꾸고 있다. 그러한 세계적 성공은 국내에서 대한조계종의 신망이 향상되는 데 공헌할 것이며, 따라서 자연스럽게 국내의 교세 확장에도 큰 도움을 줄 것이다. 현각(玄覺) 스님의 베스트셀러, 『만행－하버드에서 화계사까지(*From Harvard to Hwagye-sa*)』를 기민하게 활용한 것이 좋은 사례이다. 이 책에는 미국 뉴저지 주 출신의 가톨릭신자였던 현각 스님이 숭산 스님과의 조우(遭遇)를 통해 불교로 개종하게 된 이야기, 하버드대학 신학대학원을 그만두고 서울의 화계사에 살게 된 일화 등이 담겨 있다. 현각 스님은 또한 그가 출가승으로 살기 위해 한국에 온 것은 전생의 그가 일제강점기 때 독립운동을 했기 때문이라고 말한다. 현각 스님의 회심은, 그의 개인적인 이력에 내포된 서구 그리스도교와 서구 철학의 상징적인 격하로 인식되었다는 점에서, 많은 한국인의 눈에 한국 불교의 가치가 재천명되는 측면으로 비춰진 면이 있다. 그러나 아이러니하게도 그는 1992년 출가해서 2017년 현재 26년째 대한조계종 승려로 생활하고 있는데, 대한조계종의 관점에서 숭산의 선은 (여러 개의 화두를 바꿔 가면서 점검하기 때문에) '일본 선'과 유사하게 여겨지며, 현각 스님의 선 또한 예외가 아니라는 점이 있기는 하지만 말이다. (현각 스님은 2001년 대한조계종 산하 사찰인 화계사에서 숭산 스님에게 인가받았다.)

이상의 국내외적 정황 속에서 대한조계종은 정체성의 추구를 불러일으키는 위기를 겪게 되었다. 이러한 위기에 대한 대답은 대한조계종이 종단 자체와 한국 불교를 대혜종고의 이론과 수행, 양 측면의 가르침과 엄격하게 동일시하려고 추구하는 것에서 찾을 수 있다. 종단은 이러한 동일화가 스스로를 국내외의 경쟁자들과 구별시키는 차별화의 요인으로 작용하리라고 믿는다. 결국 대한조계종은 한국 불교 내에서도 우위를 유지하는 한편 국내외에서도 영향력이 증대되기를 기대한다. 현실적 차원에서 대한조계종은 국내외의 신도들을 끌어들이기 위하여 템플스테이를 제공하는데, 이 기간 동안 참가자들은 간화선에 처음 입문할 수 있다. 그렇게 함으로써, 대한조계종은 장기적으로 일반인뿐 아니라 지식인들까지도 간화선수행에 헌신하게끔 유도한다.[50]

오늘날 우리 세계가 석가세존께서 모든 중생이 고통으로부터 벗어날 수 있도록 가르친 깨달음의 길(道)인, 계(戒)·정(定)·혜(慧), 삼학(三學) 가운데 하나인 명상을 필요로 한다는 것에는 의문의 여지가 없다. 따라서 이제는 해석학적 과정의 세 번째이며, 마지막 요소로서, 대한조계종이 대혜의 명상의 가르침을 어떻게 해석하는지 그 주요 특징을 점검해 보도록 하자.

오늘날 한국 사회 속에서 대혜종고의 가르침의 해석

앞에서 우리는 대혜의 간화선이 많은 관점에서, 즉 불교 내부뿐 아니라 전체 종교 역사에서도 지금까지 개발된 명상법 가운데 최고의 것이라는 대한조계종의 담론을 살펴보았다. 대혜의 가르침을 중국 문명과 인도 불교의 만남 속에서 형성된 선(禪)의 역사 가운데 가장 성숙된 것으로 계속 해석하고자 한다면, 대한조계종이 대혜가 착수한 전통을 오염시키지 않고 보존하며 또한 그것으로 세계를 비추고자 하는 시도와 노력은

50 미리암 레버링(Miriam Levering)의 연구는 간화선이 태동될 당시의 세속적·종교적 정황을 이해할 수 있는 실마리를 던져 준다. 그녀는 대혜가 출가자와 재가자 모두를 만족시키면서도 사대부(士大夫)의 후원을 이끌어 내려고 노력하는 과정에서 간화선이 창안되었다고 분석한다. Bodiford, 2010, “Keyword Meditation and Detailed Investigation in Medieval Japan,” in [Proceedings of] KSIWC 2010, day 2: 97 참조.

분명 칭찬받을 만하다. 그럼에도 불구하고 우리가 이미 본 것처럼, 전반적으로 대한조계종의 담론 속에는 해석학적 유연성이 결핍되어 있는 듯하다. 그 안에서는 마치 모든 것이, 특히 역사의 과정이, 간화선의 탄생과 함께 완전히 멈춰 버린 듯한 설명이 어느 정도 펼쳐지기 때문이다. 나아가 이러한 담론에는, 비록 역설적이기는 하지만, 간화선의 탄생이 급작스러운 깨달음의 결과가 아니라 복잡한 역사적 과정의 결과라는 것을 잊고 있거나 완전히 무시하는 경향이 있음을 지적하지 않을 수 없다. 이러한 경향에 따르면 간화선은 그것이 창안된 이후 역사적 사건에 구애받지 않는 뜬구름 같은 존재였던 것이 아니라, 동아시아 내에서뿐만 아니라 동아시아를 넘어 펼쳐진 역사의 일부분으로서 살아 왔다는 점을 간과하고 있는 듯하다. 이러한 점을 보지 못하는 것은 '화두 절대주의(Hwadu Absolutism)'라는 결과를 초래한다. 이는 오늘날 국내외적으로 다원화된 사회 흐름과는 달리 간화선에 최고의 지위를 부여하는 것으로, 폐쇄적이고 배타적이며 완고한 자기 정당화인 동시에 민족주의적으로 해석되게 한다.[51] 두말할 나위 없이, 끝없는 해석학적 과정이 결핍되어 있는 이러한 경향, 즉 새로운 시대에 맞도록 끊임없는 전통의 재해석에 대한 요청을 무시하는 이러한 행위는 오히려 세계적으로 한국 불교의 이미지가 손상되는 결과를 초래하게 할 수도 있다.

칼루파하나(David J. Kalupahana)에 따르면, 석가세존은 당신의 가르침을 해석함에 있어서 그것이 중생이 고통의 길을 벗어나는 데 도움을 주는 한, 다양한 관점이 평화롭게 공존하는 것에 대해 어떠한 반대도 하지

51 "근대 이전의 한국 불자들은 스스로에 대해 '한국의 불자'라기보다는 법맥과 수행 전통의 계승자요, 종단의 구성원으로 생각하는 경향이 더욱 강했다." Robert E. Buswell Jr., 2010b, "Thinking about 'Korean Buddhism': A Continental Perspective," *Journal of Korean Religions*, vol.1, no.1 & 2 (September): 43.

않았다고 한다.[52] 불교는 역사적으로 상당한 교리적 다양성과 그에 따른 갈등 양상을 보여 왔지만, 개조(開祖)의 가장 중요한 가르침인 사성제(四聖諦)를 근간으로 하였기에 전체적으로는 통합된 모습을 유지할 수 있었다.[53] 이와 유사하게, 불교는 스스로 다양한 형태의 수행법에 순응해 왔다. 사실, 부처님께서 깨달음을 성취하기 위해 사용하신 정확한 수행법이 무엇인지에 대해서는 어느 누구도 알 수 없기 때문에,[54] 수행하는 데 있어서도 다양한 방법을 창의적으로 만들어 내는 것이 통례처럼 되어 왔다. 가령, 중국 불교의 역사는 극도로 풍부한 긴장 관계를 그 특징으로 하는데, 교(敎)·선(禪), 자력(自力)·타력(他力), 통일성·다양성 간의 긴장 관계 등이 그것이다. 그리고 많은 학자는 중국의 찬(Chan)이 이러한 긴장 관계에서 비롯된 독특한 결과물이라고 본다. 하지만 역사는 여기서 끝나지 않는다. 지금도 여전히 불교는 그 영향력의 범위를 확장해 가고, 또한 그에 따라 계속되는 혁신을 경험하기 때문이다.

불교와 서구 문명의 조우가 먼 훗날 어떤 결과를 불러올 것인가에 대해서는 아무도 확실하게 전망할 수 없다. 예상 가능한 여러 가능성 중에서 새로운 종류의 불교가 서구 문화에 깊숙한 영향을 끼치며 서서히, 하지만 확실히, 구체화될 가능성이 가장 높다.[55] 그럼에도 불구하고 서구

52 David J. Kalupahana, 1992, *A History of Buddhist Philosophy, Continuities and Discontinuities* (Honolulu: University of Hawai'i Press), 236~239.

53 Paul Magnin, 2003, *Bouddhisme, unité et diversité. Expériences de libération* (Paris: Cerf), 621~628.

54 많은 사람이, 예를 들어 고엔카(Goenka) 선사 같은 경우, 석가세존은 위파사나로 수행했을 것이라고 주장한다. 그러나 증명할 방법은 없다. Charles S. Prebish and Martin Bauman, ed., 2002. *Westward Dharma: Buddhism beyond Asia* (Berkeley and Los Angeles: University of California Press).

55 Fabrice Midal, 2006, *Quel bouddhisme pour l'Occident?* (Paris: Seuil).

문명이 비록 많은 이들에 의해 영적인 위기 상황에 처해 있다고 묘사되기는 하지만, 대한조계종의 일부 스님들이 보는 것과 달리 쌍수를 들고 불교를 기다리고 있는 것은 아니다. 예를 들어, 미국 뉴욕의 로체스터선원(Rochester Zen Center)의 필립 카플로(Philip Kapleau, 1912~2004)의 후계자였던 토니 패커(Tony Packer, 1927~2013)와 같은 여성은 이미 서구 문화에서 '포스트-선[(禪), post-Zen]'으로 묘사되고 있다.[56] 따라서 그녀가 대한조계종의 간화선 담론을 들었다면 즉각적으로 거부할 것임에 대해서는 의심의 여지가 없다. 그러나 현실적으로, 대한조계종은 국내외를 막론하고, 외국인들과의 연결점을 어떻게 마련할 것인가에 대한 확실한 방안을 아직까지 찾지 못한 것으로 보인다. 예외적인 경우로, 대한조계종 제5대 종정이었던 서옹(西翁, 1912~2003) 선사의 제자, 혜원(慧圓) 스님의 사례를 들어 보고자 한다. 그는 2013년 현재 송광사의 파리분원인 길상사의 주지로 주석하고 있는데, 이 사찰은 법정(法頂, 1932~2010) 스님이 파리 근교의 토르시(Torcy)라는 곳에 세웠다. 혜원 스님이 고백하기를, 그가 간화선을 지도하던 프랑스인들에게 질문을 받을 때마다 어떻게 대답해야 할지 몰라 무척 당황스러웠던 적이 한두 번이 아니었다고 한다. 그는 프랑스인들을 비롯한 서구인들의 질문에 만족스러운 대답을 내놓기 위해서는 서구 문화에 대한 심층적 이해가 선행되어야 하고 이를 위해서는 많은 시간과 노력이 필요하다는 점을 깨닫게 되었다. 예상컨대, 혜원 스님이 이 과정을 겪는 동안 그의 불교에 대한 이해는 현저히 달라질 수밖에 없을 것이다.

달라이 라마(14th Dalai Lama, 1936~)가 선뜻 인정했듯이, 만약 불교가 명상에 관한 무언가를 서구인들에게 가르칠 수 있다면, 거꾸로 불교 또한

56 Charles S. Prebish and Martin Bauman, ed., 2002, *Westward Dharma* (Berkeley and Los Angeles: University of California Press), 86.

서구로부터 사회참여에 대한 무언가를 배울 수 있다.[57] 틱낫한 스님이 성공을 거둘 수 있었던 주된 이유도 바로 그가 제시했던 '참여불교(Engaged Buddhism)'에서 비롯된다. 그의 사상은, 종교의 의무란 현상계를 더 살기 좋은 곳으로 만들 수 있고 종교인에게는 그렇게 할 의무가 있다고 하는 서구인들의 믿음과 일치한다.

이에 반해 돈오의 체험을 성취하기 위한 실질적 방법만을 강조하는 대한조계종의 태도는 입지적(立地的)인 면에서 앞의 두 거인이 보여 준 연민의 광범위한 개념과 경쟁할 힘이 매우 약하다고 할 수 있다. 그러나 이러한 현상계를 좀 더 심각하게 고려하여, 이들과 경쟁할 수 있는 미묘한 교리적 적응이 다수 필요함에도 아직 대한조계종에서는 이 점까지 미처 준비하지는 못한 듯하다. 예를 들어, '위로 깨달음을 추구하고, 아래로 중생을 교화한다(上求菩提, 下化衆生)'라는 대승교리(大乘教理)의 두 번째 경구를 '아래로 중생과 그들이 사는 세상을 교화한다'로 바꾸는 것 등이 될 수 있을 것이다. 이처럼 깨달음이란 석가세존의 가르침(佛道)뿐 아니라, 그 불도가 구체적으로 실천될 삶의 현장을 변화시키는 것과도 연결될 것이다. 두말할 나위 없이, 그러한 변화는 현실의 상황 속에서 고통을 야기하는 요소에 대한 적절한 이해를 바탕으로 할 때만 가능하다.

그러나 필자는 대한조계종의 스님들과 교화에 대한 대화를 나눌 때 "어느 누구도 깨달음으로 인도하지 않았기 때문에 중생이 사는 세계를 변화시키는 것은 완전한 시간 낭비"라고 하는 이야기를 드물지 않게 들어 왔다. 결과적으로 이 스님들은 불도를 가르치는 것만으로 충분하다고 주장한다. 그들은 불도가 실천되는 환경의 특성은커녕 그것을 변화시키

57 달라이 라마(14th Dalai Lama)가 다수의 공개 학술회의에서 이렇게 말하는 것을 필자가 직접 들었음.

는 것조차도 관심이 없다. 이 스님들이 스스로의 깨달음에 대한 개념을 적절하게 조정하지 않고, 자신의 의식을 연민의 스펙트럼과 연관 지어 확장시키지 않는다면, 이미 세계적 수준으로 잘 설립되어 있는 참여불교를 비롯한 여타 불교의 강력한 경향과 경쟁할 수 없을 것이다. 불행히도, 대한조계종이 역사적 인과관계와 단절된 간화선을 서구에 전파할 의도를 가지고 있는 한, 전통에 대한 전후맥락을 고려하여 해석하는 일은 사실상 불가능한 상태로 남게 된다.

돈(頓)과 체험(體驗)의 수사법(The Rhetorics of Immediacy and Experience)[58]의 재현

지금까지 분석해 보았듯이 대한조계종의 간화선 세계화를 위한 캠페인에 의해 사용된 담론은 "돈(頓)과 체험(體驗)의 수사법"의 어엿한 재현임을 부정할 수 없다. 주지하다시피, 그러한 수사법은 본질적으로 선종의 네 가지 종지(宗旨), 즉 교외별전(敎外別傳), 불립문자(不立文字), 직지인심(直指人心), 견성성불(見性成佛)에 의존한다. 비록 KSIWC에서 의도한 것은 분명히 국내외적으로 "학자와 수행자 사이에 진정한 대화"[59]를 여는 것이었

58 베르나르 포르(Bernard Faure)는 "돈(頓)"은 그 안에 점수(漸修)를 감추고 있기 때문에 "수사법"이라고 할 수 있다는 주장을 펼친다. Bernard Faure, 1991, *The Rhetoric of Immediacy: A Cultural Critique of Chan/Zen Buddhism* (Princeton. NJ: Princeton University Press); Robert E. Buswell Jr., *The Zen Monastic Experience*, 224~228; 이와 관련하여 샤프(Sharf)의 논문을 참고할 수 있다. Robert Sharf, 2000b, "The Rhetoric of Experience and the Study of Religion," *Journal of Consciousness Studies: Controversies in Science & the Humanities*, vol. 7, no. 11~12 (November- December) (Exeter, UK: Imprint Academic): 267~287.

59 이 글의 각주 2 참조.

지만, 같은 종류의 수사법만이 이 대화를 지배했다. 결과적으로 이 국제 학술대회에서 받은 전반적인 인상은 "학문은 선 수행에 정보를 주고, 선 수행은 학문에 활기를 주게 된다."는 대회의 목적에 다가가는 진정한 대화라고 보기에는 본질적인 면에서 거리가 있지 않았나 싶고, 오히려 둘 사이의 완전한 결별을 고하는 듯 보였다.

학술대회의 둘째 날 마련된 최종 토론에서 좌장이 대한조계종의 한 저명한 선사에게 제기하였던 간단하고도 핵심적인 질문 세 가지를 눈에 띄는 사례로 들어 보고자 한다. 당시 제기되었던 세 가지 중 두 질문은 발표자였던 오슬로(Oslo) 대학의 아이프링(Halvor Eifring)과 유시엘에이(UCLA) 대학의 보디포드(William Bodiford)의 발표내용과 직접적인 연관성이 있는 것이었다.[60] 첫 번째 질문은 "간화선에 대한 감산덕청(憨山德淸, Hānshān Déqīng, 1546~1623)의 극도로 폭넓은 정의를 통해 우리가 배울 수 있는 점은 무엇인가?"였으며, 두 번째 질문은 "형산소근(瑩山紹瑾, Keizan Jōkin, 1264~1325)[61]의 자세검점(子細檢點)에 대해 어떻게 생각하는가?"[62]였다. 세 번째이자 마지막 질문은 "간화선의 가르

60 H. Eifring, "Ridding the Mind of Thoughts. Meditation Objects and Mental Attitudes in Hānshān Déqīng's Dharma Talks," in [Proceedings of] KSIWC 2010, day 2와 Bodiford, 2010, "Keyword Meditation and Detailed Investigation in Medieval Japan." 참조.

61 형산소근(瑩山紹瑾, 1264~1325)은 오늘날 일본에서 조동종의 태조(太祖)로 추앙받고 있을 뿐 아니라, 고조(高祖)인 영평도원(永平道元, 1200~1253)과 더불어 조동종의 가장 중요한 두 조사 중 한 사람으로 인정받고 있다. 보디포드(Bodiford), 위의 논문, 127.

62 문헌적 증거의 결과로 보디포드(Bodiford)는 다음과 같은 주장을 펼친다: "저는 중국이 아닌 일본의 문헌적 증거에 기초해서 공안에 대한 다른 선 수행 방식이 한때 존재했을 가능성을 제기하고자 합니다. 그 증거는 형산소근의 『전광록(傳光錄)』이라고 불리는 그다지 많이 연구되지 않은 문헌입니다. 저는 이 수행 방식을 자세검점이라고 부릅니다." 위의 논문, 126. 비록 이 주제는 다른 논문에서 다루어야 하겠지만, 필자는 Bodiford가 설명한 수행 방법이 13세기 일본에 실제 존재했을 뿐 아니라, 여전히 현존하고 있다고

침을 한국 일반 대중과 서방 세계에 어떻게 적용시킬 것인가?"였는데, 이는 대한조계종의 간화선 세계화를 위한 캠페인과 직접적인 관련성이 있는 것이었다. 이상의 세 질문에 대해 그 선사는 다음과 같은 세 단계의 대답을 내놓았다. 첫째, "나는 모르겠다."[63] 둘째, "당신은 감산덕청을 이해하지 못하고 있다."[64] 셋째, "단지 화두를 들기만 해라."였다. 이 가운데 두 번째 대답에서 그 선사가 지칭한 "당신"은 좌장을 두고 한 말이었다. 그러나 사실 이 질문은 아이프링의 발표에서 이미 제기되었던 것이었고, 좌장은 이를 다시 정리하여 밝힌 것이었다. 그러나 그 선사는 그 질문이 어디에서 비롯되었는지조차 제대로 파악하지 못하고 있었다! 비록 그 선사는 우레와 같은 박수갈채를 받았지만, 누군가는 이러한 "돈(頓)과 체험의 수사법"의 재현이 전체 학술대회를 웃음거리로 만드는 쇼로 바꾸어 놓았던 것은 아닌지 의아해할지도 모른다.

혹자는 그러한 수사법이 간화선수행을 효과적으로 만드는 데 반드시 필요한 요소라고 주장할 수도 있다. 하지만 KSIWC는 명상시간을 위해 기획된 것이 아니었다. 본래 기획의도에서부터 다시 점검해 본다면, 그 학술대회는 이르고자 했던 목적지에 전혀 도달하지 못했다. 기껏 법어(法語)를 든 한국의 선 수행자와 학술논문을 논(論)하는 국내외 학자들이 만났으나 서로 평행선을 달렸을 뿐, 상호 간에 중요한 영향을 주고받는 현상은 전혀 나타나지 않았다. 비록 학문적인 관점에서 많은 질문이 제기되었으나, KSIWC에서 내놓은 대답은 거의 없다시피 했다. 당분간 어떤 이들은 그러한 질문들이 단순한 '서구적 주지주의(西歐的 主知主義, Western intellectualism)'로서 쉽게 폐기될 수 있다고 믿게 될지도 모른다.

믿는다.

63 아마도 세 질문 모두에 대해 어떻게 대답해야 될지 모르겠다는 뜻이었을 수 있다.

64 이 대답이, 부족하지만, 첫 번째 질문에 대한 대답이다.

그러나 만약 대한조계종이 그들이 추진하는 간화선 세계화 캠페인에 해외의 저명한 학자들[65]이 대사(大使)가 되어 주기를 원한다면, 좀 더 설득력 있는 근거를 내놓아야 할 것이다. 이를 위해, 종단은 그들의 질문들을 더욱 심각(深刻)하게 고려해야만 한다. 더불어 진리에 대해 소통할 때 보다 덜 단정적이고 유연한 화법을 구사하면서 대화에 나서는 접근법을 개발해야 한다. 긴 안목에서 볼 때 대한조계종이 이러한 조건들을 충족시키지 못한다면, 간화선을 통하여 "세계를 비추려는" 운동은 숨을 헐떡거리게 될 것이다. 그리고 심지어 상당한 재정을 투입했음에도 불구하고 "돈과 체험의 수사법"은 그 운동 자체를 지속하지 못할 것이다.

65 그들 중 일부, 예를 들어 아이프링(H. Eifring) 같은 경우, 명상에 대한 깊은 체험도 가지고 있다.

석가세존에서부터 현대 한국에 이르는 법맥

석가세존(釋迦世尊, BCE 583?~463?)

⋮

보리달마(菩提達磨, 346?~528?) : 28th Generation & 1st Patriarch
(인도-차이나 연결 Indo－Chinese Connection)

⋮

육조혜능(六祖慧能, 638~713)

⋮

임제의현(臨濟義玄, ?~867)

⋮

양기방회(楊岐方會, 993~1046)
원오극근(圜悟克勤, 1063~1135)
대혜종고(大慧宗杲, 1089~1163)

⋮

석옥청공(石屋淸珙, 1272~1352)

↓↓↓

중한 연결 Sino-Korean Connection (SKC)

↓↓↓

태고보우(太古普愚, 1301~1382)

⋮

5대

⋮

서산대사 청허휴정(西山大師 淸虛休靜, 1520~1604)

↓

환성지안(喚惺志安, 1664~1729)

⋮ ⋮ ⋮

아득한 시간의 간격을 뛰어넘은 전승: 원사(遠嗣)

(7대를 뛰어넘음)

⋮ ⋮ ⋮

용성진종(龍城震鍾, 1864~1940)

↓

동산혜일(東山慧日, 1890~1965)

↓

퇴옹성철(退翁性徹, 1912~1993)

[그림 7] 오랜 시간의 간격을 뛰어넘어 전승받은 사례

제 3 장

현대 한국에서의 『법보단경(法寶壇經)』 번역과 퇴옹성철

1987년 11월, 『돈황본 육조단경(敦煌本 六祖壇經)』[1]의 한글 번역본이 처음으로 출간되었다. 이때는 88서울올림픽 개최를 몇 개월 앞둔 시기였고, 한국이 유지해 왔던 독재정권 체제가 민주주의 체제로 넘어가는 과도기, 즉 지난 25년간 한국에서 뿌리내려 온 민주주의가 비로소 시작되던 전환기였다. 위 번역본의 저자는 한국의 가장 큰 불교종파인 대한불교조계종(이하 대한조계종)[2]의 종정으로 일반 대중 사이에서도 널리 알려져 있었던 퇴옹성철(退翁性徹, 1912~1993)이었다. 동양 명상종(冥想宗)[3]의 최고 본보기로 꼽히는 육조혜능(六祖慧能, 638~ 713)의 작품으로 추정되는 유명한 불경인 『돈황본 육조단경』이 성철 스님의 번역으로 소개되자, 출판계에서는 성철 스님의 번역 내용을 연상시키는 책부터 그분의 교학적 선택에 도전하는 책까지 다양한 『돈황본 육조단경』이 잇달아 출간되었다.

1 이 책의 「서론」 각주 7 참조.

2 '조계(曹溪)'는 육조혜능이 광둥성(廣東省) 조계산에 오래 머물렀던 데서 비롯된 명칭으로, 육조혜능을 뜻하는 표현으로도 쓰인다. 대한불교조계종이라는 이름에서도 알 수 있듯, 대한조계종은 그만큼 육조혜능과 직접적인 연관이 있음을 주장한다.

3 이 책의 제2부 제2장 각주 4 참조.

그렇다면 『돈황본 육조단경』은 왜 그때 한국에서 번역되기 시작했으며 그 행위의 뜻은 무엇이었을까? 하는 의문을 던져볼 수 있다. 아무것도 절대화하지 말라는 정신을 뚜렷하게 보여 주는 그 불경을 번역함으로써, 오히려 그 불경의 뜻을 절대화하려는 경향으로 비춰질 수 있었던 번역의 유행은 한편으로 역설적이라고 볼 수밖에 없다. 『돈황본 육조단경』의 번역 행위는 다른 모든 종교적 현상과 마찬가지로, 우연의 일치라기보다는 그 바탕에 새겨져 있는 정치사회적 맥락과 맞물려 나타난 것이라고 할 수 있을 것이다. 이러한 전제, 그리고 한국 정치의 역사와 불교의 역사가 제공해 주는 자료에 근거하여, 1988년부터 한국에서 『돈황본 육조단경』의 번역본이 다수 출간되는 현상에 대해 더 잘 이해할 수 있게 해 주는 사실들을 밝히고자 한다.

한국 불교와 정치의 간단한 역사

371년 한반도 북쪽의 중국에서 유입된 '고요한 아침의 나라'의 불교는 도입 이래 지속되어 온 1,600여 년의 역사를 한결같이 자랑한다. 그러나 그 역사가 순탄한 것만은 아니었다. 삼국시대[4](?~668)의 일부 시기, 통일신라(676~935) 및 고려(918~1392)에 이르기까지 거의 1,000년 동안 영광을 누렸으나 유교를 신봉하는 조선시대(1392~1910)가 태동하던 때부터 일제강점기(1910~1945)가 끝날 때까지 쇠퇴의 길을 걷는 기나긴 시련의 시기를 겪어야 했다. 그러나 6·25 전쟁(1950~1953) 이후, 나아가 이승만 정권하에서 한국 불교는 상당히 어려운 처지에 있었음에도 불구하고 그 잿더미(灰) 속에서 되살아나기 시작했다. 이에

4 고구려(BCE 37~CE 668), 백제(BCE 18~CE 660), 신라(BCE 57~CE 935).

대해 600년 가까운 시간 동안 박해에 시달리거나 정권에 이용당하다가, 즉 거의 생기를 잃은 초주검의 상태로부터 살아 나왔다고 해도 과언이 아니다.

삼국시대부터 약 10세기 동안 국교(國敎)로서 자리했던 한반도의 불교는 조선왕조가 탄생할 때 그간의 정치적 지원을 잃어버리게 되었다. 이 새로운 왕조는 태어나자마자 주희(朱熹, 1130~1200)의 사상에서 영향받은 억불숭유(抑佛崇儒) 정책을 세웠던 것이다. 그 정책은 모든 불교 종파가－교종(敎宗)이든 선종(禪宗)이든－하나로 통합되기를 강요했을 뿐더러 출가자들의 도성출입을 전면 규제했다. 그 정책의 영향으로 도성 안에서는 불교를 찾아보기 힘들어지기 시작하면서 명상을 중심으로 한 산간불교가 탄생하게 되었다. 불교는 자체의 생존권을 유지하기 위해 저절로 명상에 힘을 기울이기 시작했다. 그러나 임진왜란(1592~1598) 이후에는 그런 처지에 있던 승려마저 왕실에서 강제하는 노역에 동원되면서 불교는 더욱더 쇠퇴의 길을 걷게 되었고, 시간이 경과하면서 차차 산간불교의 법맥도 희미해져 아예 끊겨 버리기에 이르렀다.[5]

1894년 드디어 승려들의 도성출입권 복원이 이루어졌던 사건은 '한국의 불자들'에게 불교의 새로운 번영이 도래할 것이라는 희망을 갖게 했지만 현실은 정반대였다. 1894년 일어난 동학농민운동을 막지 못한 조선왕조는 일본 군사의 힘을 빌리기에 이르렀고, 이렇게 한반도에 들어온 일본은 장차(1910년) 자기 제국의 식민지가 될 한반도의 지배를 확보할 수 있는 방편으로 불교를 체계적으로 이용하려고 했다. 한국 불

5 선종에서는 부처님 법과 인가에 대해, 석가세존(釋迦世尊) 당시부터 오늘날에 이르기까지, 스승으로부터 제자에게로 전해진다고 말한다. 법맥이 이어지지 않으면 정체성에 문제가 생긴다.

교를 부흥시켜 주겠다는 일본 총독들의 미끼를 비판적 의식으로 바라보기에는, 한국의 불자들이 대체적으로 너무 약해져 있었으므로 그에 대해 전혀 저항하지 못했다. 따라서 일본은 어렵지 않게 한국의 불자들을 복종시킬 수 있었다. 특히 일본이 한국 내 큰 사찰의 주지 임명권을 가로채게 되면서 일본 총독들은 전략을 구사하기가 더욱 쉬워졌다. 일본에게 "예."라고 말하는 사람을 큰 사찰의 주지로 임명하면, 이들이 큰 사찰에 딸린 작은 사찰(末寺)의 주지들을 임명하는 상명하달(上命下達) 식의 체계를 통해 불자들을 복종시킬 수 있었기 때문이다. 더군다나 일본 총독들은 주로 독신 생활을 하는 승려들의 유동성을 억제하여, 승려 인구를 안정시키고 더 쉽게 통제하기 위해서, 한국의 승려들에게 억지 춘향으로 결혼 생활을 영위하도록 격려했다. 그러나 한국 불교에 관한 일제강점기의 그러한 조치들을 잘 이해하기 위해서는, 이 조치들을 한국을 일본화하기 위해 한국의 학계 안에서 한국어를 가르치는 것까지 금지한 아주 체계적이자 가차 없는 식민지 정책의 맥락에 놓아야 할 것이다.

1945년 일본이 국제연합군에 항복함에 따라 한반도는 일제강점의 굴레에서 벗어났지만, 이후 소련의 공산주의하의 북한과 연합군의 자본주의하의 남한으로 나뉘게 되었다. 300만 명 이상의 사망자를 낸 6·25 전쟁이 한반도 전체를 쑥대밭으로 만들었음에도 불구하고 1945년에 만들어진 분열의 상황은 바뀌지 못했으며, 휴전 60년을 맞이한 오늘날까지도 유지되고 있다. 남북 분단이 시작되던 즈음, 북한에서 김일성[6](재임 기간: 1948~1994)에 대한 숭배가 종교 또는 국교로서 지배적인 위치를 잡아 가는 동안, 남한에서는 모든 종교가 골고루 발전했으며 이에 호의적

6 Hitchens Christopher, 2007, *God is not Great* (New York: Twelve-Hachette Book Group), 297~300.

인 정책이 수립되어 펼쳐졌다.[7]

이 시기는 바로 이승만(재임 기간: 1948~1960) 정권의 통치기에 해당되는데, 이 정권은 감리교를 확신(確信)하는 한편 불교에 관한 자세가 여러 가지로 해석될 수 있는 여지를 다분하게 남겼다. 실로, 이승만 정권은 남한의 곳곳에 작은 마을에까지도 개신교 교회가 세워질 수 있도록 돌보았으며, 왜색에 물든 한국 불교를 정화해야 한다는 내용의 정화유시를 내렸다. 1954~1955년 2년간 8차례 발표된 이 유시의 결과로 한국의 전 사찰에 머물던 모든 대처승과 그 가족들이 강제로 쫓겨나게 되었다. 당시 비구의 수는 대처승에 비해 극소수였으므로 비구들은 이 일을 끝까지 마치기 위해 '물리적 힘을 줄 수 있는 인력'을 외부에서 동원해야 했다. 당시 이승만 정권은 대처승과 비구가 대립하는 사건이 벌어지게 했으며 공권력을 통해 비구를 도와주었다. 독재정권 아래서 내부의 폭력으로 얼룩진 이 정화운동은 대처승과 비구승이 1962년 4월에 대한조계종이라는 이름의 통합종단이 되었으나, 5월에 박정희의 국가재건최고회의에서 대처승·비구승 간의 분쟁을 방지하고 불교재산을 보호한다는 명분 아래 불교재산관리법을 제정·공포하자 대처 측이 이에 반발하여 1967년에 대한조계종에서 탈퇴했고 1970년 한국불교태고종을 창종하면서 일단 막을 내렸다.

이승만 정권 다음에는 모두 경상북도 대구 출신의 군인 세 사람이 한국을 다스리게 되었다. 1960년 박정희의 쿠데타로 세워진 독재정권은 1979년의 암살사건으로 막이 내리는가 싶었지만, 민주화의 봄은 짧았고, 1980년 전두환(재임 기간: 1980~1988)이 일으킨 쿠데타로 다시 이어져 1988년까지 계속됐다. 전두환의 후계자인 노태우(재임 기간: 1988~1993)

7 사실상 군사정권을 반대하지 않고 반공산주의적인 입장을 취하는 종교에 대해서만 호의적이었다.

는, 88서울올림픽을 앞두고 국제사회가 서울을 지켜보고 있다는 사실을 독재정권을 무너뜨리는 데 이롭게 사용한 1987년의 민주화 운동의 끝자락에서, 민주주의적으로 당선되었다. 이 세 사람 가운데 앞의 두 정권은 북한으로부터 받을 수 있는 공격의 위협을 체계화하여, 모든 반대세력을 탄압 또는 평정시켰으며, 철권통치로 나라를 다스렸다. 노태우 정부는 독재정권에서 비(非)군인 출신의 시민 대통령이 집권하는 정권으로 넘어가는 중간 단계였다. 1960~1993년 사이의 시기는 한국이 타이완, 홍콩, 그리고 싱가포르와 함께 소위 '아시아의 네 마리 호랑이' 중의 하나로 꼽힐 수 있을 정도의 경제적 성장을 허락하는 정치적 안정이라는 특징을 보였다. '한강의 기적'이라고도 불리는 그 경제적 성공과 그로 인한 안정은 '한반도의 남부'를 경제적 번영의 시기 안으로 들어갈 수 있게 해 주었으며, 그 시기를 다스리는 세 명의 군인이 불교를 호의적(박정희[8])으로 여겼거나 불자(전두환, 노태우)였던 것만큼 불교가 재생될 수 있게 허락했다. 이 시기의 성공은 민주주의로의 도달과 올림픽 개최라는 월계관을 씌워 주었다.

불교의 부흥은 장로교 신자인 고 김영삼(재임 기간: 1993~1998)과 가톨릭 신자였던 고 김대중(재임 기간: 1998~2003)·노무현(재임 기간: 2003~2008), 그리고 장로교 신자인 이명박(재임 기간: 2008~2013)의 임기 중에도 계속되었다. 사실 역대 정권들은—독재정권이든 민주정부든, 대통령의 종교가 개신교든 가톨릭이든 간에—자기 정권의 이익을 위해 인구의 약 25%를 차지하는 불자들의 이익을 잘 챙겨 주었다. 독재정권하에서나 민주정부하에서나, 정부가 불교를 돕는 방법은 한결같다. 즉 대체적으로 문화체육관광부를 통해 사찰 보수공사, 템플스테이 프로그램 강

8 영부인 육영수 여사가 불자였다. 서울 도선사의 청담 스님과 1960년대 초부터 가까이 지냈고, 청담 스님에게 대덕화(大德華)라는 불명을 받았다.

화, 국제선원 건립 등을 지원하는 방식으로 불교를 배려해 준다. 몇몇 학자에 따르면, 이렇듯 정부의 경제적 도움에 의지하는 한국 불교의 만성적인 관행은 불교가 정권으로부터 자유로워지는 데 방해가 되는 요소인 것으로 평가된다.

팔만대장경을 한국어로 번역하는 사업

1960년대 이후 한국 불교의 부흥을 위한 주요 사업 중 하나는 한문 팔만대장경(八萬大藏經)을 한글로 번역하는 것이었다. 1961년 시작된 이 사업에는 40년이나 소요되어 2001년 대장정(大長程)을 마쳤다. 동국대학교 역경원의 주도 아래 진행된 이 사업은 번역에 들어간 지 40년 후인 2001년 마지막 한글본인 318번째 권이 출간됨으로써 끝났다. 한글판이 나오기 전까지 팔만대장경은 전문가들만 읽을 수 있는 내용이었기 때문에 이 상황은 불교 공부에 도움이 되었어야 함에도 불구하고 오히려 불교 공부를 더욱 복잡하게 만들었다.

불교가 아시아 도처에 퍼져 나갈 수 있었던 이유 중의 하나가 다양한 문화에 적응할 수 있는 거대한 힘이며, 그리고 팔만대장경을 번역하는 것이－힌두교의 가르침은 여전히 산스크리트어를 배우지 않으면 공부할 수 없는 것과 달리－그 목적을 달성하는 데 주요한 하나의 방편이라면 한국 불자들은 왜 그 역경사업이 이루어지기까지 이토록 오랫동안 기다려야만 했을까? 이와 관련해 세종대왕 재위(1418~1450) 시 훈민정음을 공표하던 당시 고요한 아침의 나라의 불교와 불자들이 겪고 있었던 시련들과 그 이후 직면해야 했던 고난들을 고려하기만 해도, 1960년대까지는 이 역경사업을 하기 위한 조건이 무르익지 못했다는 사실을 알 수 있다. 그러한 어려움에도 불구하고 대한조계종은 더 이상 역경사업을 미룰 수 없었다. 그것은 불교와의 경쟁 관계에 있는 그리스도교가 이미 20세기 초[9]부터 신도들에게 성경의 완역본을 제공하기 시작한 것에 뒤처지지 않기 위해서였다. 또한 오래전부터 『대정장(大正藏)』의 번역본을 만들어 일본 불자들에게 제공해 온 일본 불교에 뒤떨어지지 않기 위해서였다.

한글 팔만대장경이 모두 출간되자마자 40년간 쌓아 온 번역작업의 경험을 바탕으로 그간의 오역을 바로잡고 더 좋은 내용으로 만들기 위하여 새로운 번역사업이 시작되었다는 사실에 유의할 필요가 있다. 인도의 팔만대장경을 한문으로 번역하는 역사도 두 개의 큰 시기로 나눌 수 있다. 즉 5세기 초의 쿠마라지바(鳩摩羅什, 343~413)의 번역과 당나라(618~907) 시절이던 645년 완성된 현장(玄奘, 600~664)의 번역이 있다. 팔만대장경의 분량(8만 1258판)과 그 내용의 지극한 뜻과 교학적 풍부함을 알기만 해도 그 사업의 방대함과 복잡성을 헤아릴 수 있으며, 제작경비를 가늠해 볼 수 있다. 중국의 경우 역경원이라는 기관이 있어서 인도나 동남아시아에서 들어온 불교문헌을 번역할 때 황제의 권력으로부터 완전한 지원을 받았으며 인력도 수백 명씩 채용할 수 있었다.

팔만대장경에 대하여－물론 그 분량을 자랑하는 불자가 많음에도 불구하고－대중은 읽기도 전부터 그 방대한 분량에 압도되기 때문에 펼칠 엄두조차 내지 못한다. 또한 그 내용은 평범한 사람의 이해 범위를 뛰어넘는 오의(奧義)로 구성돼 있는 아주 넓은 문헌의 대양이라서 준비 운동을 하지 않은 중생이라면 그 물에 빠져 익사할 수밖에 없다는 확신이 더해진다. 그렇기 때문에 첫 번째 번역을 완성했을 때, 당시 동국대 역경

9 1900년에 『신약성경』을, 1910년에 전체 『성경』을 제공.

원장이었던 월운 스님은 "팔만대장경의 75%는 누구나 쉽게 읽고 이해할 수 있는 이야기와 일화들 뿐"이라고 강조했다. 그러나 월운 스님의 이러한 권장의 말씀에도 불구하고 불교전도협회에서는 2005년 『불교성전』이라는 '불교성경', 아니 700쪽의 분량으로 미루어 '불교 신약성경'이라고 부를 수 있는 책을 편집하여 출간했다. 그 책은 대장경의 내용 중에서 인간의 삶의 모든 차원을 다루는 테마들을 선별, 독자들을 교화할 수 있도록 했으며, 책을 펼쳤을 때 왼쪽 면에는 영어, 오른쪽 면에는 한국어가 보이도록 2개 국어를 병용하여 편집하였다. 이러한 2개 국어 병용 편집은 똑같은 구조를 따르는 다양한 그리스도교 성경에서 영감을 받아 택한 것으로 추측된다. 또한 영어와 한국어의 병용 편집은 여전히 미국의 지정학적 궤도에서 돌고 있는 한국의 특성상, 영어를 이웃 나라의 언어인 중국어와 일어보다 더 중시하는 한국인에게 매우 중요히 여겨질 수 있다. 『불교성전』은 기디언 인터내셔널(Gideons International)의 『성경』처럼 누구에게나 무료로 증정된다.

팔만대장경의 전체를 체계적으로 번역하는 사업이나 『불교성전』처럼 기존에 없던 것이 새롭게 만들어지는 경우도 있지만, 어떤 경전들은 그러한 경로 밖에서 특별한 운명을 타고난다. 중국 문화권의 모든 명상종[10]에서 최고의 근원적인 문헌이라고 꼽는 육조혜능(六祖慧能, 638~713)의 『법보단경(法寶壇經)』이 바로 그렇다. 많은 스님이 불교에 관심을 갖기 시작한 사람들에게 읽어 보라고 자주 권장하는 책이 바로 이 경전이다. 1960년대부터 『법보단경』의 다양한 판본들[11] 중 여러 판본이 꾸준히 한글로 번역되었지만, 돈황본의 한글 번역을 보기 위해서는 1987년까지 기

10 이 책의 제2부 제2장 각주 4 참조.

11 돈황본 외에 최소 16개의 다른 판본이 있다. 그중에서 돈황본과 함께 더 큰 권위를 갖는 것은 대승사본(大乘寺本), 흥성사본(興聖寺本), 덕이본(德異本), 종보본(宗寶本)이다.

다려야 했다. 헝가리 출신의 스타인(Aurel Stein, 1862~1943)이 1907년에 발견한 돈황본은 현존하는 『법보단경』 중 가장 오래된 판본으로 평가받아 왔다. 『돈황본 육조단경』에 대한 이러한 인정은 다른 판본들과는 비교되지 않는 독보적인 권위를 갖게 해 주었다. 1967년에는 얌폴스키(Philip B. Yampolsky, 1920~1996)가 출간 이후 지금까지 줄곧 최고로 추앙받는 돈황본의 영문본과 그에 관한 평론을 출간했다. 그렇다면 육조혜능의 권위에 한결같이 호소하는 한국의 명상종인 대한조계종이 돈황본을 번역하는 데 왜 이렇게 오랜 시간을 기다려야 했는가 하는 질문을 던져 볼 수 있다. 마찬가지로, 하필이면 왜 그 첫 번째 번역의 저자가 한국 불교의 가장 유명한 사찰 중 한 곳으로 꼽히는 해인사(海印寺)의 방장(재임 기간: 1967~1993)이자 대한조계종의 종정(재임 기간: 1981~1993)인 퇴옹성철이었는지 하는 질문을 제기할 수 있다.

『돈황본 육조단경』: 퇴옹성철의 현토·편역과 그 의의에 대한 고찰

아마도 퇴옹성철은 돈황본의 한글 번역이 어떤 이익을 가져올 수 있는지를 제일 먼저 파악한 한국인일 것이다. 이 번역이 성철 스님의 생애와 전서(全書)에 월계관을 씌워 준 것으로 미루어 보건대 이 전제는 더욱 수긍할 만하다. 그것을 방증(傍證)하기 위해 성철 스님의 생애의 큰 단계들, 그분이 발표한 전서의 구조와 육조혜능, 성철 스님의 불교 정통관과 보조지눌에 대한 이해, 그리고 그분의 해석학에 대한 고찰을 살펴본 후 성철 스님이 현토·편역한 『돈황본 육조단경』 외의 다른 번역본들을 통해 한국 불교의 흐름을 간단하게, 그러나 정확하고 충분하게 검토하고자 한다.

가. 성철 스님의 생애

성철 스님은 일제강점기 초인 1912년 경상남도에서 만석꾼의 맏아들인 이영주(李英株)로 태어났다. 어린 이영주는 건강이 좋지 않아 초등학교 졸업이 최종 학력이지만, 사춘기 내내 손에 닿는 모든 책을 읽는 데 시간을 썼다. 칸트의 『순수이성비판』을 쌀 한 가마니와 교환한 적이 있었다.[12] 이영주는 스무 살에 결혼했으나[13] 가정생활보다는 명상에 대한 매력을 더 많이 느꼈기에 몇 년 후인 1936년에 임신한 부인과 꼬마 딸에게 작별 인사를 고하고 출가했다.[14] 그리고 지리산 대원사에 가서 동정일여(動靜一如)의 화두선 경험을 하고 난 다음 경상남도 합천군에 있는 법보사찰 해인사로 갔다. 당시의 아주 유명한 선사인 하동산(河東山, 1890~1965)에게 성철이라는 법명을 받고,[15] 그 문하에서 수계득도(受繼得度)[16]했다. 첫 번째 삭발을 한 뒤 성철 스님이 된 이영주는 해인사를 떠

12 "『순수이성비판』은 동경유학생에게서 쌀 한 가마니를 주고 얻은 것이라고 하니 스님의 책에 대한 열정을 알고도 남음이 있습니다." 원택 엮음, 1995, 『우리 시대의 부처 성철 큰스님』(합천: 장경각), 3.

13 원택 스님이 엮은 『성철 스님 행장』의 기록이다. 그러나 성철 스님의 딸 불필 스님에 따르면 열네 살이던 1925년에 세 살 위인 부인 이덕명과 결혼했다고 한다. 불필 스님, 2012, 『영원에서 영원으로』(파주: 김영사), 78.

14 원택 스님에 따르면 이영주는 출가하면서 가족에게 "10년 안에 도를 이루고 돌아오겠다."고 말했다고 한다.

15 출가하기 전 성철 스님은 1935년 초 해인사를 찾았다가 당시 백련암에 머물고 있던 범어사 조실 동산(東山, 1890~1965) 선사를 만났고, 출가를 권유받았다. 그리고 어느 날 동산 스님은 손수 '성철(性澈)'이라는 법명을 적은 종이를 이영주 옆에 놓고 갔는데 이를 계기로 1936년 해인사에서 동산 스님을 은사로 출가했다. 원택 스님, 2012c, 『성철 스님 행장』(서울: 글씨 미디어), 33~34 참조.

나, 명상하는 운수납자(雲水衲子) 생활을 시작한다. 그 후 일정한 거주 없이 인연 따라 여러 사찰과 암자의 선방에서 하안거와 동안거를 하며 수행했고, 해제(解制) 기간 동안에는 팔만대장경을 거꾸로 외울 정도로 경들을 열심히 섭렵했다. 4년 동안 그렇게 살다가 스물아홉 살 때인 1940년 동화사 금강선원에서 불교 수행의 최고 성과인 깨달음을 얻었다고 알려져 있다.[17]

성철 스님은 26년 동안 인연 따라 다양한 외딴 곳에서 명상도 하고, 경전 공부도 하는 독수자(獨修者)로서 생활했다. 그러다 1947~1949년 사이에는 '부처님 법대로 살자'는 모토를 수행의 이상으로 표방한 매우 급진적 불교개혁운동인 봉암사(鳳岩寺) 결사에 참여했다.[18] 그러나 그 결사

16 대한조계종 홈페이지에는 성철 스님의 수계득도 연도가 1935년(2013년 11월 14일 확인), 『우리 시대의 부처 성철 큰스님』에는 1937년이라고 되어 있다. 백련불교문화재단 관계자에게 문의하니 "성철 스님의 수계득도 연도는 1936년이 맞다."고 알려 주었다. 원택 엮음, 1995, 『우리 시대의 부처 성철 큰스님』(합천: 장경각), 6 참조.

17 깨달았다고 생각하는 사람은 가능한 한 인가를 받은 스승을 만나서 깨달음에 대한 점검을 받아야 한다. 성철 스님은 당시 한반도 선지식들에 대해 거듭 실망한 끝에 당신의 깨달음에 대해 누구에게서도 인가를 구하지 않았다. 원택 엮음, 『우리 시대의 부처 성철 큰스님』, 10 참조. 또한 훗날 원택 스님은 성철 스님의 사후를 대비하기 위해 "큰스님의 법(法)은 누구에게서 받았으며 또 누구에게 전했다 할 수 있겠습니까? 후일에 혼란을 막기 위해서라도 한 말씀 해 주셨으면 합니다."라고 물었지만 그분은 "앞에 한 질문은 나중에 이야기하고……."라고 대답했다고 한다. 원택, 2012d, 『성철스님 시봉 이야기』, 개정판(파주: 김영사), 173 참조. 성철 스님은 살아 생전 당신이 깨달았다는 이야기를 한 적이 없으며, 다만 오도송을 썼다. 그렇지만 불교의 개종조(開宗祖)인 석가세존도 아무에게도 인가받지 않았음을 잊지 말아야 한다. 잃어버렸던 한국 법맥은 성철 스님과 경허 스님 등의 깨달음을 통해서, 그분들 덕택으로 또 다시 한국에서 이어지기 시작했다고 볼 수 있다.

18 "성철 스님이 이끈 봉암사 결사는 선종 본디의 종풍을 살리고 옛 총림의 법도를 이 땅에 되살리자는 것이었다. 이에 뜻을 같이하는 젊은 수좌들이 전국에서 모여드니 청담 스님과 향곡 스님을 비롯하여 자운, 월산, 우봉, 보문, 성수, 도우, 혜암, 법전 스님 등 모두가 뒷날 한국 불교를 이끌어 나간 굳건한 동량들이었다." 원택 스님 엮음, 2012c. 『성철 스님 행장』(서울: 글씨미디어), 66.

에 참여한 스님들은 충분한 결실을 보지 못한 채 뿔뿔이 흩어져야 했다. 봉암사가 자리 잡고 있는 지역(경상북도 문경군)에서 좌우익 간의 이념 갈등으로 인한 싸움이 일어나 신변이 위험해지기 시작했기 때문이었다. 이듬해 6·25 전쟁이 발발했다. 북한의 공격에 밀려 남하한 남한 정부가 연합군의 힘을 빌려 부산 일대에서 피난살이를 하던 시절, 난민이 된 성철 스님은 경상남도 통영에 위치한 안정사(安靜寺)와 은봉암 사이 산기슭으로 들어가 '천제굴(闡提窟)'이라는 초가삼간의 토굴을 짓고 살았다.[19] 그때부터 성철 스님은 아주 큰 유명세를 치르게 되었다. 자신을 만나고자 하는 모든 사람에게 부처님 앞에서 삼천 배를 할 것을 요구하기 시작했다.[20] 6·25 전쟁 이후 성철 스님은 이승만 정권의 불교정화운동이 한창이던 때 대한조계종의 책임자로부터 받는 모든 임명을 거절했다. 당시 불교의 복잡한 분위기에서 벗어나 불도를 닦을 수행처를 찾고 있던 성철 스님은 접근 자체가 매우 어려운 팔공산(八公山)의 파계사(把溪寺) 성전암(聖殿庵)으로 들어가, 법정 스님에게 암자 주변을 철조망으로

19 위의 책, 83.

20 «"꼭 부처님께 정성 드리고 싶은 신심 있는 사람이 있으면 지가 알아서 물자를 갖다 놓고 절하라 그 말이라. 우리 같은 중이 중간에서 삯꾼 노릇은 안 한다 말이제. 그래 하기로 마음먹고 신도들에게도 알아서 절하라고 시켜 놓으니, 불공 드려 달라는 사람이 그만 싹 다 떨어져 버리는 거라."» 원택, 2012d, 앞의 책, 221; «"흔히 삼천 배를 하라고 하면 나를 보기 위해 삼천 배 하라는 줄로 아는 모양인데 그렇지 않습니다. 승려라는 것은 부처님을 대행할 수 있는 사람을 말하는데, 내가 어떻게 부처님을 대행할 수 있겠나 하는 생각이 들었습니다. 도저히 내가 남을 이익 되게 할 수는 없습니다. 그래서 나는 늘 말합니다. '나를 찾아오지 말고 부처님을 찾아오시오. 나를 찾아와서는 아무 이익이 없습니다.' 그래서 사람들은 찾아오지요. 그래서 그 기회를 이용하여 부처님께 절하라고 하는 것입니다. 그래서 삼천 배 기도를 시키는 것인데, 그냥 절만 하는 것이 아니라 남을 위해서 절해라, 나를, 자기를 위해서 절하는 것은 거꾸로 하는 것이라고 말합니다. 그렇게 삼천 배를 하고 나면, 그 사람의 심중에 무엇인가 변화가 옵니다. 지금도 말합니다. '나를 찾아오지 마시오. 부처님을 찾으시오.'하고 말입니다."» 위의 책, 367~368.

둘러싸게 한 뒤 그 안에서 9년(1955~1963) 동안 장좌불와(長座不臥) 수행을 했다. 1966년, 즉 박정희가 주도한 쿠데타가 일어난 지 6년 후, 쉰여섯 살이 된 성철 스님은 출가 이후 지켜 온 두문불출 생활을 접고 공(公)생활이라고 할 수 있는 삶을 시작했다.

1967년 성철 스님은 자신에게 해인총림 방장이 되어 달라는 자운(慈雲, 1911~1992) 스님과 청담(青潭, 1902~1971) 스님의 간절한 부탁을 받아들이기로 하고, 1993년 입적할 때까지 그 자리를 지켰다. 같은 해 동안거 기간의 3개월 동안에는 오전 8시부터 하루 두세 시간씩[21] 사부대중을 대상으로 불교의 중도사상을 중심으로 한 불교 전체를 가르치는 법석(法席), 소위 백일법문(百日法門)이라는 소참법문을 강설했다.[22] 그 설법은 불일보조 지눌(佛日普照 知訥, 1158~1210)의 가르침에 전복적으로 도전하는 데까지 이어졌다. 지눌은 한국 불교의 승보사찰인 송광사(松廣寺)를 선 수행의 요람으로 일으킨 고려시대의 가장 유명한 선사다. 성철 스님의 백일법문이 열리던 당시에도 지눌의 권위는 독보적이어서 한반도 불교에 지대한 영향을 끼치고 있었다. 이렇듯 750여 년에 걸친 한국 불교의 교학의 역사에 도전하는 일은 마치 승가라는 고요한 연못의 한가운데에 큰 바위를 던지는 것과 같았다. 이를 계기로 성철 스님은 한국 불교 명상의 정통(正統) 궤도에서 이탈한 가르침을 펼친다는 이유로 고발당하기 시작했다. 이에 성철 스님은 자신을 방어하기 위하여, 즉 정통의 궤도를 벗어난 것은 자신이 아니라 지눌과 그의 제자들이라는 것을 증명할 수 있도록 자신의 선(禪)사상을

---

21 초판 『백일법문』 후기에 따른 것이다. 성철, 1992a, 『백일법문』, 상(합천: 장경각), 333. 그런데 『성철 스님 행장』에는 하루 한 시간씩 백 일간 법문했다고 소개돼 있다. 원택, 2012c, 앞의 책, 115.

22 백일법문은 성철 스님이 입적하기 한 해 전인 1992년, 같은 이름의 책 두 권(상, 하)으로 출판되었다. 두 권을 합하면 약 700쪽에 달하는 두툼한 분량으로, CD도 있다.

저술하기 시작했다. 새로운 저서가 출간될 때마다, 성철 스님과 그 반대자들 사이에서 벌어진 논쟁, 이른바 한국돈점논쟁(韓國頓漸論爭)의 긴장은 갈수록 고조되었다. 성철 스님의 사상적 투쟁은 1987년 출간된 『돈황본 육조단경』의 현토(懸吐)·편역(編譯)과 함께 막을 내렸다. 이 저서를 성철 스님의 마지막 사자후(獅子吼)로 들을 때 그 의미를 올바르게 이해할 수 있다.

1967년에 강설한 백일법문과 1987년 『돈황본 육조단경』의 현토·편역 출간의 중간 즈음, 즉 전두환이 정권을 장악할 수 있게 해 준 쿠데타가 일어난 지 1년도 채 안 됐을 때, 그리고 한국 불교가 '10·27 법난'의 충격에서 미처 벗어나지 못했을 때, 성철 스님은 대한조계종의 제7대 종정으로 추대되어 입적하실 때까지 그 자리를 지키게 된다. 성철 스님은 동구불출(洞口不出)의 생활을 접고 해인사의 방장으로서 공적인 삶을 사는 동안에도 거의 해인사를 떠나지 않고 살다시피 했다. 더 정확하게 말하면, 해발 1,430미터에 있는 해인사보다 약 1km 높은 곳에 자리 잡은 백련암(白蓮庵)에 머물렀다. 1978년 박정희가 해인사를 방문했을 때, 성철 스님은 백련암에서 해인사로 내려오지 않았고 대통령을 만나지도 않았다. 1984년 교황 요한 바오로 2세가 내한하면서, 대한조계종의 종정을 서울에서 만나고 싶다는 의사를 타진했음에도 불구하고 성철 스님은 상경하지 않고 여전히 백련암에 머물렀다고 전해진다.[23] 이러한 모습은 '가야산 호랑이'라는 성철 스님의 별칭이 만들어지는 데도 영향을 미친다. 성철 스님의 독수(獨修)에 관한 끝없는 염원, 수십 년 이상 선어록(禪語錄)의 세계에 깊이 빠져 살았던 까닭에 일반인들과 다른 언어 체계를 가졌던 점, 염세적인 경향, 그리고 거의 모든 타협을 받아들이지 않는 엄격하고 대쪽 같은 성격 등이 해인사가 자리한 산의 이름과 어우러져 '가야산 호랑이'라는 별칭을 얻게 되었던 것이다.

23 그러나 원택 스님에 따르면 백련암에서는 그런 연락을 받지 못했다고 한다.

1993년 성철 스님이 입적했을 때, 그분의 장례식을 준비하고 치르는 2~3일 동안 한국은 마치 온 나라가 정지된 것처럼 보였다. 성철 스님의 입적 사건은 거의 72시간 동안 한국의 언론계 전체를 독점했다.[24] 성철 스님의 입적부터 49재까지, 약 200만 명의 인파가 그분을 추모하거나 다비식에 참석하기 위하여, 또는 사리를 친견하기 위하여 해인사를 방문했다. 성철 스님을 다비한 후 나온 사리의 일부는 해인사 일주문 앞 비석거리 한가운데 자리 잡은 인도산 대리석으로 만들어진 사리탑에 안치되었다. 이로써 성철 스님은 대중에게 석가세존이나 육조혜능만큼 그릇이 큰 한국 불교의 개혁자로 인식되는가 하면, 많은 스님과 불교학자들이 도전하는 인격으로서 한국 역사 안으로 들어오게 되었다.

나. 성철 스님의 전서의 구조와 육조혜능

성철 스님의 전서(全書)는 크게 둘로 나뉜다. 하나는 '성철 스님 법어집'이고, 다른 하나는 '선림고경총서(禪林古鏡叢書)'다. 모두 11권으로 이루어진 성철 스님의 법어집은 성철 스님의 가르침을 모은 명실상부한 열매들로, 다시 둘로 나눌 수 있다.[25] 첫째는 성철 스님의 제자들이 성철 스님의 설법을 정리하여 편집한 7권의 책들이다. 둘째는 성철 스님이 몸소 집필한 책들로서, 가장 중요하게 여겨지는 4권의 책들이다. 이 4권의 책을 편집목차에 따라 살펴보면 『돈황본 육조단경』(1987), 『선문정로(禪門正路)』(1981), 『본지풍광(本地風光)』(1982), 그리고 『한국불교(韓國佛敎)의 법맥(法脈)』

24 "큰스님이 열반한 날 오후부터 추모 기사들이 지면을 덮기 시작했고, 그날 밤과 다음날 새벽 사이에 많은 기자들이 몰려들었다. 절집에서 정례 브리핑이란 제도가 생긴 것도 아마 전무후무할 것이다." 원택, 2012d, 앞의 책, 27.

25 퇴옹성철(退翁性徹), 1992b, 『백일법문(百日法門)』, 하(下): '성철 스님 법어집' 제1집 2권(합천: 장경각), 372.

(1976) 순으로 정리되어 있다. 이 가운데 『돈황본 육조단경』의 현토·편역이 가장 늦게 출간되었음에도 맨 앞에 위치해 있다는 사실에 유의할 만하다. '선림고경총서'는 성철 스님이 선사상을 공부하는 데 꼭 필요한 도서라고 여겼던 한문·한글 번역서 37권을 모은 것이다. 매 권의 앞머리에는 그 내용을 소개하는 서론이 나온다. '성철 스님 법어집'과 '선림고경총서', 이 두 부류의 전서는 말할 나위 없이 상호 연관성이 매우 강하다. 모든 요소가 하나의 목적을 달성하기 위하여 존재하듯 전체로서 함께 공명한다. 다시 말해서 성철 스님이 전서를 펴낸 목적은 큰 오류에 빠진 지눌의 선사상을 비로소 바로잡고 선종의 정통을 복원하는 데 있었다.

다. 성철 스님의 불교 정통관과 보조지눌에 대한 이해

성철 스님이 복원하고자 했던 선종의 정통은 무엇이었나? 사실 그것은 성철 스님의 선사상의 복잡성과 복합성에도 불구하고 전서의 주요 내용에 소개되어 있는 다음 다섯 가지로 간결하게 요약할 수 있다. 첫째, 불교는 깨달음의 종교다. 둘째, 깨달음의 내용은 중도다.[26] 셋째, 공안의 핵심 부분인 화두(話頭)를 참구함으로써 깨달음을 이룰 수 있다. 넷째, 깨달음은 점진적으로 이루어지는 것이 아니라 갑작스럽게 홀연히 성취되는 것이다. 다섯째, 진짜 깨달음을 성취한 사람의 수행은 살아 있는 부처의 수행이 되므로, 그 사람은 더 이상 깨닫기 전인 무명의 상태로 돌아갈 수 없다. 이에 반해 지눌은 늘그막에 대혜종고(大慧宗杲, 1089~1163)의 어

26 "중도(中道)가 부처님이니 중도를 바로 알면 부처님을 봅니다. 중도는 중간, 또는 중용이 아닙니다. 중도는 시비선악 등과 같은 상대적 대립의 양쪽을 버리고 그의 모순, 갈등이 상통하여 융합하는 절대의 경지입니다." 퇴옹성철, 2006a, 「중도가 부처님」, 『산은 산이요 물은 물이로다』(합천: 장경각), 31.

록(語錄)을 발견해서 돈오돈수(頓悟頓修)적인 입장을 취했음에도 불구하고 돈오점수(頓悟漸修)적인 체험의 타당성, 즉 깨달은 뒤에도 오래도록 닦아야 한다는 깨달음의 가치를 부정하지 않았다. 성철 스님은 바로 이 두 깨달음의 패러다임 사이에서 균형을 잡으려고 하는 지눌의 자세를 신랄하게 비판했다. 교종의 돈오점수와 선종의 돈오돈수 사이의 어딘가에 양 다리를 걸치려고 하는 지눌의 논리를 반박한 것이다. 그리고 성철 스님은 이를 통해 750여 년 전 잃어버린 정통을 복구시킬 수 있는 유일한 참선사로 출현하기에 이르렀다. 그래서 당신의 입장이 전통적이고 떳떳한 것임을 드러내기 위하여 육조혜능의 가르침 중 가장 오래된 돈황본을 그 증거로 삼았음이다.

사실 이 논쟁이야말로 대체적으로 봐서, 먼 뿌리를 고대 인도의 초기 불교로까지 추적할 수 있는, 중국 교종과 선종 사이의 오래된 논쟁의 한국적 재편집이라고 할 수 있다. 이 논쟁의 바탕인 깨달음에 대해 상반된 두 견해 간의 역사적 긴장을 고찰하는 것은 이 글의 범위를 벗어난다. 그 대신 한국돈점논쟁에 초점을 맞추어 성철 스님의 두 가지 측면, 즉 지눌에 관한 비판적 논리의 타당성과 이를 뒷받침하기 위해 『돈황본 육조단경』을 어떻게 사용했는지 고찰하기로 한다.

'가야산 호랑이'의 저서들을 숙독해 보면 성철 스님은 지눌에 대해, 그가 처해야 했던 역사적 맥락 안에 두고, 이해하려고 노력한 흔적을 조금도 찾아보기 어렵다. 12세기의 지눌에게 주어진 역사적 숙제란, 고려시대의 역대 임금들이 교종과 선종의 알력 관계를 평정하고 그 둘을 화합시키기 위해 기울인 많은 노력에도, 계속 대립하고 있었던 두 불교종파를 화해시키는 데 있었다. 그러나 성철 스님은 그것에 대한 관심이 전혀 없었다. 지눌의 입장을 배려하기보다는 오히려 그분과 대립 관계를 형성하고, 계속 공격하는 데서 자기 존재의 이유를 찾는 것과 함께, 자기 사상을 지속적으로 더 정확하게 밀고 나가는 것을 정당화하려 했던 것처럼 보인다.

라. 성철 스님의 해석학에 대한 고찰

『법보단경』에 대한 역사적 비평의 관점에서는 이 책의 여러 판본 가운데 『돈황본 육조단경』을 가장 오래된 것으로 인정한다. 그 내용과 관련해서도 점진적 요소를 완전히 배제하는, 오로지 돈오돈수 사상만을 주장하는 것과 그 저자가 바로 육조혜능이라는 결론에는 이르지 않는다. 사실 혜능에 대해 구체적으로 알려진 바란 거의 없으며, 『돈황본 육조단경』에 대한 가장 좋은 해설에는 다양한 시대의 사상적 경향을 보이는 여러 겹 위에 또 여러 겹이 층층이 겹치는 복합적 형성과정이 담겨 있다.[27] 뿐만 아니라 둔황에서 발견된 수많은 문헌은 당나라 돈점논쟁에서 돈점대립이 크게 부각된 이유에 대해, 후대 불자들과 불교학자들이 당나라의 현실을 정확하게 반영하기 위한 것이라기보다는 그 사회상을 풍자하기 위한 것이었음을 드러내 준다. 게다가 부분적으로는 『돈황본 육조단경』의 보존 상태가 좋지 않아 손실된 내용을 해석하는 것은 지금까지도 매우 힘들 수밖에 없다. 이와 같은 역사적 비평의 결과는 성철 스님만큼 『법보단경』을 중시하여 자기 사상의 세 가지 근본 기둥의 하나로 삼을 정도였던 지눌이, 해석에 있어서는 왜 성철 스님과 다른 해석을 했는지 그 까닭을 이해할 수 있게 해 준다.[28] 그러나 역사비평이 제공해 주는 이러한 연구의 결과는 성철 스님의 관심을 끌지 못했다.

27 정유진 역주, 2007, 『돈황본 육조단경 연구』(서울: 경서원), 81, 83 참고.

28 보조지눌은 현존하지 않는 판본의 『법보단경』을 접했다. 나머지 두 근본 기둥은 이통현(李通玄, 635~730)의 『신화엄경론(新華嚴經論)』과 『대혜선사어록(大慧禪師語錄)』이다.

성철 스님은 끝까지 『돈황본 육조단경』을 육조혜능의 말씀 그 자체로 보고 싶어 했을 뿐만 아니라, 단경이 논(論)이 아닌 경(經)인 것만큼 석가세존의 말씀으로까지도 보고 싶어 했다. 이 확신에 입각하여, 성철 스님은 시간이 지날수록 더욱 자주 이렇게 요약할 수 있는 주창을 확고히 했다. "지눌과 그분의 제자들이 오류에 빠졌다. 나는 옳다. 아직도 그걸 확신하지 못하면 『돈황본 육조단경』을 읽어 봐라." 성철 스님이 역사적 비평의 필요성에 관한 교육을 받지 못한 상태로 불교를 독학한 사람임을 안다면, 이러한 지나친 주창을 듣더라도 그분을 필요 이상 경원시할 이유는 없다. 불행히도, 지눌을 전공한 수많은 불교학자는 불일보조 국사에 관한 성철 스님의 고발을 가볍게 받아들이지 않았다. 지눌 전공자들은 1988년 지눌사상에 관한 고급 학술지를 펴내는 등 매우 역동적으로 활동하는 '보조사상연구원'을 설립했다. 성철 스님의 후학들은 이에 대응하여 그분의 사상을 연구하는 백련불교문화재단 부설 '성철선사상연구원'을 만들었다.

성철 스님의 해석학적 관점에서 두드러지는 것은 혜능과 당신을 동일시했던 경향이다.[29] 『돈황본 육조단경』에 나오는 혜능이 읊은 게송에 대한 성철 스님의 해석으로 미루어, 그분이 자신을 육조혜능과 완전히 동일시했던 것은 아닌지 질문할 수밖에 없다. 즉 "유전돈교법 출세파사종(唯傳頓敎法 出世破邪宗)[30] - 오로지 돈교법만을 전하여 세상에 나아가 삿된 가르침을 부수어 버려라.[31]" 그러나 성철 스님은 『돈황본 육조단경』이 언급하는 돈

29 육조혜능의 법맥임을 드러내려는 경향은 나말여초(羅末麗初)에도 있었다. 조범환에 따르면 나말여초 당나라 유학을 다녀온 선승들 가운데 선종 사찰을 개창하면서 조사당 같은 새 건물을 마련하였고, 특히 육조혜능의 종지를 잇고 있음을 드러내기 위해 육조영당(影堂)을 두는 경향이 있었다. 이를 통해 자신이 속한 사찰이 혜능의 적통을 잇고 있음을 드러내고자 했다고 한다. 조범환, 2013, 『나말여초 남종선 연구(羅末麗初 南宗禪 硏究)』(서울: 일조각), 272~273.

30 이 책의 제1부 제1장 각주 7 참조.

점의 포괄적 내용을 소홀히 하였던 것 같다. 예컨대 "아자법문 종상이래 돈점 개립무념위종(我自法門 從上已來 頓漸 皆立無念爲宗)[32] — 예부터 나의 법문의 돈점이 모두 무념을 종으로 한다." 성철 스님은 여기서 "頓漸"이 잘못 들어간 글자라고 하면서 이렇게 번역했다. "나의 법문은 예부터 모두 무념을 세워 종으로 삼는다."[33] 성철 스님의 번역에서 이러한 선택은 어느 정도 존경받을 만하지만, 『돈황본 육조단경』을 번역한 국내학자 가운데 그분을 따르는 스님을 제외한 이들 모두가 그 두 한자를 그대로 살려서 옮긴 사실에 유의할 필요가 있다.[34]

오늘날에도 여전히 팔리고 있는 성철 스님의 『돈황본 육조단경』 현토·편역의 판매량은 정확하게 집계되지 않지만, 줄잡아 수만 권 정도 되는 것 같다. 불교 출판계에서 이 수량은 결코 작은 숫자가 아니다. 성철 스님의 사상에 동의하거나 그렇지 않거나, 이 번역에는 책 전체를 관통하는 상당한 힘이 느껴지는 것을 인정해야 할 것이다. 성철 스님의 번역은 역사비평의 결론에는 무관심함에도 불구하고 독자들을 심취하게 만드는 상당한 내적 일관성을 보인다. 『법보단경』에 대한 관심을 드러내기만 해도 일반 불자들이 "어떤 판본을 읽고 있는지?"라고 물어보는 풍토만 보아도, 성철 스님의 현토·편역이 한국 불교계에 끼친 영향을 가늠하

31 휴정도 『선교결(禪教訣)』에서 똑같은 인용문을 사용했다. 퇴옹성철 현토·편역, 1987, 『돈황본 육조단경』(합천: 장경각), 309.

32 위의 책, 54, 126; 『대정장(大正藏)』 권48, 2007, 338 c3.

33 퇴옹성철, 1987, 위의 책.

34 다만 동국대 불교문화연구원의 김진무 교수는 현재 중국에서 저술 및 강연 활동을 펼치고 있는 단칭선사(丹青禪師)의 『혜능 육조단경』을 우리말로 옮기면서 저자의 해석을 따랐으나 원서의 구절을 누락함으로써, 결과적으로는 학자로서 퇴옹성철의 번역을 따른 것처럼 되었다. 즉, 단칭선사의 경우 "從上已來, 頓漸皆立"을 "從來都是"('지금까지 모두 다' 또는 '언제나 항상')라고 해석했지만 김진무는 번역하면서 "從來都是"를 넣지 않았는데, 아마도 누락한 것 같다. 단칭선사 풀어씀, 김진무 옮김, 2011, 『혜능 육조단경』(서울: 일빛), 159.

고도 남는다.

1987년까지만 해도 한국 불교는 『돈황본 육조단경』에 별다른 관심을 갖지 않았다. 『법보단경』의 다른 판본들, 특히 덕이본(德異本)을 통해 육조혜능과 그분의 사상을 충분히 알 수 있다고 믿었기 때문이다. 대한조계종의 제 6~7대 종정이었던 퇴옹성철은 『돈황본 육조단경』의 현토·편역으로 자신의 생애와 전서에 월계관을 씌움으로써 그 상황을 완전히 전복시켰다. 그것은 한국 불교의 역사 안에서 새로운 분수령을 만들었다고 해도 과언이 아니다. 한 부류의 사람들은 『돈황본 육조단경』에 기록돼 있는 동양 선종의 근본으로 엄격하게 돌아가야만 한다고 주장하는 반면, 과감하게 미래를 향해 정진하는 새로운 불교를 만들어야 한다고 주장하는 다른 부류의 사람들로 나뉘는 분수령 말이다. 그렇기 때문에 1987년 이후 『돈황본 육조단경』의 새로운 번역들이 등장하기 시작했고, 이와 함께 육조혜능에 관한 관심도 높아지게 되었다.

성철 스님의 현토·편역 외의 다른 번역들을 분류하는 단상

혜능과 『법보단경』에 관한 여러 공부 밖에도, 성철 스님의 『돈황본 육조단경』 현토·편역 이후 14권의 번역이 더 출간되었다. 그러나 이 책들이 세상에 나오기까지 독자들은 좀 기다려야 했고, 그중 첫 번째 책은 1992년에 선보였다. 더구나 이 첫 번째 번역은, 다른 책에서는 전혀 인용되지 않았으나 다른 모든 번역에 큰 영향을 끼쳤을 법한 얌폴스키의 *The Platform Sutra of the Sixth Patriarch, the Text of the Tun-Huang Manuscript, Translated, with Notes*를 한글로 옮긴 것이었다. 얌폴스키의 책이 번역되기 전, 1988년 출간된 『법보단경』에 관한 아주 좋은 만화[35]를 언급할 수 있지만, 그 만화는 돈황본에 대한 이야기를 전혀 하지 않는다. 나머지 13권의 번역 중 3권이 2003년에 출간되었고, 2008년에 1권, 2009년에 2권, 2010년에 2권, 2012년에 2권, 2013년에 1권, 2014년에 1권, 그리고 2015년에 1권이 나왔다. 2권[36]을 뺀 나머지 11권에는 해설이 수록돼 있고, 3권[37]만 제외하고 모두 각주나 주해가 덧붙여져 있다.[38] 이 번역들이 나오는 데까지 오랜 시간이 소요됐던 것은 성철 스님의 번역이 끼친 영향을 인식하고, 새롭고 좋은 번역 내용을 만들기 위해 많은 준비가 필요했기 때문이다. 얌폴스키의 원작을 번역한 서적까지 포함한 14권의 번역 외에 2007년 출간된, 돈황본에 대한 아주 깊은 연구성과의 열매인, 정유진의 『돈황본 육조단경』에 대해 언급할 만하다. 앞서 기술한 13권의 한글 번역은 네 부류로 나눌 수 있다.

첫 번째는 역사비평에 상응하는 것이다. 저자는 동국대에서 선불교를 가르치는 정성본 스님이다. 일본에서 교육을 받은 그분은 한국 선에 관한 가장 탁월한 전문가로 알려져 있다. 정성본은 돈오돈수에 대한 반감과 돈오점수에 대한 호감을 감추지 않는다. 또 저자는 『돈황본 육조단경』과 육조혜능을 탈신(脫神)화하는 데 노력을 아끼지 않는다. 이에 대해 성철 스님의 제자들을 포함하여 정성본을 비판하는 이들은 그가 '선 수행을 거의 해보지 않았기 때문에 아무것도 이해하지 못하는 지식인일 뿐'이라

35 채지충(蔡志忠), 1988, 『육조단경』(서울: 두성).

36 법해 기록, 종상 편역, 덕민 감수, 2009, 『육조단경』(서울: 홍법원); 대해 역, 2010, 『육조단경』(서울: 그란 사비두리아).

37 법해 기록, 종상 편역, 덕민 감수, 위의 책; 월호, 2009, 『문 안의 수행 문 밖의 수행 – 월호 스님의 육조단경 강의』(서울: 불광출판사); 정화 역주, 2012, 『돈황본 육조단경』(서울: 법공양).

38 대해 스님의 『육조단경』은 첨삭이 필요한 원문의 일부 내용들을 주석에서 처리하였다. 대해 역, 앞의 책, 212.

고 지적한다. 실로 정성본의 『돈황본 육조단경』에 관한 해설은 엄청난 양의 정보를 자세하게 제공해 주고 있으므로, 대저 독자의 입장에서는 그 정보의 바다에서 익사하는 듯한 느낌이 들 때가 많다. 「고려 혜심의 간화선 연구」라는 논문으로 박사학위를 취득한 후 쌍계사로 출가하여 쌍계사 승가대학 학장을 역임한 행불선원 선원장 월호 스님은 돈오돈수와 돈오점수를 모두 아울러 인정한다. 성품의 입장에서 성품은 닦을 필요가 없기 때문에 돈오돈수가 가능하리라는 전제를 제시하면서도, 6조 대사가 돈과 점을 모두 세운다 했다는 근거를 통해 성품은 돈수이며 현상은 점수라고 명확하게 밝힌다.[39] 몸과 마음을 닦고 성품을 단박에 볼 수 있는 육조의 견성법은 '마하반야바라밀'을 입으로 염하고 마음으로 실행하는 방법을 통해서 된다[40]는 견해에 있어서도 성철 스님과는 차이가 있다. 뿐만 아니라 쌍계사의 역사가 당나라에서 모셔 온 혜능 스님의 정상(頂相)과 직접적으로 관련되어 있음을 이야기하면서 육조선이 우리나라에서 꽃피게 된 그 중심에 쌍계사가 있다고 강조한다.[41]

두 번째는 서방 정토의 정신에 상응하는 것이다. 염불 전문 수행자인 청화(淸華, 1923~2003) 화상의 저술인 이 번역은, 대체적으로 성철 스님의 번역과 이상할 정도로 유사하면서도 두 가지 관점에서 정확하게 다르다. 즉 '돈'과 '점'을 똑같이 인정하고, 성철 스님의 선 수행법에서 선봉으로 꼽히는 화두 참구를 배척하고 염불을 선호한다. 그러나 『돈황본 육조단경』에서－성철 스님이 뭐라고 말했든 간에－화두 참구에 대한 이야기를 전혀 찾아볼 수 없듯, 염불에 관해서는 규탄(糾彈)만 할 뿐이

39 월호, 2009, 앞의 책, 61, 288.

40 위의 책, 352.

41 위의 책, 288, 311, 348.

다.[42] 청화 화상은 성철 스님과 동시대 사람으로서, 그리고 선(禪)의 역사상 그분이 주창하는 간화선과 경쟁관계를 맺어 온 염불 수행자로서, 이 책을 번역한 것은 자신의 가르침을 육조혜능의 권위 아래 두려 했던 성철 스님에게 영감을 받았기 때문인 것으로 보인다.

세 번째는 대학교수도 아니고 간화선이나 염불 수행자도 아닌, 도시 한가운데 살면서 불교를 실천하려고 하는 사람들이 쓴 부류이다. 저자는 재가불자인 김윤수와 전종식으로, 둘 다 '돈'에 대한 과도한 집착이 없는 것처럼 보인다. 이 두 번역은, 대한조계종의 영향에서 벗어나려고 하는 불교 신도의 수가 계속 늘어나는 사회적 맥락에서 볼 때, 육조혜능의 가르침의 해석을 독점해 온 출가자들에게 도전장을 내밀었다는 점에서 특히 중요하지 않을까 싶다.

네 번째 부류는 성철 스님의 뜻에 상응하는 것으로서, 대부분은 그분의 『돈황본 육조단경』 현토·편역을 현대적으로 윤색하거나 편역한 것들이다. 비교적 선두에 위치해 있는 책들은 불국사 박물관장 종상 스님이 2009년에 펴낸 것과 대해선원의 대해 스님이 2010년에 펴낸 것으로 원문 그 자체의 번역에 충실하다. 다만 종상 스님은 성철 스님이 역설했던 바[43]를 그대로 따라서 "頓漸"을 살리지 않은 반면 대해 스님은 돈황본의 원문을 그대로 살려 번역했다. 이 "頓漸"의 경우 2010년에 중국의 현대 선사인 단칭 선사가 그림을 곁들여 펴낸 돈황본을 우리말로 번역해 출간한 김진무도 번역 과정에서 저자보다는 성철 스님의 견

42 "불오돈교대승 염불 왕생 노요 여하득달(不悟頓教大乘 念佛 往生 路遙 如何得達)—만약 돈교의 큰 가르침을 깨치지 못하면 염불을 하여도 왕생할 길이 멀거니, 어떻게 도달하겠는가." 퇴옹성철 현토·편역, 앞의 책, 195, 198; 『대정장』 권48, 2007, 341 b19~20. 성철 스님은 『돈황본 육조단경』에 입각하여 "서방 정토(西方 淨土)는 어리석은 사람을 위한 방편이다."라고 논평하였다. 퇴옹성철, 위의 책, 74.

43 이 글의 각주 30 참조.

해를 선택한 것으로 보인다. 성철 스님의 『돈황본 육조단경』 현토·편역을 계승하여 더 풍요롭게 만든 저작들이 선보이는 것은 그분의 입적 20주기가 다가오면서부터다. 성철 스님의 상좌 중 한 사람인 원규 스님이 스승의 현토·편역을 현대 독자들에게 친숙한 언어로 윤색하여 다른 판본(대승사본, 흥성사본, 덕이본, 종보본) 및 연구내용의 원문도 함께 살펴볼 수 있도록 했다면, 그동안 활발한 불서 저술 활동을 벌여온 정화 스님은 풀이에 더 많은 힘을 실었다고 할 수 있다. 두 번역 모두 성철 스님의 입적 20주기를 앞둔 2012년 출간되었다. 그리고 2013년에는 대한조계종 원로의원인 고우 스님이 혜능 열반 1,300주기를 맞아 성철 스님의 현토·편역본을 교재로 삼아 진행한 강의 내용을 책으로 묶어 펴냈는데, 성철 스님의 사상은 물론 다른 판본인 덕이본(德異本), 나아가 『법화경(法華經)』·『금강경(金剛經)』·『유마경(維摩經)』 등의 불경까지도 아울러 가면서 청출어람의 정평(正評)을 설파했다. 그리고 비로소 2014년에 이르자 성철 스님의 견해를 따르면서도 그분은 물론 돈황본 자체에 대해서도 비판적인 시각을 굳게 지닌 번역본이 출간된다. 성철 스님의 상좌로서 2005년에 덕이본을 번역, 출간하였던 원순 스님이 은사인 성철 스님이 중시하였던 돈황본을 번역해 출간하면서 책 본문 후반부에 덕이본 강설을 덧붙여 선보였다. 덕이본과 돈황본이 구성에서는 다소간 차이가 있을지언정 육조혜능이 전하고자 했던 근본 뜻은 같다고 보았기 때문이다.[44] 원순 스님은 장경각에서 펴낸 『돈황본 육조단경』을 저본으로 삼고 덕이본을 가장 많이 참조하여 돈황본의 오류들을 바로잡아 준다. 이어서 2015년 출간된 김해시 신흥사의 주지 양지 스님의 역주는 돈황본 자체를 좀 더 엄밀하게 따지면서 해설한다.[45] 그러나 성철 스님의 주장 — 頓漸은 잘못 들어간 글자 —

44 원순 강설, 2014, 『돈황 법보단경』(서울: 법공양), 5~8.

을 따르지 않고 있으며, 주요 참고본으로 흥성사본을 삼은 것도 눈에 띄는 사항이다.

이렇게 열거한 네 부류의 번역에 수반되는 해설은 성철 스님의 『돈황본 육조단경』에 관한 분명한 응답으로 보이지만, 2012년 이전에는 그분에 대하여 전혀 언급하지 않다가 탄생 100주년을 맞이하면서 그 뜻을 그대로 계승·발전시키는 쪽으로 나아가기 시작했다. 그것은 아마도 성철 스님이 논쟁의 대상이었음에도 불구하고 한국인들에게 대체로 깊은 존경을 받아 온 선사이기 때문인 것으로 이해된다. 그럼에도 불구하고 1987년 최고이자 최후의 번역으로 인정되길 절대적으로 바라는 어조를 띤 성철 스님의 『돈황본 육조단경』이 선보인 이후, 다른 관점의 해석을 들려 주는 목소리들이 다양하게 나타나기 시작한 것은 분명하다.

'성철적인 바벨탑'의 끝

성철 스님은 1987년 출간한 『돈황본 육조단경』의 현토·편역이 무엇보다 한국 불교 개혁에 온전히 바친 자신의 생애와 전서에 월계관을 씌우는 것이길 원했겠지만, 결국 보조지눌사상을 선호하는 많은 불교학자·불자에게는 해인사가 한국 불교의 헤게모니를 장악하기 위해 육조혜능의 권위를 자기편으로 만들려고 시도한 것처럼 인식될 수밖에 없었다.

45 예를 들면 남종·북종이 지역적인 구분이라는 점을 설명하되, 혜능의 입으로 불성에는 남북의 구분이 없다고 하였건만 경의 제목에서부터 남종·북종을 구분한 것은 모순이라고 지적한다. 양지 평주, 남청 서화, 2015, 『돈황본 육조단경』(부산: 맑은소리 맑은나라), 15.

성철 스님의 사상을 옹호하는 사람들이 뭐라고 하든지 간에, 그분이 주창한 돈에 관한 수사법(rhetoric of immediacy)은, 역사의 제약에서 완전히 자유로워질 수 없다. 오히려 돈오에 관한 이 수사법은 아주 정확한 정치사회적 좌표계 안에 자리 잡고 있는 듯하다. 지금까지 드러내 놓고 말하는 사람을 만난 것은 아니지만, 너무도 비타협적이어서 한국 불교를 양분할 정도인, 성철 스님 사상의 전체를 두루두루 관통하는 돈점의 대립 관계는 귀납적 사고와 대화를 배척하는 반공산주의에 입각하여 절대적 정권을 세웠던 쿠데타들을 강하게 상기시키게끔 한다. 성철 스님의 공생활 기간이 독재정권의 기세가 등등해지기 시작한 지 몇 년 후에 처음 이루어져, 그 정권이 끝날 때까지 이어진 것은 우연의 일치가 아닐 수도 있다. 성철 스님은 입적하던 1993년까지 종정과 방장의 중책을 유지하였으나 구체적인 활동은 1987년 멈춘 것으로 보인다.[46] 그분이 원했건 원하지 않았건 간에 넓은 안목으로 볼 때, 성철 스님의 돈오돈수사상의 주요한 특징들은 60여 년 전부터 냉전의 지역적 실현인 한반도의 분열을 정당화하기 위해서 이용해 온 남북 간의 정치적 반목과 상당히 유사하다.

46 성철 스님의 공적 활동은 1986년 해인총림 방장으로서 하안거·동안거를 결제한 것이 마지막이다. 그 이후에도 방장의 자격으로 하안거·동안거를 하지 못한 것으로 보건대, 건강 상태가 좋지 않았던 것으로 추정할 수 있지 않을까 싶다. 퇴옹성철 편역, 1993a, 『고경(古鏡): 조계선종소의어록집(曹溪禪宗所依語錄集)』(합천: 장경각), 751. 뿐만 아니라 대한조계종의 25~26대(1986~1994) 총무원장이었던 서의현을 통제하지 못했던 것을 보더라도 이렇게 추정할 수 있을 것이다. 한편 서의현은 전두환의 동생 전경환과 친분이 두터웠고 총무원장으로 재임하면서 막강한 권력과 부정 축재를 행사했다. 뿐만 아니라 1991년에 성철 스님의 종정 임기가 만료되었을 때 종단 분열로 새 종정을 추대하지 못할 때 서의현은 범어문중(당시 성철 측)과 덕숭문중(당시 월산 측)에 종정 추대를 동시에 밀약한 것으로 알려졌다. 서현욱, 2015, 「TV 보던 아이 "아빠 나왔다"…멸빈 사유는?」, 『불교닷컴』(7월 16일). http://www.bulkyo21.com/news/articleView.html?idxno=29074(2016년 11월 10일 확인)

성철 스님이 지금도 대중을 매료시키는 이유는 그분의 생애가 중생이 머물고 있는 인생고해 너머의 다른 차원, 즉 열반의 세계가 누구에게나 열려 있다고 생각할 수 있게 해 주기 때문이다. 생존권 유지와 권력 장악을 위한 투쟁으로 갈라진 복합적 세계의 중심에서, 성철 스님은 『돈황본 육조단경』 안에 요약된 간단명료한 구원의 메시지를 제공해 주는 분이자 전혀 부패하지 않은 깨달은 분으로서 나타났다. 경사가 가파른 가야산 높은 곳에서 은둔했던 성철 스님의 수행 생활은 그분을 특별한 인물, 즉 중생이 자신의 희망과 기대를 한껏 투사하게 하는 사람으로 만들었다. 성철 스님은 언론에 관심을 갖지 않았으나, 그분에 대한 언론의 관심은 높기만 했다. 깨달음의 바른 길을 중생에게 알려 줄 수 있도록, 상좌들이 스승의 인생 전체를 세간의 무대에 올리고자 신중하게 모색했기 때문에 언론의 조명은 더욱더 높아졌다. 그러다가 '가야산 호랑이'는, 6·25 전쟁부터 한반도에서 사라진 호랑이들과 마찬가지로, 신화적인 존재가 되기에 이르렀다.

성철 스님은 생전에, 백련암의 건물들에 대한 장엄(莊嚴)은 물론 개보수도 하지 못하게 했다.[47] 성철 스님이 입적하기 얼마 전, 기둥이 썩어 있던 그분의 방 한 쪽이 무너졌을 정도였다.[48] 다행히 다친 사람은

47 «"백련암에 와 보고 신도들이 왜 단청을 안 하느냐고 묻지요. 나는 단청한 집에는 안 살기로 했다고 말합니다. 노스님 한 분이 단청 하면 집이 오래 간다고 하더만요. 좋은 말씀이지만, 20년 갈 집이 한 10년밖에 안 간다 해도, 난 단청 안 하고 10년 가는 집에서 살라 캅니다. 단청해서 호사스럽게 산다면 중의 근본정신은 썩어 버리지 않느냐 말이여. 정신은 썩고 집만 살면 뭐하겠습니까. 집은 썩더라도 정신이 살아야지. '최저의 생활에서 최고의 노력을 하자'는 선을 그어놓고, 그렇게 한 번 정한 것은 잘 변경하지 않습니다."» 원택 스님 엮음, 2012b, 『성철 스님이 들려준 이야기』, 2(서울: 글씨미디어), 188.

48 «"평생을 이어오신 큰스님의 청빈생활은 세월에 곰삭은 백련암 구석구석에도 그 자취를 남기고 있다. 생전에 큰스님 방은 기둥이 다 썩어 손이 쑥쑥 들어갔고, 열반하시기

없었지만 이 사건을 하나의 시대가 막을 내렸음을 알려 주는 신호로 해석할 수 있지 않을까 싶다.

『돈황본 육조단경』은 성철 스님의 현토·편역이 발간되고부터 5년여의 시간이 흐른 뒤, 즉 1992년부터 다양한 번역이 본격적으로 나오기 시작했다. 이는 성철 스님이 한국 불교의 흐름 가운데 만들어 놓았던 도그마 또는 패러다임, 즉 『돈황본 육조단경』을 꼭대기로 한 바벨탑에서 벗어나려고 하는 경향이 생성되고 있음을 증명해 주는 것으로 볼 수 있다. 1988년부터 세워지기 시작한 민주주의 정신을 따르는, 즉 진리에 관한 여러 해석을 허락하는 그 경향은 한국 불교가 1960년대부터 진행해 온 그 개혁이 지속될 수 있으리라는 희망을 갖게 한다. 그러나 2012년과 2013년에 성철 스님의 『돈황본 육조단경』 현토·편역을 따르는 다른 저자들의 책 세 권이 출간된 것을 미루어 보면, '가야산 호랑이'의 정신은, 그분이 열반한 지 20년이 지났음에도, 한국 불교가 육조혜능의 사상을 해석하는데 얼마나 막강한 영향력을 발휘하고 있는지 새삼 헤아릴 수 있다.

한 해 전에는 급기야 방 한 쪽이 무너지기도 했었다. 그제서야 겨우 보수공사하시는 것을 허락하셨지만, 끝내 이곳에 돌아와 보시지 못하고 열반에 드신 것이다. 수도자는 비가 새더라도 삿갓 하나면 그만이라시며, 먹는 것, 입는 것에서 거처하시는 곳까지 청빈함을 고집하셨던 큰스님."» 백련문도회 편, 1995, 다큐멘터리 『스님, 성철 큰스님』의 제2편, 전 5편, VHS(서울: 리스프로).

제3부

20세기 한국사와 퇴옹성철의 사자후(獅子吼) —깨달음bodhi과 역사sattva인가, 역사와 깨달음인가?

제1장

선사(禪師) 퇴옹성철의 유산:
한국돈점논쟁의 정치적 배경에 대한 숙고

제2장

The Philosophy of
Sŏn Master T'oeong Sŏngch'ŏl (1912-1993)

* 서울대학교 규장각에서 펴내는 A&HCI 등재 학술지인 The *Seoul Journal of Korean Studies* 2012년 여름호에 게재된 졸고 "Sŏn Master T'oeong Sŏngch'ŏl's Legacy: A Reflection on the Political Background of the Korean Sudden/Gradual Debate"의 영한번역 논문을 독자들의 이해를 돕고자 일반인들도 쉽게 읽을 수 있도록 순화, 개고한 한글본 논문이다. 원문은 이 책의 부록 1에서 볼 수 있다.

제 I 장

선사(禪師) 퇴옹성철의 유산: 한국돈점논쟁의 정치적 배경에 대한 숙고

성철의 유산에 대한 숙고(熟考)

한국 불교는 2012년에는 퇴옹성철(退翁性徹)의 탄생 100주년을, 2013년에는 그의 입적(入寂)[1] 20주기를 축하하였다. 1967년부터 1993년까지 해인총림의 방장이었으며, 1981년부터 1993년까지는 대한불교조계종(曹溪宗, 이하 대한조계종)[2]의 제6~7대 종정(宗正)이었던[3] 퇴옹성철은 현대 한국 불교의 가장 대표적인 인물, 그렇지 않다면 적어도 가장 대표적인 불교인물 중의 한 사람임에 틀림없다.[4] 더구나 그는 불교 전통의 큰 개혁

1 2012년은 경허성우(鏡虛惺牛, 1846~1912)의 입멸(入滅) 100주기이기도 했다. 경허는 조선시대 말 한국 선(禪)이 부흥하는 데 크게 기여하였다.

2 문화관광부에서 2012년 발표한 통계를 기준으로 한국 불교 교단은 265개이다. 대한불교조계종은 그중 가장 크고 힘 있는 곳이다. 문화체육관광부, 2012, 『한국의 종교 현황』(세종: 문화체육관광부).

3 퇴옹성철은 1991년에 종정으로 재선출되었다.

4 김종명, 2006, 「성철의 초기불교 이해」, 조성택 엮음, 『퇴옹성철의 깨달음과 수행』(서울: 예문서원), 71~105; Yun, Wŏnch'ŏl, 2010, "Zen Master T'oeong Sŏngch'ŏl's Doctrine of Zen Enlightenment and Practice., in *Makers of Modern Korean Buddhism*, ed. Jin Y. Park (Albany: State University of New York Press), 199~226 참조.

가였으므로, 1948년 대한민국(이하 한국) 정부수립 후 50년간 가장 뛰어난 인물 50인 중 열두 번째로 평가되었다.[5] 한국이 민주화를 이룩한 지 30주년을 향하는 즈음, 이러한 사실들은 성철 스님이 현대 한국 불교에 남긴 유산의 영향력에 관하여 중대하게 반추해 보게 한다.

퇴옹성철의 생애와 전서(全書)는 조선시대(1392~1910)와 일제 강점기(1910~1945) 동안 전반적으로 퇴조해 온 한국 불교를 철두철미하게 개혁하려는 강한 포부를 보여 준다. 그 개혁의 기초는 다섯 가지 주요 원칙으로 요약될 수 있으며, 이 다섯 원칙은 유기적인 전체를 구성한다. 첫째는 석가세존의 가르침으로 돌아가자는 선언이다.[6] 둘째는 그 가르침의 핵심으로서 중도사상(中道思想)을 정의하고,[7] 셋째는 그 핵심을 깨닫는 종교,

5 김현호, 1998, 「정부수립 50주년 50大인물 선정」, 『조선일보』(7월 15일): 1.

6 "부처님 법대로 살자"는 1947년부터 1949년까지 퇴옹성철을 비롯한 수많은 승려의 지도하에 추진되었던 봉암사 결사(鳳巖寺 結社)의 모토였다. 그 결사의 정신은 현대 한국 불교의 운명에 상당한 영향을 미치고 있다. 그 결사에 담긴 근본주의적 경향 때문에, 그 영향력은 때로 극단적 논쟁의 여지가 있다고 평가되기도 한다. 조성택, 2011, 「현대 한국사회와 바람직한 승가상」, 『퇴옹성철과 한국불교의 방향』. 성철 스님 탄신 100주년 기념 제1차 학술포럼 자료집, 3월 24일[서울: 한국불교역사문화기념관](서울: 대한불교조계종 백련불교재단 부설 성철선사상연구원), 43. 예를 들어, 성철 스님은 한국 승려들이 초기불교의 비구들이 사용했던 발우나 법복과 똑같은 복제품을 사용하기를 바랐다. 이러한 예화는 필자로 하여금, 자진하여 고대의 관습으로 돌아가자는 퇴옹성철의 모토가 의미하는 것이 단순한 차원에서의 "부처처럼 살자" 혹은 "부처들이 하듯이 살자" 등이 아니라, 논쟁의 여지없이 "석가세존이 했던 대로 살자"는 것이라고 믿게 하는 이유 중의 하나로 작용한다. 『백일법문(百日法門)』(앞의 각주 10 참고)에서, 그는 석가세존에 대한 상당한 관심을 보이고 있으며, 석가세존의 삶과 가르침을 자신이 주장하는 개혁의 기초로 사용한다. 또한 같은 책에서 퇴옹성철은 팔리어 경전, 특히 율장(律藏)을 자주 인용한다. 이 모든 것이 그가 산스크리트어도 공부하였다는 사실과 더불어 그의 학문적 관심이 둔황(敦皇)보다 더 먼 서쪽으로까지 미쳐 있었다는 것을 증명한다.

7 이 원칙은 『백일법문』 두 권 전체에서 상세하게 설명되어 있다. 이 책의 전체 원고를 편집했던 원택의 후기는 읽어 보아야 할 특별한 가치가 있다. 퇴옹성철, 1992b,

즉 불교를 깨달음의 종교로 정의[8]하는 선언이다. 넷째는 완전한 깨달음을 얻기 위한 최고의 방법으로서 간화선 수행(看話禪 修行)을 옹호하며, 마지막으로 깨달음과 수행에 대한 돈·돈(頓·頓)의 접근, 즉 돈오돈수(頓悟頓修)만이 정통이라는 단호한 주장을 가차 없이 선언한다.

이 다섯 가지 중 마지막 원칙은 바로 한국돈점논쟁(韓國頓漸論爭)을 촉발시키는 퇴옹성철 가르침의 초석이 된다.

현대 한국돈점논쟁은 1967년 7월 25일 해인총림의 초대 방장(方丈)으로 추대된 성철 스님이 그해 겨울 12월 4일 시작된 동안거 동안 고려시대(918~1392) 중반 이래로 지눌(知訥, 1158~1210)[9]과 그의 계승자들에 의해 지지를 받아 온 깨달음과 수행에 대한 돈·점(頓·漸) 접근, 즉 돈오점수(頓悟漸修)를 공개적으로 비판하기 시작하면서 야기되었다.[10] 그 이후부터 입적할 때까지,

『백일법문』, 하: '성철 스님 법어집' 제1집 1권(합천: 장경각), 369~373. 그리고 김경집, 2006, 「성철의 중도관과 실천 방향」, 조성택 엮음, 『퇴옹성철의 깨달음과 수행』(서울: 예문서원)을 참조.

8 퇴옹성철, 1992a, 『백일법문』, 상: '성철 스님 법어집' 제1집 1권(합천: 장경각), 14~27.

9 목우자(牧牛子)라는 호와 사후에 붙여진 불일보조국사(佛日普照國師)라는 시호로도 알려져 있다. 『법집별행록절요병입사기(法集別行錄節要並入私記)』는 지눌의 필생의 역작이며 그의 사상을 배울 수 있는 최고의 자료이다. Buswell, Robert E., Jr., 1983, *The Collected Works of Chinul*. Translated with an Introduction (Honolulu: University of Hawai'i Press), 262~374; 지눌, 김달진 역주, 1987, 『보조국사전서』(서울: 고려원), 219~338; 보조사상연구원(普照思想硏究院, 원장 법정) 엮음, 1989, 『보조전서』(서울: 불일출판사), 103~164.

10 그 당시 퇴옹성철이 설(說)한 법문의 이름은 '백일법문'(백 일간의 가르침)으로 불리는데, 12월 4일부터 이듬해 2월 18일까지 거의 백 일 동안 매일 설법하였기 때문이다. 이 책은 불교에 대한 폭넓은 입문에 해당하며, 1992년에 700쪽이 넘는 두 권짜리 책으로 출간되었다. 지눌에 대한 비판은 두 번째 권의 마지막 몇 쪽에 있다. 퇴옹성철, 『백일법문』, 하, 315~367. 필자의 이 논문이 영어판으로 실린 이 책의 초판이 발간되고 1년쯤 후인 2014년 11월에 『백일법문』의 개정판 『성철스님 백일법문』이 출간되었다. 개정판에는 지눌 스님에 대한 강경한 논조의 비판이

퇴옹성철은 법문과 저서를 통하여 이 비판을 지눌을 본격적으로 공격할 수 있도록 발전시켰으며, 한국 불교를 개혁하기 위한 노력의 기반으로 삼았다.

이 논쟁에서 나타난 성철 스님의 입장은 중국의 대혜종고(大慧宗杲, 1089~1163)와 한국의 태고보우(太古普愚, 1301~1382)를 이어받는 선종의 정통적 계승이, 지눌이 옹호한 교종의 점진주의와는 절대로 양립될 수 없음을 주장하는 데 있다. 그에 따르면, 지눌은 중국의 하택신회(荷澤神會, 668~760)[11]와 그의 후계자 규봉종밀(圭峯宗密, 780~841)[12] 같은 지해종사(知解宗師)[13]로부터 영감을 받았다. 간단히 말해서, 성철 스님에 따르면, 살아있는 부처로 확실히 변모시켜 주는 깨달음인 오후수행불행(悟後修行佛行[14])이 아니어서 점수(漸修)가 더 필요한 깨달음은 증오(證悟)가

상당 부분 삭제되거나 순화된 것으로 보인다. 퇴옹성철, 2014, 『성철스님 백일법문_하』(합천: 장경각), 308~394 참조. 다만 성철 스님이 "정법을 모르는 사람"이라고 비판한 "기화상(琪和尙)"의 경우 선문의 문장에서 사람을 인용할 때 처음에는 두 글자를 밝히지만 그다음부터는 두 번째 이름만 밝히는 관례나 염송에 관한 책을 참고하면 『증도가 언기주』를 지은 언기(彦琪) 스님과 동일인임을 추정할 수 있음에도 그렇게 하지 않은 점은 의문이다. 혜심·각운, 김월운 옮김, 2011, 『선문염송·염송설화 2』(서울: 동국역경원)과 제월통광 현토역주, 2008, 『증도가 언기주 ― 깨달음의 노래』(서울: 불광출판사)를 참조. 한편 『백일법문』 개정판에서 "기화상은 그다지 드러나지 않은 사람"이며 "기화상의 말을 옳다고 가정해 봅시다"라는 정도로 개고하는 데 그친 것은 범천 언기 스님이 "깨달은 바를 스승에게 인가받아야 비로소 깨달아 증득했다고 할 수 있다"고 말했기 때문인지도 모르겠다. 제월통광 현토역주, 위의 책, 29 참조.

11 또는 670~762년으로 알려져 있다.

12 하택선종(荷澤禪宗)과 화엄종(華嚴宗)의 오조(五祖).

13 지해(知解)란 지견해회(知見解會)의 준말. 지견해회란 사량분별, 사유 고찰[이철교·일지·신규탁 엮음, 1995, 『선학사전』(서울: 불지사), 618]. 사고해서 판단하는 것. 사고해서 이해하는 것[길상 엮음, 2008, 『불교대사전』(서울: 홍법원), 2410]. 퇴옹성철의 사상에서 이것은 지극히 경멸적인 용어이다.

14 이 책의 제1부 제2장의 각주 17 참조.

아니라 단지 해오(解悟)일 뿐이다.[15]

지금도 진행 중인 수많은 논의에도 불구하고 인경(印鏡) 스님이 주장하였듯이 퇴옹성철이 돈·돈 접근의 정통성과 돈·점 접근의 비정통성을 증명하기 위해 1981년 출간한 필생의 역작 『선문정로(禪門正路)』[16] 이래 대한조계종 내에서는 돈·돈 접근이 암묵적으로 막힘없이 널리 통하고 있는 듯하다.[17] 대한조계종이 자기 정체성을 선종과 상당히 동일시하고, 한국 간화선의 세계화 캠페인을 활발히 추진하는 것을 염두에 둘 때,[18] 인경의 결론은 깨달음과 수행에 대한 퇴옹성철의 이해가 한국 주류 불교에 폭넓은 영향을 미치고 있음을 가리킨다.[19]

한국돈점논쟁에 관한 의미 있는 문헌들이 제법 출판되었음에도 불구하고,[20] 그들 대부분이 이 논쟁을 주로 선불교와 관련된 교의(教義)의 문

---

15 증오(證悟)란 진리를 인식하고, 이해함과 동시에 완전히 몸에 익히는 것. 해오(解悟)란 요해 각오(了解 覺悟), 즉 도리를 깨달아 아는 것을 의미한다. 길상 엮음, 앞의 책, 2405, 2755 참조.

16 원택의 『백일법문』, 하권 후기에 따르면, 『본지풍광(本地風光)』도 퇴옹성철이 집필한 필생의 역작으로 고려될 수 있다. 퇴옹성철, 『백일법문』, 하, 372; 김영욱, 2006, 「퇴옹의 간화선」, 조성택 엮음, 앞의 책, 155~156도 참조.

17 인경, 2011, 『쟁점으로 살펴보는 간화선』(서울: 명상상담연구원), 33.

18 Sŏ, Myŏngwŏn(서명원), 2011a, 「조계종의 간화선 세계화 캠페인에 대한 비판적 고찰(A Critical Reflection on the Cho'gye Order's Campaign for the Worldwide Propagation of Kanhwa Sŏn)」, *Journal of Korean Religions*, Vol. 2, no. 1 (March) (Seoul: Sogang Institute for the Study of Religion), 75ff.

19 2015년 5월 16일 서울 광화문광장에서 열린 '세계평화 간화선 무차대법회'가 그 사실을 재확인해 준다.

20 강건기·김호성 엮음, 1992, 『깨달음(覺), 돈오점수인가, 돈오돈수인가－돈점논쟁의 역사와 현재－』, 서울: 민족사; 박성배, 1983, 『깨침과 깨달음』, 윤원철 옮김(서울: 예문서원). [Park, Sung Bae, 1983, *Buddhist Faith and Sudden Enlightenment* (Delhi: Sri Satguru Press)]; 박성배, 2009, 『한국사상과 불교: 원효와 퇴계 그리고 돈점논쟁』(서울: 혜안); 조성택 엮음, 2006, 『퇴옹성철의 깨달음과 수행』(서울: 예문서원) 참조.

제로 다룬다. 선원의 수좌 공동체와 이 분야를 전공한 학자들이라는 제한된 범위 밖의 세상에서 일어나고 있는 일들과는 무관한 내부 사건으로 다루는 경향이 있다.[21] 이 논문은 그 문헌들을 소개하지는 않는다. 그보다는, 돈점논쟁이 왜 20세기 후반 한국에서 다른 곳에서는 들어보지 못할 정도로 상당히 고조되는 지경에 이르렀는지 이해하기 위해,[22] 지금까지 학자들에 의해 대체로 간과되어 온 국가조직(polity[폴리티])의 관점에서 이 논쟁을 검토한다. 특히 그 국가조직의 정치적 차원의 관점에서 분석한다.[23] 이 글의 맥락에서 국가조직이란 "한국이라고 불리는 조직된 국가와 이를 이루는 사회, 행정, 정부"를 의미한다.[24] 불교 혹은 다른 여러 종교 전통은 사회를 구성하는 요소로서 국가조직에서 분리될 수 없는 일부분이라는 것은 말할 필요도 없다.[25]

21 그러나 『퇴옹 성철의 깨달음과 수행』(조성택 엮음, 2006)에 포함된 여러 장(章)은 이러한 경향의 예외로서 주목할 만하다.

22 정영식, 2012, 「돈오돈수와 조사론/한국 선의 특질」, 『돈점사상의 역사와 의미』, 성철스님 탄신 100주년 기념 제5차 학술포럼 자료집, 3월 29일[서울: 한국불교역사문화기념관](서울: 대한불교조계종 백련불교문화재단, 동국대학교 불교학술원 종학연구소, 불교신문사), 84.

23 돈점논쟁과 국가조직의 관계에 대한 초기 연구는 서명원, 2007a, 「성철 스님 이해를 위한 고찰: 그분의 면모를 어떻게 서양에 소개할 것인가?」, 『불교학연구』 제17호(8월)(서울: 불교학연구회), 43~45에서 살펴볼 수 있다.

24 *Collins Cobuild Advanced Learners English Dictionary.* HarperCollins, 2004에 수록된 polity[폴리티]의 정의는 다음과 같다: "A polity is an organized society, such as a nation, city, or church, together with its government and administration." 국가조직은 '일정한 공간적 영역을 기초로 하여, 국가 기관의 구성과 그 기능을 지배하는 사회적 질서'를 뜻한다. 인터넷 포털사이트 네이버의 국어사전 참조. Http://krdic.naver.com/detail.nhn?docid=4400400 (2016년 8월 30일 확인)

25 중국의 경우 송(宋)나라 시대부터 오산십찰(五山十刹) 제도를 통해 국가가 불교를 엄격하게 관리하기 시작하였다. 이는 출가승(出家僧)은 황제에게도 절하지 않았던 당(唐)나라 시대 불교에서는 상상도 하지 못할 일이다. 박영재, 2009, 「무문관(無門關)에 대하여, 표문, 서문 및 무문자서」, 선도회 인사동 모임 자료, www.seondohoe.org/257 (2016년 8월 20일 확인) 참조. 무문혜개 선사도 1246년 남송 이종(理宗) 순우(淳祐)

많은 이에게, 이러한 접근은 매우 놀라운 방식일 수 있다. 사실, 모범이 되는 산승(山僧)이셨던 성철 스님은 한국의 국가조직과 그다지 의미 있는 접촉을 하지 않았다. 특히 정치와는 더욱 그러했다는 점은 일반적으로 당연스레 받아들여져 왔다. 그러나 그가 이 점을 인지했는지 인지하지 않았는지에 대한 주장들과는 상관없이, 다른 모든 사람이 그렇듯 그 또한 자신이 속한 국가조직의 영향으로부터 완전히 벗어날 수는 결코 없었음을 증명하는 것이 바로 이 논문의 근본적인 연구 목적이다. 그렇게 함으로써, 이 연구는 한국돈점논쟁의 의의(意義)를 조명하고, 성철 스님의 유산이 현대 한국 불교, 특히 지속적으로 진행돼 온 대한조계종의 한국 간화선 세계화 캠페인에 미치고 있는 영향을 새롭게 밝히고자 한다.

퇴옹성철과 보조지눌의 사상에 해당하는 1차 자료(全書) 및 한국돈점논쟁과 관련된 2차 자료를 직접 접하는 것 외에도, 이 논문은 성철 스님과 직접적으로 알고 지냈던 스님들을 비롯한 여러 사람과 진행한 수차례의 면담에 근거를 둔다. 이렇게 축적한 정보들에 의미를 부여하기 위하여 본고의 두 번째 부분에서는 퇴옹성철과 국가조직의 관계에 대한 질문을 제기한다. 그가 출가하여 은둔함으로써 정치를 피하려고 했었다는 가설도 제시한다. 세 번째 부분에서는 불교가 태동할 때부터 아소카(Aśoka, BCE 304~BCE 232) 황제에 이르기까지, 항상 국가조직과 그 정치에 어느 정도 연결되어 있었다는 것을 논의한다. 네 번째 부분에서는 중국과 한국의 돈점논쟁 역사가 어떻게 사회정치적 발전과 언제나 긴밀하게 연관

6년 칙령에 따라 항저우에 호국인왕사를 창건하였다. 길상 엮음, 위의 책, 2811; 한보광·임종욱 편, 2015, 『중국역대불교인명사전』(서울: 이회문화사), 438~439 참조. 이러한 전통은 불교가 제도권 안에 머물며 중생을 이롭게 하는 한편 제자들이 수행을 게을리하지 않도록 독려하기 위한 것이었다고 보아야 할 것이다.

되어 왔는지를 증명한다. 세 번째와 네 번째 부분의 결과에 이어, 다섯 번째는 "성철의 도(道, Sŏngch'ŏl's Way[26])"와 퇴옹성철의 길이 선포되던 당시 "국가의 도(Way of the State)" 사이의 여섯 가지 구조적(構造的) 공진점(共振點)[27]을 묘사한다. 이 논문은 성철 스님이 출가(出家)하여 살았음에도 불구하고 그의 개혁 정신은 당대를 통치하던 세상의 정복자의 정신에 의해 의미심장하게 형성되었다는 것으로 결론을 내린다.

퇴옹성철과 한국의 국가조직(polity[폴리티])

퇴옹성철은 한국의 국가조직과 어떠한 관련이 있었던가? 이 질문에 대답하기 위해서 가장 쉽게 얻을 수 있는 자료들에 대한 검토부터 시작하겠다. 그 자료들은 그와 국가조직 사이에는 어떤 관계도 없다시피 했다거나 혹은 전혀 없었다는 결론을 지지하는 것으로 보인다.

26 Way는 길, 방식, 방법, 방침, 수단, 도(道) 등을 의미하는데, 본고에서는 도(道)로 번역한다.

27 Point of structural resonance는 구조적(構造的) 공진점(共振點) 혹은 구조적(構造的) 공명점(共鳴點)으로 번역할 수 있는데, 이 글에서는 '구조적 공진점'을 선호한다. 그 이유는 공진(共振)이 '진동체에 그 고유 진동수와 동일한 진동을 외부로부터 가했을 때, 매우 큰 진폭으로 진동하는 현상'을 뜻하기 때문에 물리적이고 객관적인 현상을 설명하는 데 적합한 반면, 공명(共鳴)은 이에 더하여 '남의 행동이나 사상 등에 깊이 동감하는 것'이라는 의미도 포함하므로 맞장구를 치는 듯한 뉘앙스가 내포될 수 있기 때문이다. 김상형·김민수·고영근·이승재·임홍빈 편, 1993, 『금성판 국어대사전』(서울: 금성출판사), 247, 263. 공진에 대한 필자의 관점에 찬동하는 입장에서 본고를 지지한 이상호, 2014, 「서명원의 '성철논문' 논란 재(再)점화될까? 불교학자 '비판'에 서강대 박사수료생 '반박'」, 『미디어붓다』(7월 7일), http://www.mediabuddha.net/news/view.php?number=10871 (2016년 2월 5일 확인)를 참조.

성철 스님은 "가야산의 호랑이"라는 별명으로 불렸다. 이는 그가 1967년 이래로 전화기, 라디오, 텔레비전도 잘 사용하지 않은 채 그의 삶의 대부분을 보냈던 해발 900미터의 깊은 산중에 자리 잡은 백련암(白蓮庵)이 위치한 가야산의 이름을 따라 지은 것이다. 이 사실로 미루어 판단하건대, 사람들은 자연 속에서 염세적이고 모질게 살아가는 존재로서 산 아래 세상에서 일어나는 일들에 대해서는 알지 못하는 성철 스님을 쉽게 상상할 수 있다. 실로 그의 행동 중 일부는 기이하게 여겨질 수 있다. 17년 동안 같은 이쑤시개를 사용한 것, 평생토록 여러 조각을 덧댄 낡은 옷을 입은 것, 석탄일 봉축을 거부한 것, 자신이 살던 높은 산속 암자의 목조 건물을 보수하지 않아서 열반 얼마 전에는 방의 일부가 무너질 정도였다는 것이 그 예이다.[28]

이렇듯 흥미로운 일화들과 퇴옹성철의 죽음을 전후하여 소개되었던 다른 많은 이야기는 그에 관한 전설이 형성되는 데 기여하였다.

그러나 성철 스님은 이러한 전설 외에도 자기 자신과 세상 사이에 높은 벽을 쌓았던 인물로 잘 알려져 있다. 승려가 되기 위해 집을 나온 후에, 그는 부인과 딸들을 비롯한 가족과의 연락을 일절 끊었다. 그는 자신을 찾아온 어머니를 향해 돌을 던졌다. 부인 이덕명이 같은 일을 시도했을 때, 그 정체를 아무에게도 밝히지 않은 채, 시자들에게 "저 미친 여자"를 사찰 밖으로 데리고 나가라고 외쳤다. 둘째 딸이 난데없이 자신 앞에 소개되었을 적에는 "나가!"라는 소리를 질렀다. 1951년, 그가 한국전쟁의 혼란을 피해 부산 근처에서 피난민으로 지낼 때, 자신을 친견하기

28 퇴옹성철이 살아 있는 동안 백련암에는 단청(丹靑)이 없었다. 필자가 원택 스님을 만나뵈었을 때, 원택 스님은 백련암이 무너지는 것을 본 적이 없었다고 들려주었지만 그렇게 적힌 자료를 읽은 적은 있다고 반문하자 아무런 대답이 없으셨다. 백련문도회 엮음, 1995, 다큐멘터리 『스님, 성철 큰스님』, 전5편, VHS(제작: 리스프로) 대본집, 89~91.

위해 찾아오는 사람들에게 부처님께 최소 3,000배를 올리라고 요구하기 시작했다.[29] 1955년부터 1963년까지 파계사(把溪寺)의 성전암(聖殿庵)에서 지내는 동안, 그는 봉암사 결사에 막내로 참여했던 한 명[30]에게 이 암자를 철조망으로 두르라고 명령했다.[31] 박정희 대통령(1917~1979)이 1978년에 해인사를 방문했을 때, 퇴옹성철은 대통령을 영접하러 내려오는 대신 제자 한 명을 산 아래로 보냈다. 10·27 법난(1980년) 당시,[32] 젊은 스님들이 성명서를 발표해야 한다고 종용했음에도 불구하고 성철은 침묵을 유지했다. 그가 1981년 1월 10일 대한조계종의 종정으로 추대되었을 때 이를 수락하기는 했지만, 1월 20일에 서울 조계사에서 열린 제6대 종정 취임식에는 참석하지 않았고,[33] 대신 그 이후 널리 알려진 취임 법어를 남겼다. "산은 산이요, 물은 물이로소이다."[34] 그가 전두환 통치기(1980~1988) 당시 국

29 당시 그는 경상남도 안정사(安靜寺) 근처에 자신이 지은 천제굴(闡提屈), 다시 말해서 일천제(一闡提, icchantika)의 토굴이라고 이름 붙인 오두막에서 살았다. 일천제란 선천적으로 부처님이 될 가능성을 갖지 않은 자를 의미한다. 길상 엮음, 앞의 책, 2158.

30 2002년 4월 4일에 대한불교조계종(이하 대한조계종)의 제11대 종정으로 임명된 도림법전(道林法傳).

31 사람들은 이 시기 동안 퇴옹성철이 장좌불와(長坐不臥), 즉 눕지 않고 앉아서 수행을 했다고 믿는다.

32 10·27 법난(十二七 法難). 그날 새벽 2시에 3만 명의 경찰과 군인들이 대한조계종 총무원과 전국의 모든 주요 사찰과 사원에 침입하여, 총무원장인 송월주(宋月珠)를 비롯한 46명을 체포하고 상당한 양의 중요 문서를 압수했다. 전두환 정권은 이러한 침입에 대하여 '불교가 알아서 스스로를 개혁할 수 없다는 것을 몇 번이고 되풀이해서 증명했기 때문에 한국 불교를 정화하였으며, 이는 남한 사회에 대한 더 큰 정화운동의 일환'이라고 정당화하는 주장을 펼쳤다. 원택에 따르면 성철 스님은 백련암을 침입했던 두 명의 젊은 군인들에게, "산으로 아침 산책을 가셨다"고 말한 덕분에 가까스로 체포되는 것을 피했다고 한다. 원택, 2001b, 『성철스님 시봉(侍奉)이야기』, 2(서울: 김영사), 136~138 참조.

33 진월, 2008, 「한 불교인의 사례를 통한 자기반성」, 한국기독자교수협의회와 한국교수불자협의회 엮음, 『현대사회에서 종교권력 무엇이 문제인가』(서울: 동연), 219.

34 이 법어는 아마도 퇴옹성철의 종정 임명이 그가 살고 있던 산과 자신을 동일시하는 고행자로서의 삶에 어떠한 주요 변화도 일으키지 않으리라는 것을 의미했던 것 같다.

장사무위원회(局長事務委員會)[35]의 위원으로 임명되었을 때도 마찬가지였다. 그는 임명을 받아들였지만 관련 회의에는 참석할 뜻이 없음을 분명히 밝혔다. 교황 요한 바오로 2세(1920~2005)가 1984년에 한국을 공식 방문했을 때, 성철 스님은 서울에서 만나자는 그의 초대를 거절했다고 한다.[36] 1987년 민주화 운동의 절정의 순간에 젊은 승려들은 당시 한국 불교의 가장 큰 거목이던 그에게 민주화 운동을 옹호해 주는 성명서를 발표할 것을 요청하였다. 그는 “내가 말 한마디 한다고 세상이 바뀌나. 또 내 말을 들을 사람(정치 지도자)이 없는데 누구한테 무슨 말을 하란 말이고?”[37] 그 이듬해 초, 국회의원을 비롯하여 요직에 있는 각종 불교 단체장들이 그에게 다시 무언가를 말해 주길 청했을 때, 그는 말했다.

“요새 자꾸 내 보고 민주주의 장사하라카는 거라! 민주화니 뭐니 하는

이 법어는 성철 스님으로 인하여 유명해졌지만 그가 처음 말한 것은 아니다. 운문(雲門, 864~949) 선사의 어록, 『금강경 오가해(金剛經 五家解)』에 수록된 야보도천(冶父道川, ? ~ ?) 선사의 선시 “산시산 수시수 불재하처(山是山 水是水 佛在何處)” 등 중국의 선사들의 법어와 고려시대의 나옹혜근(懶翁惠勤, 1320~1376) 선사의 참선 시에도 등장한다. 더구나 불자 방석영은 자신의 sns에서 “종정 취임 당사자인 성철 스님과는 무관한 (법어)”라고 하면서 “당시 총무원장이던 성수 스님이 언론사들의 보도자료 요청에 따라 ‘山是山(산시산) 水是水(수시수)’를 종정 취임 법어에 삽입해 건네줌으로써 인구에 회자되기 시작했다는 사실”을 이 법어에 얽힌 뒷이야기로 소개하였다. 이러한 글들을 인터넷 검색을 통해 어렵지 않게 접할 수 있다. 방석영의 2016년 6월 28일 자 포스팅, https://www.facebook.com/profile.php?id=100001818040949&fref=pb&hc_location=friends_tab&pnref=friends.all (2016년 8월 11일 확인)

35 이 위원회는 저명한 인사들의 모임이었음에도 불구하고 영향력이 약했다. 이 위원회를 당시 상당한 권력을 행사했던 입법위원회(立法委員會)와 혼동해서는 안 된다.

36 원택 스님에 따르면, 백련암에서는 바티칸의 초대와 관련한 연락을 못 받았다고 한다.

37 원택, 2001b, 앞의 책, 214.

얘기가 여기까지 오는 거 보면 시끄럽기는 되게 시끄런갑제. 국회의원 여러분들, 생각해 보소. 절집은 수행하는 데고, 국회의원은 정치하는 사람들 아이요. 서울 가거든 정치 잘 해갖고 인자 나보고 민주주의 장사하라는 말 안 오게 좀 해주소."[38]

마지막으로, 스스로 자신을 사기꾼이었다고 장엄하게 언명했던 퇴옹성철의 열반송(涅槃頌)은 자신과 국가조직 사이에 극복할 수 없는 장벽을 설정하려는 그의 마지막 시도로 이해될 수도 있다.

한평생 남녀의 무리를 속였으니
하늘 가득한 죄업이 수미산[39]보다 높네.
아비지옥에 산채 떨어짐 한스럽기 짝 없는데
수레바퀴 붉음 토하며[40] 푸른 산에 걸렸네.[41]

이러한 예들은 그의 별명인 가야산 호랑이라는 의미에 부합하여 퇴옹성철이 국가조직과 관계되는 것을 단호하게 거부했음을 확증해 주는 듯하다. 그럼에도 불구하고 그에 대한 그림의 완성도를 더욱 높이기 위하여, 이제 앞에서 살펴본 위대한 스승의 면모와는 정반대되는 점을 시사하는 자료들을 간결하게 묘사하도록 하겠다.

의심할 나위 없이 독서, 그리고 비록 제한적이긴 하지만 몇몇 사람들

38 위의 책.

39 불교의 우주론에서 가장 높은 산이며 세상의 중심.

40 태양면 혹은 법륜(불법의 바퀴).

41 생평기광남녀군(生平欺狂男女群), 미천죄업과수미(彌天罪業過須彌), 활함아비한만단(活陷阿鼻恨萬端), 일륜토홍괘벽산(一輪吐紅掛碧山); 이 책의 제1부 제1장의 각주 18 참조. 위의 국문 열반송은 한양대 국어국문학과 정민 교수가 『가야산 호랑이의 체취를 맡았다 – 퇴옹 성철, 이 뭣고?』에 실린 『고경』판 한글 열반송을 읽고, 시의 가락에 맞추어 고쳐 보내 온 것이다.

과의 직접적인 교류는 가야산의 호랑이를 국가조직과 접촉하게 했다. 이영주(李英住, 성철 스님의 속명)는 알려진 바에 따르면 좋지 않았던 건강 탓에 초등학교 이후로 상급학교에 진학할 수 없었지만[42] 그는 어린 시절부터 자청하여 글을 읽었던 열정적인 독학자였다. 십대 나이에 그는 쌀 한 가마니와 책들을 교환하였고,[43] 그가 입적한 뒤 백련암에서 발견된 책이 차 두 대 분량이었다는 소문이 있다.[44] 그는 자신의 생애 중 적어도 어느 한 시기에는 시사주간지인 『타임(*TIME*)』지를 구독하기도 했다.[45] 이러한 책 읽기와 만남의 결과로 세 가지 예를 들어 본다. 첫째, 종교에 대한 과학의 도전에 응하기 위하여, 그는 불교와 아인슈타인의 상대성 이론이 조화를 이루도록 했다. 둘째, 자신의 글쓰기 수준을 향상시키기 위해서, 특히 『돈황본 육조단경』의 현토·편역을 집필할 때, 역사비평적 연구법을 적용하려고 애썼다.[46] 셋째, 다른 사람들을 위한 그리스도교의 사회 운동과 기도의 전통을 발견한 그는 이로부터 감명을 받아 불교도 발원 운동이 조직되는 것을 도왔다. 이 운동은 부처님 앞에서의 절 수행을 기본으로 하였다. 그리고 비밀리에 부산 지역의 빈민가에 사는 가난한 사람들을 도와주라고 장려하기도 했다.[47] 불교의 전통을 현

42 백련문도회 엮음, 앞의 대본집, 24.

43 위의 대본집, 25.

44 더 정확하게는 "봉고차" 두 대.

45 그 주간지를 읽을 수 있는 유창한 영어 실력을 어디서 어떻게 익혔는지는 명확하지 않다. 그러나 그가 아주 오랜 시간 동안 고독 속에서 지냈기 때문에, 우리는 그가 자습서를 최대한 활용했으리라고 추측할 수 있지 않을까 싶다.

46 퇴옹성철 현토·편역, 1987, 『돈황본 육조단경(敦煌本 六祖壇經)』: '성철 스님 법어집' 2집 1권(합천: 장경각), 17~19.

47 Sŏ, Myŏngwŏn(서명원), 2004, "La vie et l'oeuvre du Maître Sŏn T'oeong Sŏngch'ŏl 退翁性徹(1912~1993)," (퇴옹성철 선사의 생애 및 전서), PhD diss., Université Paris 7-Denis Diderot. UFR LCAO [프랑스 파리 7-드니 디드로 대학교 박사학위논문(동양학과 한국불교학 전공)], 50을 참조; 퇴옹성철의 "은덕(隱德)"은 그가 열반하기 전

대 사회에 맞추어 개선하려는 노력 이외에, 가야산의 호랑이가 한국 불교의 사찰 생활을 개혁하기 위해 쏟았던 아낌없는 노력도 역시 기억해야 한다.[48] 이 사례들에 앞서 제시한 것과 극명한 대조를 이루는 이러한 예들의 의미는 매우 깊어서 우리가 가야산의 호랑이가 국가조직과 잘 연관되어 있었다는 결론을 내리도록 허락한다.

국가조직과 연결된다는 것 혹은 그로부터 단절된다는 것, 이렇듯 상반되는 결론들을 조화롭게 하기 위하여 위대한 종교의 창시자와 같은 모든 탁월한 인물들은 매우 대조적이거나 갈등을 유발시키는 경향을 특징적으로 보여 주며, 그것이 그들의 생애 내내 복합적으로 상호작용함을 인정하는 것으로 충분할 것이다. 학자들이 퇴옹성철만 예외인 것처럼 인정하면서 그렇게 하지 못하는 것은 퇴옹성철이 누구였는지에 대해 귀 기울일 만 하지만 놀랍도록 모순적인 해석들을 초래할 것이다. 예를 들어, 어떤 이들은 원효(元曉, 617~686)가 그러했을 것처럼 성철 스님도 국가조직으로부터 자신을 의도적으로 단절시키고자 했다는 믿음을 통하여 그의 숭고하고도 강한 면모를 본다.[49] 다른 어떤 이들은 그가 동시대인들이

몇몇 재가 불자들이 어느 기자에게 말함으로써 드러나게 되었다고 한다.

48 김광식, 2006a, 「이성철의 불교개혁론」, 조성택 엮음, 『퇴옹성철의 깨달음과 수행』(서울: 예문서원), 252~254; 김광식, 2006b, 『한국 현대불교사 연구』(서울: 불교시대사), 367~409에서도 같은 장(章)을 찾을 수 있다.

49 성철 선사와 원효 대선사의 동일시가 적절한지에 대해서는 논의의 여지가 많다; 성철 스님이 산승으로서 살기 위해 부인과 딸을 떠났던 반면, 원효는 "출가(出家)를 출가(出家)해야 한다"고 선언했으며, 요석 공주(瑤石 公主)와 결혼하여 아들을 낳았고, 평민들 사이에서 글을 쓰고 불법을 전파했다. 더구나 김성철은 철저히 부정하지만, 원효의 십문화쟁론(十門和諍論)의 특징인 화합의 정신을, 이것이 집필되던 삼국시대에 강제적으로 요구되었던 통일의 맥락과 분리시키기는 어려워 보인다; 김성철, 2011, 「현대 한국사회와 퇴옹성철의 위상과 역할」, 『현대 한국사회와 퇴옹성철』, 성철 스님 탄신 100주년 기념 제3차 학술포럼 자료집, 9월 23일[서울: 한국불교역사문화기념관](서울: 대한불교조계종 백련불교문화재단 부설 성철선사상연구원), 19 참고.

살아가는 파편적이고 의미 없는 국가조직을 초월하는 의미의 체계(意味의 體系)[50]를 창조했다고 말한다.[51] 그럼에도 불구하고 또 다른 이들은 그가 국가조직에 연결되기 위한 노력을 아끼지 않았다고 결론 내린다.[52] 다만 이 저자들은 이렇듯 시사하는 바가 많은 결론들을 도출하기 위하여 모든 자료들을 통찰해 앞뒤가 맞게 이해하려고 시도하지는 않는다. 대신 사용할 수 있는 정보의 일부분에 초점을 맞추는 경향이 자주 나타난다. 그러나 만약 위에서 제시한 두 범주의 예들의 내용으로 미루어 판단한다면, 퇴옹성철은 국가조직의 종교적이고 사회적인 차원에 대해 어느 정도 관심을 보여 주었던 반면에 그것의 특정한 정치적 측면을 직접적으로 가까이 하지 않기 위해 처신할 수 있는 모든 것을 다했던 것으로 보인다.

다시 말해서, 성철 스님은 정부 당국에 협력하는 것이든 대결하는 것이든 양쪽 모두 애써 피하는 것을 원하면서도, 동시에 한국의 국가조직과의 관계를 어느 정도 유지하기 위해 노력했을 것이다. 그렇게 했던 이유 중 하나는, 그가 이해했던 대로라면[53] 정치에 쓸데없이 간섭하지 않았던 석가세존과 초기불교의 정신에 충실하고자 한 자신의 굳은 열망 때문

50 프랑스어로, “un univers de sens.”

51 윤원철, 2006, 「성철 돈오돈수론의 불이법적 세계관」, 조성택 엮음, 『퇴옹성철의 깨달음과 수행』(서울: 예문서원), 67~70.

52 최원섭, 2011, 「불교의 현대화에 담긴 퇴옹성철의 의도」, 『현대 한국사회와 퇴옹성철』, 성철 스님 탄신 100주년 기념 제3차 학술포럼, 9월 23일[서울: 한국불교역사문화기념관](서울: 대한불교조계종 백련불교문화재단 부설 성철선사상연구원), 25. 김종진, 2011, 노덕현의 기사 「성철 스님의 수행 정진은 사회 참여」에 인용됨. 『현대불교신문』 866(12월 14일): 7도 참고.

53 비록 퇴옹성철이 석가세존과 초기불교가 정치에 관여하지 않았다고 명시적으로 말한 적은 없음에도, 그의 입장으로 미루어 판단하건대, 그는 그것을 확고히 믿었던 것으로 보인다. 그 신념은 역사적 붓다와 불교가 정치에 무관심하다는 인식이 지배적인 서양으로부터 영향을 받은 믿음인가? 만약 그렇다면, 성철 스님의 믿음은 일종의 “내재화된 오리엔탈리즘”일 수 있다(앞의 각주 6을 참조).

이었다. 다른 이유는 아마도 일제강점기 이후부터 한국 불교에서 전개되었던 정치권력과의 어용성(御用性)에 대한 예리한 인식과 강한 반감이었을지도 모른다.[54] 그러나 퇴옹성철에게 주어진 대한조계종의 위치를 고려하면, 그러한 자세는 결국 섬세하고 끝없는 균형을 잡아야 되는 행위에 해당했다. 따라서 이제 우리가 답을 도출해야 하는 질문은, "누군가가 자신을 국가조직의 정치적 차원으로부터 배제시키는 동시에 그와 다른 국면에서는 어떤 식으로든 접촉하는 이러한 외줄 타기를 유지하는 것이 가능한가 불가능한가?"이다. 이 질문에 답하기 위하여 성철이 스스로의 정당함을 증명하기 위해 호소했던 석가세존과 초기불교뿐 아니라 아소카 시대의 불교는 이 문제를 어떻게 다루었는지 간략히 상기해 보자.

석가세존, 초기불교 및 아소카 시대 불교와 국가조직

정치와 가까이 하지 않는 태도로 일관하였던 현자로서의 석가모니 부처님(BCE 약 563~BCE 483)에 대한 서구의 지배적인 인식은 대체로 사실이다. 그럼에도 불구하고 그는 한평생 당시 북동부 인도를 지배하던 지도자들과 불법에 대하여 이야기하는 것을 피하지 않았다.[55] 석가세존은 나랏일로부

54 최병헌, 2011, 「한국불교사상의 조계종」, 『AKSE (Association for Korean Studies in Europe) 제25회 학술대회』 자료집, 6월 17일~6월 20일 [러시아 모스크바 국립 대학교], vol 2: 624. 최근의 이명박 정부(2008~2013)와 대한조계종 총무원장 사이에서 볼 수 있는 어용성의 경우에 대한 자세한 묘사는 명진, 2011, 『중생이 아프면 부처도 아프다』(서울: 말글빛냄), 290~299를 참조.

55 조준호, 2010, 「인도에서의 종교와 정치권력」, 대학불교조계종 교육원 불학연구소 엮음, 『불교와 국가권력 갈등과 상생』(서울: 조계종출판사), 41~42. 조준호의 논문은 정치권력과 인도의 종교, 그중에서도 특히 불교와의 관계를 다루고 있지만, 여기에 인용하는

터 멀리 떨어져 있음으로써 정치 당국의 간섭으로부터 승가공동체를 보호하려 했고, 이를 통해 그들과의 갈등을 일으키지 않도록 했다. 이것이 비구들로 하여금 주의를 산만하게 하여 그들의 주된 목적인 수행을 닦지 못하게 할 수 있었기 때문이다. 전반적으로 그러한 태도는 석가세존이 당대 통치자들로부터 존경받게 할 뿐만 아니라, 그들로부터 후한 물질적인 후원을 입을 수 있도록 해 주었다.[56] 또한, 그들 중 많은 통치자가 석가세존의 추종자가 되었다.[57] 그러나 정치적인 일에 개입하지 않는다는 규칙에 대한 눈에 띄는 예외가 없지는 않았다. 비두다바(Vidudabha)[58]가 석가족(Śākias)으로부터 받았던 오랜 굴욕을 복수하기 위해 군사 원정대를 연이어 조직하였을 때, 석가세존은 세 번이나 그를 말렸다. 그는 네 번째 원정대를 보고서야 말리기를 포기했는데, 비두다바의 복수전은 석가족의 고국을 휩쓸어 버리는 결과로 끝났다.[59] 여기서 드러나는 전반적인 상황은 석가세존과 정치 사이의 역설적이면서 때로는 지극히 긴장된 관계이다. 이 관계에서 석가세존은 초(超)세간의 거장이니 만큼 당대의 통치자들보다 우위를

이유는 연구의 범위가 폭넓음에도 불구하고 초점은 주로 석가세존이 어떻게 정치와 관련되었는지에 맞춰져 있기 때문이다. 같은 책, 13.

56 윤성식에 따르면, 석가세존과 초기불교는 그러한 물질적 후원이 필요했기 때문에 상호의존적인 연기(緣起)의 핵심적인 부분으로서 일종의 "자본주의"를 받아들였지만, 어떠한 애착도 없는 "자본주의"였다. 윤성식, 2011, 「시장자본주의의 대안, 불교자본주의」, 조계종 중앙종무기관 종무원 대중강연회, 11월 17일[서울: 한국불교역사문화기념관 전통문화공연장] (서울: 대한불교조계종 총무원 총무부, 서울: 불교사회연구소); 이나은, 2011, 「심각한 돈(錢)교 폐해…연기에 답 있다」, 『현대불교신문』 863(11월 23일): 1도 참고.

57 조준호, 앞의 책, 41~42.

58 강력한 코살라(Kosalā) 왕국의 통치자였던 파세나디(Pasenadi) 왕의 아들이자 후계자.

59 조준호, 앞의 책, 42; 슈만(Schumann, Hans W.), 1989, *The Historical Buddha*, trad. M. O'C Walshe (Delhi: Motilal Banarsidas Publishers), 242~243.

점하도록 만들어 주는 종교적 권위를 보여 주면서도 그들과의 유대를 긴밀하게 유지하였다.

탐비아(Tambiah)는 초기불교와 국가조직의 연관성을 이해하기 위하여 석가세존에게 집중하는 대신, "세계, 사회, 왕권의 기원에 대한 불교적 관점을 주는" 『태초경(*Aggañña Suttanta*)』[60]에 초점을 맞춘다.[61] 이 경전은 불교와 국가 사이의 연계(連繫, nexus)를 "비구들과 왕 사이의 관계…, 불법의 두 수레바퀴로서 … 붓다와 전륜성왕(轉輪聖王)[62] 사이의 관계, 승가공동체와 그것이 놓여 있는 국가조직과 사회[63] 사이의 관계, 세간의 추구와 초세간의 추구 사이의 관계를 포함하는 전체"로서 간결하게 묘사한다.[64] 탐비아는 그러한 전체 안에서 부처의 권위는, 설령 통치자가 비범한 왕이고 불법에 따라 통치한다 할지라도, 항상 이러한 통치자의 권위보다 위에 있었음을 강조한다. 다시 말해서, 왕실의 권력과 영역(rajanacacca), 그리고 붓다의 권력과 영역(buddhanacacca)은 확실히 구분할 수 있는 채 그대로이다.

인도불교와 정치권력의 관계는 아소카 마우리아(Aśoka Maurya) 황제[65]의 치세에서 정점에 달했으며, 동남아시아 국가들에서 불교도-정부 관계의 전형이 된 이후 지금까지도 그 맥이 이어진다.[66] 아소카 왕은 국가

60 "Aggañña"는 "첫 번째 원인을 의미하는 것이 아닌 시작 혹은 기원"을 의미한다.

61 탐비아(Tambiah, S. J.), 1976, *World Conqueror and World Renouncer. A Study of Buddhism and Polity in Thailand against a Historical Background* (Cambridge: Cambridge University Press), 9.

62 문자 그대로, "바퀴를 돌리는 성스러운 세상의 통치자". 다시 말해서, "왕 중의 왕" 혹은 보편적 군주.

63 이 인용문에서 탐비아는 국가조직과 사회를 구분하지만 본고에서는 국가조직을 정의하면서 사회를 포함한다.

64 탐비아(Tambiah, S. J.), 앞의 책, 15~16.

65 아소카 왕의 통치는 거의 40년간(BCE 약 269~BCE 232) 지속됐다. 이는 인도 역사상 영국 지배하에 있던 시기를 제외하면, 가장 넓은 왕국을 불법을 지키며 다스렸던 때이다.

를 통치하는 동안 불법을 구현했던 전형적인 전륜성왕[67]이었다. 그렇다 할지라도, 그는 자신이 수장으로 있는 은하계 같은 국가조직(galactic polity)의 통일[68]과 불교의 통일을 모두 유지해야 한다고 여길 때마다 위협적인 말로 으르고 (상대의 호응이 없다면) 그 말을 행동으로 옮기는 데 망설임이 없었다.[69] 반면, 석가세존은 잘 알려져 있다시피, 세속인이든 종교인이든 그 누구에게도 열반 이후의 승가공동체를 이끌어 달라는 바람을 남기지 않았으며, 이는 아소카 왕의 통치와는 극명한 대조를 이룬다. 석가세존은 『대반열반경』에서 후계자를 지목하는 대신 아난다에게 부촉하기를, "자신이 자신의 의지처가 되어라. 자신이 자신의 등불이 되어라. 자신 밖의 다른 곳에서 의지처를 찾지 말라"라고 하였다. 이에 더하여, 그는 제자들에게 승가공동체를 운영할 때 "화합하여 자주 모이고, 화합하여 만나고, 화합하여 일어나고, 화합하여 그들의 일을 수행"하는 밧지 부족의 방식(Vajjian style)[70]으로 운용하기를 권했다.[71] 석가세존은 이처럼 공동으로 일을 진행하는 방식이 "진리를 고수함으로써 스스로만을 의지"해야만 하는 승려들이 별개의 공동체들 속에서 살아가는 승려조직체에 가장 적합한 방식이라고 생각했다.[72] 통치의 개념에 대한

66 탐비아(Tambiah, S. J.), 앞의 책, 54. *Aśokāvadāna*, 즉 『아소카 왕의 전설』은 그러한 이상적 전형을 만들고 영속화하는 데에 상당히 기여했다. 스트롱(Strong, S. John), 1983, *The Legend of King Aśoka, A Study and Translation of the Aśokāvadāna* (Princeton: Princeton University Press).

67 앞의 각주 62를 참조.

68 탐비아(Tambiah, S. J.), 앞의 책, 64.

69 탐비아(Tambiah, S. J.), 위의 책; 마냉(Magnin, Paul), 2003, *Bouddhisme, unité et diversité. Expériences de libération* (Paris: Cerf). 309~311.

70 리차비족(Licchavis)이 다스렸던 바이샬리(Vaisali) 지방 부족의 국가조직 방식이며, 밧지 부족(Vajji-gana)으로 알려져 있다. 탐비아, 앞의 책, 159쪽의 각주 1.

71 탐비아(Tambiah, S. J.), 앞의 책, 159~160.

석가세존과 아소카 왕 사이의 이러한 근본적 차이점은 다만 『태초경』의 가르침을 확인해 줄 뿐이다. 전륜성왕이 통치하면서 불법을 아무리 성공적으로 구현했다 할지라도, 그 통치의 결과물로써의 전륜성왕은 전혀 승가공동체와 같지 않다. 승가공동체의 권위는 항상 그보다 위에 위치할 것이다. 따라서 우리는 다음의 질문에 직면할 수밖에 없다. "아소카 왕의 통치기간 동안 전륜성왕과 승가공동체의 관계는 어떻게 설명될 수 있는가?"

석가세존이 살아 있는 동안에는, 승가공동체를 운영하기 위한 이상적 통치에 대한 그러한 개념은 아소카 왕이 "법륜을 굴리는" 정치적 수완과 다르지 않게 기능했을지도 모른다. 그럼에도 불구하고 그의 열반 후 승가공동체는 이에 부응할 수 없음을 아주 자주 드러냈다. 탐비아는 "승려들이 별개의 공동체들 속에서 살아가기를 좋아하는 바로 그것이 불교 역사의 꽤 초기에서부터 그들을 이견과 분파와 분열로 이끌었다"고 지적한다.[73] 그는 "권위를 세우기 위한 관례적인 규칙이나 내적인 기반, 그리고 일종의 '교회'처럼 운동을 함께 지속해 나갈 수 있는 조직 없이는, 승가공동체의 존재와 통합은 외부적인 권위에 의해서만 보장될 수 있었다. 그 외부적인 권위란 승가공동체가 자리 잡고 있었던 국가조직인데, 그것을 유기적으로 구성하고 질서를 바로 잡았던 원칙은 왕권이었다"고 결론 내린다.[74] 내적으로, 승가공동체는 그 자체에 타고난 불안정성이 있었다. 이로 인해 승가공동체는 내부 갈등을 해결하기 위해 외부 정치권력의 도움에 의지하는 한편 자신의 권위가 여전히 정치권력 위에 있는 것처럼 했다. 흠이 없는 승가공동체가 없듯이, 완벽한 전

72 위의 책, 160.

73 위의 책.

74 위의 책.

륜성왕도 없다. 그래서 이 역설적이거나 모순적인 관계의 본성은 승가공동체와 정치 집단 사이에 풍부하지만 긴장되고 복합적인 관계로 발전할 수 있는 문을 열어 주었고, 그 관계성의 진정한 성공은 불법에 대한 양쪽의 전적인 신뢰에 달려 있지 않을 수 없었다.

석가세존부터 아소카 왕에 이르는 시기의 불교와 국가조직 사이의 밀접한 관계에 관한 배경을 염두에 두고, 대승불교 특히 중국과 한국의 선종으로 넘어가 본다.

중국과 한국의 선사(禪師)들과 국가조직[75]

포르(Faure)는 불교 역사에서 돈·점(頓·漸)논쟁의 사회정치적 이해관계가 대체로 높았음을 언급하면서, 양 진영의 신봉자들이 공(空)의 이름으로 서로를 죽이는 것으로 끝났던 "소위 티베트 결집(the so-called council of Tibet)"에 대한 예를 든다.[76] 그의 논평에 영감을 받은 필자는 퇴옹성철이 꾸준히 의탁했던 권위 있는 선사(禪師)들이 자신이 속한 국가조직과 어떻게 관련되었는지를 조망해 나가겠다. 육조혜능(六祖慧能, 638~713)에서 시작한다.

본고의 제5부분에서 보게 되겠지만, 퇴옹성철은 돈·돈(頓·頓) 접근의 우월성을 입증하기 위하여 『돈황본 육조단경(六祖壇經)』과 전통적으로 그것의 저자로 추정되는 인물인 육조의 권위를 상당히 중시했다. 실로, 혜능과 『돈황본 육조단경』은 모두 중국 돈점논쟁의 역사에 긴밀히 연결

75 선종의 역사에 친숙한 독자들은 이 논문의 다섯 번째 부분인 '성철의 도(道)와 국가의 도(道) 사이의 구조적 공진점'으로 바로 넘어가도 된다.

76 포르(Faure, Bernard), 1991, *The Rhetoric of Immediacy, A Cultural Critique of Chan/Zen Buddhism* (Princeton: Princeton University Press), 38.

되어 있다. 더구나 혜능은 석가세존에게서 비롯된 내용으로 추정되어 경전으로 인정받은 유일한 중국 문헌의 저자로서 지금까지도 선종의 핵심 인물로 인정되고 받들어진다. 그러나 어떤 사람인지 알려진 바는 거의 없다. 더구나 둔황에서 발견된 『하택신회어록(荷澤神會語錄)』과 『돈황본 육조단경』의 놀랄 만큼 가까운 유사성은 학자들이 그것의 실제 저자가 아마도 하택신회일 것이라는 결론을 내리게 했다.[77] 결과적으로 신회를 『돈황본 육조단경』의 권위와 분리해서 생각하는 것은 더 이상 불가능하다. 이는 우리로 하여금 신회가 자신이 속한 국가조직과 어떻게 관계 맺었는지를 알아차리도록 만들어 준다.

첫째, 730년 이후 당나라(618~907)의 정치·종교적 지형에서 신회는 자신의 종파인 하택종(荷澤宗)의 우월성을 주장하기 위해 소위 북종의 지도자였던 대통신수(大通神秀, 606~706)를 향한 체계적인 공격을 명백히 행사했다.[78] 둘째, "[신회의] 돈교(頓教)는 정치적 상황의 '갑작스런 변화'를 희망하는 몇 가지 이유를 가진 사람들의 관심을 끌었던 것 역시 분명하다."[79] "이 점은 대부분이 야심 있는 관료들이었던 하택의 지지자들의 명단에 의해 입증되었다."[80] 셋째, 신회의 정치·종교적 행동주의는 숭산보적(嵩山普寂, 651~739)[81]의 힘 있는 평신도 추종자들 중의 한 명인 노혁(盧奕)이 주도한 모함으로 753년에 유배를 당하게끔 하였다.[82] 마지막으로, 맥래(McRae)는 "하택[신회]가 북종을 점점 소멸하게 했다고 말하

---

77 인경, 2011, 『쟁점으로 살펴보는 간화선』(서울: 명상상담연구원), 28, 362.

78 맥래(McRae, John R.), 1987, "Shen-hui and the Teaching of Sudden Enlightenment in early Ch'an Buddhism," in Gregory, 233~234.

79 포르(Faure, Bernard), 1993, *Chan Insights and Oversights: an Epistemological Critique of the Chan Tradition* (Princeton, NJ: Princeton University Press), 38.

80 위의 책.

81 대통신수의 제자.

82 맥래(McRae, John R.), 앞의 책, 235ff; 이철교·일지·신규탁 엮음, 앞의 책, 700~701.

는 것 자체가 정확하지 않은데 그것[북종]은 처음부터 제도적인 실체로서 결코 존재하지도 않았기 때문이다. 뿐만 아니라 그가 점교를 돈교로 대체했다고 말하는 것도 정확하지 않은데 그것은 그가 교의적으로 뒤떨어진다고 기술하고 비판했던 [점교의] 위상을 지지한 사람이 아무도 없었기 때문이다."라고 강조한다.[83] 이는 신회가 자신의 종파를 내세우기 위하여 신수가 가르친 내용의 본질을 의도적으로 왜곡하여 그와 대립하였음을 의미한다.

흥미롭게도 오대(五代, 907~960)의 다섯 왕조의 박해와 혼란 이후, 송나라(960~1279)가 도래하여 천태종(天台宗), 화엄종(華嚴宗), 그리고 임제종(臨濟宗)이 각기 정체성을 재정립하기 위해 힘겹게 노력하며 경쟁하고 있을 때, 임제종은 부적절하게도 신회를 "지해종사(知解宗師)"라고 비난했다.[84] 그렇게 함으로써 임제종의 세 가지 주요한 모토를 갈고 닦았다. 교외별전(敎外別傳), 불립문자(不立文字), 직지인심(直指人心)이 바로 그것이다. 버스웰에 의하면, 간화선(看話禪)을 발명함으로써 중국 불교는 이 세 가지 좌우명과 조화를 이루면서 완전하고 갑작스러운 깨달음의 경험을 가능하게 하는 명상 방법에 대한 마지막 조율을 성취했다.[85]

간화선은 북송(960~1127)과 남송(1127~1279)이 교차하는 지점에서 선사 대혜종고(大慧宗杲, 1089~1163)가 발전시킨 명상수행법이다. 대혜는 원오극근(圜悟克勤, 1063~1135)의 제자로 임제종 양기파(楊岐派)에 속해 있었다(12대 계승자). 대혜와 그의 추종자들 — 출가 승려뿐만 아니라 재가불자들 — 에게 간화선은 갑작스럽고 완전한 깨달음을 얻도록 하는 유일한 수행법이었다. "다른 대안은 존재하지 않았다."[86] 간

83 맥래(McRae, John R.), 위의 책, 258.

84 인경, 앞의 책, 139~140; 앞의 각주 13을 참조.

85 버스웰(Buswell, Robert E., Jr.), 1987, 앞의 책, 321~356.

86 보디포드(Bodiford, William), 2010, "Keyword Meditation and Detailed Investigation

화선은 그보다 앞선 수행법이었으나 비현실적인 선의 형태라는 평가를 들었던 문자선과 묵조사선에 맞섰다. 말하자면 대혜는 문자선(文字禪)의 좋은 예가 되었던 원오의 『벽암록(碧巖錄)』을 불 질렀고, 조동종(曹洞宗)의 묵조사선(默照邪禪)을 "수동적인 정적주의(靜寂主義)"라고 냉혹하게 비평하였다.

중요하게 언급해야 할 것은 대혜가 조동종을 공격함으로써 그 종파 스승들의 가르침을 왜곡하였다는 사실이다. 그가 선의의 신념으로 그렇게 했는지의 여부는 논쟁거리로 남아 있으며,[87] 이와 관련해서는 대혜가 과거 자신이 공격했던 조동종 굉지정각 선사의 입적을 깊이 애도했던 교류까지도 검토해야 할 것이다.[88] 사실, 간화선과 묵조사선의 차이를

---

in Medieval Japan." See Cho'gye Order Institute for the Study of Korean Buddhism, Tongguk University 2010, day 2: 99.

87 슐뤼터(Schlütter, Morten), 1999, "Silent Illumination, Kung-an Introspection, and the Competition for Lay Patronage in Sung," in *Buddhism in the Sung*, ed. Peter N. Gregory and Daniel A. Getz Jr (Honolulu: University of Hawai'i Press), 135.

88 대혜는 조동종의 굉지정각(宏智正覺, 1091~1157) 선사의 저서 『묵조명(默照銘)』이 출간된 뒤 수행자들의 면벽좌선함을 야유조로 부르기 시작했고, 묵조선이라는 이름은 여기서 유래되었다고 한다. 그런데 대혜는 굉지정각이 입적하기 1년 전 굉지정각을 찾아가 자신이 오랜 유배에서 돌아와 주지 소임을 맡게 된 아육왕사(阿育王寺)의 개당법회(開堂法會) 때 백추사(白鎚師)가 되어 달라고 청하였고, 굉지정각은 과거에 묵조선을 사선(邪膳)이라고 공격하였던 대혜의 청을 수락했다. 그리고 굉지정각은 입적하면서 자신의 후학이 아닌 간화선 주창자인 대혜에게 후사를 당부했으며, 대혜는 굉지정각의 입적을 크게 슬퍼했다고 하는 일화가 전한다. 이학종, 2010, 「열도 뒤흔든 도겐의 묵조선풍 바탕에 천동산의 두 거목 正覺·如淨이 있었네」, 『미디어붓다』(7월 11일) 참조, http://www.mediabuddha.net/news/view.php?number=12920 (2016년 8월 12일 확인) 훗날 대혜와 굉지정각 사이에 이런 일화가 있었던 것은 "…… 논란과 적대감을 촉발한다면 …… 좋은 수행자들이 아닙니다. 그런 행동은 어리석은 것입니다"라고 일갈했던 타이완의 현대 고승 성엄 선사(1930~2009)의 생각과 일치하기 때문일 수 있겠다. 박영재, 2015, 「선도회 박영재 교수와 마음공부 1 – 좋은 이웃 수행전통의 수용 필요」, 『불교닷컴』(1월 30일) 참조, http://www.bulkyo21.com/news/articleView.html?idxno=27365 (2016년 8월 31일 확인)

"순전히 해탈론적인 틀에서는 이해될 수 없다."라고 제시했던 몇몇 학자도 있다.[89] 역시 활용 가능한 자료들은 그러한 대립이 깨달음과 수행에 대한 각 종파의 개념에 직접적으로 관련되는 교의적인 문제를 넘어, 그것이 발생한 국가조직 안에서 뿌리를 잘 내리고 있었다는 점을 보여 준다. 북송시대 황실의 불교 후원을 연구한 기멜로(Gimello)의 발자취를 따라가 보면, 서구 학자들은 대혜의 정신적 성취에 관하여 더욱 폭넓은 현세적·종교적 맥락에 주의를 기울이면서 조명해 왔다.[90] 북송에서 남송(1127~1279)으로의 정치적 이행은 불교에 대한 후원을 상당히 약화시켰다. 그 결과 임제종 계통과, 이의 주요한 경쟁자였던 조동종은 나라에서 지원해 주는 명망 있는 사원에 대한 장악뿐 아니라, 왕조가 불운(不運)해짐에 따라 구도심(求道心)이 더욱 깊어진 사대부들의 지지를 이끌어 내기 위해 치열하게 경쟁해야만 했다.[91] 이와 유사한 관점을 취한 레버링(Levering)도 대혜의 성취를 성(性) 평등의 수사법적 측면에서 분석하였다.[92] 요약하면, 승려뿐 아니라 남녀 신자들의 요구에 부응하려는 노력으로 "간화선은 종교적 수행을 위한 특별한 방법으로써만이 아니라, 선종 내에서 제도권의 경쟁자들로부터 하나의 분파적 당파성을 구분하기 위한 도구로써도 이해되어야 한다."[93]

89 슐뤼터, 위의 책, 138.

90 기멜로(Gimello, Robert M.), 1987, "Imperial Patronage of Buddhism during the Northern Song," in [Proceedings of] *The First International Symposium on Church and State in China: Past and Present*, ed. John E. Geddes (Taipei: Tamkang University), 73~85.

91 슐뤼터(Schlütter, Morten), 앞의 책, 135~138.

92 레버링(Levering, Miriam), 1999, "Miao-tao and Her Teacher Ta-hui," in *Buddhism in the Song*, ed. Gregory, Peter N. and Daniel A. Getz Jr. Kuroda Institute in East Asian Buddhism 13 (Honolulu: University of Hawai'i Press), 210~213.

93 보디포드(Bodiford, William), 앞의 책, 97.

변희욱은 그러한 학문적인 결론들이 비록 위의 학자들에 의하여 주의 깊고 체계적으로 다다르게 되었던 것이라 할지라도 대혜의 정신적인 천재성을 놓친 서구적 환원주의로 보려는 경향을 드러낸다.[94] 그럼에도 불구하고 그는 대혜의 활동에서의 정치적 차원을 강조한다. 특히 이러한 차원을 간화선 패러다임의 실질적 영향력으로 고려하는 한에서는 위의 서구 학자들과 일치한다. 사실, 대혜는 남송의 군부 정치파가 금(金, 1126~1234)에 대한 전면전을 주장할 때 지지하는 쪽이었다. 확실히, 금은 북송을 정벌한 뒤, 황하를 건너서 남쪽으로 계속 내려왔다. 이민족의 침략에 대해 평화적 협상을 시도했던 라이벌 당파는 대혜의 영향력을 두려워했다. 많은 추종자들이 있었기 때문이다. 장구성(張九成) 장군은 그의 열렬한 추종자 중 한 명이었다. 대혜는 장구성을 신비궁(神臂弓)이라는 별명으로 부르면서, 그를 일컬어 한 번에 천 벌의 갑옷을 동시에 관통하여 찢을 수 있는 화살에 비유하였다. 그의 별명은 천 가지의 의심을 순식간에 잘라 내버릴 수 있는 화두(話頭)의 검을 확실히 암시하는 것이었다. 아무튼, 결국은 라이벌 당파가 1141년에 남송의 정치적 지배권을 가지게 되었고, 금나라와 평화적으로 협상하였다. 덧붙여서, 그들은 전쟁을 찬성하는 당파였던 장구성을 포함한 세 명의 장수들과 거기에 속한 모든 관료를 투옥하였다. 후에 “신비궁 사건”으로 알려진 이 사건에서, 대혜는 그 관료들의 구금을 공공연히 비판했다. 그 결과는 즉각 나타났다. 관계자들은 대혜가 금에게 협조하였다는 누명을 씌워 그의 가사와 의발을 벗기고, 10년 이상의 유배를 살게 했다.[95] 변희욱은 중국 역사에서 선사가 자신의

94 변희욱, 2010, 「간화선 연구의 현황과 과제」, 『불교평론』 제45호(겨울) (과천: 만해사상실천선양회), 309~310.

95 변희욱, 2005, 『대혜 간화선 연구』, 서울대학교 대학원 박사학위논문(철학과), 14~17; 김태완 옮김, 2011f, 『대혜보각선사어록』, 전6권(서울: 소명출판), 109~113.

애국심과 정치적 행동주의 때문에 추방된 일은 매우 드문 사건이라고 지적한다.

대혜의 간화선은 지눌이 처음 국내에 도입하였는데, 지눌은 1197년에 『대혜선사어록(大慧禪師語錄)』을 읽으면서 마지막 깨달음을 경험하였다. 지눌은 비록 중국에 가지 않았으나, 간화선을 깨달음과 수행에 대한 돈오점수(頓悟漸修)적 접근의 꼭대기에 올려 놓았다. 1209년에 집필된 그의 대표작 『법집별행록절요병입사기(法集別行錄節要幷入私記)』(이하 『절요』)의 마지막 부분과 그가 입적한 지 5년 만에 후계자인 진각혜심(眞覺慧諶, 1178~1234)이 출판한 『간화결의론(看話決疑論)』에서 이를 볼 수 있다. 이 접근은 통합적인 선교일치(禪教一致)[96]로서, 근본적으로 신회와 후계자인 규봉의 사상에 토대를 둔다.[97] 송광사에서 "지눌과 그의 후계자가 지지한 덕분으로", 간화선은 "한국 불교"의 구산선문(九山禪門)에서 "수행의 가장 일반적인 형태로 빠르게 자리 잡았다."[98] 그러나 고려시대(918~1392) 말엽에 백운경한(白雲景閑, 1299~1375), 태고보우(太古普愚, 1301~1382), 나옹혜근(懶翁惠勤, 1320~1376), 그리고 다른 많은 승려가 임제종 양기파의 스승들에게 간화선을 배우기 위해 중국 허난성으로 갔다. 그들은 양기파의 간화선을 요달(了達)하고 중국의 스승들에게서 불법을 전수받은 이후 귀향하여, 지눌의 권위에 도전할 수 있었던 "중한 연결(Sino－Korean Connection)"[99]이라 명명할 수 있는 하나의 법맥을 확립했다.

96 지눌의 '선교합일(禪教合一)' 입장은 교종과 선종의 단순한 통합 이상이다. 그것에는 선 수행을 통해 교의를 이해하는 '회교귀선(會教歸禪)'과 선 수행에 온전하게 진입할 수 있도록 교의를 철저히 버리는 '사교입선(捨教入禪)'이 널리 침투해 있으며 포괄적인 이해 방식도 포함하고 있다. 지눌, 김달진 역주, 앞의 책, 17.

97 버스웰(Buswell, Robert E., Jr.), 1983, 앞의 책, 262~263.

98 버스웰(Buswell, Robert E., Jr.), 1992, *The Zen Monastic Experience* (Princeton: Princeton University Press), 150.

99 중한 연결에 대해서는 이 책의 163쪽에 있는 [그림 7]을 참조.

중한 연결의 핵심적인 측면은 그것의 사회정치적 배경인데, 이 점에 주의를 기울였던 학자는 거의 없다. 공민왕(恭愍王, 재위 1351~1374)이 즉위했을 때, 고려의 국제 관계에서 원나라(1271~1368)의 간섭을 줄이고자 했다. 이를 위해서는 국내의 친원파들, 특히 구산선문과 아주 긴밀히 연관되고 영향력이 가장 컸던 문중들 — 권문세족(權門勢族) — 을 억눌러야 하는 한편, 자신을 지지해 줄 수 있는 새로운 세력들의 성장을 장려해야 했다. 공민왕은 이 정책을 불교에서 적용하기 위해서 중한 연결의 발전을 장려하기로 했다. 그는 이 목적을 달성하기 위하여 태고를 왕사로 임명하여, 왕사가 불교 내의 모든 임명권의 책임을 행사하도록 맡김으로써 불교계의 모든 전통을 관리하게 하였다. 공민왕은 원융부(圓融府, 구산을 통합하기 위한 불교 융합의 기관)를 만들어 태고를 돕게 하였다. 태고는 떠오르는 신진사대부와의 접촉이 부족하였음이 분명함에도 불구하고 국가조직의 사람들과의 관계를 놀라울 정도로 잘 맺었다. 그의 인맥에는 자신과 태생적으로 연관된 영향력 있는 가문들 이외에도, 원나라의 기황후(奇皇后, 1301~1369)와 권력 지향적인 관료들이 포함되었으며, 그중 일부는 평판이 좋지 않았다. 태고의 활동들은 구산선문을 상당히 약화시켰다. 그는 나옹과 더불어 많은 신자들을 보유한 불교의 영향력 있는 대표자가 되어, 이 계보가 전통의 주류가 되게 하였다. 그러한 강한 전통은 우왕(禑王, 1374~1388)의 통치기간 중 그의 제자들인 환암혼수(幻庵混修, 1320~1392)와 목암찬영(木庵粲英, 1328~1390)에 의해 유지되었다. 그럼에도 불구하고 그들의 힘은 전반적인 불교 개혁이 활기를 띠기에는 충분히 강하지 못했다. 불교계의 만연한 부패는 고려의 몰락과 분리될 수 없었다.[100] 태고의 실

100 최병헌, 1986, 「태고보우의 불교사적 위치」, 『한국문화』 합본 4권(제7~8집, 12월)

패는, 어느 정도까지는, 선사로서 그의 사회정치적 위치의 애매함과 왕조가 처한 역사적 맥락의 도전에 응하기 위해 그가 지지하였던 간화선 교의의 불충분함, 그리고 완전히 새로운 사회정치적 패러다임을 찾고 있던 신진사대부와의 접촉 유지에 실패했던 것에서 기인할 수 있다.

조선을 창건한 태조(太祖, 재위 1393~1398) 이후, 조정에서 신유학자들이 압도적인 영향력을 행사함에 따라 태고와 나옹의 유산은 지지를 잃었다. 그런데 지눌의 가르침은 비록 억불숭유정책(抑佛崇儒政策)의 맥락에도 불구하고 다시 떠오를 수 있었다. 그리고 중한 연결은 임진왜란(壬辰, 1592~1598)과 병자호란(丙子, 1636~1637)의 여파가 있던 17세기에 결정적으로 복귀했다. 실로, 승려들이 외세의 침략에 저항하는 전투에 승군으로 참여한 것은 정치적 분위기가 불교의 부분적 재건에 호의적이게끔 만들었다. 그러나 이 두 전쟁은 한반도를 혼란의 상태로 몰아넣었다. 신유학자들은 그 결과로 초래된 위기에 대응하기 위하여 가문을 기반으로 하는 엄격한 사회 질서를 확립하기 위한 노력의 일환으로 족보를 적극적으로 편찬하였다. 승가공동체는 스스로 재활할 수 있도록 그 정체성을 재정립해야 했을 뿐만 아니라 신유학자들이 행한 노력과 비슷한 작업을 해야 했다. 그렇게 하기 위한 작업은, 역사적 근거가 전체적으로 부족함에도 불구하고, 조선의 모든 승려가 서산대사로 더 잘 알려진 청허휴정(淸虛休靜, 1520~1604)의 법맥에 속한다는 선언으로 시작되었다. 그는 조선시대 역사에서 가장 우뚝 솟은 불교 인물이며, 임진왜란 당시에 승군을 규합하여 이끈 것으로 유명했다. 그 후, 승가공동체는

(서울: 규장각한국학연구원); 최연식(Ch'oe, Yŏnsik), 2011, "How did *Ganhwa Seon* Practice Became Predominant over the Other Buddhist Traditions of the Late Goryeo Dynasty," in Tongguk Institute for Buddhist Studies Research 2011, day 2: 154~155.

서산이 태고의 제6대손이며, 사자상승(師資相乘)은 법맥에 있어 어떠한 물리적 중단이 없이 오랜 시간을 거쳐서 발생해왔다고 선포하였다. 그것은 결국 — 여기서 다시 한 번 역사적 증거 부족이 뚜렷함에도 불구하고 — 순수한 사상적 계승(思想的 繼承) 대신 연속적인 인적 계승(人的 繼承)을 주장하는 것이나 다름없었다. 그렇게 함으로써 승가공동체는 서산과 태고의 위신뿐 아니라, 임제종 양기파와 그 너머의 육조와 보리달마를 거쳐, 석가세존의 위신까지도 축적시키려고 했다. 만약, 그러한 법통설(法通說)의 장점이 한국 불교가 신유학자들의 도통설(道通說)에 직면하여 존경받을 만한 특징을 회복시켜 주는 데 있다면, 심각한 단점은 그 범위를 중한 연결로 축소시킴에 따라 보조지눌 같은 선사들의 계보와 가르침을 소외시키거나 배척했다는 데에 있다.[101]

확실히 한국 불교의 정체성에 대한 논쟁은 19세기에 다시 타올랐고, 20세기 초반까지 지속됐다. 이 논쟁은 발전하는 교학의 영향력에 의해 촉발되었는데, 교학은 문자를 기피하는 중한 연결의 후계자들에 의해 고취되었던 간화선의 패권에 도전하였다. 백파긍선(白坡亘璇, 1767~1852)은 문자 공부를 단념하고 참선을 선호하였던 주요한 주창자였다. 그는 『선문수경(禪文手鏡)』에서 새로운 교판상석(敎相判釋)을 제시한 바, (자신이 속한) 임제종을 꼭대기에 올려놓았다. 그래서 이전까지 중국 선종의 오가(五家) 가르침에서는 들어본 적이 없는 질적인 단계의 차이를 도입했다. 이 논쟁은 새로운 분류에 대항하는 사람들이 살던 지역에 대한 악의적인 지역감정 일색이었고, 젊은 반대자의 트집을 잡기 위하여 진정한 논의는 회피하고 선배후배 관계(先輩後輩 關係)라는 유교적 의식에는

101 최연식, 2006, 「'성철의 법맥론에 대한 비판적 검토'를 읽고」, 조성택 엮음, 『퇴옹성철의 깨달음과 수행』(서울: 예문서원), 392~400.

쉽사리 의지했다. 그 논쟁에 참여했던 사람들이 대체적으로 자격이 충분했음에도 불구하고, 그 주장의 대부분에는 어떤 교의적 돌파구가 마련되어 있지는 않았다. 결국 이미 알려져 있는 진실을 되풀이하여 반복했을 뿐이다. 그러나 일반인이었던 추사 김정희(秋史 金正喜, 1786~1856)가 백파의 "간화선 절대주의"를 비판하면서, 간화선을 제대로 이해하기 위해서는 그것이 발생한 역사적 맥락으로 되돌려 놓아야 한다고 말한 것은 언급할 가치가 있다.[102]

앞서 언급했던 모든 예들은 중국과 한국의 역사에서 돈점논쟁이 순수하게 교의상의 문제만으로 촉발되었던 적이 없었음을 보여 준다. 오히려, 불교가 그 시작 이래로 그랬던 것처럼, 돈점논쟁은 그것이 일어난 사회정치적 배경과 항상 밀접하게 연관되어 있었다. 가령, 성철 스님도 이러한 관례의 예외가 아니라고 가정한다면, 이제 우리는 그가 스스로 거리를 두려고 애썼음에도 불구하고 국가조직, 특히 국가조직의 정치적 차원에서 얼마나 가까웠는지를 증명해야 한다. 그리고 성철 스님은 정치권력에 협조하지도, 드러내 놓고 반대하지도 않았으므로, 그의 삶과 교의, 그리고 그것이 가르쳐졌던 정치적 맥락 사이의 구조적 공진점에 관한 기술에 의존하여 입증해야 할 것이다.

성철의 도(道)와 국가의 도(道) 사이의 구조적 공진점

어떤 이들은 퇴옹성철이 국가조직에게서 등을 돌리면 돌릴수록 의도치 않게 그것을 더욱더 끌어당긴다는 이유로 성철 스님으로부터 역설의 화신

102 박해당, 2011, 「조선후기불교의 선 논쟁」, 『제2회 간화선 국제학술대회 – 간화선, 그 원리와 구조』, 8월 20일~8월 21일[서울: 동국대학교 중강당] (서울: 동국대학교 불교학술원 종학연구소), 제2일: 225~226, 243~244.

(逆說의 化身)[103]을 본다.[104] 확실히, 약 2백만 명의 사람들이 그의 다비식에 참석하거나 그의 사리(舍利)를 보기 위해 해인사를 찾았다. 모차르트나 반 고흐의 장례식을 찾은 추모객은 이보다 훨씬 적었다. 그는 비록 가야산 가장 외진 곳에서 은둔하는 방식으로 세상을 등지고자 했음에도 불구하고 세상을 향해 강한 메시지를 계속 보내고 있었던 것 같다. 다시 말해서, 퇴옹성철은 국가조직으로부터 숨으려고 시도했음에도, 그것으로부터 결코 완전히 벗어날 수 없었다.[105] 우리는 폴 바츨라비크(Paul Watzlawick)의 다섯 가지 원리[106] 중 첫 번째 "사람은 의사소통하지 않을 수 없다"라는 원리를 바꾸어 "비사회정치적일 수 없다." 혹은 "사회정치적이지 않을 수 없다."라고 말할 수 있을 것이다.

다음의 사실들을 고려한다면, 이 역설을 쉽게 이해할 수 있다. 첫째, 다른 산간 스님들과 마찬가지로, 성철 스님은 대한조계종의 평신도들이

103 김성철, 앞의 논문, 26~32.

104 이 글이 강조하지는 않지만, 성철 스님의 행동이 흔히 믿기는 것보다 더 의도적이었을 수 있다는 가능성을 완전히 배제할 수는 없다. 다시 말해서, 남의 '이목을 끄는' 은둔자로서(자신의 암자를 철조망으로 둘러싸고, 부인을 인정하지 않고 멀리 쫓아버리는 등), 퇴옹성철은 자신이 중심으로부터 동떨어져 존재함에 대한 '아주 공개적인' 강조와 함께, 자신이 하고 있었던 것이 무엇인지를 정확하게 인식했었을 수도 있다. 그러나 퇴옹성철의 행동이 의도적이었을 수도 있다는 사실이 우리로 하여금 그것이 정치 권력기구를 돕기 위한 것이었다는 결론을 기필코 내리게 하지는 않는다. 이 대목에서는 아무것도 필자로 하여금 성철 스님이 — 정치 지도자들에게 이용되었던 태국 산중 스님들의 예를 들기는 하지만 — 정치 지도자들에게 이용되었다는 결론을 내리게 하지는 않는다. 테일러(Taylor J. L.), 1993, *Forest Monks and the Nation-State: An Anthropological and Historical Study in Northeastern Thailand* (Singapore: Institute of Southeast Asia), 285~291; 김성철, 위의 논문.

105 위의 각주 104를 참조.

106 이 원리는 모두 가족 치료의 실제를 돕기 위해 고안되었다. 참조, http://en.wikipedia.org/wiki/Paul_Watzlawick.

보시하는 보시금으로 생활했다. 둘째, 종단은 보시금을 받기 위해서라도 진실로 깨우친 스승을 배출해야 했고 지금도 여전히 그러하다. 종단은 이 깨우친 스승 자신을 정점으로 하여 그 조직의 모든 조직적 체계를 정당화시킨다. 결과적으로, 가야산의 호랑이의 존재를 대중에게 알리는 것은 제자들에게 이익일 뿐만 아니라 종단의 이익을 위한 것이었다. 그리고 둘 다 그렇게 하는 것을 망설이지 않았다.[107] 셋째, 평신도, 종단, 은둔자, 모두 각각의 역할을 맡기 위해서는 국가로부터 주어진 평화와 사회적 질서가 필요하다. 마지막으로, 국가는 이에 대한 답례로 불교 종단과 지도자들이 제공할 수 있는 영적인 지도뿐 아니라 도덕적·정치적 지지를 필요로 하게 된다. 그리고 국가는 국가조직의 안정에 부정적 영향을 줄 수 있는 불교 종단과 지도자들의 혼란 상태를 도저히 허락하지 못한다. 그러나 그러한 명확한 관계에 덧붙여 그 시대에 성철이 지향하고자 했던 '성철의 도(道)'와 그 도가 설파되었던 정치적 맥락의 '국가의 도(道)' 사이의 구조적 공진점들은 퇴옹성철의 역설적 성격을 설명할 수 있는 가장 좋은 방법일지도 모른다. 구조적 공진점은 둘 혹은 그 이상의 사실들 사이의 상호 관련성이 전혀 없는 듯 보임에도 불구하고 존재하는 밀접한 유사성 그리고/혹은(and/or) 근접성으로서, 이는 마치 두 개의 분리된 물체가 동일한 주파수에서 진동하는 것과 같다.

첫 번째 구조적 공진점은 1967년에 있었던 성철 스님의 백일법문[108]이

107 퇴옹성철의 상좌(上座) 중 가장 나이가 많은 축에 드는 원택 스님(1943~)은 스승이 대중에게 알려지는 데 중요한 역할을 해 오고 있다. 가장 좋은 예 가운데 하나가 그가 육조의 열반 1300주년과 성철 스님의 열반 20주년을 기념하기 위해 2013년 9월 25일에 개최하였던 국제학술대회이다. 대한불교조계종 백년불교문화재단 2013[Proceedings] 『육조혜능과 퇴옹성철, 그리고 한국 불교』, 육조혜능 스님 열반 1300주기 퇴옹성철 스님 열반 20주기 추모 학술포럼 자료집, 117~149를 참조.

108 앞의 각주 10을 참조.

라고 불리는 동안거 동안의 법문에서 강조되었던 돈오돈수(頓悟頓修)이다. 당시 성철 스님은 돈·점 접근을 공개적으로 비판하기 시작했고, 이를 주창한 지눌에 대해서는 대한조계종의 창설자로서 추앙을 받을 수 없다고 말하였다. 어떤 점에서, 그 가르침은 박정희(1917~1979)와 전두환(1931~)이 각각 1961년과 1980년에 민간인 대통령을 끌어내리고 권력을 잡았던 쿠데타의 갑작스러움과 단박을 환기시킨다. 박정희는 나라가 정치적·군사적·경제적 혼란을 끝내고 안전·발전·행복으로 향하는 길, 소위 '한강의 기적' 위에 자리 매김하기 위해서는 자신의 쿠데타와 뒤이은 독재가 긴급하게 필요했다고[109] 정당화하였다.[110] 확실히 한국 불교 내에 퍼져 있던, 추측컨대 지눌의 도(道)로부터 초래된 혼란을 끝내기 위해, 퇴옹성철이 행한 개혁의 주요 원칙은 간화선에 대한 손쉬운 접근인 경절문(徑截門)만을 사용하는 것이었다. 그것은 중도에 관한 완전한 깨달음을 단박에 빠르게 성취하도록 하여, 수행자가 확실히 부처로 변모하게 돼 모든 중생을 윤회로부터 자유로워질 수 있게 하는 역량을 가질 수 있게 한다는

109 "이와 같이 뒤떨어진 나라의 부패와 부정을 바로잡고 공산 세력을 막아 낼 수 있는 사회 세력은 그 나라의 군인이며 군의 장교단이라고 알려져 있다.(<콜론 보고서> 참조)"라고 주장하는 박정희는 "민주주의를 다시 이룩하는 길은 오랜 경제개발 계획과 국민소득의 향상이라는 서로 모순된 두 개의 문제를 잘 조화시켜 결과적으로는 국민이 잘살게 되고 특히 국민들 개개인의 생활 향상에 도움을 주어야 된다고 나는 분명하게 잘라 말하고 싶다."라고 하는가 하면 "5·16 군사혁명이 국민 혁명으로 성공하려면 이 겨레의 엄청난 과제를 해결해야만 한다."고 주장하면서 엄청난 과제란 바로 "근대화의 과제"라고 밝혔다. 또한 5·16은 자기 책임에 달린 것이며 목표가 다른 방향으로 변전되어가는 사태, 즉 혁명 정부 내에서 발생한 재혁명이라는 비상사태가 제3석인 자신을 최고 책임자로 앉게 했다고 역설한다. 나아가 5·16은 홍경래의 난, 동학 농민 운동, 갑신정변, 3·1운동, 4·19혁명 등 순수한 민중 혁명이 성공하지 못한 우리 역사에서 처음 찾아낸 성공이라 자부하기에 이른다. 박정희, 2005, 『하면 된다! 떨쳐 일어나자』(서울: 동서문화사) 171, 176, 304~305, 419.

110 허욱(Heo, Uk)·로어링(Roering, Terrence), 2010, *South Korea since 1980* (Cambridge: Cambridge University Press), 20~22.

주장이었다. 그러나 초기불교는 퇴옹성철이 행한 개혁 원칙과는 정반대로 다양한 명상 기법과 이론을 받아들였다.[111] [초기불교는] 깨달음 과정의 갑작스러운 성격과 점진적인 성격 모두를 통합하였고,[112] 어떤 점에서는 깨달음 그 자체보다는 그 과정에 — 예를 들어 팔정도 — 훨씬 더 초점을 맞추었다.[113] 이러한 점에서, 간화선을 통해 석가세존의 가르침으로 돌아가자는 성철 스님의 주장은 논쟁의 여지가 상당히 많게 들릴 뿐만 아니라 "돈(頓)·돈(頓) 독재"를 취임시키고 정당화하는 교의상의 쿠데타처럼 보이게도 한다. 퇴옹성철 이전의 중국과 한국의 선사(禪師)들이 돈·돈 패러다임보다는 돈·점 패러다임을 더 주장해 오고 있다는 것을 고려해 보면 더욱더 그렇게 보인다.[114] 많은 학자는 퇴옹성철이 확언한 결과로써 한국 불교

---

111 학담, 2011a, 「조계종(曹溪宗)의 연기론적 해체와 건설」, 『한국불교 중흥을 위한 11월 대토론회』, 11월 23일[서울: 한국불교역사문화기념관] (서울: 조계종 승가교육진흥위원회), 57~58; 2011b, 노덕현의 기사 「간화선이 조계종의 전부는 아니다」에 인용됨, 『현대불교신문(現代佛教新聞)』 864(11월 30일): 4; 그레고리(Gregory, Peter N.) ed., 1997, "Is Critical Buddhism Really Critical?" In Hubbard and Swanson 1997, 297; 칼루파하나(Kalupahana, David J.), 1992, *A History of Buddhist Philosophy. Continuities and Discontinuities* (Honolulu: University of Hawai'i Press), 237~239.

112 최봉수, 1992, 「원시불교에서의 오(悟)의 구조」, 강건기·김호성 엮음, 『깨달음, 돈오점수인가, 돈오돈수인가』(서울: 민족사), 54~55; 임승택, 2012, 「초기불교 경전에 나타난 돈(頓)과 점(漸)」, 『돈점 사상의 역사와 의미』, 성철 스님 탄신 100주년 기념 제5차 학술포럼 자료집, 3월 29일[서울: 한국불교역사문화기념관] (서울: 대한불교조계종 백련불교재단, 동국대학교 불교학술원 종학연구소, 불교신문사), 24~25.

113 김나미, 2011, 「깨달음과 열반의 상관관계」, 『불교평론』 제46호(봄) (과천: 만해사상실천선양회), 211~213; 위파사나 스승 고엔카(Goenka, 1924~2013)는 자신이 깨달음을 얻었다고 전혀 주장하지 않았지만, 제자들에게 자신이 그들보다 더 앞서 있다는 정도로만 말했다.

114 종호, 2012, 「중국 선사들의 돈점론과 그 이해」, 『돈점사상의 역사와 의미』, 동국대학교 불교학술원 종학연구소 춘계학술대회/성철 스님 탄신 100주년 기념 제5차 학술포럼 자료집, 3월 29일[서울: 한국불교역사문화기념관] (서울: 대한불교조계종 백련불교재단, 동국대학교 불교학술원 종학연구소, 불교신문사), 64~65.

가 깨달음의 성취에 매우 사로잡혀 왔고, "깨달음 병[115]"에 걸렸다고 지적한다. 그러나 되돌아 보면 퇴옹성철의 "간화선 절대주의"[116]는 사실 무척 적은 수의 사람들만을 깨달음으로 이끌었던 것처럼 보인다.[117]

퇴옹성철과 박정희, 전두환 전 대통령의 두 번째 구조적 공진점은 그들 모두 스스로를 지명한 사람들이고, 깊은 사명감을 부여받았으며, 각각 자신이 불교와 한국을 구원하는 유일한 길이라고 확신하였다는 것이다.[118] 과연 박정희와 전두환이 선거를 통해 선출되지 않았던 것처럼 퇴옹성철의 깨달음은 누구의 인가도 받지 않았다. 심지어 그는 일제 식민 통치가 끝날 무렵의 한반도에는 깨달은 스승이 한 사람도 없었다고 — 심지어 송광사(松廣寺)와 수덕사(修德寺)에서조차도 — 주장했

115 «"도법 스님은 '중도를 알고 있다는 전제보다도 중도가 무엇인지에 대한 정의가 필요하다'며 깨달음의 병에 걸린 한국불교를 위해 깨달음이 무엇인지 설명해 달라"고 물었다.» 조현성, 2013, 「'중도'든 '인불'이든 의식개혁에는 공감」, 『불교닷컴』(1월 9일 승인), http://www.bulkyo21.com/news/articleView.html?idxno=20082 (2016년 8월 7일 확인); 한기선, 2012, 「"간화선, 깨달음 병 안 고치면 재가불교도 희망이 없다"」, 『주간불교』(12월 28일), http://www.jubul.co.kr/news/24038(2016년 8월 7일 확인).

116 심재룡, 1999, *Korean Buddhism* (서울: 집문당), 212, 233.

117 «그러면 이처럼 훌륭한 간화선을 통해 수행한 스님들은 얼마나 많이 깨달음을 이루었는가? 도법 스님은 "(조계)종단 출가 수행자가 비구·비구니를 포함하여 대략 1만 2천 명이라고 한다. 50여 년 전체를 합치면 연인원 50여만 명이 수행에 진력해온 셈이다. …… 그동안 깨달음을 이루었다고 하는 사람을 만나기도 하고 함께 살기도 하고 쟁쟁한 소문을 듣기도 했다. 그런데 세월이 한참 지나고 나면 깨달았다고 큰소리쳤던 사람이 이상하게 된 경우가 의외로 많다. 실제 괜찮게 된 경우는 50만 명 중에 20여 명 정도를 넘지 않는다. 그 20여 명도 본인의 주장과는 달리 대중이 반신반의하는 것을 보면 깨달은 도인이 기대했던 것처럼 매력적이지 않은 듯하다. 그렇게 볼 때 수행하여 이루어낸 결과가 너무 초라하고 허망하다"고 탄식하고 있다.» 마성, 2011, 「한국불교 수행법, 무엇이 문제인가?」, 『불교평론』 제48호(가을) (과천: 만해사상 실천선양회), 227.

118 허욱(Heo, Uk)·로어링 테렌스(Roering, Terrence), 앞의 책, 21.

다.[119] 그럼에도 불구하고 성철 스님은 자신의 사명을 혜능이 오조홍인(五祖弘忍, 584~674)에게서 다음의 말을 들었을 때의 그것과 동일시하기까지 했던 것으로 보인다. "오직 돈법만을 전하라. 세상에 가서 삿된 법을 없애라"(唯傳頓敎法 出世破邪宗).[120] 이러한 자임(自任), 그리고 혜능과의 동일시는 "간화선의 정통적 전통"의 새로운 출발을 가능하게 했는데,[121] 이는 한국이 안정과 발전을 향하여 새로운 시대를 시작하고 있음을 보여 주었던 박정희의 쿠데타와 유사하지 않은 것은 아니다.

세 번째 구조적 공진점은 박정희와 전두환뿐 아니라 퇴옹성철 모두의 담화에 널리 퍼진 삿된 무리화(demonizing)하고 적대시하는 강력한 기제(mechanism, 機制)이다. 전자는 북한의 공산주의에 반대하고,[122] 후자는 지눌의 점진주의에 반대한다. 퇴옹성철에게 보조지눌은 쳐야 할 첫 번째 표적이다. 그리고 그는 『선문정로』의 서언(緖言)에서 언어폭력에 의지하여 표현하기를 망설이지 않는다.[123] 상대편을 깎아내릴 때, 성철 스님은 상대편의 말을 전혀 주의 깊게 듣지 않는다. 그는 지눌 스님의 말씀을 그분이 말하는 맥락에 놓고 이해해 보려는 노력을 전혀 기울이지 않는다. 그는 심지어 해인사 강원(講院)에서 지눌의 『절요』를 공부하지 못하게 만든다.[124] 그는 원효와 달리, 다양하고 (갈등을 일으키는) 교의들을

119 백련문도회, 앞의 대본집, 35~36.

120 대정장 권48, 2007, 341, c18.

121 퇴옹성철 현토·편역, 『돈황본 육조단경』, 5; Sŏ, Myŏngwŏn(서명원), 2004, "La vie et l'oeuvre du Maître Sŏn T'oeong Sŏngch'ŏl 退翁性徹(1912~1993)," 412~416.

122 허욱(Heo, Uk)·로어링(Roering, Terrence), 앞의 책, 22.

123 성철, 1981, 『선문정로』, '성철 스님 법어집' 2집 2권 (합천: 장경각), 3~4; 앞의 각주 13을 참조.

124 필자가 2015년 8월 말에 해인사 승가대학의 해인강원을 방문하여 이에 관하여 여쭈었을 때, '성철 스님께서 지눌의 『절요』를 가르치지 말라고 하셨기 때문에, 아직도 가르치지 않고 있다'는 답변을 들을 수 있었다.

모두가 받아들이는 회통적 이해(會通的 理解)로 화합하고 통합하려고 시도하는 마음을 보여 주지 않는다. 그 대신에 간화선의 수행과 자신이 인용하는 과거 스승들의 권위에 기초한 엄격하게 연역적인 접근을 결합하여, 돈·돈 접근을 정당화하고 다른 모든 것을 배제하려고 한다. 그 결과, 성철 스님의 소위 역설적 중도에서 간화선은 언어의 쓰임을 소용없게 만들면서도, 그가 이해하는 전통의 언어가 다른 관점을 규탄하는 데 사용되므로 궁극적으로는 모든 것을 그 자신의 전망(展望)으로 되돌려 놓는다. 그 결과로 돈이 점과 겨루게 되는 흑백논리가 나오는데, 이는 붓다의 접근법을 특징짓는 극단주의적 관점들 사이의 중도와 아주 동떨어져 있다.[125] 이 논리는 '첫째, 중도는 표현할 수 없는 것이다. 둘째, 과거의 스승들은 옳았다. 셋째, 나는 그들이 말했던 것을 말하며, 그래서 나는 옳다. 넷째, 지눌은 다른 것을 말했으며, 그래서 그는 그르다'라는 네 가지로 요약될 수 있을 것이다. 이성이자 말이며 모든 것이 명확하고 정확할 것을 요구하는 그리스어 로고스의 개념과 같은 언어의 개념 없이, 또한 진정한 토론을 허용하는 장(場, agora)이 없이, "돈·점논쟁"이라는 표현을 붙이면 잘못된 명칭이 된다.

지눌의 저작들은 이들 역시 경전들에 기초하였음에도 불구하고, 근본으로 되돌아가자는 성철 스님의 정신(mentality of *ad fontes*)과는 대조적으로, 훨씬 더 사색적이고 균형 잡힌 마음을 보여 준다. 지눌의 저작들은 연역적이면서도 귀납적이고, 철저한 분석인 전간문(全揀門)과 포괄적 동화인 전수문(全收門) 사이의 중도의 실천이 반영되어 있다.[126] 지눌은 청량징관(淸涼澄觀, 738~839)을 따라서, 돈과 점을 구분이 가능한 일곱 가

125 칼루파하나(Kalupahana, David J.), 앞의 책, 237; 중도사상은 퇴옹성철이 한국 불교의 개혁에 대한 기초로 사용했던 다섯 가지 원리 중 두 번째라는 것을 기억하도록 하자. 앞의 각주 7을 참조.

126 지눌, 김달진 역주, 앞의 책, 147~148.

지로 묘사한다.[127] 이와 같이 그는 정신적인 성장의 과정을 허용한다. 이는 플라톤이 말하는 궁극적인 진리를 향한 점진적인 성숙과 어느 정도 유사하다. 비록 그 궁극적 진리가 존재론에 기대고 있으며, 현상계에 대한 사색을 통하여 일어난다고 할지라도 그러하다. 진리에 대한 탐구가 무척이나 소크라테스적인 지눌은 간디가 말했듯이, 자신의 의견과 극단적으로 다른 의견이야말로 세상에서 가장 중요하다는 것을 우리에게 상기시킨다.

객관적으로 말해서, 가령 퇴옹성철은 보조지눌을 삿된 무리라고 하지 않고 그의 후학들을 적대시하지 않고서도 그에게 초점을 맞출 수 있었을 텐데, 왜 그렇게 하지 않았을까?[128] 이와 비슷하게 경쟁자의 가르침을 왜곡시키는 양상은 신회에게서, 신회를 비판했던 임제종에게서, 대혜에게서, 그리고 백파의 행위에게서 관찰되어 왔다. 그리고 그것은 언제나 사회정치적 동기와 연결되어 있었다. 비록 퇴옹성철의 동기를 직접적으로 지적하는 것은 불가능하지만 그가 20세기의 후반기에 한국 불교에 대한 개혁을 시도했을 때, 지눌에 반대하며 구사한 언어적 공격은 개혁이 실행되던 당시 냉전시대 독재정권의 반공산주의 담론의 구조를 밀접하게 반영하는 방식으로 구성했었음을 강조할 수 있다.

네 번째 구조적 공진점은 앞서 언급한 삿된 무리화 기제와 함께 기능한다. 이것은 스스로를 임명한 대통령으로서 대중의 낮은 지지로 인한 위험을 피하기 위해 박정희와 전두환이 끊임없는 추구했던 합법성과, 스스로를 인가한 선사로서 승가공동체의 빈약한 인지도를 피하고자 했던 성철 스님의 추구로 이루어진다. 박정희와 전두환은 사람들의 시선이

127 위의 책, 123~124.

128 서명원, 2007a, 앞의 논문, 49~51.

계속 북한의 위협을 향해 머물게끔 하는 방법 이외에도,[129] 꾸준한 경제성장을 통하여 반민주적 정부의 냉혹한 보안 조치를 정당화하고자 했다.[130] 퇴옹성철에 관해 말하자면, 1967년에 초기불교로 시작하여 1987년에 혜능으로 끝내면서, 자신의 가르침은 정통이며 지눌은 그렇지 않음을 증명하기 위해 불교 전통의 다양한 층에 잇따라 호소했다. 『한국불교의 법맥(韓國佛敎의 法脈)』[131]에서, 그는 태고의 가르침이 돈·돈 교의에 상응했으며 한국에 다른 정통적인 법맥은 없다고 주장했다. 『선문정로』에서 60개의 경론에서 뽑아낸 326개의 인용문을 한데 모아 오직 돈·돈 교의만 유일한 진리이며 지눌의 교의는 정통이 아니라는 것을 드러내고자 했다.[132] 그는 마지막 작품 『돈황본 육조단경(敦煌本 六祖壇經)』 현토·편역(縣吐·編譯)에서, 그러한 주장을 펴기 위하여 최종적으로는 육조의 '바로 그대로의 어구(*ipsissima verba*)'라고 믿었던 것에 기대었다. 더구나 '선림고경총서(禪林古鏡叢書)'에서는 과거의 모든 조사들이 돈·돈 가르침만을 전승했었다는 것을 증명하기 위해, 그는 선장(禪藏)에 있는 서른 명의 중국 선사와 두 명의 한국 선사의 담화기록[『선사어록(禪師語錄)』]을 한글로 번역하게 했다. 함께 놓고 고려할 때, 앞서 언급된 작품들에서는 꽤 많은 양의 자료가 보이는데, 그것들에는 상당한 내적 일관성이 배어 있지만, 몇 가지 방법론적 결함을 분명히 가지고 있다는 특징이 있다. 초기불교와 한국의 법맥에 관한 것들은 이미 언급했다. 이제 다른 것들을 검토하도록 하겠다.

전반적으로 『선문정로』에서 퇴옹성철은 자신의 반(反)점진주의적인 자기중심적 각도에서 아전인수 격으로 지눌을 인용하는 경향이 있는 까

129 허욱(Heo, Uk)·로어링(Roering, Terrence), 앞의 책, 25.

130 위의 책, 24, 35.

131 퇴옹성철, 1976, 『한국불교의 법맥』, '성철 스님 법어집' 2집 4권(합천: 장경각).

132 Sŏ, Myŏngwŏn(서명원), 2004, 앞의 논문, 233.

닭에 인용된 자료의 본래 의미를 왜곡한다.[133] 예를 들어, 서문에서, 그는 지눌이 신회는 혜능의 적자(嫡子)가 아니라고 선언한 것처럼 거짓 주장을 편다.[134] 같은 종류의 왜곡이 『백일법문』에서 드러나는 중도에 대한 성철 스님의 이해에도 스며들어 있다. 반대되는 증거들에도 불구하고,[135] 그는 일례로 천태종의 세 번째 조사인 지의(智顗, 538~597)가 엄밀하게는 단박의 의미에서 중도에 이르는 깨달음을 해석했다고 주장하면서, 심지어 지의가 간화선도 실천했다는 암시까지 준다.[136] 뿐만 아니라, 『선문정로』에서 세 개의 관문인 삼관(三關) 혹은 세 개의 수행 단계인 삼분단수행(三分段修行)·삼단수행(三段修行)을 깨달음에 이르는 길로 묘사할 때, 그는 점진주의적 관점을 자신의 사고 체계 안으로 무심코 도입하며, 따라서 자가당착에 빠진다.[137] 그의 추종자들은 그가 엄격히 공시적인 관점[138]에서 말한 것이라고 주장한다. 그럼에도 불구하고 기저에 깔린 통시적 관점은 쉽게 부인될 수 없다.[139]

『돈황본 육조단경』에 관해 말하자면, 홍인이 비록 혜능의 단박 입장의 우수함을 인정할지언정 신수의 점진주의자적 게송을 나무라지 않으

133 박성배, 1992, 「성철스님의 돈오점수설 비판에 대하여」, 강건기·김호성 엮음, 『깨달음(覺), 돈오점수인가, 돈오돈수인가－돈점논쟁의 역사와 현재－』(서울: 민족사), 253.

134 성철, 1981, 앞의 책, 3~4; Sŏ, Myŏngwŏn(서명원), 2004, 앞의 논문, 275~280; 앞의 각주 13을 참조.

135 도너(Donner, Neal), 1987, "Sudden and Gradual Intimately Conjoined: Chih-i's T'ien-t'ai View," in Gregory 1991, 201~226.

136 퇴옹성철 1992b, 앞의 책, 46, 67; 서명원(Sŏ, Myŏngwŏn), 2004, 앞의 논문, 215~225.

137 퇴옹성철 1981, 앞의 책, 108~119; 서명원, 2007a, 앞의 책, 46~47.

138 그러한 주장은 그것이 반대편의 상호보완적인 관점에 대한 인정을 거부한다는 점에서 적극적인 믿음 - active belief, 즉 믿고자 하는 바를 맹목적으로 믿고자 노력했음 - 과 마찬가지이다.

139 Sŏ, Myŏngwŏn(서명원), 2011a, 앞의 책, 100쪽의 각주 37.

며, 오히려 이를 공부하라고 권고한다. 그러므로 이 내용은 돈·돈 가르침만으로 축소될 수 없다.[140] 이 두 경향이 돈황본 안에 공존함은 혜능의 "바로 그대로의 어구(*ipsissima verba*)"에 대한 해석이 하나 이상일 가능성을 열어 놓는다. 이는 또한 현대 한국의 점진주의자들 역시 왜 육조의 권위를 참고하는지를 설명해 주고 있다.[141]

231쪽에서 언급했던 '선림고경총서'의 이 내용과 관련한 종호의 연구는, 퇴옹성철의 관점과는 반대로, 시간이 흐르면서 중국과 한국의 선 스승들이 돈·돈 패러다임보다 돈·점 패러다임을 더 주장해 왔음을 보여 준다. '선림고경총서'에서 제공하는 어록의 스승들이 모두 돈·돈 교의에 대한 강력한 옹호자였는지 아니었는지는 열린 질문으로 남아 있다.

이 모든 것은 성철 스님이 돈·돈 접근을 정당화하기 위해 노력하면 할수록, 더욱더 자신의 입장이 지닌 약점을 노출시키게 되고 권위주의의 모순 속으로 빠지게 되는 상황에 다다랐음을을 보여 준다. 이는 시간이 지날수록 기력이 다하게 되었던 박 대통령의 유신체제와 유사하지 않은 것이 아니다.[142]

다섯 번째 구조적 공진점은 독재와 한국돈점논쟁의 시공간적 좌표 사이의 유사성에 있다. 지리적 요건에 따르면 퇴옹성철과 박정희, 전두환 대통령은 모두 경상도 출신이다. 더구나 성철 스님은 1967년에 해인사에 주석하기 전까지(1936~1967), 삶의 대부분을 자신의 고향인 경상도에 위치한 선방과 암자에서 은둔자로 보냈다. 깨달음을 얻기 전에는, 금강산(1939~1940)에서의 동안거와 하안거를 위해 경상도를

140 고메스(Gómez, Luis O.), 1987, "Purifying Gold. The Metaphor of Effort and Intutition in Buddhist Thought and Practice," in Gregory 1987, 79.

141 서명원, 2009a, 앞의 논문, 222~223.

142 허욱(Heo, Uk)·로어링(Roering, Terrence), 앞의 책, 25~26.

단 한 번 떠났다. 동화사(桐華寺)에서의 깨달음 이후에는 전라도 송광사(1940)에서의 하안거를 한 번 했다. 그런 후에 그는 충청도로 건너가 수덕사의 정혜사에서(1941~1942), 간월도(看月島)에 위치한 만공(滿空, 1871~1946)의 동굴에서(1942), 그리고 법주사(法住寺)에서(1943) 안거를 했다.[143] 앞서 언급했듯이 그는 이 지역들에서 깨달은 스승을 찾을 수 없다는 결론을 내린 후에, 경상도로 돌아간 뒤로 다시는 떠나지 않았다.[144] 흥미롭게도, 해인사는 전두환의 고향인 경상남도의 합천군에 속해 있다. 이와는 대조적으로, 지눌은 황해도 출신이었음에도 불구하고 활동은 전라도에 있는 길상사[吉祥寺, 이후 수선사(修禪社), 현재의 송광사]와 밀접하게 연관되는데, 옛것을 되살린 퇴옹성철과는 달리 그는 1197년에 이곳에 정착하여 입적할 때까지 머무르면서 새로운 패러다임을 창조하는 일을 했다. 경상도와 전라도 사이에는 오랜 역사를 거치며 깊이 뿌리박힌 적대감이 있고, 1980년 5월에 있었던 광주 민주화 운동에 대한 폭력적인 진압으로 인하여 악화되었다. 이러한 역사는, 퇴옹성철의 『선문정로』와 『본지풍광』[145]이 각각 1981년과 1982년 12월에 출판되는 것과 더불어, 많은 지눌 추종자들이 퇴옹성철의 '쿠데타'를 해인사가 전체 한국 불교에 대한 주도권을 잡기 위한 전면적인 교의 전쟁을 시작하는 것으로 인식하게 했다.

아마 그러한 지리적 좌표보다도 1967년 이후에 성철 스님이 살았던 시기가 더 설득력이 있어 보인다. 이때 그는 거의 30년간의 독거 생활을

143 그의 상좌 원택은 "깨달음을 얻어 오도송을 읊고 나서 깨달음의 점검을 위해 제방에서 정진"했다고 말한다. 이 증언에 따르면 퇴옹성철의 그것도 점진주의자 식이 아닐까 싶다. 원택, 2012c, 앞의 책, 50 참조.

144 퇴옹성철 편역, 1993a, 『고경: 조계선종소의어록집』(합천: 장경각), 747~751; Sŏ, Myŏngwŏn(서명원), 2004, 앞의 논문, 36.

145 앞의 각주 16을 참조.

마친 후 해인총림 방장으로 추대되었다. 부동산 소유에 대한 비구승과 대처승 사이의 분쟁이 끝나 가는 중이었기에 불교계의 상태가 비교적 잠잠해지고 있었다는 사실 이외에도, 그는 박정희 정부가 가져다 준 전반적인 국가조직의 안정에 의해 고무되었기 때문에 추대를 잘 받아들였을지도 모른다. 더군다나 퇴옹성철이 대한조계종 종정으로 임명된 날은(1981년 1월 10일) 전두환의 대통령 취임식(1980년 9월 1일)과 자신이 침묵했었던 전두환 정권의 강력한 불교 탄압[146]이 발생한 지 불과 몇 달 지나지 않은 때였다. 퇴옹성철은 방장직을 입적할 때까지 유지했음에도 불구하고 실질적으로는 1986년의 하안거를 마지막으로 선 스승으로서의 의무를 중단했다.[147] 아마도 건강상의 이유 때문에 중단했으리라는 추측을 어렵지 않게 해 볼 수 있다. 퇴옹성철이 악명 높던 대한조계종의 총무원장 서의현의 집행부(1986~1994)[148]가 종지부를 찍는 데 개입하지 않았다는 사실로 미루어 보아, 더 이상 그가 종정으로서의 역할을 충분히 할 수 없었다는 것 역시 추론해 볼 수 있다. 다시 말하여, 성철 스님의 활동은 남한에서 헌법상 민주화가[149] 가능하도록 승인되기 1년 전에 급격히 감소하였던 것이다.

146 각주 32를 참조.

147 퇴옹성철 1993a, 앞의 책, 751.

148 1990년대 초반부터 지금까지 서의현의 집행부를 묘사하는 많은 기사들이 출판되었다. 예를 들어 권오룡(2013)과 이적(1991)을 참조.

149 1987년 민주화 운동의 열매 중 하나인 헌법재판소가 1988년에 창립되었다. 그 전까지는 헌법 개정을 말했다는 이유로 형사처벌을 하는 긴급조치가 시행되었는가 하면 대중예술인이 음반을 내거나 영화를 상영하기 전에 국가기관으로부터 허가를 받아야 했고, 출생 시기 때문에 혈우병 신약치료제의 요양급여를 받지 못하게 되었어도 기본권 침해를 주장할 수 없었고, 불합리한 제도 개선도 요구할 수 없었다. 헌법재판소 홈페이지 참조, https://www.ccourt.go.kr/cckhome/kor/ccourt/greeting/greeting.do;jsessionid=EntJuDigbPhav8QMrpQLlt50RoOX1vnODsA2g0Bh18Lhq1ZrQJq48gtuLvOallPC.COWAS-1_servlet_engine10 (2016년 8월 28일 확인)

앞서 언급했던 자료들로부터, 20세기 후반기의 대한민국 독재정권과 퇴옹성철이 활동한 시공간적 좌표 사이에 의미심장하게 겹쳐지는 영역을 볼 수 있다.

퇴옹성철과 박정희, 전두환 대통령 사이의 여섯 번째 구조적 공진점은 자신에 대한 비판적 시각이 스스로에게 스며들지 않았다는 것이고, 그것은 결국 이들이 시대의 증후를 인지하는 데 무능했다고 해석할 여지를 준다. 박정희가 1979년 10월에 발생한 부마민중항쟁(釜馬民衆抗爭)에 어떻게 대응할지 파악하지 못하고 암살당한 것처럼,[150] 전두환은 서울 올림픽대회를 1년 앞둔 시점에서 민주화를 향한 질주가 막을 수 없는 기세로 치달아서 대한민국의 독재 정치가 종지부를 찍게 될 것을 이해하는 데 실패했다.[151] 이와 유사하게, 성철 스님은 1987년 대한조계종의 종정으로서 민주화 운동을 위한 말씀 몇 마디를 해 주라는 간절한 요청을 받았어도, 자신은 산승이라고 말하면서 명확하게 거절함으로써 모든 비판에 무감각한 채로 남았다. 그는 현대 한국사의 중대한 전환기에 사람들의 관심사에 대해 이야기하기를 거절함으로써, 국가조직 안에서 일어나고 있는 일에 관한 자신의 인식을 보여 줄 수 있는 둘도 없는 기회를 놓친 것처럼 보인다. 놀라울 것 없이, 그의 추종자들은 이제 그의 타협하지 않은 침묵에 대해 합리적으로 설명해 주기 위해 애써야만 한다. 그리고 그들의 이러한 임무는 그가 국가조직과 가까웠음을 동시에 주장하려고 할 때 현저히 복잡해진다.[152]

150 허욱(Heo, Uk)·로어링(Roering, Terrence), 앞의 책, 25~26.

151 위의 책, 37~40.

152 "종교와 정치는 완전히 분리해야 합니다. 분리해야 될 뿐만 아니라, 종교는 정치 이념의 산실이라고 봅니다. 정치 이념의 근본이란 말입니다. 종교는 정치의 정신적인 근본 공급처, 정신적인 원동력이 되어, 모든 정치 이념이 종교에서 비롯되어야 하는 것입니다." 원택, 2012b, 『성철 스님이 들려준 이야기』, 2(서울: 글씨미디어), 178.

사실, 그 당시 중립적이라고 주장되었던 성철 스님의 침묵은 말할 수 없이 모순적이다. 왜냐하면 이 글의 세 번째 부분(석가세존, 초기불교 및 아소카 시대 불교와 국가조직)에서 충분히 보여 주었듯이, 퇴옹성철이 그 가르침으로 돌아간다고 주장했던 석가세존조차도[153] 필요할 때마다 왕들과 관계를 맺고 유지하는 데 망설임이 없었고, 그들 중 한 명이 석가세존의 고국에 보복하려고 할 때는 무력 사용을 금해 달라는 요청까지 했다. 더구나 동남아시아와 그 이외 지역의 불교는 그 시작 이래로, 『태초경』의 정신에 따라 승가공동체를 조화롭게 지도하는 방법만 채택한 것이 아니라, 은하계 같은 국가조직(galactic polity)을 통치할 — 아소카 같은 — 이상적인 전륜성왕의 임명을 고대하기도 했다. 이 모든 것이, 현대 민주주의의 정신과 동등한 것은 아니지만, 독재 혹은 전제정치보다는 민주주의에 가까웠음을 알려 준다.[154] 더구나 승가공동체는 초기 역사 이래로 내부의 갈등을 — 더 좋게 혹은 더 나쁘게 — 처리하기 위해 국가 수장의 개입을 받아들여야만 했다. 20세기 후반의 한국 불교는

153 이 단락, 그리고 이어지는 단락은 초기불교와 아소카불교가 성철 스님의 논증법보다 더 참되고 정통적일 수 있다는 것을 제의하려는 게 아니다. 과거에 대한 그 어떤 이상화도 "명확하게 할 수 있는 불변의 본질(말하자면, 아트만)이 없으며, 그 자체가 상호의존적(interdependent)이고 끊임없이 변하는 조건들의 복합체의 생산물인" 불교의 정신에 반할 것이다[그레고리(Gregory, Peter N.), 앞의 책, 297]; 오히려 이 부분은 석가모니 부처님의 가르침과 삶의 방식으로 돌아가자고 주장한 퇴옹성철이 초기불교와 아소카불교가 어떻게 국가조직과 밀접하게 연관되어 있었는지를 고려하지 않았음을 보여 주려 한다. 다시 말해서, 한국 불교를 개혁하려는 성철 스님의 시도가 역사적 부처의 "본래 불교"로 돌아감을 기초로 하고 있다고 해도, 그의 시도는 그것의 사회정치적 측면을 보는 데서는 확실히 실패했다. 앞의 각주 6을 참조.

154 다비즈(Davids)에 따르면, 대승불교를 탄생하게 만든 분열은 부분적으로 권위 개념의 차이와 연관이 되는데, 밧지 부족 사람들(Vajjians)은 약간 덜 중앙집권화된 위계와 보다 큰 자율성을 바랐다. 탐비아(Tambiah, S. J.), 앞의 책, 160~161쪽의 각주 1~2.

이승만·박정희·전두환 대통령의 개입이 연이어졌으므로, 이 규칙에서 예외가 되기는 어렵다. 정부의 개입이 직접적이고 결정적이었던 만큼, 승가공동체가 정치적으로 중립성을 지키고 있다고 자처하는 것을 실제적으로 불가능하게 했다.

10·27 법난과 그 여파에 대한 성철 스님의 침묵을 예로 들어 보자.[155] 그 침묵은 순전히 정치적 중립성을 지킨 것으로 해석될 수 있는가, 아니면 다른 이유에서 비롯되었는가? 예를 들어, 퇴옹성철은 산승으로서 무슨 일이 일어났는지에 관한 정보가 부족했기 때문에 침묵을 지켰던 것인가, 아니면 자신의 신변 안전에 대한 두려움이 있었는가? 그것은 누군가 주장하듯이 불교가 더 심한 탄압을 겪지 않게 하려는 신중함에서 비롯된 것이었나,[156] 아니면 전두환의 조치에 대한 개인적인 승인에서 비롯된 것이었나? 그러나 석가세존이 승가공동체의 수행이 혼란에 빠지지 않게끔 정치를 피했고, 그럼으로써 무엇보다도 수행을 보호하려고 했던 것을 받아들인다면, 성철 스님은 한국 승가공동체에 국가의 급습이 강행되어 수행이 심각하게 혼란스럽게 됐을 때 왜 계속 묵인(黙認)했을까? 독재정권인 국가라 할지라도 이 국가가 없다면 그것에 의해 제공되는 더 폭넓은 평화와 안전을 잃어버리기 때문에 전반적인 수행이 더욱 혼란스러워질지도 모른다는 두려움으로부터 기인한 것이었을까? 사실 퇴옹성철과 봉암사 결사(鳳巖寺 結社)[157]는 1949년에 수행을 포기해야만 했다. 당시 봉암사 일대의 산에서 공산주의 게릴라들의 공격이 일어났고, 이로 인해 광복 후 한국 불교를 개혁하려는 의도 아래 시작된 승려

155 앞의 각주 32를 참조.

156 김성철, 앞의 책, 22.

157 앞의 각주 6을 참조.

공동체의 삶이 더 이상 유지될 수 없었기 때문이다. 성철 스님은 또한 한국전쟁 중에는 통영에서 피난살이를 해야 했기에, 전쟁의 결과가 얼마나 극적일 수 있는지 스스로의 경험을 통해 알고 있었다. 다시 말해서, 비록 세상을 등졌다고 할지라도, 가야산의 호랑이는 자신이 수행했던 가야산 중턱을 포함하여, 자신이 살고 있는 나라의 안전이 강력한 군대를 가진 강한 정부의 존재 여부에 달린 것임을 알고 있었다. 따라서 우리는 전두환이 비록 이상적인 전륜성왕과는 거리가 멀었을지라도, 전반적인 안전을 제공해 줄 수 있음을 증명해 보이는 한 퇴옹성철은 그에게 도전하려고 하지 않았으리라고 추측해 볼 수 있다. 그러나 만약 10·27 법난에 대한 성철 스님의 침묵을 설명하는 이 가설이 옳다고 하더라도, 이 침묵은 분명히 정치적 선택의 결과였으므로 중립적이라고 생각될 수는 없다.

결국 그가 산승이라는 명분하에 민주화 운동에 대해 어떠한 태도를 취하기를 거절했던 것도 앞서 살펴본 본고의 네 번째 부분(중국과 한국의 선사들과 국가조직)에서 명확히 증명된 것을 고려한다면 모순되게 들린다. 신회(『단경』을 통해서), 대혜,[158] 나옹, 태고,[159] 그리고 서산은[160] — 다시 말해서 퇴옹성철이 자신의 돈의 수사법(rhetoric of immediacy) 주장을 뒷받침하기 위해 인용했던 모든 주요한 스승들 — 정치적 문제에 깊이 연관되어 있었다. 결과적으로는 가야산 호랑이가 시대적으로 중차대

158 그는 『선문정로』에서 13회 인용된다. Sŏ, Myŏngwŏn(서명원), 2004, 앞의 논문, 319.

159 비록 태고와 나옹은 『선문정로』에서 단지 한 번씩 인용되지만, '선림고경총서'에서는 제21권과 제22권은 각각 두 선사의 어록(語錄)을 번역하는 데 할애했다. 위의 논문, 318.

160 서산 역시 『선문정로』에서 단 한 번 인용된다. 그러나 성철 스님은 서산이 혜능이나 성철 스님 자신처럼 돈·돈 가르침을 옹호한다는 것을 증명하기 위해, 『돈황본 육조단경』 현토·편역의 끝부분에서 서산의 선교결(禪教訣) 역주를 추가했다. 퇴옹성철, 1987, 앞의 책, 291~310 참조

한 시점에서 침묵을 완강하게 지켰던 일은 아무리 낙관하여도 후세대의 역사가들이 풀어야 할 수수께끼라고 판단된다.

그러나 아마도 성철 스님이 10·27 법난 및 민주화 운동 당시에 침묵한 것보다 더 심각한 것은 새 시대의 새벽에 한국 불교에게 필요한 것은 간화선 절대주의 대신 교의적·실천적 다양성임을 이해하는 데도 실패했다는 사실이다. 정치에 대해 언급하지 않은 채, 어떤 이들은 퇴옹성철의 개혁이 한국 불교를 성철 스님과 그의 동료들이 이해했던 방식의 부처님 가르침으로 돌아가려 했던 봉암사 결사의 궤도에 가두어 버렸으며, 이로써 그 전통을 현대 세계에 적응할 수 없도록 하였다고 믿는다.[161] 김종인에게, "성철의 돈오돈수론은 한국 불교에 근본주의적 이념을 바탕으로 한 돌파구를 마련하기 위한 논리적 토대"인데, 왜냐하면 "한국 불교가 과거로부터 이어져 온 억압적 유산과 급변하는 새로운 문화적 환경을 제대로 극복하지 못하고 정체된 채 쇠락하고 있는" 상태였기 때문이다.[162]

잘 주목해야 할 점은 성철 스님의 추종자들은 퇴옹성철이 그랬듯이 자신들에 대한 비판을 자신들에게 스며들게 하지 않고, 시대의 증후를 인지할 능력이 없음을 너무 자주 보여 주며, 모든 논의를 피하고, 위대한 스승의 약점과 모순을 지적할 수 있는 질문을 털어 버리기 위해 돈의 수사법과 체험의 수사법[163]을 사용한다는 것이다.[164] 이 두 가지의 수사법은 퇴옹성철의 관점 이외에는 다른 어떤 관점도 받아들이지 않는 주관주의에 토대를 둔다. 그 결과로 초래된 비타협적인 담화에서는, 성철 스

161 조성택, 2011, 앞의 책, 43.

162 김종인, 2006, 「한국현실에 대한 성철의 대응과 돈오돈수」, 조성택 엮음, 『퇴옹성철의 깨달음과 수행』(서울: 예문서원), 337.

163 앞의 표현은 포르(Faure, 1991)가, 뒤의 표현은 샤프(Sharf, 2000b)가 만들었다.

164 Sŏ, Myŏngwŏn(서명원), 2011a, 앞의 논문, 94~95.

님이 이루었다고 추정되며 스스로를 인가한 스승이었기 때문에 더욱더 중요한, 깨달음에 대한 형언할 수 없는 경험으로부터 모든 것이 기인한다. 이는 마치 그의 경험이라는 계란이 그의 담화라는 닭보다 필연적으로 앞서서 왔던 것과 같다.[165] 그러나 이러한 주관주의는 깨달음의 경험에 대한 절대적 해석이 존재하지 않음을 보는 데 실패한다. 왜냐하면 이러한 해석들은 인과관계에 의해, 다시 말해서 사회정치적인 좌표를 포함하는 한정된 시공간적 좌표에 따라 항상 조건 지어지기 때문이다.[166] 퇴옹성철이 이 함정을 완전히 몰랐던 것은 아니다. 이를 피하기 위해, 그는 유마힐(維摩詰)처럼 아예 아무 말도 하지 않는 것을 선택할 수 있었지만, 그렇게 하지 않았다. 결과적으로, 그는 입을 열 때마다 적어도 부분적으로는 자신이 속한 국가조직의 좌표에 의해 조건 지어진 담화를 발표했다. 흥미롭게도, 루카(Luca)는 군부 독재정권 치하의 남한(1960~1988)에서 가장 성공한 종교 집단들은 반공산주의와 자본주의를 적극적으로 지지했고, 군사적 의무를 절대 반대하지 않았으며, 노동법을 비판하지 않았다는 점을 지적한다. 그녀는 이 결과로 초래된 사회적 합의는 냉전 시기의 미국의 세계관과 완벽하게 부합하는 것이었다고 덧붙인다.[167] 비록 성철 스님은 그런 명확한 정치적 태도를 취한 적이 없음에도 불구하고 이번 장에서 밝힌 모든 구조적 공진점들, 특히 세 번째 공진점은 그의 담화 구조가 직접적 혹은 간접적으로 독재정권의

165 서명원, 2007b, 「성철 스님을 어떻게 이해할 것인가?」, 『무엇이 나의 본래 면목인가? -성철 스님 탄신 100주년 기념 선서-본지풍광·설화』(합천: 장경각), 472~483.

166 현응, 2009, 『깨달음과 역사』(서울: 불광출판사), 227~229.

167 루카(Luca, Nathalie), 2011. "La répression religieuse: un enjeu national? De l'influence des États Unis dans la répression au Japon et en Corée du Sud," in *État, religion et répression en Asie. Chine, Corée, Japon et Vietnam (VIIIe-XXIe siècles)*, ed. Arnaud Brotons, Yannick Bruneton, and Nathalie Kouamé (dir.) (Paris : Éditions Karthala). 326~329.

그것을 따랐음을 보여 준다. 그가 열반송[168]에서 자기 자신과 자신의 가르침을 결국 부정한 것은 아마도, 적어도 부분적으로는, 자기 자신의 담화가 드러낸 한계뿐 아니라 어느 정도까지는 불가피하게 빠져 있었던 모순의 한계를 인식했다는 사실 때문일 수도 있다. 그러나 가야산 호랑이가 입적할 당시 "성철 큰스님", "큰스님 탄생"[169] 혹은 "우리 시대의 부처님 성철 큰스님"과 같은 표현들을 계속 사용한 (국내) 언론들이 그를 다소 "신성화(神聖化)"하였다는 사실은, 당초부터 모든 비판을 의논해 봐야 소용없는 것으로 만들어 버림으로써 그의 담화와 담화가 나오는 주관주의 두 가지 모두를 승인(承認)하는 데에 크게 기여했다.

이 부분에서는 퇴옹성철의 교의와 이것이 가르쳐지던 정치적 맥락 사이의 여섯 가지 구조적 공진점을 기술하였다. 이 공진점들 중 어느 하나도 그것만으로는 본고의 주장을 적절하게 뒷받침할 수 없지만, 이 공진점들이 서로 관련지어져서 놓일 때 각각의 중요성은 기하급수적으로 증폭되어 주목하지 않을 수 없는 일단(一團, constellation)이 된다. 예를 들어, 세 번째 공진점에서 묘사되었던 삿된 무리화하고 적대시하는 기제를 일으키는 기제는 돈·점논쟁의 전(全) 역사에 스며들어 있는 정당화 기법들이다. 이 기제들은 전 세계 정치의 본질적인 부분으로도 고려될 수 있다.[170] 그럼에도 불구하고 현대 한국의 돈·점논쟁의 맥락과 전반적인 그림에 관련지어 검토해 보면, 자기 경쟁자에 대해 그른 설명을 하는 이러한 기제는 명명백백하게 중요하며, 나머지 다섯 가지 구조적 공진점에 대해서도 같은 중요성이 언급될 수 있다. 참으로, 대개 여섯

168 앞의 각주 41을 참조.

169 매우 비범한 사람의 탄생에 관하여 말할 때 주로 비유적으로 사용되는 용어.

170 예를 들어, 뉴트 깅리치(Newt Gingrich)는 이러한 기법들을 완벽하게 터득하여 가르친다.

개의 공진점의 본질은 따로따로 고려한다면 이것은 한국의 돈·점논쟁에서 특별하지 않다. 그러나 여섯 개가 함께 모이면, 그 결과로 발생한 일단(一團)을 통해 퇴옹성철의 삶과 돈·돈 가르침의 전반적인 구조가 그 아래에서 자신이 살았고 가르쳤던 독재정권을 많은 점에서 반영하고 있음을 제시한다. 그렇다고 하여 이것이 자타가 인정하는 대선사의 삶과 생각이 독재정권의 그것으로 축소될 수 있음을 뜻하는 것은 결코 아니다.

그럼에도 불구하고 여섯 개의 구조적 공진점이 함께한 결과로 발생한 일단(一團)은 우리가 본고의 두 번째 부분에서 마지막으로 제기되었던 질문에 대하여 대답할 수 있게 해 준다. "누군가가 성철이 시도했던 것처럼 자신을 국가조직의 정치적 차원으로부터 배제시키는 동시에 그와 다른 국면에서는 어떤 식으로든 접촉하는 이러한 외줄 타기를 유지하는 것이 가능한가 불가능한가?" 앞서 언급했던 모든 증거들의 관점은, 비록 청와대와 백련암 사이의 전용 연락 장치는 물론 다른 어떤 특별한 접촉 형식이 없었음에도 불구하고,[171] 가야산의 호랑이가 속한 국가의 도(道, Way of the State)가 역설적으로 성철 스님의 산승으로

171 본고가 어떤 영향을 받았거나 모방했는지를 추적하려 하지 않은 것은 부분적으로는 명백한 접촉이 없었기 때문이다. 이 원고에서 예증되었던 관점들을 강화하기 위해서 간접적인 접촉에 관한 후속연구가 이뤄질 수 있다. 예를 들어, 1945년 이전에 일본 불교도 사이에 있었던 공산주의에 대한 격렬한 증오 – 그리고 그 불교의 반동적 정치 – 혹은 타이완 계엄령 시기의 "반공산주의" 정치와 타이완 불교계의 협력과 간접적으로 접촉했는지 아닌지에 대해 검증할 수 있다. 성철 스님이 일본어를 유창하게 읽을 수 있었기 때문에 책을 통하여 일본 불교와 접촉한 것이 확실하다. Sŏ, Myŏngwŏn(서명원), 2016, "The Philosophy of Sŏn Master T'oeong Sŏngchŏl (1912~1993)," *Journal of Korean Religions*, Vol. 7, no. 1 (April) (Seoul: Sogang Institute for the Study of Religion), 93~132. 특히 93쪽, 100쪽, 그리고 121쪽의 각주 32를 참고. 이 책의 제2부 제1장 각주11도 참고. 더구나 원택 스님은 스물한 살이던 1932년에 일본에 건너가 머물다 귀국했다는 가능성을 언급한다. 원택, 2012c, 『성철 스님 행장』 (서울: 글씨미디어), 27.

서의 도(山僧道)를 따라 잡았다(caught up with)는 것을 명백하게 드러낸다.

세상의 정복자 그리고 세상의 출가자

퇴옹성철은 20세기 후반기에 한국 불교를 개혁하려는 시도를 하면서 석가모니 부처님의 가르침으로 돌아갈 것을 선언하였고, 간화선 수행을 통하여 중도(中道)에 이르는 돈오돈수론(깨달음에 대한 돈·돈 교의)을 장려했다. 그 결과 그는 보조지눌의 돈·점 접근이 비정통적이라는 판정을 내렸고, 오늘날까지 진행형으로 이어지고 있는 한국돈점논쟁을 일으켰다. 가야산의 호랑이는 이를 통해 자신의 개혁을 석가세존과 육조혜능, 임제의현뿐만 아니라 태고보우와 서산 대사를 포함하는 중한 연결의 직접적 권위 아래 배치했다. 더구나 성철 스님은 석가세존과 앞서 언급한 모든 선사들을 자신과 같은 무조건적인 돈·돈 교의의 옹호자라고 주장함으로써, 스스로 자기를 인가한 선사로서 (내로라하는 선사들에게는 있지만 자신에게는 없는 전법의) 정당성을 얻으려고 시도하였다. 본고가 돈점논쟁이 자리 잡고 있는 넓은 역사·정치적 맥락 위에 돈점논쟁을 놓은 것은 퇴옹성철이 한국 불교를 완전히 정비하려는 토대로써 왜 다른 전략이 아닌 이 전략을 선택했는지를 더 잘 이해하기 위해서다. 정치와 단호히 가까이하지 않았던 세상의 출가자로서의 퇴옹성철에 관한 평판 때문에 지금까지 이러한 각도로 접근했던 연구는 거의 없었다.

이 논문은 통시적인 관점을 채택함으로써, 석가세존과 초기불교 및 아소카불교가 모두 통치자와 밀접한 접촉을 취해 왔으며/왔거나(and/or) 전륜성왕 형태의 치세를 즉위시키는 것을 목표로 세워 왔다는 것을 주목한다. 또한 초기불교가 다양한 수행들뿐 아니라 깨달음 과정의 점진적인 성격과 단박의 성격을 모두 힘주어 말했다는 사실을 강조한다. 여기에 중국과 한국에서의 돈점논쟁의 역사를 조사하여 더함으로써, 돈점논쟁이 한 번도 순전히 교의적인 적이 없었으며, 오히려 언제나 사회정치적 발전에 밀접하게 연관되어 있었다는 것을 보여 준다. 실로 모든 경우에서 돈·돈 교의는 통치자의 후원이 있었든지 없었든지 간에 그 전통 안에서 지배권을 획득하기 위해, 즉 누군가의 적을 약화시키거나 심지어는 진압하기 위한 수단으로써 사용돼 왔다. 혹은 이게 아니라면 국가조직 안에서 하나의 종파 혹은 그 불교 전통의 지위를 확고히 하려는 데 사용되어 왔다.

공시적인 관점에서 검토하면, 현대 한국돈점논쟁이 사회정치적 발전과 연관되어 있다는 규칙에서 예외가 아니라는 것에는 의심의 여지가 없어 보인다. 확실히 성철 스님은 출세자(出世者)로서 살았으며, 언뜻 보기에 국가의 지지를 얻지 않았음에도 불구하고 그가 이끌었던 개혁은 수백 년에 걸친 탄압을 받았던 불교 및 승려의 사회적 지위와 그에 따른 정치적인 지위도 높이고자 하였고, 돈·점의 패러다임을 사라지게 하여 한국 불교 내에서 자리한 해인사의 위신, 그게 아니라면 한국 불교에 대한 해인사의 지배력을 강화하고자 했다. 그러나 본고는 이에 덧붙여, 퇴옹성철이 활동한 시공간적 좌표 및 그의 담화의 전체적인 구성과 그가 불교를 개혁할 때 그 개혁이 속해 있던 국가가 나아가던 도(道) 사이의 여섯 가지 구조적 공진점들의 일단(一團)을 가리킨다. 이는 많은 점에서 성철 스님의 개혁 정신은 이것이 자리 잡고 있는 정치학·지정학에 입각한 전략적인 조망에 의해 형성되었다는 것을 강력하게 시사한다. 다시 말해서 현대 한국돈점논쟁은 광복의 시기에 한반도가 둘로 나뉜 것은 물론 냉전 시기에 전 지구적으로 불었던 반공산주의 분위기의 결과인 사회정치적인 긴장을 반영한다. 이러한 맥락에서, 전면적인 핵전쟁이 항상 일어날 수 있는 위험성은 돈점논쟁이 왜 한국에서 이전까지는 전례를 찾아볼 수 없을 정도로 고조되어 왔는지를 설명하는 데 도움이 될 수 있다. 이 시점에서 성철 스님이 정치적으로 어디에 서 있었는지 알려 주는 것은 아무것도 없다. 그러나 성철 스님이 그 개혁을 석가세존과 중한 연결의 권위 아래 두었던 바로 그때, 그가 드러냈던 불교의 교의와 수행에 대한 전반적인 이해는 자신이 출세자로서 살고 수행했던 국가의 평화와 안전을 보증했던 세상의 정복자들의 세계관에 의해 형성된 것인 듯싶다.

퇴옹성철이 특별히 훌륭한 스님이었음에는 의심의 여지가 없다.[172] 그럼에도 불구하고 그의 유산의 몇 가지 측면에는 분명히 논쟁의 여지가 있다. 예를 들어, 역사는 1980년 10월 27일 탄압의 시기와 1987년 민주화 운동이 절정이던 당시 대한조계종의 종정이었던 그의 침묵을 잊지 않을 것이다. 따라서 그에 대한 진정한 이미지를 후대에 전하는 가장 좋은 길은 이러한 측면을 부정하거나 정당화하려고 하는 것보다는 인정하는 것일지도 모른다. 확실히 성철 스님은 국가조직과 연결되어 있었지만, 방식에서는 그의 몇몇 지지자들이 미래 세대가 믿어 주었으면 하는 그것은 분명히 아니었다. 불교에 대한 그의 해석학, 다시 말해서 20세기 후반기에 불교 전통에 대한 그의 해석은 민주화 이후의 정신이 아닌, 민주화 이전의 정신을 철저히 반영하고 있다. 한국의 민주화 30주년을 향하는 시점에서 한반도와 한국 불교, 그리고 간화선의

172 서명원, 2012a, 「돈오돈수적 견성과 구경각」, 『돈오돈수와 퇴옹성철의 수증론』, 성철스님 탄신 100주년 기념 제6차 학술포럼 자료집, 5월 24일[서울: 한국불교역사문화기념관] (서울: 대한불교조계종 백련불교재단, 불교신문사), 52~53.

세계적인 포교를 위한 미래를 그려 볼 때, 현대 한국돈점논쟁이 탄생하여 지금까지 이 논쟁이 반영해 온 사회정치적 맥락을 잊지 않는 것이 정말 중요할 수 있다.

제2장
The Philosophy of Sŏn Master T'oeong Sŏngchŏl (1912-1993)

One of the most outstanding figures of Korean Buddhism in the twentieth century,[1] Sŏn Master Sŏngch'ŏl 退翁性徹 禪師, or Great Venerable Sŏngch'ŏl

* 이 연구는 2014년도 서강대학교 교내연구비 지원에 의한 연구임(10051.01). (This work was supported by the Sogang University Research Grant of 2014.)

** 이 연구는 한국선문화연구소 김선래 연구원의 자료 수집 및 검토, 분석이 없었다면 완성되기 힘들었을 것이다. (I am grateful to Ms. Kim Seollae 金善來 from the Han'guk Sŏn munhwa yŏn'guso 韓國禪文化研究所, without whose patient help it would have been impossible to gather and master all the data on which this essay is based.)

1 According to opinion polls conducted in Korea in 2015, with 2.9% of the respondents choosing him, Sŏngch'ŏl ranked as the ninth most influential Korean religious personality in modern times. In order of ranking, the others were: the late Cardinal Kim Suhwan (20.1%), Cardinal Yŏm Sujŏng (19.6%), Cardinal Chŏng Chinsŏk (14.4%), Chasŭng Sŭnim (11.1%), Pŏbnyun Sŭnim (8.3%), the late Pŏpjŏng Sŭnim (6.5%), Pastor Cho Yonggi (6.3%), and Hyemin Sŭnim (3.3%) (Cho Hyŏnsŏng 2015). The weekly Sisa chŏnŏl conducts such a survey annually, asking a thousand specialists in religious matters to choose three names from a list

性徹 큰스님 (hereafter, Sŏngch'ŏl), never received a systematic training in Buddhist studies or philosophy. In fact, he did not receive much of an education at all, in either public or private institution, prior to becoming a monk. Indeed, because of his poor health, he had to stop attending classes with his peers after graduating from primary school (Paengnyŏn 1995, 24). He was, however, a teenager impassioned by reading, going so far as bartering an 80-kilogram bag of rice in exchange for Kant's *Critique of Pure Reason*. Notes he left in the books he read, such as, "from eternity to eternity" (*yŏngwŏn esŏ yŏngwŏn ŭro* 永遠에서 永遠으로),[2] allow one to infer that at an early age he was already preoccupied with metaphysical questions (Ibid., 25–26). Once he became a mountain monk (*sansŭng* 山僧), and despite never having attended classes in any of the Korean monasteries' lecture halls (*kangwŏn* 講院), Sŏngch'ŏl rapidly acquired a reputation for having thoroughly read all of the Buddhist Canon to the point, some claimed, of being capable of reciting it by heart from beginning to end and vice versa.[3] Ch'ŏnche 闡提 (1939–), his eldest disciple, says Sŏngch'ŏl spent

of religious personalities. In 2010, Sŏngch'ŏl ranked sixth (4.8%); sixth in 2011 (9.2%); third in 2012 (21.6%); eighth in 2013 (7.7%); and fifth in 2014 (8.1%). On Chasŭng's influence, see Cho Hyŏnsŏng (2015a).

2 This became the title of Sŏngch'ŏl's daughter's book (Pulp'il 2012).

3 «"Who is the Sŏn Monk Ch'ŏl?" Thereupon monks would start talking among themselves to answer. "Since he is a PhD in everything, there is nothing he does not know about the world, and heaven and earth. He is number one in our country." "Stop talking (about things that you do not know)! He is a monk learning by heart the Tripitaka in reverse." Sŏngch'ŏl's name was already known beyond rivers and mountain passes in all the monasteries of the country.» («"철수좌가 누구이십니까?" 그러자 답 삼아 스님들끼리 성철에 대해 얘기했다. "만물박사여서, 세상 천지 모르는

a considerable amount of time translating Sanskrit Buddhist texts into Korean, encouraging reputed academics to do the same, and trying to relate Buddhist doctrine to contemporary science (Pak Wŏnja 2008, 196-197). However, Sŏngch'ŏl's knowledge always remained that of a self-taught, chiefly practice-oriented meditation monk (*sŏnsŭng* 禪僧); it never became that of an academic trained in Buddhist scholarship, which can help us understand why he was good neither at teaching nor at writing. According to Wŏnt'aek 圓澤[4] (1944-), Sŏngch'ŏl was adamant that "theory ruins Sŏn" (*iron i sŏn ŭl mangch'inda* 理論이 禪을 망친다).[5] In other words, for him, the ultimate meaning resided in practice, not in theory. As we shall see, these somewhat contradictory features, i.e., bibliophile and bibliophobe, are part and parcel of Sŏngch'ŏl's paradoxical philosophical identity.

Sŏngch'ŏl never pretended to be a philosopher, nor did he ever give a talk with the intent of defining what *philosophia* is, or what it meant for him to "love wisdom," but that does not entail that his teachings were deprived of a philosophy. As Merleau-Ponty (1908-1961) remarked in the speech he gave at the Collège de France in 1952 when awarded the philosophy chair, "every human being has a philosophy, no matter how unaware of it he/she may be," i.e., no matter how inchoate it might be. An

것이 없다지? 글이 우리나라 제일이야." "말도 말어. 팔만대장경을 거꾸로 외우는 스님이야." 성철의 이름은 이미 물을 넘고 재를 넘어 전국 사찰에 퍼져 있었다.») (Kim T'aekkŭn 2015). In a phone call on the eve of an international academic conference at which he had asked me to present a paper (Sŏ 2013b), Wŏnt'aek (see note 4) claimed this rumor was groundless. See note 11.

4 Sŏngch'ŏl's best-known disciple and promoter.

5 Heard directly from Wŏnt'aek during an encounter at Chogyesa in 1998.

outstanding human being, Sŏngch'ŏl was no exception: he had a philosophy. And, in the absence of an organized account for it, reading what he wrote shall suffice to organize the main concepts of his thought into "a comprehensive view of reality and man's place in it" (Mautner 2005, 466). In that working definition of philosophy, i.e., simple but useful, "man's place" can be replaced by the less anthropocentric and more Buddhist "sentient being's place."

No one's philosophy can stand purely and isolated in the midst of blue oceans or heavens. Albeit ultimately never reducible to the spatiotemporal conditions in which one lives, it is always somehow related to them. Plato's (427–347 BCE) philosophical endeavor, for instance, would be entirely based upon his experience of Socrates' death (Vergely 2006, 18). Hence, this essay's first part describes in broad outline the main events of Sŏngch'ŏl's life. After presenting the overall structure of his writings, the second section introduces his thought by analyzing the content of his main works. Following on this, part three defines Sŏngch'ŏl's philosophy in a nutshell, and the fourth and final section presents a critical approach to Sŏngch'ŏl's philosophy.

Context and Main Events of Sŏngch'ŏl's Life[6]

Sŏngch'ŏl's Life as a Layman (1912-1936)

As we know, after enduring the *ŏkpul sungyu chŏngch'aek* 抑佛崇儒政策 (repress Buddhism and promote Confucianism policy) during the Chosŏn dynasty (1392-1910), Buddhism was subjected to a strong Japanese influence during the years the Empire of the Rising Sun ruled over the peninsula (1910-1945).

Sŏngch'ŏl was born Yi Yŏngju 李英柱 in Mukkok, a village in northwestern South Kyŏngsang province,[7] in 1912, two years after Japan's formal colonization of the Korean peninsula. The first-born son of a landowner, at age fourteen he married seventeen-year-old Yi Tŏgmyŏng (1909-1982) (Pulp'il 2012, 78-79). In his early twenties, while living as a married layman, and now the father of a daughter, a few events marked his existence.

Firstly, a Buddhist monk introduced him to the *Zhengdaojia* 證道歌 (K. *Chŭngdoga*; Song of Enlightenment) of Yongjia Xuanjue 永嘉玄覺 (K. Yŏngga Hyŏn'gak, 665-713). Yongjia belonged to the school of the Sixth Patriarch Liuzu Huineng (K. Yukcho Hyenŭng 六祖惠能, 638-713),

6 Unless otherwise specified, the raw facts contained in this section and the following are chiefly drawn from secondary sources (Sŏngch'ŏl 1993a, 747-751; Paengnyŏn mundohoe, ed.1995; etc.), while all the comments and developments explaining those facts are from the author of this paper, some of which can also be found in Sŏ (2013c), a book partially based on a doctoral dissertation on Sŏngch'ŏl (Sŏ 2004).

7 Sanch'ŏng-gun 山淸郡, Tansŏng-myŏn 丹城面, in the Chiri Mountains area.

and was one of its five heads.[8] According to tradition, in memory of the sudden awakening that he achieved overnight after his first—but decisive—encounter with Huineng, Yongjia was famously nicknamed Yisujue 一宿覺 (K. Ilsuk'kak, "overnight awakening"). Before that encounter, Yongjia had enjoyed a reputation for having perfectly mastered all the scholastic teachings of both the Tiantai 天台 (K. Ch'ŏnt'ae) and Huayan 華嚴 (K. Hwaŏm) schools, but without ever reaching full awakening. As a result, Yongjia's *Zhengdaojia* very powerfully extols the sudden and complete realization of the Way (Ch. *zhengdao*, K. *chŭngdo* 證道) through the practice of Chan 禪 (K. Sŏn), thus proclaiming the absolute superiority of the meditative school teachings over those of the scholastic schools. The influence exerted upon Yi Yŏngju by the *Zhengdaojia* helps explain the powerful anti-intellectual drive that pervades his thought. For good measure, later in his life Sŏngch'ŏl gave a series of lectures on Yongjia's chief work (Sŏngch'ŏl 1987b).

Secondly, in those years, as he was reading a Buddhist periodical, Yi Yŏngju fortuitously discovered *kanhuachan* 看話禪 (K. *kanhwasŏn*, "keyword meditation")[9] and Dahui Zonggao 大慧宗杲 (K. Taehye Chonggo, 1089–1163), a *dhyāna* master of the Song 宋 dynasty (960–

8 Hyenŭng munha odae chongjang 惠能門下五大宗匠 (Ch. Huineng wenxia wudai zongxiang).

9 A contraction of *kanhwadu sŏn* 看話頭禪: the Sŏn approach of observing the critical phrase or keyword (hwadu) of a *kongan* 公案. *Kongan* (J. *kōan*) are Buddhist conundrums. It is sometimes called "keyword meditation," abbreviated KWM. Buswell considers them the pinnacle of the long evolution of the Chinese meditative school (Buswell 1987, 321–356).

1279). Dahui was the most decisive Chinese promoter of *kanhuachan*; to the point that he was given the nickname "Father of *kanhuachan*." As a disciple of Yuanwu Keqin 圜悟克勤 (K. Wŏno Kŭkkŭn, 1063-1135), Dahui belonged to the Linji (K. Yanggi) branch 楊岐波 of the Yangqi (K. Imjae) school 臨濟宗. According to Dahui, *kanhuachan* was the means par excellence to achieving sudden awakening, in conformity with the teachings of the Buddhas and Patriarchs.

Thirdly, Yi Yŏngju started practicing *kanhwasŏn* by himself at Taewŏn monastery 大源寺 in the Chiri Mountains 智異山, receiving guidance from the *Taehye Chonggo Sŏnsa ŏrok* 大慧宗杲禪師語錄 (Ch. *Dahui Zonggao Chansi yulu*; Records of Chan Master Dahui Zonggao). After over five weeks of deep and intense practice, he achieved *tongjŏng iryŏ* 動靜 一如, a state of consciousness such that the *hwadu* keeps resounding extremely clearly (*sŏngsŏng* 星星) in the meditator's mind, whether standing still or moving about. Reaching this first of three stages along the path to full awakening[10] strongly contributed to emboldening Yi as he was about to make the decision to leave his home (*ch'ulga* 出家).

Sŏngch'ŏl's Life as a Sŏn Monk (1936-1993)

In 1936, Yi Yŏngju departed his home village, leaving behind his first

10 These three stages, or gates, are called *sammun'gwan* 三門關. The two others are: constant raising of the *hwadu* while dreaming (*mongjung iryŏ* 夢中一如) and constant raising of the *hwadu* while in deep sleep (*sugmyŏn iryŏ* 熟眠一如). The constant raising of the *hwadu* is called *omae iryŏ* 寤寐一如.

daughter (ca. 1932–1945) and a wife now pregnant with his second one,[11] saying he would return within ten years.[12] Yi went to Haein monastery 海印寺 in order to begin living as a Sŏn monk with Tongsan Hyeil 東山慧日(1890–1965) as his benevolent master (*ŭnsa* 恩師). The latter gave him the monastic name Sŏngch'ŏl 性徹: "thoroughly manifested Buddha nature." From then on, indeed, Sŏngch'ŏl started to live as a meditation monk, spending the two annual retreat seasons[13] practicing *kanhwasŏn* in various meditation halls (*sŏnwŏn* 禪院), mostly in Kyŏngsang province. He spent the rest of his time reading Buddhist scriptures and books, largely from Japan (Cho Myŏngje 2006).[14] He did not return to his home monastery until 1967, the year he was appointed Sŏn master (*pangjang* 方丈) there. Thus, Sŏngch'ŏl's monastic life may be divided into two main periods: before and after the beginning of his public life in 1967.

The first period lasted thirty years, from 1936 to 1966. Between 1936 and 1946, Sŏngch'ŏl lived as an *unsu* 雲水.[15] In 1940, at age

---

11 The future and well-known Pulp'il 不必 Sŭnim (see note 3). In the phone call mentioned in note 3, Wŏnt'aek said that Sŏngch'ŏl's second daughter was a "posthumous child" (*yubokcha* 遺腹子), and ignored Sŏngch'ŏl's first daughter. For good measure, he suppressed from my paper the content related to this "posthumous daughter." According to Yi Ch'ŏlche, Sŏngch'ŏl was not aware that he had impregnated his wife when he departed from his home (Yi Ch'ŏlche 2011). Pulp'il remains vague on this issue. Be that as it may, she provides some details about her older sister's life and death, and about her own life and relations with her father (Pulp'il 2012, 17–19, 72).

12 Although he never did (Pulp'il 2012, 61, 80), it seems that he never divorced either.

13 During the summer and winter, lasting roughly three months each (*tongan'gŏ* 冬安居 and *haan'gŏ* 夏安居).

14 Especially after 1950. See note 32.

15 Meaning "cloud and water," another name given to Sŏn monks as a metaphor for

29 and while at the winter retreat at Tonghwa monastery's 桐華寺 Kŭmgang *sŏnwŏn* 金剛禪院 in the P'algong Mountains 八公山,[16] he recited and wrote an awakening stanza (*odosong* 悟道頌). Following that enlightenment,[17] to receive its confirmation in the form of a Dharma seal (*in'ga* 印可), he met the most famous Sŏn masters of the day, Hyobong Hangnul 曉峰學訥[18] (1888-1966) and Man'gong Wŏlmyŏn 滿空月面 (1871-1946), from Songgwang monastery 松廣寺 and Sudŏk monastery 修德寺, respectively.[19] These encounters left him deeply disappointed. At about the same time, he discovered National Teacher Pojo Chinul's 普照知訥 (1158-1210) *tono chŏmsu* 頓悟漸修 (sudden awakening/gradual practice) doctrine, but he found it irrelevant to the *tono tonsu* 頓悟頓修 (sudden awakening/sudden practice) experience that he had just achieved. From then on, he definitely stopped looking for confirmation of his awakening.[20]

From 1947 to 1949, just following the liberation of Korea in 1945, a number of monks headed by Sŏngch'ŏl organized the Pongam

their itinerant life of detachment.

16 North Kyŏngsang province.

17 This paper uses "awakening" and "enlightenment" as synonyms.

18 Sŏngch'ŏl was not welcomed by Hyobong as warmly as he had expected (Kim T'aekkŭn 2015).

19 In South Chŏlla and South Ch'ungch'ŏng provinces.

20 Sŏngch'ŏl's dissatisfaction may evoke that of the Buddha Śākyamuni with the teachings of the famous *dhyāna* Masters Ālāra Kālāma and Udakka Ramaputta, which lead him to start threading a new path on his own. But it is well known that Sŏngch'ŏl was welcomed coldly by Hyobong (see note 18), and that he never received the *in'ga* that he was probably expecting from him.

monastery *kyŏlsa* 鳳巖寺結社,[21] a movement promoting the reformation of Korean Buddhism under the motto "*Puch'ŏnim pŏptaero salja*" 부처님 法대로 살자 (Let's live according to the Buddha Śākyamuni's Dharma). The outbreak of the Korean War on June 25, 1950 put an end to this. Even though the Pongam monastery *kyŏlsa* was short-lived, its spirit has exerted a long lasting influence on the destiny of contemporary Korean Buddhism, as may be inferred from the number of future Chogyejong's supreme patriarchs (*chongjŏng* 宗正),[22] head administrators (*ch'ongmu wŏnjang* 總務院長), and abbots (*chuji* 住持) who took part in it (Wŏnt'aek 2012c, 66, 68–69).[23]

During most of the war and the year that followed, Sŏngch'ŏl lived as a hermit in the hut that he built and named Ch'ŏnjaegul 闡提窟[24] in the vicinity of Anjŏng monastery 安靜寺.[25] From then on, he started requiring three thousand bows—before the Buddha—from anyone requesting to meet him.

From 1955 until 1964, Sŏngch'ŏl confined himself (*tumun pulch'ul*

21 North Kyŏngsang province, Mun'gyŏng-gun 聞慶郡. A *kyŏlsa* is a community or society dedicated to a common goal in religious practice (DDB).

22 Chŏngdam 靑潭 (1902–1970, *che* 第 2 *tae* 代 chongjŏng), Sŏngch'ŏl 性徹 (1912–1993, *che* 6–7 *tae*), Hyeam 慧菴 (1920–1985, *che* 10 *tae*), Pŏpchŏn 法傳 (1925–2014, *che* 11–12 *tae*) (TPCH).

23 Because of its fundamentalist tendencies, that influence is sometimes perceived as controversial (Cho Sŏngt'aek 2011, 43). For instance, Sŏngch'ŏl wanted Korean monks to use bowls and robes that were exact replicas of the ones used by bhikṣus in early Buddhism.

24 Meaning the "hut of the *icchantika*," i.e., the one that has lost forever the capacity to achieve *nibbāna*.

25 South Kyŏngsang province, near T'ongyŏng 統營.

杜門不出) at P'agye monastery's 把溪寺 Sŏngjŏn-am 聖殿庵,[26] remaining seated in meditation for long periods of time and never lying down (*changjwa purwa* 長座不臥).[27] To understand the meaning of that period in Sŏngch'ŏl's life, let us remember that among the many transformations undergone by Buddhism under Japanese rule, most Buddhist monks married. In the aftermath of the Korean War (1950–1953), between 1954 and 1962, i.e., during the later years of Syngman Rhee's presidency (1948–1960) and the early years of that of Park Chung-hee (1960-1979), that situation resulted in a dramatic and bloody schism between the married monks (*taech'ŏsŭng* 帶妻僧) and the few still upholding celibacy (*pigu* 比丘).[28] Although he was asked by other Buddhist monks to take part in the movement for the purification of Buddhism from its Japanese elements (*waesaek Pulgyo chŏnghwa undong* 倭色佛教淨化運動) instigated by President Rhee, Sŏngch'ŏl adamantly refused to do so.[29] Instead, he took refuge in solitude for a decade.

26 North Kyŏngsang province.

27 A sign on a huge tree in front of Sŏngjŏn-am claims that that very tree witnessed Sŏngch'ŏl's tireless *changjwa purwa*. Chin'gwan 眞寬 sŭnim (1948–), Co-representative of the Buddhist Committee for Human Rights and Director of Mujinjang 無盡藏 (Sŭnim, 1932–2013) Buddhist Culture Research Institute, clearly states that no one can remain seated in meditation for so long without ever lying down (heard directly from Chin'gwan in an interview recorded at Chogye monastery on August 27, 2015).

28 Out of 7000 monks, approximately 300 were celibate, i.e., slightly more than 4 percent (Kim Kapsik 2011a). Out of those 300, a mere 70 were practicing Sŏn monks (Kwŏn 2004, 216).

29 See note 12.

> While outside the fighting between married and unmarried monks—to take by force temples and monasteries for the sake of Buddhism's purification—was at its peak, the Great Venerable was laying one by one stepping-stones for a genuine inner purification of Korean Buddhism. That is why perhaps Sŏngjŏn-am's barbed wire was the barbed wire of the faith with which the Great Venerable surrounded his heart. (Paengnyŏn mundohoe 1995, 46)

Such is the backdrop against which Sŏngch'ŏl's life, more or less as a hermit (*toksuja* 獨修者), unfolded before he became Haein monastery's meditation master in 1967. If the aforementioned events left Buddhism in disarray, and thus rather ill-prepared to take up the challenge arising from the massive spread of Christianity encouraged by Rhee, the stability provided by the dictatorship until 1987, and democracy afterwards, have allowed it to recover considerably from its over five centuries of hardship.

As it unfolded from 1967 to 1993, the second period of Sŏngch'ŏl life as a monk corresponds to that era of socio-political stability and economic growth, which culminated in the so-called "Miracle on the Han River." These are the years of Sŏngch'ŏl's career within Haein monastery and Chogyejong 曹溪宗. From 1967 on, nicknamed "Tiger of the Kaya Mountains" (*Kayasan ŭi horangi* 伽倻山의 호랑이), he dwelled in Paengnyŏn-am 白蓮庵 as the highly respected and fearsome *dhyāna* master of the Haein *ch'ongnim* 叢林.[30] He was also appointed

30 A *ch'ongnim* is a monastery that has three halls: one for the teaching of the monastic rules (*yurwŏn* 律院), one for the teaching of Buddhist doctrine (*kangwŏn* 講院), and one for the practice of meditation (*sŏnwŏn* 禪院).

Chogyejong's supreme patriarch in 1981, a responsibility he retained until his death in 1993. Not only during the aftermath of the Korean War, but even later on, Sŏngch'ŏl remained faithful to the spirit of the Pongam monastery *kyŏlsa*, taking advantage of his monastic positions to put it into practice within the Chogyejong (Pulp'il 2012, 334; Wŏnt'aek 2012c, 68–69). It was also during the years of his public life that Sŏngch'ŏl wrote all his works.

Sŏngch'ŏl's Works and Thought

Sŏngch'ŏl's works comprise eleven volumes, titled *Sŏngch'ŏl sŭnim pŏpŏjip* 法語集, and are divided into two bodies. The first, comprising seven volumes, was not written by Sŏngch'ŏl, but is a compilation of his Dharma talks as collected by his disciples; while the second comprises four books written by Sŏngch'ŏl himself. Because their content sometimes seems to have been significantly altered by Sŏngch'ŏl's disciples, the publications of the first part cannot always be considered as reliable as those from the second. Strictly speaking, being Korean translations of Chinese and Korean master's Dharma talks established by scholars at Sŏngch'ŏl and Wŏnt'aek's demand, the thirty-seven volumes of the *Sŏllim kogyŏng ch'ongsŏ* 禪林古鏡叢書 (Sŏngch'ŏl 1987–1993) cannot be considered part of Sŏngch'ŏl's writings.

The First Part of Sŏngch'ŏl's Works

Among the volumes of the first part, the first two, *Paegil pŏmmun* 百日法門 (*Sermon of One Hundred Days*), published in 1987, are the best known. They deserve special attention since they contain the teachings transmitted by Sŏngch'ŏl at Haein monastery during the winter retreat of 1967, i.e., just after he commenced his public life after some three decades spent more or less in solitude. These teachings amount to an introduction to a Buddhism understood as the religion of awakening (Sŏngch'ŏl 1992a, 14–27), and defined as an actual, complete and definitive awakening to the Middle Path (*chungdo* 中道). In his postface to this work, Wŏnt'aek describes it as a masterly attempt to demonstrate the relationship between the various doctrines contained in major *sūtras* and the whole of Buddhism, by examining them from the standpoint of the Middle Path, an ideal which vivifies each of them (Sŏngch'ŏl 1992b, 371; Pulp'il 2012, 268–270).[31] For Sŏngch'ŏl—as for the Japanese Buddhist scholars who deeply inspired and thoroughly influenced him[32]—what the Buddha Śākyamuni discovered through his

31 Wŏnhyo (617–686) has attempted to do the same thing, but from the standpoint of the one mind (*ilsim* 一心).

32 The first volume of *Paegil pŏmmun* relies heavily on Miyamoto Shoson's 宮本正尊 (1893–1983) *Chungdo sasang mit kŭ ŭi paltal* 中道思想 및 그의 發達 (900 pages), which was inspired by the methodology of Murakami Sensho 村上專精 (1851–1929) and other advocates of the doctrine according to which Mahāyāna is not Buddhism (*taesŭng pibulsŏl* 大乘非佛說). The origins of that doctrine can be traced to Tominaga Nakamoto 富永仲基 (1715–1746). Even though he was opposed to that doctrine, Miyamoto adopted the methodology of his adversaries. And so did Sŏngch'ŏl, who also rejected that doctrine, as he preached the *Paegil pŏmmun*.

awakening, and taught during his lifetime, is nothing but the Middle Path.

But, above all, the *Paegil pŏmmun* is well known because it sparked the Korean sudden/gradual debate (*ton-chŏm nonjaeng* 頓漸論爭), which remains one of the major ongoing debates within Korean Buddhism (Pyŏn 2015). Indeed, in it, Sŏngch'ŏl began to publicly criticize the sudden/gradual approach of awakening and practice by stating that Chinul, its main protagonist, cannot be honored as Chogyejong's founder (Sŏngch'ŏl 1992b, 352-365).[33] For Sŏngch'ŏl, awakening is entirely sudden (*tono* 頓悟) and he who becomes awakened suddenly becomes a Buddha (*tonsu* 頓修). Such is the meaning of the *tono tonsu* doctrine that he then started to advocate openly and which he championed without compromise throughout his public life. For Sŏngch'ŏl, as for Dahui Chonggao, the best practice to achieve the same experience in one's present life is none other than *kanhwasŏn* (Wŏnt'aek 2016a, 194-195).

As a result, Sŏngch'ŏl radically rejects any understanding of the concept of *tono*, implying a follow-up through gradual practice (*chŏmsu* 漸修). While Sŏngch'ŏl's *tono* implies the complete and sudden achievement of Buddhahood, Chinul's *tono* would merely correspond to an entering the stream (*imryu* 入流) at the level of the eleventh of the

Miyamoto's Middle Path Doctrine accepted as logic Japanese imperialism and nationalism centered on the emperor. In 1963, Miyamoto was invited to the imperial palace in Tokyo to brief the emperor on the Middle Path Doctrine (Cho Myŏngje 2006). See also Ch'oe Wŏnsŏp (2015).

33 On the debate over who is the founder of Chogyejong, see Pak Haedang (2015).

fifty-two degrees of awakening,[34] as described by the Ch'ŏnt'ae and Hwaŏm schools. From Sŏngch'ŏl's standpoint, to say that sudden awakening requires further practice amounts to the "gilding of refined gold." Consequently, Chinul's *tono* is nothing but an understanding awakening (*haeo* 解悟), a partial destruction of one's passions (*punp'a* 分破) and, accordingly, a partial awakening (*punjŭng* 分證). For Sŏngch'ŏl, the highest and correct awakening (*musang chŏnggak* 無上正覺) requires a thorough purification of the eighth consciousness, or storehouse consciousness (*aroeyasik* 阿賴耶識, Sk. *ālayavijñāna*). Even the bodhisattvas that have reached the fifty-first degree of awakening (*tŭnggak* 等覺), though they are purified of the six common concepts (*yukchu* 六麤), still have not freed themselves from the three subtle conceptions (*samse* 三細) dwelling in their eighth consciousness. In other words, according to Sŏngch'ŏl, Chinul's *tono* is nothing but a misnomer, that has caused a considerable amount of confusion within the Korean Sŏn tradition.

Sŏngch'ŏl attributed Chinul's mistakes to the influence of Guifeng Zongmi 圭峰宗密 (K. Kyubong Chongmil, 780–841), himself influenced by Heze Shenhui 荷澤神會 (K. Hat'aek Sinhoe, 668–760 or 670–762). Heze was a first generation disciple of the Sixth Patriarch, but was subsequently dismissed by the Chinese meditative school for being a master with an excessive propensity to learn and conceptualize (*chihae chongsa* 知解宗師). Let us remember that Guifeng would have been patriarch of both the Heze (K. Hat'aek) and the Huayan (K.

34 In this instance, the first of the ten dwellings (*sipju* 十住).

Hwaŏm) schools, and that he worked at harmonizing the meditative and the doctrinal approaches (*sŏn'gyo ilch'i* 禪敎一致). Sŏngch'ŏl categorically rejected all such attempts as *yangdari kŏlch'igi* 兩다리 걸치기 (double-dealing or sitting on the fence).

One often hears that Sŏngch'ŏl's biggest contribution to Korean Buddhism in the twentieth century is his relentless endeavor to provide a clear definition of complete awakening. Be this as it may, when examined from the perspective of the political background of the Chinese and Korean sudden/gradual debates throughout history, Sŏngch'ŏl's criticism of Chinul can also be understood as a full-fledged "doctrinal *coup d'état*" (Sŏ 2012b, 108–109; 2013b, 218–219).[35] To be sure, this radical denunciation of Chinul constitutes, if not the cornerstone of Sŏngch'ŏl's philosophy, then at least one of the keys required to understand it.

Wŏnt'aek explains that the *Paegil pŏmmun* was published so late because Sŏngch'ŏl's lectures as recorded in 1967 required a considerable amount of work in order to be reshaped into readable books.

> The content was difficult. Since the Great Venerable spoke too fast when explaining the *sūtras* that he was quoting, getting the meaning

35 The publication of *Kayasan horangi ŭi ch'ech'wi rŭl matatta* (Sŏ 2013b) caused a considerable row within Korean Buddhism (Yi Chaehyŏng 2014ab), and it was deemed one of the six major pieces of news within Buddhist academic circles in 2014 (Yi Chaehyŏng 2014c). To my knowledge, the overall conclusions of that work, and especially of its most decisive essay (Sŏ 2012c), have yet to be refuted from an academic standpoint. As Yi Sangho has clearly demonstrated (2014), the attempt made by Pak Taewŏn missed the mark.

> was not easy. The Great Venerable was picking parts of the Tripitaka and of Sŏn masters' records that based on his experience he judged of essential importance. But it was hard to understand, because he just quoted fragments of them, making logical leaps and without giving overall explanations. Even if one had the impression of understanding while listening to the tapes, at the time of writing something down, there were so many incomplete elements that it was extremely hard to put the manuscript in order. (Sŏngch'ŏl 1992b, 370)

Chin'gwan, who took part in the 1967 winter retreat at Haein monastery, says no one could get a grasp of Sŏngch'ŏl's Dharma talks other than the few monks fluent in Sanch'ŏng 山淸 dialect.[36] Pulp'il also points out that the participants in the retreat repeatedly complained that, in addition to using his native vernacular, Sŏngch'ŏl talked too fast (Pulp'il 2012, 266). These stories help us realize the amount of rework that was required to publish the first edition of *Paegil pŏmmun*.

One may also wonder why, despite Sŏngch'ŏl's statement that "theory ruins Sŏn," some of his followers worked so hard to transform into books Dharma talks that—far from being destined to become writings—were addressed to Sŏn monks involved in the practice of deep meditation during a three-month retreat. This is even more puzzling when one compares, for instance, the extremely terse style of Linji's Dharma talks[37] with the now rather scholastic style of the *Paegil pŏmmun*. One may argue that the tapes of 1967 warrant the content objectivity of these

36 He adds that there was not much to learn anyhow since Sŏngch'ŏl did not make any effort to adapt his talks to the modern world. See note 27.

37 T1985.

books, and thus justify the whole endeavor to make them accessible to a broader audience. Yet, considering the difficulties faced in understanding these tapes and writing down their content, one may question the meaning of transforming them into published material. But Wŏnt'aek does not seem to have considered how such reworking may have distorted the original "mind to mind" (*isim chŏnsim* 以心傳心) spirit that gave life to Sŏngch'ŏl's oral style.

Moreover, a new version of these talks—in three volumes now instead of two—recently saw publication (Sŏngch'ŏl 2014). In this edition, Wŏnt'aek suppresses from the preface the paragraph—quoted above—in which he acknowledges the difficulty of understanding, interpreting, and putting into print those oral materials. A comparison of the old and new editions reveals that the language has been significantly transformed and the contents considerably amplified. In other words, in order to become publishable, the contents of the original tapes have undergone even more reworking. In the preface to the new edition, Wŏnt'aek provides the following explanation to justify the whole endeavor:

> When I went to Paengnyŏn-am, I found the tapes of the Dharma talks and there were over a 100[38] (instead of the original 56). As I looked back carefully, I discovered that huge parts of the Dharma talks' contents had been left out of the edition published on the fourth of April 1992. For a moment I felt as if my heart would stop, and I scrupulously asked

38 Interestingly, another source talks of a total of only 70 tapes rather than over a 100 (Kong 2014).

> myself how such a thing could have happened. [...] I thought that I had worked hard, but as I realized that much of the contents had been left out, I understood that a mistake had been made. I should have begun with gathering all the tapes before starting to write down their contents. But since I received them and wrote down their contents one by one, I unintentionally left some parts out. [...] Six years after National Teacher Pojo's death, his disciple, National Teacher Chin'gak 眞覺, put in order a posthumous manuscript and published the *Kanhwa kyŏrŭiron* 看話決疑論 and [thus] put the final touch on Pojo's thought. But because it is almost fifty years after the Great Venerable's Dharma talk, we can barely manage to come up with an acceptable edition of the *Paegil pŏmmun*, we are at a lost how to express our repentance to the Great Venerable. (Sŏngch'ŏl 2014, 5-11)

Among the many transformations noticeable in this new edition, the most important is the clear effort made to soften the harsh tone used by Sŏngch'ŏl to condemn Chinul.[39] Indeed, Wŏnt'aek declares in his preface that Sŏngch'ŏl did not in fact criticize Chinul, but the monks who did not understand that late in life the latter had given up the sudden/gradual teaching in favor of the sudden/sudden one. For good measure, Wŏnt'aek deplores that this fact was only lately discovered

39 This could be owing to Wŏnt'aek and his advisors at the Paegnyŏn Pulgyo Munhwa Chaedan having realized that an excessive condemnation of the latter is both unjustified and counterproductive; especially as they intend to make Sŏngch'ŏl better known on the international stage where a number of reputed academics are familiar, and sympathetic with, Chinul's thought. Indeed, *Paeg'il pŏmmun ha* was translated into English and published in 2010 (Sŏngch'ŏl 2010). Fears that the control of the narrative on Sŏngch'ŏl may be lost on that stage have already been expressed (Yi Chaehyŏng 2014).

because, had it been known before the publication of Sŏngch'ŏl's *Sŏnmun chŏngno* 禪門正路, "it would have allowed a far more nuanced understanding of that work's meaning" (Sŏngch'ŏl 2014, 11). Accordingly, Chinul is even more clearly presented as having (wisely) rejected the sudden/gradual approach and acknowledged the superiority of the sudden/sudden one in his posthumously published works.

> Consequently, if we look at the progress in Venerable Chinul's thought, at a first stage in the *Susimgyŏl* 修心訣 and the *Chŏnghye kyŏlsamun* 定慧結社文, he confuses *tono chŏmsu* 頓悟漸修 with Sŏn 禪. Likewise in *Chŏryo* 節要, which he finished at age 52, during the winter and just before entering Nirvāṇa, even though he distinguishes Sŏn and Kyo 敎, confusion remains. But in the *Kanhwa kyŏrŭiron* 看話決疑論 and the *Wŏndon sŏngbullon* 圓頓成佛論, which were published after he entered Nirvāṇa, he clearly states that Sŏn amounts to realization awakening (*chŭngo* 證悟), not understanding awakening (*haeo* 解悟). (Sŏngch'ŏl 2014, 354)

> Venerable Pojo too ultimately realized by himself that the *Susimgyŏl*'s point of view is erroneous and demonstrated it clearly through explanations. In the end, the "seeing of one's nature" in "seeing one's nature and accomplishing Buddhahood" (*kyŏnsŏng sŏngbul* 見性成佛) does not mean "seeing one's nature first, and then practice to accomplish Buddhahood." He said that "seeing one's nature" amounts to the Buddha wisdom's realm (*pulchi* 佛智, 佛地) which is completely and perfectly endowed with the three bodies (*samsin* 三身) and the four kinds of cognition (*saji* 四智), i.e., ultimate enlightenment (*kugyŏnggak* 究竟覺). (Sŏngch'ŏl 2014, 364)

Such an interpretation will be contested by the many who consider the fundamental congruence of the meditative and doctrinal approaches (*sŏn'gyo ilch'i* 禪敎一致) to be part and parcel of Chinul's thought. Indeed, beyond time and space and *in absentia*, it tends to transform National Teacher Pojo Chinul into someone who—in the end—completely agrees with T'oeong Sŏngch'ŏl. In other words, Pojo Chinul's rehabilitation is a conditional one. To be sure, to prove that he is acceptable from the sudden/sudden view point, Moguja 牧牛子 ("Ox Herder," Chinul's alias) had to abandon all his earlier writings, including his *magnum opus Chŏryo*, the study of which was, and remains, forbidden by Sŏngch'ŏl at Haein monastery's *kangwŏn*. In the end, since this amounts to stripping Chinul of his identity as a scholiast, his rehabilitation boils down to his disguised neutralization. Such a perspective is decidedly contrary to the account of the three awakenings provided by Kim Kunsu 金君綏 in Chinul's epitaph at Songgwang monastery (Pojo sasang yŏn'guwŏn 1989, 419–423). In it, these three experiences, since they are complimentary, work in synergy, not in opposition (Ibid., 419–423). In stark contrast, far from accepting this synergy, Chinul's supposed "conversion" to the superiority of the sudden/sudden paradigm late in life obviously entails the rejection of it, which in turn reinforces the unquestionable supremacy of that paradigm, and, with this reinforcement, Sŏngch'ŏl's position in the history of Korean Buddhism. Without a doubt, beyond Sŏngch'ŏl's superficial befriending, the radical hostility towards Pojo Chinul as he could otherwise be understood remains unchanged: *toro Amit'abul* 도로 阿彌陀佛 (we wind up just where we started). Beyond appearances, the difference between the old and the new versions of the *Paegil pŏmmun* amounts to that between "six of one and half a dozen of the other" (*chosam mosa* 朝三暮四).

As stated before, Sŏngch'ŏl's antagonizing of Chinul constitutes, if not the cornerstone of his philosophy, certainly one of the main keys required to understand it. The attempt made in the new edition of the *Paegil pŏmmun* to soften Sŏngch'ŏl's harsh tone regarding Chinul appears to be an answer to recent research, which "examines the socio-political underpinnings of his [Sŏngch'ŏl's] reformation and defines six points of structural resonance between it and the way of the authoritarian state under which it was carried out" (Sŏ 2012b, 89). Judging from the overall contents of the second part of Sŏngch'ŏl's works, Wŏnt'aek's claim to the contrary hardly seems to be sustained.[40]

The Second Part of Sŏngch'ŏl's Works

The first work is the *Yukcho Tan'gyŏng Tonhwangbon hyŏnt'o pŏnyŏk* 六祖壇經 敦惶本 縣吐飜譯 (Platform Sūtra of the Sixth Patriarch, annotated translation of the Tonhwang manuscript).[41] Published in 1987, six years before his death, it represents Sŏngch'ŏl's ultimate attempt to prove that orthodox Sŏn, i.e., the Sixth Patriarch Hyenŭng's Sŏn, is

40 Wŏnt'aek's claim evokes attempts made to rewrite contemporary Korean history (Kim Kudong 2016).

41 Ch. *Liuzu Tanjing Dunhuang-ben*, T2007.

founded exclusively on the *tono tonsu* doctrine. According to Wŏnt'aek, after having used the *Pŏppo Tan'gyŏng* 法寶壇經[42] for a long time, Sŏngch'ŏl became aware of the discovery of the Tonhwang manuscript; he truly believed–despite strong evidence to the contrary (Hyenŭng 2003, 318-332)–that its contents amounted to Hyenŭng's *ipsissima verba.* Although Sŏngchŏl's translation is the first in Korean history, it has been followed by a number of others, mostly characterized by diametrically opposed interpretations (Sŏ 2009, 222-223). Judging from Sŏngch'ŏl's preface, a few sentences of the *Platform Sūtra* are of considerable importance to grasp how he understood himself and his role in the history of Korean Buddhism (Sŏngch'ŏl 1987a, 18).

"To know one's mind and see one's own nature and (suddenly) accomplish Buddhahood" (*siksim kyŏnsŏng chasŏng pulto* 識心見性 自成佛道).[43]

"After awakening, one's deeds are the deeds of a Buddha" (*ohu suhaeng purhaeng* 悟後修行佛行).[44]

"Only hand down the sudden teaching. Enter into the world and destroy erroneous doctrine(s)" (*yujŏn ton'gyobŏp ch'ulse p'asajong* 唯傳敦敎法 出世破邪宗).[45]

This last quote points to the task to which Sŏngch'ŏl relentlessly dedicated his entire life; the *sajong* 邪宗 to be destroyed obviously being the sudden/gradual paradigm. Accordingly, Wŏnt'aek has attempted to connect Sŏngch'ŏl to the emblematic figure of the Sixth Patriarch

42 Ch. *Fabao Tanjing*. T2008.

43 T2007.48.338a12.

44 T2007.48.342a16.

45 T2007.48.341c18.

Hyenŭng, if not to identify the latter with the former (Sŏ 2013b). To be sure, by publishing an annotated translation of the *Platform Sūtra*, Sŏngch'ŏl wanted to place his teachings under the authority of the Sixth Patriarch (Sŏ 2009, 216-222).

Sŏnmun chŏngno 禪門正路 (Correct path of Sŏn), the second work and Sŏngch'ŏl's best known, is considered his *magnum opus*. It is the compilation of Dharma talks made at Haein monastery at the end of the 1960s and during the 1970s. As clearly expressed in the preface of the work, those talks aimed at demonstrating that all the Buddhas and Patriarchs of the past exclusively advocated the sudden/sudden doctrine, not the sudden/gradual one (Sŏngch'ŏl 1981, 1-5). To that end, the *Sŏnmun chŏngno* is composed of 326 quotations, extracted from some 88 classical Buddhist sūtras, treaties, and records,[46] loosely organized and distributed unevenly in nineteen chapters (Sŏ 2004, 233).[47] Thus, Sŏngch'ŏl's methodology consisted in gathering a maximum of scriptural testimonies because, for him, orthodoxy and strict fidelity to the words of past master—as he understood them[48]—were synonymous. As a result, the *Sŏnmun chŏngno* leaves no room at all for debate. If Sŏngch'ŏl's genius is to be found anywhere, it is in the way he meticulously gathered various extracts[49] to relentlessly make his

46 Those figures may vary slightly, depending on how one counts.

47 Sŏngch'ŏl mainly quoted Chinese masters, among whom 58 percent belong to the Chan school. Koreans represent less than 3.5 percent; there are no Japanese.

48 Some have pointed to problems with the way Sŏngch'ŏl interprets Buddhist texts (Park Sung Bae 1992: Sŏ 2004, 275-280).

49 In a doctoral thesis, I gave detailed examples of the way Sŏngch'ŏl links quotations in each of the nineteen chapters (Sŏ 2004).

point by condemning his adversaries, i.e., the partisans of the sudden/gradual paradigm.[50] However, almost everybody has complained that the work is difficult to understand, to the point, I would say, that it seems to have been written in an idiolect, i.e., a language spoken only by the individual who makes use of it. Nevertheless, Sŏngch'ŏl claimed that if someone wanted to receive his Dharma transmission, they should master perfectly the contents of his *magnum opus*. Therefore, the *Sŏnmun chŏngno p'yŏngsŏk* 禪門正路評釋 (Commentary of the correct path of Sŏn) was published as an easier alternative (Sŏngch'ŏl 1993b). Actually, this commentary is also difficult to understand, which led to the publishing of *Yet kŏul rŭl pusugo onŏra* 옛 거울을 부수고 오너라 (Break the old mirrors of the past and come) (Sŏngch'ŏl 2006).

The third work is the *Ponji p'unggwang* 本地風光 (Magnificence of the origin, i.e., of Buddha Nature). Published in 1982, one year after the *Sŏnmun chŏngno*, it is a collection of a little under a hundred *kongan* 公案, collected and commented on by Sŏngch'ŏl and to which were added, to make up a round hundred, a few poems composed at the end of long meditation retreats. This number was probably inspired by the *Ssangbyŏksŏ* 雙壁書 (Ch. *Shuangbishu*, Book of the two cliffs), the *Biyanlu* 碧巖錄 (K. *Pyŏgamnok*),[51] authored by Yuanwu Keqin, and the *Congronglu* 從容錄[52]

50 Fourteen percent of the *Sŏnmun chŏngno*'s quotations come from works of Li Tongxuan 李通玄 (635-730), Qingliang Chengguan 淸凉澄觀 (738-839), Guifeng Zongmi, and Chinul.

51 T2003.48.

52 T2004.48.

(K. *Chongyongnok*), co-authored by Hongzhi Zhengjue 宏智正覺 (K. Koengji Chŏnggak, 1091-1157) and Wansong Xingxiu 萬松行秀 (K. Mansong Haengsu, 1165-1246) of the Caodong 曹洞 (K. Chodong) school, which each contained a hundred *kongan* as well. This is even more probable since Sŏngch'ŏl knew the *Ssangbyŏksŏ*, and included its translation in the *Sŏllim kogyŏng ch'ongsŏ* (Sŏngch'ŏl 1987-1993, vols. 32-37). Perhaps, sometime in the future, the next generations of the Sŏn school will refer themselves to the *Sambyŏksŏ* 三壁書 (Book of the three cliffs), instead of the *Ssangbyŏksŏ*. Be this as it may, Sŏngch'ŏl considered the *Ponji p'unggwang* and the *Sŏnmun chŏngno* to be his two masterpieces, through which he "paid back to the Buddha the price of all the food he had eaten during his monastic life" (Sŏngch'ŏl 1992a, 336).

Although Sŏngch'ŏl himself never said so, and rather insisted that raising one *hwadu* was sufficient to achieve awakening—like Dahui Zonggao who said "*tan'gŏ ilhwa*" 單擧一話 (just raise one *hwadu*),[53] Kim Yŏng'uk asserts that it is not possible to fully understand Sŏngch'ŏl's *kanhwasŏn* practice without first mastering the contents of the *Ponji p'unggwang* (Kim Yŏnguk, 2006, 155-156). Considering that the latter is an almost unread work, difficult to the point of being nearly hermetic, Kim Yŏnguk risks contributing to transform *kanhwasŏn*—and awakening—into something so mysterious (*sinbihwa* 神秘化) as to be completely beyond the reach of ordinary sentient beings.

The fourth and last of the works (although the first to be published, in 1976) is the *Han'guk Pulgyo ŭi pŏmmaek* 韓國佛敎의 法脈 (Dharma lineage of Korean Buddhism). It consists of an essay demonstrating that

53 A *hwadu* is the keyword or critical phrase of a *kongan*.

Chogyejong belongs to the Yanggi branch of the Imjae school, and thus only follows its sudden awakening/sudden practice. The "Sino-Korean Connection" (Sŏ 2011, 77–78) was established by T'aego Pou 太古普愚 (1301–1382) and a few other monks who, towards the end of the Koryŏ dynasty, went to China to earn a Dharma seal (*in'ga* 印可) from the Yanggi branch. T'aego received it from Shiwu Qinggong 石屋淨珙 (K. Sŏg'ok Ch'ŏnggong, 1272–1352), an eighteenth-generation disciple of Linji Yixuan 臨濟義玄 (K. Imjae Ŭihyŏn, ?–867). Moving upstream from Imjae, Sŏngch'ŏl connects Korean Buddhism to the Sixth Patriarch Hyenŭng, to Bodhidharma, to Nāgārjuna and, ultimately, to the Buddha Śākyamuni's peerless correct perfect enlightenment (*musang chŏngdŭng chŏnggak* 無上正等正覺).

Apparently, Sŏngch'ŏl believed that Imjae's Dharma seal had been transmitted down a continuous human succession (*in chŏk kyesŭng* 人的 繼承)—not through a purely doctrinal one (*sasang chŏk kyesŭng* 思想的 繼承)—up to contemporary Korea (Ch'oe Yŏnsik 2006, 392–400). However, historically, the tracks of that new lineage were lost at an early stage during the Chosŏn dynasty (Pak Haedang 2006, 181–183). Although the connection made a "decisive comeback during the seventeenth century in the aftermath of the Imjin 壬辰 (1592–1598) and Pyŏngja 丙子(1636–1637), Japanese and Manchu invasions" (Sŏ 2012b, 105), it was lost again some decades afterwards. To reestablish it once more, some resorted to a Dharma seal transmitted between them and a dead master (*wŏnsa* 遠司). Such is the case, for instance, of the transmission which took place in a dream between

Hwansŏng Chian 喚惺志安 (1644-1729) and Yongsŏng Chinjong 龍城震鍾 (1864-1940), leaping over seven generations (Sŏ 2011, 95; 2013c, 155). Interestingly, Yongsŏng was the master of Tongsan Hyeil, under whose auspices Sŏngch'ŏl began his monastic life in 1936. But Sŏngch'ŏl did not receive Tongsan's Dharma seal. Accordingly, Sŏngch'ŏl's attitude toward the transmission of the Lamp of the Dharma (*chŏndŭng* 傳燈) is paradoxical, if not contradictory. On the one hand, he continues to lay stress on the absolute importance of an uninterrupted transmission from one generation to the next; yet on the other hand, he himself neither received it from a master nor transmitted it to a disciple.[54] From an historical viewpoint, the fact that Sŏngch'ŏl never received a Dharma seal leaves entirely open the question of his awakening. Whereas some consider that he was a living Buddha, others do not.

Even though Sŏngch'ŏl never says it clearly, it seems that for him any genuine experience of awakening is entirely sudden and unconditioned, that is, not bound by anything at all, like young Huineng's in the *Platform Sūtra*, i.e., it is an entirely transcendental experience. As a result, for him, the first ascetic to ever achieve full awakening—be it the Buddha Śākyamuni himself or one of his legendary predecessors—could not receive approval from anybody, and did not even attempt to obtain it. This he takes to mean that he who is truly

54 Pŏpchŏn (1925-2014), 11th and 12th High Patriarch of Chogyejong (2002-2014), claimed that he received a secret transmission (*milbu* 密符) from Sŏngch'ŏl at Paegnyŏn-am, like the one young Hyenŭng received in the middle of the night from the 5th Patriarch Wuzu Hongren 五祖弘忍 (K. Ojo Hongin, 594-674) (Pŏpchŏn 1998, 2-5).

awakened cannot but know, beyond shadow of a doubt, that he is enlightened. In other words, it is a completely self-founded experience. Consequently, the advent of a single Buddha suffices to restart an interrupted line of transmission at any point in time. In the end, what matters most is not the material transmission, from one master to another, of a bowl, robe, Dharma seal, etc., but the mind to mind (*simsim sangin* 心心相印) transmission, which is not bound by space, time, or object. For good measure, even though he never clearly claimed to be awakened, Sŏngch'ŏl seems to have believed himself a direct inheritor of the Dharma of all the Buddhas and Patriarchs of the past (and the future) because, in conformity with Mahāyāna teachings, all the Buddha are equal and/or because a single Buddha contains all the others (*ilbul ilch'ebul* 一佛一切佛).

Because of his radically transcendental approach to reality, Sŏngch'ŏl was not at all interested in the historical conditions in which awakening experiences take place and are interpreted, his own included. The unrelenting political background of the Chinese and Korean sudden/gradual debates over the centuries (Sŏ 2012b, 101-107), for instance, if he had even heard about them, probably left him dumfounded. Nevertheless, by exclusively emphasizing the importance of Imjae's lineage, i.e., his lineage, to the point of absolutizing it—and himself along with it—he obviously discarded all the others, especially Chinul's thus reinforcing the antagonizing mechanism that pervades all his thought (Ch'oe Yŏnsik 2006, 392-400).

Sŏngch'ŏl's Philosophy in a Nutshell

Sŏngch'ŏl's life and writings work hand in hand with the attempt to overhaul Korean Buddhism, according to the Pongam-sa *kyŏlsa*'s spirit, after its global decay during the Chosŏn dynasty and under Japanese colonial rule. The philosophy serving as the foundation for this overhaul may be summarized in five principles constituting an organic whole: first, a return to the Buddha Śākyamuni's teaching; second, the definition of the doctrine of the "Middle Path as the core" of that teaching (Kim Kyŏngjip 2006, 274–275); third, the definition of Buddhism as "the religion of awakening" to that core (Ibid.); fourth, the advocacy of the practice of "*kanhwasŏn* as the best way to achieve full awakening" (Ibid.); and last, a relentless insistence that solely a sudden/sudden approach to awakening and practice is authentic, which sparked the so-called Korean sudden/gradual debate. Sŏngch'ŏl's philosophy is centered on the third of these principles: "seeing one's own nature and (suddenly) accomplishing Buddhahood."[55]

Subscribing to the fifth principle, Sŏngch'ŏl's philosophy consists of taking the dynamics of the *tono tonsu* doctrine to the extreme, thus superseding Chinul's *tono chŏmsu* teachings. In other words, Sŏngch'ŏl carried the meaning of the classical mottos of the Sŏn school to their logical conclusion: no establishment of words and letters (*pullip munja* 不立文字); separate transmission outside of the teachings (*kyooe pyŏljŏn* 教外別傳); direct pointing to people's mind (*chikchi insim* 直指人心);

55 See note 43.

words fail to describe (*ŏnjŏn pulgŭp* 言詮不及). Hyŏnŭng recalls that the four mottos of the Chan school arose in reaction to the intellectualism of Tiantai and Huayan teachings (2015, 15-16). Consequently, Sŏngch'ŏl's Sŏn approach is radically apophatic, not kataphatic, and mostly uses negating statements (*ch'ajŏn* 遮詮), not positing ones (*p'yojŏn* 表詮). In this sense, he is a typical Sŏn master, a living embodiment of Sŏn dynamics who, in contrast with many *dhyāna* masters, never compromised, neither with the combined practice of Sŏn and Pure Land[56] (*sŏnjŏng kyŏmsu* 禪淨兼修) nor with Tantrism.[57] Such a radically transcendental approach is aimed at helping sentient beings "see their own nature and suddenly accomplish Buddhahood." Because, as the *Platform Sūtra* says, "Unless you know your fundamental mind, studying the Dharma is futile" (*pulsik ponsim hakpŏp muik* 不識本心學法無益).[58] Helping sentient beings achieve such a decisively transforming experience is also the reason behind Sŏngch'ŏl's consistent denial of his words, writings, and even himself, as his Nirvāṇa poem (*yŏlbansong* 涅槃頌)[59] shows. This uncompromising attitude toward all kinds of mediation has gained him the respect and praise of many.

56 Even Sŏsan Taesa 西山大師 (1520-1604) did.

57 Nothing supports the claim that Kyŏnghŏ Sŏngu 鏡虛惺牛 (1846-1912) indulged in Tantric practices or fell into "crazy wisdom" (Yun Ch'anghwa 2012, 189-218).

58 T2007.48.337c3.

59 Deceiving people all my life (Saengp'yŏng kigwang namyŏgun 生平欺狂男女群); My sins outweigh Mount Sumeru (Mich'ŏn choeŏp kwasumi 彌天罪業過須彌); Falling alive into hell, my grief divides into ten thousand pieces (Hwalham abi hanmandan 活陷阿鼻恨萬端); Spouting forth a red wheel, it hangs on the blue mountain (Iryun t'ohong kwoebyŏksan 一輪吐紅掛碧山) (Wŏnt'aek 1995, 40-41; http://en.wikipedia.org/wiki/Seongcheol).

Sŏngch'ŏl's life can be rightly compared to that of a funambulist, remaining on a tight rope twenty-four hours a day, three hundred and sixty-five days a year, never falling into the emptiness of phenomena, but always moving beyond them. However, such a life was made possible, paradoxically, because he lived within the compound of Haein monastery and belonged to Chogyejong: respectively, the Mecca and the most powerful order of Korean Buddhism. As *The Zen Monastic Experience* has demonstrated, there exists a powerful and inalienable complementary relationship between the monastic system, with all its gradual contingencies, and the Awakened Ones who pretend to live beyond them (Buswell 1992, 224–228). In other words, just as Sŏngch'ŏl's existence provided a *raison d'être* for the Chogyejong, his very existence would have been meaningless, and thus impossible, outside of it.

A Critical Approach to Sŏngch'ŏl's Philosophy[60]

As Rudolf Otto (1869–1937) pointed out in his preface to the first German publication on Zen, "...no mysticism can exist purely in the blue; it invariably rests on a foundation which it mightily seeks to deny but which gives it its special character and an identity different from all other

60 During the almost 25 years I have spent studying Sŏngch'ŏl, I have cruised through phases of enthusiasm, fascination, disappointment, and depression. Hopefully, this has led me to understand him in a more balanced way.

forms of mysticism" (Ōhasama & Faust 1925, ix).[61] Since the center of Sŏngch'ŏl's thought—"seeing one's own nature and (suddenly) accomplishing Buddhahood"[62]—is "a belief in direct experience of transcendent reality...especially by means of meditation and asceticism instead of rational thought" (TFD 2016), it can be defined as mysticism, and as such it is no exception to Otto's rule. In other words, it rests on a historically grounded philosophy too. An examination of Sŏngch'ŏl's life and writings reveals that his philosophy does not differ from that of typical Chan 禪 masters, Sŏn 禪 masters, and even Zen 禪 masters—understandable, considering that he relied heavily upon contemporary Japanese sources, including Daisetsu Teitaro Suzuki (Cho Myŏngje 2006, 30–38).[63] Although some claim that Sŏngch'ŏl is a major Buddhist thinker, a man of the future whose true significance is yet to be discovered (Kim Yŏnguk 2006, 155–156; Pak Taewŏn 2014, 150–151),[64] ultimately, there is nothing secret, mysterious, or even difficult to understand in Sŏngch'ŏl's "comprehensive view of reality and sentient being's place in it." Hence, Sŏngch'ŏl is neither an innovator nor a pioneer nor a man of the future; he is a reformer trying to revive what he considers the best from the past. Accordingly, if something confers "a special character and an identity" to Sŏngch'ŏl's philosophy,

61 Quoted in Dumoulin (1988, xx).

62 See note 43.

63 See note 32.

64 By saying that Sŏngch'ŏl has sparked a controversy which is good for Korean Buddhism, Pak indirectly admits that the sudden/sudden position cannot stand by itself.

it is his unrelenting attacks on Pojo Chinul, which made the so-called sudden/gradual debate "reach a degree of exacerbation unheard of elsewhere before" (Chŏng Yŏngsik 2012, 84). In other words, his originality lies chiefly in the vehemence and consistency with which he antagonized Chinul in order to uphold the sudden/sudden paradigm of awakening and practice.

Otto's remark goes hand in hand with Hu Shih's (1891-1962) criticism of Suzuki's (1870-1966) consistent warnings "against all efforts to put the Zen experience within a philosophical system":

> I resolutely resist all assertions that it is impossible for human reason to understand and evaluate Zen...The Zen movement is an integral part of...history...[It] can be understood only within its historical context... just as other schools of...philosophy must be studied and understood in their historical context. (Hu 1953, 3-24)[65]

Although he does not seem to have had an entirely clear awareness of it, Sŏngch'ŏl acted within a specific institutional frame, well-connected to the sociopolitical context of a given time in Korean history,[66] and his Dharma

65 Quoted in Dumoulin (1988, xix).

66 Sŏngch'ŏl had been close to Ch'ŏngdam 靑潭 sŭnim (1902-1971) since the 1940s (Wŏnt'aek 2012c, 60-61, 98-99). He highly praised him for the role he played in the Buddhist purification ordered by Syngman Rhee (Pulp'il 2012, 149). When Ch'ŏngdam was based at Tosŏn monastery 道詵寺 in Pukhansan 北漢山, he was directly connected to Park Chung-hee's wife, Yuk Yŏngsu Yŏsa 陸英修 女史 (1925-1974): a devout Buddhist with the Dharma name Taedŏkhwa Posal 大德華 菩薩 (Kim Kapsik 2011cd). With the help of Kyŏngsan 慶山 sŭnim (1917-1979), Ch'ŏngdam took advantage of his connection to the Blue House to appeal in favor of the *pigu* 比丘 against the married monks (*taech'ŏsŭng* 帶妻僧). Indeed, the former considered that, until then, the Korean judiciary had consistently sided in favor of the latter against the celibates, leading six *pigu* to commit disembowelment in

talks rest on well-defined Buddhist hermeneutics. While his sudden/sudden approach denied all of these, i.e., the overall gradualness underlying the suddenness that he emphasized, Sŏngch'ŏl provided—unknowingly—a full-fledged reenactment of "the rhetoric of immediacy," described by Faure (1991, 304–320), and "the rhetoric of experience," described by Sharf (2000b). As Sŏngch'ŏl did so, just as he was unable to be fully aware of his own historical situation, and therefore unable to clearly take it into account, he failed to acknowledge Chinul's context during the Koryŏ dynasty. Accordingly, he was never able to depart from a sudden/sudden, transcendental —and thus subjective—viewpoint, always choosing to ignore distinctions instead of acknowledging them to reach a more historical perspective which would have allowed him to understand Chinul as the latter understood himself, and as he can be understood from a historical standpoint. Moreover, as Sŏngch'ŏl interpreted and mercilessly targeted Chinul's sudden/gradual teaching from his transcendental viewpoint, he ended up—inadvertently—transforming his attack position into the fifth principle and the all-pervading foundation of his philosophy.

T'oeong Sŏngch'ŏl ŭi kkaedarŭm kwa suhaeng 退翁性徹의 깨달음과 修行 (Cho Sŏngt'aek, ed. 2006), perhaps the most complete work on

protest on November 24, 1960 (Ibid.). As a result of this appeal, all the rulings made by the judiciary in favor of the married monks were nullified. Ch'ŏngdam also played a leading role in the appointment of Sŏngch'ŏl as Haein monastery's Sŏn master (Wŏnt'aek 2012c, 115, 127, 129).

Sŏngch'ŏl to this day,[67] besides providing some positive interpretations, points at many shortcomings in Sŏngch'ŏl's philosophy. Kim Kwangsik points to Sŏngch'ŏl's remarkable efforts to reform Korean Buddhism, but underscores that he failed to reform Chogyejong's finance control system (2006, 252–254). Jin Y. Park (Pak Chinyŏng) considers that Sŏngch'ŏl laid the philosophical and practical foundation for circumstantial Zen ethics, beyond normative or romantic ones (2006, 47). Yun Wŏnch'ŏl claims that he created an alternative system of meaning transcending the fragmented and meaningless polity in which contemporary human beings live (2006, 67–70). However, criticism from others encompass not only Sŏngch'ŏl's system of meaning and ethics, but also all of the aforementioned five principles summarizing his philosophy.

Kim Chongmyŏng underscores that Sŏngch'ŏl failed to understand early Buddhism correctly because the latter was not centered on the awakening aspect and thus on the practice of *kanhwasŏn* (a concept which did not yet exist) as a way to achieve it, but on the right understanding and everyday life practice of the ethical path leading to it (2006, 104–105). Yi Pyŏnguk suggests that the powerful inner coherence of the doctrine resulting from the combination of an unconditional insistence on the middle path and the sudden/sudden paradigm sometimes led Sŏngch'ŏl's logic to a certain lack of flexibility and objectivity, as well as to contradictions (2006, 297–299). According to Kim Chongin:

67 For a review of this book, see Sŏ (2012c).

> Sŏngch'ŏl's sudden/sudden doctrine, based as it is on a fundamentalist ideology, constituted the logical foundation for the emergency exit needed by Korean Buddhism [because it was] in a state of stagnation and decay such that it was incapable of properly overcoming its heritage of oppression and the sudden changes of a new cultural environment. (2006, 337)

Comparing Gandhi and Sŏngch'ŏl, Hŏ Usŏng explains that while the former simultaneously strove to achieve full awakening and practice universal compassion, the latter focused essentially on awakening to the detriment of the exercise of compassion (2006, 211-215). Following on Hŏ's criticism, it is perhaps at the level of active ethics that Sŏngch'ŏl's awakening philosophy arouses most criticism. In other words, what did Sŏngch'ŏl do with the Mahāyānist tenet according to which bodhisattvas "seek enlightenment above and transform sentient beings below" (*sanggu pori hahwa chungsaeng* 上求菩提下化衆生)? Many, and probably history as well, will not forget Sŏngch'ŏl's three great silences: at the time of the October 27, 1980 crackdown on Buddhism; at the peak of the democratization movement in 1987; and when he gave the infamous Sŏ Ŭihyŏn 徐義玄 (1935-) free rein as Chogyejong's *ch'ongmu wŏnjang*.[68] Nevertheless, praising Sŏngch'ŏl's adamant silence as exemplary, some argue that it is enough to "transform sentient beings below," because the Mahāyānist tenet does not require transforming the world they live in. Henceforth, they claim that Hŏ's comparison is based on a "category mistake." However, insofar as

68 25th and 26th head administrator (August 25, 1986-April 8, 1994).

Sŏngch'ŏl occupied a very central leadership position within Korean Buddhism, people expected at least a statement from him, and consequently his silence remains perplexing. Monks like Chin'gwan,[69] for instance, who was jailed three times during the 1980s testified to the fact that Sŏngch'ŏl did not even pay attention to their fate. Sŏngch'ŏl's silence is even more flummoxing when considering that *dhyāna* masters of the past, such as Dahui, T'ae'go and Sŏsan, as well as contemporary ones, became deeply involved in sociopolitical issues (Sŏ 2012b, 103-105). Sungsan 嵩山 (1927-2004), for instance, was arrested because he wrote a letter of disapproval to Chŏn Tuhwan (1931-) in the aftermath of the December 12, 1979 *coup d'état* (Kim Kapsik 2011b). In comparison, as he was appointed Supreme Patriarch of the Chogyejong on January 10, 1981, Sŏngch'ŏl was content with uttering his famous "*san ŭn san iyo, mul ŭn mul iro soida*" 山은 山이요, 물은 물이로소이다;[70] perhaps an intriguing, but certainly entirely innocuous, utterance. Even the Buddha Śākyamuni did not hesitate to undertake, on three occasions, to dissuade Vidudabha, the son and successor of Pasenadi (ca. 6th century BCE) and mighty ruler of Kosalā, from attacking the Śākya's homeland (Sŏ 2012b, 98). Even Wŏnt'aek seems embarrassed by his master's silence when he claims that the former said: "Religion is the delivery room of political ideas...the motive power of politics..." (Chonggyo nŭn chŏngch'i inyŏm ŭi sansil id a...chŏngch'i ŭi wŏndong ryŏk...宗教는 政治의 理念의 産室이다...政治의 原動力) (Wŏnt'aek 2012b, 178).

69 See note 27.

70 "Mountains are mountains, and water is water.

Judging from Sŏngch'ŏl's overall aloofness from the world, and lack of interest in any historical perspective beyond his overwhelmingly sudden/sudden approach, his philosophy definitely appears more otherworldly than this-worldly. Many *dhyāna* masters of approximately the same generation—Pyŏkch'o 碧超 (1899-1986), Hyanggok 香谷 (1912-1979), T'anhŏ 呑虛 (1913-1983), Sŏong 西翁 (1912-2003), Sungsan—have all remarked upon, and deplored, this imbalance (Kim Kapsik, 2011a). Cho Sŏngt'aek calls it a *Toin Pulgyo* 道人佛教, or an "enlightenment Buddhism" (*kkaedarŭm ŭi Pulgyo* 깨달음의 佛教) that overemphasizes experience (*ch'ehŏm* 體驗) and wisdom (*chihye* 智慧), to the detriment of practice (*silch'ŏn* 實踐) (2015, 43-45). This excessive focus on an awakening capable of suddenly solving all of one's problems in one fell sweep (Yi Kiru 2015; Cho Hyŏn 2011), as on the "*hwadu* absolutism" allegedly capable to lead to such definitive experience (Shim 1999, 212, 233), including the loss of reality that it may induce (Pak Sŏk 2004), have all been underscored. For Hyŏnŭng, when people take for granted the possibility of being suddenly transformed into a Buddha, they entrust themselves to masters who are believed—or claim—to have become one, regardless of their lack of this-worldliness (2015, 18-19). In turn, absolutizing (*chŏldaehwa* 絕對化) those masters' enlightenment entails the risk of deifying them (*sin'gyŏkhwa* 神格化[71]) (Nyusŭ ch'ŏnji

71 "Puch'ŏ nŭn kkaedarŭn sin ŭi kyŏngji rŭl malham iyo" 부처'는 깨달은 신(神)의 경지를 말함이요, [...] "'pul 佛' cha nŭn 'in 人' cha wa anin 'pul 弗' cha rŭl haphan kŏsŭro saram i anin sin ŭi chonjae rŭl ŭimi handa. Kŭrŏni saram i to rŭl kkaedarŭmyŏn sin i toeŏ….. '불(佛)' 자는 '사람 인(人)' 자와 '아닐 불(弗)' 자를 합한 것으로 사람이 아닌 신(神)의 존재를 의미한다. 그러니 사람이 도(道)를 깨달으면 신(神)이 되어 [...]

2009), and of transforming the practices considered capable of inducing such transformation into marketable techniques (*changsahwa* 장사化) (Yi Ch'angyun 2015). Not surprisingly, in reaction to such possible outcomes, the late Sin Yŏngbok (1941–2016), as he quotes Wŏlchŏng monastery's 月精寺 Hyŏn'gi sŭnim 玄機 (1959–) when he says that "awakening does not exist," wonders if capitalist society has not transformed the unending process of awakening into one of the many material goods that it can possess (*soyu ŭi taesang* 所有의 對象) (Sin 2012, 103–105).

Some critics and some disciples explain Sŏngch'ŏl's philosophical imbalance and his resulting ethical passivity by adducing that he kept "seeking enlightenment above" because he felt unready "to transform sentient beings below."[72] If so, the common assumption according to which Sŏngch'ŏl was a Pure-eyed Eminent Monk (*chŏngan chongsa* 正眼宗師), i.e., a fully awakened *dhyāna* master, is challenged. If it were true, it would mean that Sŏngch'ŏl never reached the ultimate experience that he placed at the core of his philosophy. But Sŏngch'ŏl's followers, on the contrary, do not see in the transcendence resulting from his philosophical imbalance a weakness, but rather as proof that he was a *chŏngan chongsa*. If ever in doubt, they can look to the powerful mediations put in place to enhance their faith in Sŏngch'ŏl's sudden/sudden awakening, and thus prop up his rhetoric of immediacy: the numerous relics that came out of his cremation (*sari* 舍利); the sheer

72 Heard from people who met him.

size of the Indian granite stupa—crafted in Japan—enshrining them, built in the midst of a 430m² plaza at the entrance of Haein monastery, and mostly paid for by Samsung family (Ku Taesŏn 1998, 23; Un Yŏngjin 2001); the more than eighty books already published, not to mention the ones that continue to appear (Yi Sŏngsu 2015; Wŏnt'aek 2016ab); Kŏboesa 刧外寺, a monastery built on the spot of Sŏngch'ŏl's birth home, with a museum dedicated to his life; the yearly academic conferences on Sŏngch'ŏl thought, etc. All too often, religion being more a matter of unconditional faith than one of philosophical reason, what matters most is the unshakable belief, consistently fostered by all the aforementioned mediations, that Sŏngch'ŏl was a living Buddha. For good measure, the main hall Buddha statue at Paengnyŏn-am has been replaced by a bronze one representing Sŏngch'ŏl.

All this has led some critics to say that Sŏngch'ŏl's teachings are not Buddhism but "Sŏngch'ŏl-gyo" 性徹教 ("religion of Sŏngch'ŏl") (Hong Sasŏng 2010, 14).[73] Lately, after a tug-of-war between some of Sŏngch'ŏl's heirs, led by Wŏnt'aek and their opponents, Haein monastery's *sŭngga* 僧家 has appointed by vote both Wŏn'gak 源覺 (1947–) and Hyangjŏk 香寂 (1950–), as Sŏn Master and Abbot, respectively. The latter, for example, openly asserts that meditating over eight hours a day reduces one's lifespan, thus criticizing Sŏngch'ŏl's insistence on excessively long hours of practice. These choices clearly reflect the will of a majority of monks to move beyond Sŏngch'ŏl's overwhelming

73 "Pulgyo nŭn Sŏkkamoni ŭi karŭch'im ida."

influence over the destiny of their monastery (Cho Hyŏnsŏng 2015a; Yi Wanyong 2015). Two years earlier, Wŏnt'aek, chairman of the Paengnyŏn Pulgyo Munhwa Chaedan 白蓮佛教文化財團, was required by the Chogyejong to either start paying his fees (*chongdan pundamgŭm* 宗團分擔金) or stop using the signboard of Taehan Pulgyo Chogyejong (Kim Hayŏng 2013; Nonsŏl wiwŏn 2014).

Considering the shortcomings of his philosophy and ethics, the odds are that history will remember Sŏngch'ŏl as a great but controversial reformer of Korean Buddhism in the twentieth century. Judging from the result of opinion polls, he is no match for Cardinal Kim Suhwan's 金壽煥 (1922-2009) unabated popularity.[74] This is probably, in part, because his reforms fell short of taking seriously the challenge of Christianity and its involvement in the world. Also, because the overall tendency of his hermeneutics reflects more a pre-democratization spirit than a post-democratization one (Sŏ 2012b, 120). In a sense, despite Sŏngch'ŏl's obvious good will, his adamant rejection of Pojo Chinul's sudden/gradual paradigm in favor of the sudden/sudden one has inadvertently locked major parts of Korean Buddhism in a Babel tower, light-years away from the diversity that it could boast of during its Golden Age (540-780 CE). As Chin'gwan says, "in order to adapt itself to contemporary Korea and play the role that it deserves, Chogyejong needs a thousand monks with doctorates."[75] This obviously requires a relation between theory and scholarship to practice as well as allowing not one, but a diversity of

74 See note 1.

75 See note 27.

discourses, i.e., beyond Sŏngch'ŏl's bibliophobia and rhetoric of immediacy and experience. The continued effort by the Paengnyŏn Pulgyo Munhwa Chaedan to promote Sŏngch'ŏl, by relegating to second-class positions other makers of Korean Buddhism in the last century,[76] may have done a disservice to the latter. This is even more the case on the international stage, where in comparison with the engaged Buddhism of Thich Nhat Hanh (1926–) and the Dalai Lama (1935–), Sŏngch'ŏl's disengaged variety seems to have a limited potential for universalization.

76 See Jin Y. Park (2010).

Abstract

T'oeong Sŏngch'ŏl is one of the representative figures of modern Korea. To reform Buddhism, he proclaimed a return to the Buddha Śākyamuni's teaching, promoted the sudden/sudden doctrine of awakening to the Middle Path through the practice of keyword meditation (*kanhwasŏn* 看話禪), and adamantly condemned Pojo Chinul's (1158-1210) sudden/gradual approach, thus giving rise to the ongoing Korean sudden/gradual debate. An examination of Sŏngch'ŏl's life and writings reveals a predominance of apophatic teachings, based on the classical mottos of the Chan 禪 school. In its full-fledged reenactment of "the rhetoric of immediacy," and "the rhetoric of experience," Sŏngch'ŏl's philosophy does not differ from that of typical Chan, Sŏn, and Zen masters. Even more so when considering that his fluency in Japanese allowed him to significantly rely upon Japanese authors like Miyamoto Shoson (1893-1983), Daisetsu Teitaro Suzuki (1870-1966), and many others. As a result, Sŏngch'ŏl's philosophical originality chiefly lies in the vehemence and consistency with which he denounced Chinul. Although Sŏngch'ŏl has until now received far more publicity than any other maker of modern Korean Buddhism, his ethically passive attitude, together with the overall lack of flexibility that lends a pre-democratization spirit to his philosophy, has also earned him widespread criticism. Albeit his influence still deeply pervades Chogyejong and its campaign for the worldwide propagation of *kanhwasŏn*, many signs point to the determination of Korean Buddhism to diversify its image by moving beyond Sŏngch'ŏl's still overwhelming influence.

후 론 – 퇴옹성철과 간화선 세계화 연구를 단장하고 보수 관리하는 기폭제

『법보단경(法寶壇經)』과 퇴옹성철(退翁性徹, 1912~1993)에 대해 지속적으로 연구해 오신 간화선 수행자인 동시에 선학자인 서명원 신부께서 이번에 그동안의 연구결과를 바탕으로 성철 스님의 삶과 사상을 조명하는 『가야산 호랑이의 체취를 맡았다－퇴옹성철, 이 뭣고?』라는 책을 내면서 저에게 후론을 부탁하셨는데, 역부족임에도 불구하고 신부님과의 인연 때문에 거절하지 못하고 이 졸고(拙稿)를 쓰게 되었음에 대해 먼저 양해를 바랍니다.

사실 근대를 사셨던 선승(禪僧)들 가운데 한국 불교계에 가장 큰 충격파를 일으켰던 분이 바로 성철 스님이라는 데에는 아무도 이견이 없을 것입니다. 또한 한국적인 정서상, 워낙 거인이셨기에, 그동안에는 주로 성철 스님의 장점들에 대해 다양한 견해를 제시하는 분은 많이 계셨으나 그분의 단점들을 정면에서 통렬하게 지적하고자 나서는 분은 별로 없었다고 판단됩니다.

그런데 이번에 이 출판원고를 검토한 결과 보조지눌(普照知訥, 1158~1210) 선사의 '돈오점수(頓悟漸修, 이하 점수)'사상과 극명한 대립각을 세우며 일관되게 '돈오돈수(頓悟頓修, 이하 돈오)'를 주창해 오신 성철 스님의 삶과 사상을 '성철 스님을 바라보는 여섯 장(章)의 모자이크 그림'을 주축으로 자세히 조명하면서 장점과 단점들을 나름대로 객관적인 시각을 가지고 다각도로 잘 검토하셨다고 판단됩니다.

우선 그간의 노고를 치하해 드리는 동시에 아울러 이 단행본이 기폭제가 되어 성철 스님에 대한 연구가 보다 객관적으로 심화되고 명료해지는 한편 이를 한국간화선의 세계화에 적극 활용하는 계기로 삼기를 간절히 염원해 드리면서 다음의 두 글로써 후론을 대신하고자 합니다.

돈오(頓悟)와 점수(漸修)에 대하여

이미 이 책의 본문에 인용되어 있는 내용입니다만, 성철 선사께 어느 때 한 방송국의 기자가 "1,300만 불자들이 있는데 그 불자들에게 한 말씀만 (해 주십시오)."라고 여쭙자, "내 말에 속지 마라. (……) 나는 늘 거짓말만 하니까."라고 답했던 일화와 다음의 성철 선사 열반송[1]을 논쟁의 핵심주제인 돈오(頓悟)와 점수(漸修)에 관련지어 함께 음미해 보면 좋겠습니다.

한평생 남녀의 무리를 속였으니
하늘 가득한 죄업이 수미산보다 높네.
아비지옥에 산채 떨어짐 한스럽기 짝 없는데
수레바퀴 붉음 토하며, 푸른 산에 걸렸네.
생평기광남녀군(生平欺誑男女群)
미천죄업과수미(彌天罪業過須彌)
활함아비한만단(活陷阿鼻恨萬端)
일륜토홍괘벽산(一輪吐紅掛碧山)

1 이 책의 제1부 제1장 각주 18, 제3부 각주 41 참조.

사실 석가세존께서 49년간 설법을 하셨는데도 열반하실 때에, "나는 한마디도 설한 바 없다(一字不說)."라고 말씀하셨다는 일화, 즉 결국 세존의 가르침은 진리의 상징인 달 자체가 아닌 '달을 가리키는 손가락(指月)'에 불과하다는 점과도 일맥상통하는 내용입니다. 따라서 이 범성(凡聖)을 초월한 열반송을 포함해 성철 스님께서 혼신의 힘을 다해 설파한 돈오돈수의 가르침도 선 수행 체험을 바탕으로 삼아 좀 더 넓은 안목에서 살피지 않으면 손가락에 집착해 성철 스님의 참뜻을 왜곡시킬 수 있을 겁니다.

한편 수행의 세계에서조차 극명하게 대립되어 온 '돈오'와 '점수'에 대해서는 무문혜개(無門慧開, 1183~1260) 선사가 『무문관(無門關)』 제24칙에서[2] '語默'에 관해 제창한 표현을 차용(借用)해 다음과 같이 살펴 보아도 좋을 것 같습니다.

> 돈오든 점수든 이에 집착하면 모두 진리에 어긋나는데
> 어떻게 해야 진리(離微)에 어긋나지 않고 통(通)[진리에 계합]할 수 있겠습니까?
> [돈점섭이미(頓漸涉離微)[3] 여하통불범(如何通不犯)?]

2 "이각어언 풍혈화상 인승문 어묵섭이미 여하통불범(離卻語言 風穴和尚 因僧問 語默涉離微 如何通不犯)." 이희익 제창(提唱), 2000, 『무문관』, 개정판(서울: 상아) 256; 아키즈키 료민(秋月龍珉), 아키즈키 마히토(秋月眞人), 1996, 『선종어록 읽는 방법－무문관으로 배우는』, 혜원 옮김(서울: 운주사), 157; 정성본 역주, 2004, 『무문관』, 선어록총서 4(서울: 한국선문화연구원), 206; 『대정장(大正藏)』 권48, 2005, 296 a12~13.

3 한자 앞에 한글을 병기할 때 '頓漸涉離微'의 경우 한글 맞춤법에 따라 '돈점섭리미'라고 표기해야 하지만 필자의 뜻에 따라 '돈점섭이미'라고 하였다. 각주 2의 '어묵섭이미(語默涉離微)'도 마찬가지다.

새 길과 옛길

필자는 2013년 10월 하순 무렵 강원도 횡성군 둔내면에 위치한 (재)한국산림복지문화재단 숲체원을 방문했습니다. 이곳에서 필자는 여러 가지 숲 체험 프로그램을 접할 수 있었는데 이 가운데 특히 인상 깊었던 것은 계곡에서 산 정상까지 휠체어를 타는 장애우들까지 포함해 누구나 편안하게 오를 수 있도록 새롭게 조성한 약 1km 길이의 데크로드(산책로)로 이루어진 새 길 등산로였습니다. 게다가 안내문에는 시각장애우를 위한 점자도 친절하게 표기되어 있었습니다.

완만한 경사로 이루어진 새 길의 출발점을 손쉽게 찾은 필자는 이 길을 따라 편안하게 산책하는 기분으로 정상까지 올랐습니다. 정상에서 바람개비가 돌아가는 광경도 지켜보고 고개를 들어 소나무 사이 푸른 하늘을 쳐다보기도 하면서 잠시 쉬었습니다.

그런 다음 하산 길은 옛길을 택해 보았습니다. 하산 길은 비록 시간은 크게 단축되었지만 사람들이 다닌 흔적이 거의 없는 탓에 호젓하기보다는 차라리 황량한 분위기에 가까웠습니다. 그리고 다 내려와서 보니, 외진 숲 귀퉁이에 위치한 옛길 등산로 입구엔 작은 안내판 하나만 달랑 붙어 있어 구조적으로도 등산로 출발점을 찾기도 어려우니 이용객이 적을 수밖에 없었습니다.

한국어도 그렇습니다. 구한말 중국 만주지역으로 이주하면서 한반도로부터 격리된 조선족이 19세기 조선어 전통을 유지해 온 반면에 한반도에서는 우리말이 역동적으로 변화하며 오늘에 이르고 있습니다.

사실 지금 이 시점에서 만주지역에 보존되어 온 조선어를 한국어의 표준어로 삼아야 한다고 주장하실 분은 아무도 없을 것입니다. 오히려 중국에서 한국으로 건너온 조선족 분들이 한국 사회에 빠르게 적응하기 위해 노력하고 계신 모습을 우리는 도처에서 목격하고 있습니다.

사실 통찰과 나눔이 둘이 아닌 '통보불이(洞布不二)'[4]의 삶을 지속적으로 살아가게 하는 '자기성찰을 위한 효과적인 수행법'도 마찬가지입니다.

수행의 여정에서는 누구나 어렵지 않게 앞으로 나아갈 수 있어야 합니다. 바꾸어 말하면 만일 전통적인 수행법들이 현 상황을 직시하고 역동적으로 변해 가는 시대의 흐름에 발맞추어 종교와 종파를 초월해 적극적으로 서로 교류하면서 장점은 살리고 단점은 보완하면서 끊임없이 새롭게 거듭나지 않고 수행모임 간의 소통 없이 제각각 독불장군 식으로 "우리만 정통이야!"라고 외치며 옛날식의 전통만을 고수하려 한다면 곧 외면당하고 뒤처지게 될 것입니다.

이 점은 무문혜개 선사께서도 『무문관』의 자서[5] 가운데 게송에서

> 대도(大道)에 이르는 데는 따로 특정한 문이 없어
> 그곳에는 셀 수 없는 많은 길이 있나니
> (만일) 이 관문을 투득한다면
> 우주 속에서 (洞布不二의 삶을 살며) 독보적인 존재로 우뚝 설 것이리라!
> [대도무문 천차유로 투득차관 건곤독보(大道無門 天差有路 透得此關 乾坤獨步)][6]

4 통찰(通察)과 나눔(布施)이 둘이 아니라는 뜻; "삶 속에서의 지속적인 성찰 실천은 바른 통찰체험으로 이어지고, 이 통찰체험을 원동력으로 나눔실천이 이어지지 않으면 통찰체험은 무의미하다." 이상언, 2009, 「자아성찰과 나눔은 하나」, 『현대불교신문』 747(9월 2일): 4; "통찰과 나눔은 둘이 아닙니다. 통보불이(洞布不二)라는 말이죠. 깊은 통찰체험을 바르게 했다면 나눔을 실천하는 삶으로 증명됩니다." 박영재, 한재희, 2010, 「나눔과 통찰은 둘이 아니다」, 『불교문화』(4월) (서울: 대한불교진흥원): 62~66.

5 이희익 제창, 앞의 책, 19; 정성본 역주, 앞의 책, 24.

6 『대정장(大正藏)』 권48, 2005, 292 b24~25.

라고 분명히 밝히셨습니다.

그러니 여러분이라면 그 많은 길 가운데 끊임없이 새롭게 단장하고 보수 관리도 잘 되는 새 길을 택하겠습니까? 그렇지 않으면 황폐해진 옛길을 택하겠습니까?

점수(漸修)가 맞고 돈오(頓悟)가 틀리다고 우기건
동전 앞뒷면 가운데 하나일 뿐!
돈오(頓悟)가 맞고 점수(漸修)가 틀리다고 우기건
모두 그릇된 논쟁일 뿐!
[점수돈오 양채일새 돈오점수 천착만착(漸修頓悟 兩采一賽 頓悟漸修 千錯萬錯)].[7]

2013년 10월 28일 어려움이 없는 곳(無難軒)에서
박영재(선도회 지도법사 및 서강대 물리학과 교수) 합장

7 "송왈 불락불매 양채일새 불매불락 천착만착(頌曰 不落不昧 兩采一賽 不昧不落 千錯萬錯)." 『대정장』 48, 2005, 293 b7~9.

부록

[부록 1]

Sŏn Master T'oeong Sŏngch'ŏl's Legacy: A Reflection on the Political Background of the Korean Sudden/Gradual Debate

[부록 2]

- 서명원의 '성철논문' 논란 재(再)점화될까?
- 돈점논쟁, 진리담론(談論)인가 권력담론인가
- 서명원 교수의 '성철 읽기'를 어떻게 읽을 것인가?

[부록 1]

Sŏn Master T'oeong Sŏngch'ŏl's Legacy:
A Reflection on the Political Background of the Korean Sudden/Gradual Debate

A Critical Reflection on Sŏngch'ŏl's Legacy

Last year [2012], Korean Buddhism celebrated the hundredth anniversary of T'oeong Sŏngch'ŏl's 退翁性徹 birth. This year, it celebrates the twentieth anniversary of his demise.[1] As the meditation master of Haein-sa 海印寺 from 1967 until 1993, and the 6th and 7th supreme patriarch of Cho'gyejong 曹溪宗[2] between 1981 and 1993,[3] Sŏngch'ŏl is one of the, if not the most, representative figures of modern Korean Buddhism.[4] Furthermore, having been a great reformer of the Buddhist tradition, he is reckoned to be one of the twelve most prominent per-

1 *Yŏlban* 涅槃, i.e. *nibbāna.* 2012 also corresponds to the hundredth anniversary of Master Kyŏnghŏ Sŏngu's 鏡虛惺牛 (1846~1912)'s *yŏlban.* Kyŏnghŏ played a major role in the revival of Korean Sŏn toward the end of the Chosŏn dynasty.

2 It is by far the largest and most powerful Korean Buddhist monastic order.

3 *Yuktae ch'iltae chongjŏng* 六代七代宗正. Sŏngch'ŏl was reelected in 1991.

4 See Yun 2010.

sonalities of the Republic of Korea (hereafter Korea) during the fifty years that followed its foundation in 1948 (Kim Hyŏnho, 1). On the twenty-fifth anniversary of South Korea's democracy, these facts induce us to make a critical reflection on the impact of Sŏngch'ŏl's legacy on contemporary Korean Buddhism.

Sŏngch'ŏl's life and works represent an ambitious attempt to overhaul Korean Buddhism after its global decay during the Chosŏn dynasty (1392~1910) and Japanese colonial rule (1910~1945). The foundation of this overhaul may be summarized in the following five main principles, which constitute an organic whole: firstly, the proclamation of a return to the Buddha Śākyamuni's teaching (*Puch'ŏnim pŏptaero salja*);[5] secondly, the definition of the doctrine of the Middle Path (*chungdo sasang* 中道思想) as the core of that teaching;[6] thirdly, the definition of

5 "Let's live according to the Buddha's Dharma" was the motto of the Pongam-sa Kyŏlsa 鳳巖寺結社, which took place between 1947 and 1949, under the guidance of a number of monks, including Sŏngch'ŏl. A *kyŏlsa* is a community or society dedicated to a common goal in religious practice (DDB). The spirit of that community has exerted a considerable influence on the destiny of contemporary Korean Buddhism. Because of its fundamentalist tendencies, that influence is sometimes perceived as extremely controversial (Cho Sŏngt'aek 2011, 43). For instance, Sŏngch'ŏl wanted Korean monks to use bowls and robes that were exact replicas of the ones used by *bhikkhus* in early Buddhism. Such a willingness to go back to ancient practices is one of the reasons why I believe that Sŏngch'ŏl's motto incontrovertibly meant "let's live as the Buddha Śākyamuni did," and not simply "let's live like a Buddha" or "let's live as the Buddhas do," etc. In the *Paegil pŏmmun* 百日法門 (cf. note 9), he displays a considerable interest in the historical Buddha whose life and teaching he uses as the foundation of his reformation. In the same work, he also frequently quoted the Pāli canon, especially the Vinaya. All this, added to the fact that he also studied Sanskrit, clearly proves that his academic interest reached much farther west than Dunhuang.

Buddhism as the religion of awakening (*kkaedarŭm ŭi chonggyo*) to that core (Sŏngch'ŏl 1992a, 14~27); fourthly, the advocacy of the practice of Kanhwa Sŏn 看話禪修行 (Keyword Meditation) as the best way to achieve full awakening; and lastly, a relentless insistence that a sudden/sudden approach of awakening and practice (*tono tonsu* 頓悟頓修) solely is authentic. It is this last principle that has sparked, as the cornerstone of Sŏngch'ŏl's teaching, the Korean sudden/gradual debate (*Han'guk ton-chŏm nonjaeng* 韓國頓漸論爭).

The contemporary Korean sudden/gradual debate started during the summer retreat of 1967,[7] when Sŏngch'ŏl, who had just been appointed as the meditation master (*pangjang* 方丈) of Haein-sa, began to openly criticize the sudden/gradual approach of awakening and practice (*tono chŏmsu* 頓悟漸修) advocated by Chinul 知訥 (1158~1210)[8] and his followers since the middle of the Koryŏ dynasty (918~1392).[9] From that time onward until his death, through Dharma talks and writings, Sŏngch'ŏl

6 This principle is expounded throughout the two volumes of the *Paegil pŏmmun*. The postface by Wŏnt'aek, who edited the whole manuscript of the work, is especially worth reading (Sŏngch'ŏl 1992b, 369~373). See also Kim Kyŏngjip, 2006.

7 *Haan'gŏ* 夏安居.

8 Also known under his sobriquet Mog'uja 牧牛子 and his posthumous title Puril Pojo Kuksa 佛日普照國師. The *Pŏbjip pyŏrhaengnok chŏryo pyŏngip sa'gi* 法集別行錄節要並入私記 is Chinul's *magnum opus* and the best source through which to learn his thought (Buswell 1983, 262~374; Kim Taljin 1987, 219~338; Pojo Sasang Yŏn'guwŏn 普照思想研究院 1989, 103~164).

9 Sŏngch'ŏl's Dharma talk at that time was titled the *Paegil pŏmmun* (Hundred Day Teaching), because he preached two or three hours daily during approximately a hundred days; it amounts to a broad introduction to Buddhism and was published in 1992, in two volumes comprising over seven hundred pages. The criticism of Chinul is located in the last pages of the second volume (Sŏngch'ŏl 1992b, 315~367).

developed this criticism into a full-fledged attack against Chinul, making it the basis of his attempt to reform Korean Buddhism.

Sŏngch'ŏl's position consists of asserting that the orthodox transmission of the Meditative school (Sŏnjong 禪宗), through the lineage of the Chinese Dahui Zonggao 大慧宗杲 (1089~1163) and the Korean T'ae'go Pou 太古普愚 (1301~1382), is not compatible with the gradualism of the Scholastic school (Kyojong 教宗) favored by Chinul; according to him, Chinul was inspired by "masters of intellectual knowledge and conceptual interpretation" (*chihae chongsa* 知解宗師)[10] such as the Chinese Heze Shenhui 荷澤神會 (668~760),[11] and his successor Guifeng Zongmi 圭峯宗密[12] (780~841). In brief, according to Sŏngch'ŏl, any awakening that falls short of definitely transforming one into a living Buddha (*ohu suhaeng purhaeng* 悟後修行佛行; see Sŏngch'ŏl 1987a, 18), and thus requires further gradual practice (*chŏmsu* 漸修), is not a "realization awakening" (*chŭngo* 證悟), but a mere "understanding awakening" (*haeo* 解悟).

Notwithstanding a number of ongoing discussions, as maintained by In'gyŏng 印鏡 since the 1981 publication of the *Sŏnmun chŏngno* 禪門正路, Sŏngch'ŏl's *magnum opus*,[13] composed to demonstrate the orthodoxy of the sudden/sudden approach and the unorthodoxy of the sudden/

10 In Sŏngch'ŏl's thought, it is an extremely pejorative term.

11 Alt. 670~762.

12 Fifth patriarch of both the Heze Chan school 荷澤禪宗 and the Huayan school 華嚴宗.

13 According to Wŏnt'aek's postface of the *Paegil pŏmmun*, *ha* 下, the *Ponji p'unggwang* 本地風光 may equally be considered as Sŏngch'ŏl's *magnum opus* (Sŏngch'ŏl 1992b, 372). See also Kim Yŏnguk, 155~156.

gradual one, the former viewpoint would tacitly prevail within the Cho'gye Order (In'gyŏng, 33). Considering that the Cho'gye Order strongly identifies itself with the Sŏn school, and fiercely strives for the worldwide propagation of Korean Keyword Meditation (Senécal 2011a, 75ff), In'gyŏng's conclusion points to the far-reaching impact of Sŏngch'ŏl's understanding of awakening and practice on mainstream South Korean Buddhism.

Although a significant amount of literature has been published on the Korean sudden/gradual debate (Kang 1992; Park Sungbae 1983, 2009), the bulk of it tends to treat the debate as a doctrinal matter chiefly regarding Sŏn Buddhism, as an internal affair unconcerned with what happens in the world outside of the Sŏn *saṅgha* and the restricted circle of academics specialized in its study.[14] This essay does not introduce that literature; rather, in order to understand why the Korean sudden/gradual debate has risen in South Korea in the second half of the twentieth century to the point of reaching a degree of exacerbation unheard of elsewhere before (Chŏng, 84), it examines that debate from the perspective of its relation to the polity, especially the political dimension of that polity, which has been mostly overlooked by academics until now.[15] In this context, polity means "the organized nation called South Korea, together with its society, administration and government."[16] Needless to say that Buddhism or any other religious

14 Many of the chapters contained in *T'oeong Sŏngch'ŏl ŭi kkaedarŭm kwa suhaeng* (Cho Sŏngt'aek ed. 2006) are a remarkable exception to this tendency.

15 A hint at that dimension of the question can be found in Senécal 2007a, 43~45.

16 Definition found in the *Collins Cobuild Advanced Learners English Dictionary*.

tradition, as constituents of society, are part and parcel of the polity.

To many, such an approach may sound quite surprising. Indeed, it is generally taken for granted that Sŏngch'ŏl, as an exemplary mountain monk (*sansŭng* 山僧), did not have much significant contact with the South Korean polity, and even less with its politics. However, it is precisely the goal of the research underlying this article to demonstrate that, despite such claims, no matter how awakened he may have otherwise been, he, like all other human beings, never managed to completely escape the influence of the polity of which he was a part. By doing so, this research intends to shed new light on the significance of the Korean sudden/gradual debate and on the impact of Sŏngch'ŏl's legacy on contemporary Buddhism, especially on the Cho'gye Order's ongoing campaign for the worldwide propagation of Keyword Meditation.

Besides firsthand contact with Sŏngch'ŏl and Chinul's thoughts through the corresponding primary sources and secondary sources related to the Korean sudden/gradual debate, this essay is also based on several interviews with monks and people who have known him directly. In order to make sense of the data thus far accumulated, the second section of this essay raises the question of Sŏngch'ŏl's relation to the polity and puts forward the hypothesis that he has tried, as he renounced the world, to steer clear of politics. The third section argues that, from its inception until Aśoka, Buddhism has always been linked to the polity and, to a certain extent, its politics. The fourth section demonstrates how the history of

HarperCollins, 2004.

the sudden/gradual debate in China and Korea has always been closely related to sociopolitical developments. Following the results of the third and fourth sections, the fifth describes six points of structural resonance between "Sŏngch'ŏl's Way" and the "Way of the State" under which it was advocated. The essay concludes that even though Sŏngch'ŏl lived as one who renounced the world, the spirit of his reform was significantly shaped by that of the world conquerors under whose rule it took place.

T'oeong Sŏngch'ŏl and the South Korean Polity

How did Sŏngch'ŏl relate to the South Korean polity? To answer this question, let us begin with an examination of the most readily available data, which seems to support the conclusion that he had barely any relation to the polity or even none at all.

Sŏngch'ŏl was nicknamed "the Tiger of Mount Kaya," following the appellation of the massif in the midst of which is located the remote Paengnyŏn Hermitage 白蓮庵 where he spent most of his life from 1967 onward without much access to phone, radio and television. Judging from this fact, one could easily imagine Sŏngch'ŏl as a misanthropic and ferocious being living in the wild, unaware of what was happening down on Earth. Indeed, some of his behavior may be deemed eccentric: the use of the same toothpick for seventeen years, or the wearing of the same old patchwork garb throughout his life; the refusal to celebrate the

Buddha's birthday, or to perform maintenance or upkeep on the wooden structures of his high mountain hermitage to the point that one part of his room collapsed shortly before his demise[17] (Paengnyŏn Mundohoe, 1995).

But besides these intriguing anecdotes and many other similar ones that have contributed to the making of his legend before and after his death,[18] Sŏngch'ŏl is also well known for having established high barriers between himself and the world. After having left home to become a monk, he cut off all contact with his family. When his mother tried to visit him, he threw stones at her. When his wife attempted to do the same, without letting anybody know who she was, he asked other monks to take "that crazy woman" out of the monastery. When his daughter was introduced to him, without his permission, he shouted, "Naga (Get out)!" As soon as 1951, during the turmoil of the Korean war and while he was living as a refugee near Pusan, he began to demand that anyone desiring to meet with him do at least three thousand prostrations in front of the Buddha.[19] While he was living at P'a'gye Monastery's 把溪寺 Sŏngjŏn-am 聖殿庵, between 1955 and 1963, he ordered one of his disciples[20] to surround the hermitage

17 There were no colorful Buddhist paintings (*tanch'ŏng* 丹靑) at the hermitage during the time of Sŏngch'ŏl.

18 For more such anecdotes, see Wŏnt'aek 2001a, b.

19 He was then living in a hut that he had built and named Ch'ŏnje-gul 闡提屈, i.e. the cave of the *icchantika*, near Anjŏng Monastery 安靜寺, in South Kyŏnsang Province.

20 Dorim Pŏpchŏn 道林法傳, who was appointed 11th supreme Patriarch of the Cho'gye Order on April 4, 2002.

with a fence of barbed wire.[21] When President Pak Chŏnghŭi (1917~1979) visited Haein-sa in 1978, Sŏngch'ŏl did not deign to encounter him, sending one of his disciples down the mountain instead. At the time of the Oct. 27 (1980) crackdown on Buddhism,[22] he remained silent, despite being urged by younger monks to make a declaration. When he was appointed supreme patriarch of the Cho'gye Order on January 10, 1981, he accepted the nomination but did not go to Seoul to attend the installation ceremony (Chinwŏl, 219), instead making the henceforth famous declaration: "*San ŭn san iyo, mul ŭn mul iro soida.*"[23] When he was appointed a member of the *Kukchang samu wiwŏnhoe* 局長事務委員會[24] during Chŏn Tuhwan's rule (1980~1988), he accepted the nomination but made it clear that he had no intention of attending the meetings (Chinwŏl, 219). When Pope

21 During that period, Sŏngch'ŏl is believed to have practiced *changjwa purwa* 長坐不臥, i.e. sitting without ever lying down.

22 *Sibich'il pŏmnan* 十二七法難. Starting at two o'clock in the morning of that day, some thirty thousand police officers and soldiers raided the Cho'gye Order's head-quarters and all the major temples and monasteries of the country, arresting forty six people, including Song Wŏlju 宋月珠, the head administrator, and seizing a considerable amount of important documents. Chŏn Tuhwan's administration justified the raid by saying that it was done to purify Buddhism, because the tradition had proven time and again that it was incapable of reforming itself, and as a part of a larger purification movement of South Korean society. Sŏngch'ŏl himself narrowly escaped arrest, because Wŏnt'aek told the two young soldiers who raided Paengnyŏn-am that he was taking "a morning walk in the mountain" (Wŏnt'aek 2001b, 136~138).

23 "Mountains are mountains, and water is water." It most likely meant that the appointment would not cause any major change to his life as an ascetic identifying himself with the mountains in the midst of which he was living.

24 Albeit lacking in influence; this committee was an assembly of famous people, it should not be confused with the *Ippŏp wiwŏnhoe* 立法委員會 which wielded, in comparison, a considerable amount of power.

John Paul II (1920~2005) made an official visit to Korea in 1984, Sŏngch'ŏl declined an invitation to meet him in Seoul.[25] In 1987 at the peak of the democratization movement young monks asked him, the highest figure of Korean Buddhism, to make a declaration in favor of it. He answered, "Is the world going to change because I say something? What is more, there is nobody (no politician) to listen to what I would say; how can you tell me to say something to someone?" (Wŏnt'aek 2001b, 214) At the beginning of the next year, when a delegation of high ranking Buddhist figures, including national assemblymen, asked him again to say something he said:

> These days people keep telling me to trade in democracy (*minju juŭi changsa hara*). Stories on democratization and similar stuff, as they arrive here, all make this place noisy, very noisy. All of you, assembly men, just try to think a little bit. A monastery is a place for practice (*suhaeng* 修行); national assemblymen do politics. When you go back to Seoul, do good politics, and tell people not to come here anymore to tell me to trade in democracy (Wŏnt'aek 2001b, 214).

Finally, Sŏngch'ŏl's *parinibbāna* poem (*yŏlbansong* 涅槃頌), in which he solemnly declares that he was an impostor, may be understood as his ultimate attempt at establishing an insurmountable barrier between him and the polity.

> *Deceiving people all my life,*

25 According to Wŏnt'aek, the Vatican's invitation never reached Paengnyŏn-am.

My sins outweigh Mount Sumeru.[26]
Falling into hell alive, my grief divides into ten thousand pieces.
Spouting forth a red wheel,[27] *it hangs on the blue mountain.*[28]

These examples would appear to corroborate that in conformity with the meaning of his nickname, the Tiger of Mount Kaya, Sŏngch'ŏl adamantly refused to be connected to the polity. Nevertheless, in order to get a more complete picture of him, let us now give a succinct account of data that points to a diametrically opposed aspect of the great master's personality.

Undoubtedly, reading and some direct, though limited, contacts with people put the Tiger of Mount Kaya in touch with the polity. Although Lee Yŏngju 李英住 (Sŏngch'ŏl's lay name) was not able to study beyond primary school, allegedly due to his poor health (Paengnyŏn, 24), he was an autodidact with a passion for reading that started at an early age. In his teens, he would barter bags of rice for books (Paengnyŏn, 25); and rumor has it that two vanloads of volumes were found at Paengnyŏn Hermitage after his death.[29] He also subscribed to *Time* weekly magazine during at least a part of his life.[30] Here are three examples of the result of those

26 The highest mountain and the center of the world in Buddhist cosmology.

27 The solar disk or the wheel of the Dharma.

28 *Sengp'yŏng ki'gwang namyŏ'gun* 生平欺狂男女群,
Mich'ŏn choeŏp kwasumi 彌天罪業過須彌,
Hwalham a'bi hanmandan 活陷阿鼻恨萬端,
Ir'yun t'ohong kwoebyŏksan 一輪吐紅掛碧山.
Translation from http://en.wikipedia.org/wiki/Seongcheol.

29 More exactly two "*ponggoch'a.*"

30 How and where he learned the English needed to achieve the fluency required to read that weekly is not clear. But since he spent so much time

readings and encounters. Firstly, to take up the challenge of science to religion, he worked toward harmonizing Buddhism with Einstein's relativity theory. Secondly, to upgrade the standards of his writings, he strived to apply the historical-critical method, especially when he composed the annotated translation of the *Platform Sūtra's* Dunhuang 敦煌 version (Sŏngch'ŏl 1987a, 17~19). Thirdly, impressed by what he discovered about Christianity's social work and tradition of prayer for others, he helped in the organization of a Buddhist crusade of such prayer, based on the practice of prostrations in front of the Buddha; and he also secretly encouraged the provision of help to the poor living in a slum area of Pusan (Senécal 2004, 50).[31] Beside these endeavors to adapt the Buddha's tradition to the modern world, let us also keep in mind that the Tiger of Mount Kaya spared no effort to reform Korean Buddhist monasticism (Kim Kwangsik 2000b, 252~254).[32] These examples, in stark contrast with the ones given above, seem meaningful enough to allow us to conclude that the Tiger of Mount Kaya was well connected to the polity.

In order to reconcile these diametrically opposed conclusions—connection to or disconnection from the polity—it should be sufficient to acknowledge that all eminent personalities, like great religious founders

---

in solitude, we can suppose that he made the best possible use of a self-teaching textbook.

31 The disclosure of Sŏngch'ŏl's "secret virtue" (*ŭndŏk* 隱德) took place before his death when some lay people talked about it to a journalist.

32 The same book chapter is also found in Kim Kwangsik 2006a, 367~409.

for example, are characterized by strongly contrasting—if not conflicting—tendencies, which interact in a complex way throughout their lives. A failure to do so will result in valuable, but amazingly contradictory interpretations of who T'oeong Sŏngch'ŏl was. For instance, some see his grandeur and strength in the fact that he purposely disconnected himself from the polity just as Wŏnhyo 元曉 (617~686) would have done (Kim Sŏngch'ŏl 2011, 19).[33] Others say that he created a system of meaning (*ŭimi ŭi ch'egye* 意味의 體系)[34] transcending the fragmented and meaningless polity in which contemporary human beings live (Yun Wŏnch'ŏl 2006, 67~70). Still others, however, conclude that he spared no effort to be connected to it (Ch'oi Wŏnsŏp 2011, 25).[35] In order to draw such thought-provoking conclusions, authors often tend to focus on a part of the information available, instead of attempting to make sense of all the data. But if one judges from the content of the two categories of instances given above, it seems that while Sŏngch'ŏl showed some concern for the religious and sociological dimensions of the polity, he did all he could to steer clear of its specifically political aspect.

33 There is much room to argue the pertinence of such an identification of Sŏngch'ŏl with the great Wŏnhyo; while the former left his wife and his daughter to live as a mountain monk, the latter declared that "one had to renounce the renouncing of secular life (*ch'ulga rŭl ch'ulga haeya handa* 出家를 出家해야 한다)," married princess Yosŏk 瑤石公主, who bore him a son, and spent his time writing as well as spreading the Dharma among ordinary people. Moreover, although Kim Sŏngch'ŏl thoroughly denies it, it seems hard to disconnect the spirit of harmony characterizing Wŏnhyo's *Sibmun hwajaeng-non* 十門和諍論 from the context of the three kingdoms' forced unification in which it was written.

34 In French, "un univers de sens."

35 See also Kim Chongin 2011, 7.

In other words, Sŏngch'ŏl would have eagerly wanted to avoid either collaboration or confrontation with political authorities, even as he otherwise strived to keep in touch to a certain extent with the South Korean polity itself. One of his reasons for having done so was his firm desire to be faithful to the spirit of the Buddha and early Buddhism which, as he understood them,[36] avoided meddling in politics. Another was probably his acute awareness, and strong disapproval, of the pattern of collaboration (*ŏyongsŏng* 御用性) with political power developed by Korean Buddhism from the Japanese rule onward (Ch'oe Pyŏnghŏn 2011, 624).[37] But given Sŏngch'ŏl's position within the Cho'gye Order, such a posture amounted to a delicate and infinite balancing act. Accordingly, the question that we now have to answer is, "Is it or is it not possible to extract oneself from the political dimension of the polity, while somehow remaining in touch with its other facets?" In order to answer this, let us briefly recall how the Buddha and early Buddhism, which Sŏngch'ŏl invoked to justify himself, as well as Aśokan Buddhism dealt with this issue.

36 Although Sŏngch'ŏl never explicitly says that the Buddha Śākyamuni and early Buddhism did not get involved in politics, judging from his position he seems to have firmly believed that it was so. Was that belief influenced by the dominant Western perception of the historical Buddha and Buddhism as apolitical? If yes, Sŏngch'ŏl's belief would be a kind of "internalized orientalism." See note 5.

37 For a detailed description of a recent case of collaboration between Lee Myŏngbak's government and the head administrator (*ch'ongmu wŏnjang* 總務院長) of the Cho'gye Order, see Myŏngjin 2011, 290~299.

Buddha, Early and Aśokan Buddhism and the Polity

The dominant Western perception of the Buddha Śākiamuni (ca. 563~483 BCE) as a sage who consistently steered clear of politics is largely true. Nevertheless, he did not shy away from speaking about the Dharma with the heads of state ruling northeastern India during his life time (Cho Chunho 2010, 41~42).[38] By staying away from state affairs, the Buddha intended to protect the *saṅgha* from the interference of the political authorities, thus preventing it from entering in conflict with them, for this would have distracted the *bhikkhus* from practice, which was their main goal. On the whole, that attitude gained him the respect of, as well as a generous material support from, those rulers;[39] also, many of them became his followers (Cho Chunho 2010, 41~42). But there was a conspicuous exception to that rule of non-intervention in political affairs: when Vidudabha[40] mounted successive military expeditions in order to avenge an old humiliation suffered at the hands of the Śākias, the Buddha managed to restrain him no less than three times, only giving up at the sight of the fourth expedition, which ended in wiping the Śākias' homeland (Cho Chunho 2010, 42; Schumann, 242~ 243). The overall picture that emerges is of a paradoxical and sometimes extremely tense relation of

38 Cho Chunho's research is a study of the relations of political power to religion in India, especially to Buddhism, however, I quote it because it is chiefly focused, despite its broadness, on how the Buddha related to politics (Cho Chunho, 13).

39 According to Yun, because it needed such a material support, the Buddha and early Buddhism accepted a kind of "capitalism" as part and parcel of interdependent arising, but it was "capitalism" without any attachment (Yun Sŏngsik 2011, 1).

40 The son and successor of Pasenadi, the ruler of mighty Kosalā.

the Buddha to politics, in which, even as he displayed a religious authority making him stand above the rulers of his time as a virtuoso of the other-worldly, he also maintained close ties with them.

In order to understand the relation of early Buddhism to the polity, instead of concentrating on the Buddha Śākiamuni, Tambiah, focuses on the *Aggañña Suttanta*,[41] which "gives the Buddhist version of the origins of the world, society, and kingship" (Tambiah, 9). The text provides in a nutshell a description of the nexus between Buddhism and state as "a totality that includes the relation between *bhikkhus* and king ..., between the Buddha and the Cakkavatti[42] ··· as the two wheels of the *dhamma*, between the *saṅgha* and the polity and society[43] in which it is located, between these worldly and other-worldly pursuits (Tambiah, 15~16)." Tambiah underscores that within such a totality, the Buddha's authority is always placed above that of the ruler, even if the latter is an extraordinary king, governing according to the Buddha's *dhamma*. In other words, the *rajanacacca*, the royal power and domain, and the *buddhanacacca*, the Buddha's power and domain, remain clearly distinguishable.

With the realm of Emperor Aśoka Maurya (ca. 304~232 BCE),[44] the

41 "Aggañña" means "beginning or origin, but not in the sense of a first cause."

42 Literally, a "wheel-turning world ruler," i.e. "a raja of rajas" or a universal monarch.

43 Whereas Tambiah distinguishes the polity and society in this quotation, this essay uses a definition of the polity which includes society.

44 Aśoka's reign lasted almost four decades (ca. 269~232 BCE), and he ruled over the largest empire of Indian history, except for the one administered by the British, in keeping with the Buddha's *dhamma*.

relations of Indian Buddhism to political power reached its apex, and this has remained ever since the paradigm of Buddhist-state relations in Southeast Asian countries (ibid. 54).[45] Even if Aśoka was a paradigmatic *cakkavatti*[46] embodying the Buddha's *dhamma* as he ruled, he did not hesitate to threaten to resort to force, and to match his words with his deeds whenever he deemed it necessary to maintain both the unity of the galactic polity he was at the head of (Tambiah, 64) and of Buddhism (Tambiah, 64, Magnin, 309~311). In stark contrast with this, it is well known that the Buddha did not wish anybody, neither secular nor religious, to head the *saṅgha* after his demise. In the *Maha-Parinibbana Suttanta*, instead of appointing a successor, he recommends to Ananda that "he take refuge in himself, that he be a lamp to himself, that he look not for a refuge outside himself." Furthermore, he recommends that his disciples conduct the *saṅgha* in the Vajjian style,[47] which required that "they gather often and in concord, that they meet in concord, that they rise in concord, and carry their affairs in concord" (Tambiah, 159~160). The Buddha considered that such a communal way of proceeding was best adapted to an organization of monks living in separate collectivities, and who had to "rely on themselves alone through their adherence to the truth" (Tambiah, 160). These fundamental differences between the Buddha's and

45 The *Aśokāvadāna*, i.e. *The Legend of King Aśoka*, has considerably contributed to the building and the perpetuation of that ideal paradigm (Strong).

46 See note 42.

47 It is "the style from the tribal or *gana* polity of Vaisali, dominated by the Licchavis, and known as the Vajji-*gana*" (Tambiah, 159, note 1).

Aśoka's conception of government merely corroborate the *Agañña Suttanta*'s teaching: no matter how successfully a *cakkavatti*'s rule embodies the Buddha's *dhamma*, the resulting *cakkavatti* will never equate the *saṅgha*, the authority of which will always remain above its own. Accordingly, we have to confront the question: "How can the relation of the *cakkavatti* to the *saṅgha* during Aśoka's rule be explained?"

The Buddha's conception of an ideal rule to run the *saṅgha* may have functioned as long as he was alive, not unlike Aśoka's "wheel- turning" statesmanship. Nevertheless, all too often after his demise, the *saṅgha* proved incapable to live up to it. Tambiah points out that "the very predilection of the pristine monks for living in separate collectivities led very early in their history to dissensions and schisms and fragmentation" (Tambiah 160). He concludes that "with no prescriptive rule or internal basis for authority and organization to hold the movement together as some kind of 'church,' the *saṅgha*'s existence and integrity could only be guaranteed by some external authority, that is, by the polity in which it was embedded, and of which kingship was the articulating and ordinating principle" (Tambiah 160). Inwardly, the *saṅgha* found itself in a position of inherent instability. This led it on the one hand to depend upon the help of an outward political power to solve its inner conflicts, while still pretending that its authority remained above it. As there is no faultless *saṅgha*, there is no perfect *cakkavatti*. Thus the very nature of this paradoxical if not contradictory relation opened the door for the development of rich, but tense and complex, relations between the *saṅ gha* and political circles, the genuine success of which could not but depend on the overall faithfulness of both sides to the Buddha's *dhamma*.

Against that backdrop, which shows the close connections between Buddhism and the polity from the time of the Buddha to Aśoka, let us move toward Mahāyāna Buddhism, more specifically toward the Chinese and Korean meditative schools.

Chinese and Korean Meditation Masters and the Polity[48]

While remarking that "the socio-political stakes of the sudden/gradual controversies were generally high" throughout the history of Buddhism, Faure gives the example of "the so-called council of Tibet," at which "the partisans on both sides ended by killing each other in the name of emptiness" (Faure 1992, 38). Inspired by his comment, we shall proceed to survey how the meditation masters, to whose authority Sŏngch'ŏl kept referring, related to the polity they were embedded in. Let us start with the Sixth Patriarch Huineng 六祖慧能 (638~713).

As the fifth section of this article shall show, in order to demonstrate the superiority of the sudden/sudden approach, Sŏngch'ŏl attached a considerable importance to the authority of the *Platform Sūtra* (*Liuzu Tanjing* 六祖壇經) and its traditionally presumed author: the Sixth Patriarch. Indeed, both are closely linked to the history of the Chinese sudden/gradual debate. Moreover, as the writer of the

48 Readers familiar with the history of the Chan school may go directly to the fifth section, which begins on p. 216.

only Chinese text attributed to the Buddha himself, and thus recognized as a sūtra (*jing* or *kyŏng* 經), until now Huineng has been acknowledged and venerated as the key figure of the Chan school. However, almost nothing is known about him. The remarkably close resemblance between the *Heze Shenhui yulu* 荷澤神會語錄, discovered in Dunhuang, and the *Platform Sūtra* has made scholars conclude that Heze Shenhui probably is its de-facto author (In'gyŏng, 28, 362). Consequently, it is not possible anymore to dissociate Shenhui from the authority of the *Platform Sūtra*. This leads us to take notice of how Shenhui related to the polity he belonged to.

Firstly, from 730 on, Shenhui obviously used his systematic attacks against Datong Shenxiu 大通神秀(606~706), the leader of the so-called Northern school, to assert the supremacy of his own school, the Heze-*zong* 荷澤宗, in the politico-religious landscape of the Tang dynasty (618~907) (McRae 1987, 233~234). Secondly, "it is also apparent that [Shenhui's] sudden teaching attracted people who had some reason to hope for a 'sudden change' of the political situation" (Faure 1993, 38). "This point is corroborated by the list of Heze's supporters: most of them ambitious officials" (Faure 1993, 38). Thirdly, Shenhui's politico- religious activism led him to be sent into exile in 753, at the instigation of Lu Yi 盧奕, one of Songshan Puji's 嵩山普寂[49] (651~739) powerful lay followers (McRae 235ff; Yi et al. 1995, 700~701). Finally, McRae underscores that "it is not even accurate to say that Heze [Shenhui] caused the disappearance of the Northern school, since it never existed as an

49 A disciple of Dadong Shenxiu.

institutional entity to begin with, or the supersedure of the sudden teaching over the gradual teaching, since no one ever advocated the doctrinally backward position that he described and criticized" (McRae, 258). This means that Shenhui antagonized Shenxiu by purposely distorting the nature of his teaching in order to impose his own school.

Interestingly, under the Song (960~1279), after the chaos and the persecution of the Five Dynasties (907~960) and as the Tientai 天台, Huayan 華嚴 and Linji 臨濟 schools were struggling and competing to redefine their identity, the latter falsely charged Shenhui of being a "master of intellectual knowledge and conceptual interpretation" (In'gyŏng, 139~140).[50] In doing so, the Linji school was honing its three main mottos: a separate transmission outside of the teaching (*kyooe pyŏlchŏn* 敎外別傳); no establishment of words and letters (*pullip munja* 不立文字); and directly pointing to people's minds (*chikchi insim* 直指人心). According to Buswell, with the invention of Kanhua Chan 看話禪, Chinese Buddhism achieved the final tuning of a meditation technique allowing a complete and sudden awakening experience in harmony with those three mottos (Buswell 1987, 321~356).

Kanhua Chan (Kr. Kanhwa Sŏn) is the meditation practice developed at the crossroads of the Northern (960~1127) and Southern Song dynasties (1127~1279) by Master Dahui Zonggao 大慧宗杲 (1089~1163). As a disciple of Yuanwu Keqin 圜悟克勤 (1063~1135), Dahui belonged to the Yangqi branch 楊岐派 of the Linji school (twelfth-generation successor). For Dahui and his followers—world

50 See note 10.

renouncers as well as lay people—Kanhwa Chan was the only practical technique allowing one to achieve a sudden and complete awakening; "no other alternatives existed" (Bodiford, 99). Keyword Meditation was opposed to earlier and allegedly impractical forms of Chan: Literary Chan (Wenzi Chan 文字禪) exemplified by Yuanwu's *Biyan-lu* 碧巖錄, which Dahui burnt, and the Silent Illumination Deviant Chan (Mozaoxie Chan 默照邪禪) of the Caodong school 曹洞宗, which he scathingly criticized as "passive quietism."

It is important to mention that as Dahui attacked the Caodong school, he distorted the teaching of its masters. Whether he did it in good faith or not remains a matter of debate (Schlütter, 135). Some have suggested that the differences between Keyword Meditation and Mozaoxie Chan "cannot be understood in a purely soteriological framework" (Schlütter, 138). Indeed, beyond doctrinal matters directly related to each faction's conception of awakening and practice, the data available shows that the row was well rooted in the polity in which it took place. In the footsteps of Gimello's research on the imperial patronage of Buddhism during Northern Song, Western scholarship has paid attention to and illuminated the larger secular and religious context of Dahui's spiritual achievements (Gimello 1987). The political shift from the Northern to the Southern Song (1127~1279) significantly weakened that patronage. As a result, the Linji lineage and its main rival, the Caodong school, had to compete fiercely for control over prestigious state-sponsored monasteries, as well as to attract the support of the elite literati (*sadaebu* 士大夫) officials whose spiritual quest was exacerbated by the misfortune of the dynasty (Schlütter, 135~138). While sharing similar views, Levering has also analyzed Dahui's achievements in terms of the rhetoric of gender equality (Levering, 210~213). In sum, "Keyword Meditation must be understood not just as a particular technique for religious cultivation, but also as a tool for distinguishing one sectarian faction within the Chan school from its institutional rivals" (Bodiford, 97), in an effort to cater not only to clerics but also to lay-people of both sexes.

Pyŏn Hŭiuk tends to see in those scholarly conclusions a Western-style reductionism that misses Dahui's spiritual genius, even though they have been carefully and methodically reached (Pyŏn 2010, 309~310). Nonetheless, he concurs with them in so far that he emphasizes the political dimension of Dahui's activity and practically considers it the paradigm of Keyword Meditation in action. Indeed, Dahui was part of the Southern Song politico-military faction advocating an all out war against the Jin 金 (1126~1234). To be sure, after their conquest of the Northern Song, the latter had crossed the Yellow River and kept moving southward. The rival faction, urging peace negotiations with the barbarian invaders, feared Dahui's influence because he had a very large audience. General Zhang Jiucheng 張九成 was one of his ardent followers. Dahui nicknamed Zhang "Shen Bigong 神臂弓," thus comparing him to a bow shooting arrows capable of simultaneously piercing and tearing apart a thousand suits of armor. This nickname was a clear allusion to the sword of the *huatou* 話頭 (Kr. *hwadu*) with which one can instantaneously cut off a thousand doubts. In any event, eventually the rival faction gained control over Southern Song politics in 1141 and negotiated peace with the Jin. For good measure, it also jailed three generals of the pro-war faction, including Zhang, as well as all the officials belonging to it. In what became known later as the "Shen Bigong Event," Dahui publicly criticized the detention of the officials. The result was immediate: the authorities falsely accused him of collaborating with the Jin, stripped him of his monastic robes and certificates, and sent him into a decade-long exile (Pyŏn 2004, 14~17; Kim T'aehwan 2011f, 109~113). Pyŏn points out that the deportation of a Chan master because of his patriotism and political activism is a rare event in Chinese history.

Dahui's Kanhwa Sŏn was first introduced to Korea by Chinul, who achieved his final awakening experience in 1197 while he was reading the *Dahui yulu* 大慧語錄. Although he never went to China, Chinul used Kanhwa Sŏn to crown his sudden/gradual approach of awakening and cultivation (*tono chŏmsu* 頓悟漸修), as can be seen in the last part of his magnum opus the *Pŏpchip pyŏrhaengnok chŏryo pyŏngip sagi* 法集別行錄節要并入私記 (abbr. *Chŏryo*), written in 1209, and in the *Kanhwa kyŏrŭiron* 看話決疑論 published five years after his death by his successor Chingak Hyesim 眞覺慧諶 (1178~1234). As a syncretic harmonization of doctrine and meditation (*sŏn'gyo ilch'i* 禪教一致),[51]

51 Chinul's position amounts to more than a mere unity of the doctrine and meditation schools (*sŏn'gyo habil* 禪教合一); it also includes a pervasive and all inclusive understanding of doctrine through the practice of meditation (*hoe'gyo kuisŏn* 會教歸禪), and a complete abandoning of doctrine to enter fully in the practice of meditation (*sa'gyo ipsŏn* 捨教入禪) (Kim Taljin 1987, 17).

this approach is essentially based on the thought of Shenhui and his successor Guifeng (Buswell 1983, 262~263). "Thanks to the backing of Chinul and his successor" at Songgwang-sa, Kanhwa Sŏn "quickly became the most common form of practice" within the Kusanmun 九山門 (Nine Mountain Schools) of "Korean Buddhism" (Buswell 1992, 150). However, toward the end of the Koryŏ dynasty (918~1392), Paegun Kyŏnghan 白雲景閑 (1299~1375), T'ae'go Pou 太古普愚 (1301~1382), Naong Hyegŭn 懶翁惠勤 (1320~1376) and many other Korean monks went to the Chinese province of Henan to learn Kanhwa Sŏn with teachers of the Yangqi branch of the Linji School (Kr. Imjejong Yanggip'a). After having become proficient in it, and having received the Dharma of those masters, they came back to their homeland and established what can be called the "Sino-Korean Connection," a lineage which would challenge Chinul's authority (Senécal 2011a, 77~78).

An essential aspect of the Sino-Korean Connection is its socio-political background, to which few scholars have paid attention. When King Kongmin 恭愍王 (1351~1374) ascended the throne, he wanted to reduce the influence of the Yuan (1271~1368) on Koryŏ's international relations. In order to succeed, he had to suppress domestic pro- Yuan factions, especially the most influential clans (*kwŏnmun sejok* 權門勢族) that were closely connected to the Kusanmun, and to favor the growth of new ones capable of backing him. To apply that policy to Buddhism, Kongmin chose to promote the development of the Sino-Korean Connection. To achieve that goal, he appointed T'ae'go to be the royal preceptor and entrusted him with the responsibility of all appointments within Buddhism, thus making him supervisor of the whole tradition. He created the Wŏnyungbu 圓融府 (Department of Complete Interpenetration) to assist him. Notwithstanding a conspicuous lack of contact with the rising gentry, T'ae'go was astonishingly well-connected to the rest of the polity. Besides the influential families to which he was naturally related by birth, his network encompassed Empress Qi 奇皇后 (1301~1369) and a number of power oriented public servants, some of them disreputable. T'ae'go's activities significantly weakened the Kusanmun; and he, as well as Naong, became influential representatives of Buddhism with a large following, to such an extent that their lineages became the mainstream of the tradition. That strong trend was maintained by their disciples Hwanam Honsu 幻庵混修 (1320~1392) and Mogam Ch'anyŏng 木庵粲英 (1328~1390) during the reign of King U 禑王 (1374~1388). Nevertheless, they were not powerful enough to set in motion an overall reform of Buddhism, the general decay of which is inseparable from the downfall of Koryŏ (Ch'oe Pyŏnghŏn 1986; Ch'oe Yŏnsik 2011, 154~155). It seems that to a certain extent, T'ae'go's failure may be attributed to the ambiguity of his sociopolitical position as a Sŏn master, to the inadequacy of the Kanhwa Sŏn doctrine that he was advocating to take up the challenge of the historical context the kingdom was in, and to his failure to keep in touch with the rising gentry, who were looking for an entirely new socio-political paradigm.

After King T'aejo 太祖王 (1393~1398), and with the overwhelming influence of the Neo-Confucians at the court, T'ae'go and Naong's legacy lost its support and Chinul's teaching could resurface, albeit in the context of the *ŏkpul sungyu chŏngch'aek* 抑佛崇儒政策 (Policy of Repression of Buddhism and Promotion of Confucianism). However, the Sino-Korean Connection made a decisive comeback during the seventeenth century in the aftermath of the Imjin 壬辰 (1592~1598) and Pyŏngja 丙子 (1636~1637), Japanese and Manchu invasions. Indeed, the participation of armies of monks in the fights against the invaders created a political climate favorable to a partial rehabilitation of Buddhism. But the two wars had thrown the peninsula into a state of chaos. To face the resulting crisis, the Neo-Confucians actively compiled genealogical records in an effort to create a strict social order based on clans. In order to revive itself, not only did the *saṅgha* have to redefine its identity, it also had to do it in line with the Neo-Confucians' endeavors. To do so, it began by proclaiming, despite a total lack of historical grounds, that all Chosŏn's monks belonged to the dharma- lineage of Ch'ŏnghŏ Hyujŏng 淸虛休靜 (1520~1604), better known as Sŏsan Taesa 西山大師: the most towering Buddhist figure of the Chosŏn dynasty, who was famous for having rallied an army of monks during the Imjin Invasion. Afterwards, the *saṅgha* proclaimed that Sŏsan was a sixth-generation disciple of T'ae'go, and that the transmission of the dharma lamp between the former and the latter had taken place over time without any physical interruption of the lineage. That amounted to claiming—here again despite a conspicuous lack of historical evidence－a continuous human succession (*injŏk kyesŭng* 人的繼承) instead of a purely doctrinal one (*sasangjŏk kyesŭng* 思想的繼承). By doing so, the *saṅgha* intended to accumulate not only the prestige of Sŏsan and T'ae'go, but also of the Linji school's Yangqi branch and beyond, through the Sixth Patriarch and Bodhidharma, of the Buddha Śākiamuni himself. If that Dharma Transmission Doctrine (*pŏpt'ongsŏl* 法通說) had the advantage of allowing Korean Buddhism to recover its patent of respectability in face of the Neo-Confucians' Tao Transmission Doctrine (*tot'ongsŏl* 道通說), it had the serious disadvantage of reducing its horizon to the Sino-Korean Connection, thus marginalizing or excluding the lineages and the teachings of masters like Pojo Chinul (Ch'oe Yŏnsik 2006, 392~400).

To be sure, a debate over the identity of Korean Buddhism flared up again in the nineteenth century and lasted until the beginning of the twentieth. It was sparked by the rising influence of doctrinal studies which challenged the supremacy of Keyword Meditation as promoted by the text-phobic heirs of the Sino-Korean Connection. Paekp'a Kŭngsŏn 白坡亘璇 (1767~1852), who gave up textual studies in favor of meditation, was its principal protagonist. In his *Sŏnmun su'gyŏng* 禪文手鏡, he presented a new doctrinal taxonomy (*kyosang p'ansŏk* 敎相判釋) crowned by the Imje school (to which he belonged), thus introducing an unheard-of gradation in the quality of the teaching provided by the five houses (*O'ga* 五家) of Chan. The controversy is peppered with regional feelings of animosity toward the geographical areas in which dwelled the adversaries of the new taxonomy, and it readily resorts to the Confucian sense of seniority (*sŏnbae hubae kwan'gye* 先輩後輩關係) to find fault with younger opponents at the expense of a real debate. Although those who took part in it were generally well qualified, most of their arguments boiled down to hammering out truths that were already known without bringing about any doctrinal breakthroughs. However it is worth mentioning that Ch'usa Kim Chŏnghŭi 秋史 金正喜 (1786~1856), a layman, criticized Paekp'a's "Keyword Meditation absolutism," saying that in order to be properly understood Kanhwa Sŏn had to be put back into the historical context from which it was born (Pak Haedang 2011, 225~226; 243~244).

All of the aforementioned examples demonstrate that the sudden/gradual debate has never been a purely doctrinal matter in Chinese and Korean history. On the contrary, just like Buddhism from its inception onward, it has always been closely connected to the sociopolitical background against which it was taking place. Assuming that Sŏngch'ŏl is not an exception to that rule, we must now demonstrate how close he was to the polity, especially to its political dimension, even though he worked hard at distancing himself from it. Since Sŏngch'ŏl neither collaborated with political power nor openly opposed it, this demonstration will resort to the description of the structural resonance between his life, his doctrine, and the political context in which it was taught.

Structural Resonance between the Way of the State and Sŏngch'ŏl's Way

Some see in Sŏngch'ŏl the avatar of paradox (*yŏksŏl ŭi hwasin* 逆說의 化身), because the more he turned his back on the polity, the more he unintentionally attracted it[52] (Kim Sŏngch'ŏl, 26~32). To be sure, some two million people either attended his cremation or came to see his relics (*sari* 舍利). There were far less at Mozart's and van Gogh's funerals. It looks as if, even though he attempted to forsake the world by taking refuge in the most remote part of the Kaya massif, he kept sending a strong message to it. In other words, although he tried to hide from the polity, he never managed to escape it completely.[53] Paraphrasing the first of Paul Watzlawick's five axioms,[54] which says that "one cannot not communicate," we could say that "it is impossible to be asociopolitical" or that "it is impossible not to be sociopolitical."

If the following facts are considered, that paradox is easy to under-

52 Although this paper does not emphasize it, the possibility that Sŏngch'ŏl's behavior may have been more intentional than it is commonly believed cannot be completely excluded. In other words, as a *conspicuous* recluse (having one's hermitage surrounded by barbed wire, disavowing and chasing away one's wife etc.) Sŏngch'ŏl' may have been precisely aware of just what he was doing with his *very public* insistence on being disconnected from the center. But the fact that Sŏngch'ŏl's behavior may have been intentional does not necessarily allow one to conclude that it intended to help the political establishment. Similarly, at this point nothing allows us to conclude that Sŏngch'ŏl has been purposely utilized by political leaders like, for instance, the forest monks in Thailand sometimes are (Taylor J. L., 285~291).

53 See note 52.

54 They were all designed to help the practice of family therapy. See http://en. wikipedia.org/wiki/Paul_Watzlawick

stand. Firstly, just as any mountain monk, Sŏngch'ŏl lived on the alms offered by the laity to the Cho'gye Order. Additionally, in order to receive alms, the order had and still has to produce truly awakened masters, whom it uses to crown and thus justify its whole organizational structure. Consequently, making public the existence of the Tiger of Mount Kaya was in the interest not only of his disciples, but also of the order; and both did not hesitate to do so.[55] Thirdly the laity, the order, and the recluses all need the peace and social order provided by the state in order to assume their respective function. Finally, the state in return needs the moral and political support as well as the spiritual guidance that a Buddhist order and its masters can provide; and the former can hardly allow the latter to exist in a condition of anarchy, lest it have negative repercussions on the rest of the polity. But over and above those obvious connections, points of structural resonance, between Sŏngch'ŏl's Way and the Way of the State, i.e. the political context in which it was preached, may be the best manner to explain his paradoxical personality. A point of structural resonance is a close resemblance and/or proximity between two or more facts that otherwise

55 As one of Sŏngch'ŏl's oldest *sangjwa* 上座, i.e. disciple, Wŏnt'aek Sŭnim (b. 1943) has played an important role in making his master known to the public. One of the best examples is the international academic conference that he organized on the 25th of September 2013 to commemorate the 1300th anniversary of the Sixth Patriarch's demise and the 20th anniversary of Sŏngch'ŏl's demise. See Taehan Pulgyo Cho'gyejong Paengnyŏn Pulgyo munhwa chaedan. 2013. [Proceedings of] Yukcho Hyenŭng *kwa* T'oeong Sŏngch'ŏl, *kŭrigo* Han'guk Pulgyo (Yukcho Hyenŭng *sŭnim yŏlban* 1300 *chugi*/T'oeong Sŏngch'ŏl *sŭnim yŏlban* 20 *chugi ch'umo haksul p'orŏm*).

appear to be completely unrelated to one another, like two separate objects vibrating at the same sound wave rate.

The first point of structural resonance is the twofold suddenness (*tono tonsu* 頓悟頓修) emphasized by Sŏngch'ŏl during his Hundred Day Teaching in 1967,[56] when he began to criticize openly the sudden/gradual approach, saying that Chinul, its main protagonist, could not be honored as the founder of the Cho'gye Order. In some regards, that teaching evokes the suddenness and rapidity of the coups d'état through which Pak Chŏnghŭi (1917~1979) and Chŏn Tuhwan (b. 1931) overthrew civilian presidents and seized power in 1961 and 1980 respectively. Pak justified his coup as well as the ensuing dictatorship by the urgent necessity to put an end to political, military and economic chaos, and to set the country on the path toward security, development and happiness, culminating in the so-called Miracle on the Han River (Heo, 20~22). To be sure, in order to put an end to the state of confusion reigning within Korean Buddhism and supposedly resulting from Chinul's way, the main principles of Sŏngch'ŏl's reform advocated the exclusive use of the shortcut approach of Keyword Meditation (*kyŏngjŏlmun* 徑截門), which allows the rapid achievement of a sudden and complete awakening to the Middle Path, thus definitely transforming one into a Buddha, and making one capable of liberating all sentient beings from the *samsāra*. In striking contrast with those principles, however, early Buddhism accepted a variety of meditation techniques and theories (Haktam 2011a, 57~58; 2011b, 4; Gregory 1997, 297; Kalupahana, 237~239), which integrated

56 See note 9.

both the sudden and the gradual character of the awakening process (Ch'oe Pongsu, 54~55; Im Sŭngt'aek 24~25), in a way that was far more focused on the process (see e.g. the eightfold path) than on the awakening itself (Kim Nami, 211~213).[57] In this light, Sŏngch'ŏl's claim to go back to the Buddha's teaching with Keyword Meditation not only sounds highly arguable, but also looks like a doctrinal coup d'état inaugurating and justifying a "sudden/sudden dictatorship." It looks even more so when one considers that Chan and Sŏn masters before Sŏngch'ŏl have more insisted upon the sudden/gradual paradigm than upon the sudden/sudden one (Chongho 2012, 64~65). As a result of Sŏngch'ŏl's affirmations, many scholars think that Korean Buddhism has become so obsessed with the achievement of awakening that it suffers from an "awakening disease" (*kkaedarŭm ŭi pyŏng*). However, in retrospect it seems that Sŏngch'ŏl's "Keyword Meditation absolutism" (Shim, 212; 233) has in fact led very few people to awakening (Masŏng, 227).

The second point of structural resonance between Sŏngch'ŏl and Presidents Pak and Chŏn is that they were all self-appointed men, endowed with a deep sense of mission and convinced of being the only way of salvation for Buddhism or South Korea (Heo, 21), respectively. To be sure, just as Pak and Chŏn were not elected, Sŏngch'ŏl's awakening was never certified by anybody. He even maintained that there wasn't a single awakened master to be found on the Korean

57 The Vipassanā teacher Goenka(1924~2013) never claimed that he had achieved awakening, but merely told his disciples that he was more advanced than them.

peninsula toward the end of the Japanese colonial rule, not even at Songgwang-sa 松廣寺 or Sudŏk-sa 修德寺 (Paengnyŏn, 35~36). Nevertheless, it seems that Sŏngch'ŏl went as far as to identify his mission with that of Huineng when he was told by the Fifth Patriarch Hongren 五祖弘忍 (584~674), "Only transmit the sudden teaching; go in the world and eradicate erroneous doctrines" (*Yujŏn ton'gyobŏp ch'ulse p'asajong* 唯傳頓教法 出世破邪宗).[58] This self-appointment and this identification allowed the "orthodox tradition of Keyword Meditation" to make a fresh start (Sŏngch'ŏl 1987a, 5; Senécal 2004, 412~416), not unlike Pak Chŏnghŭi's coup, which marked the beginning of a new era of security and development for Korea.

The third point of structural resonance is the powerful demonizing and antagonizing mechanism which pervades all of Pak and Chŏn's discourses as well as those of Sŏngch'ŏl: against North Korean communism for the former (Heo, 22), and Chinul's gradualism for the latter. For Sŏngch'ŏl, Chinul is the one to beat, the prime target; and he does not hesitate at the outset of the *Sŏnmun chŏngno* to resort to verbal abuse (Sŏngch'ŏl 1981, 3~4).[59] As he maligns his adversary, Sŏngch'ŏl never listens to him thoroughly; he never tries to understand what Chinul said by putting it in its context. He even forbade the study of Chinul's *Chŏryo* at Haein-sa's *kangwŏn* 講院. Different from Wŏnhyo, Sŏngch'ŏl does not display a mind trying to "reconcile and unite various (conflicting) doctrines into a pervasive and inclusive understanding

58 T. 2007. 48. 341 c18.

59 See note 10.

(*hoet'ongjŏk ihae* 會通的 理解)."[60] Instead, to justify the sudden/sudden approach and exclude all others, he combines the use of Keyword Meditation with a strictly deductive approach based on the authority of the past masters that he quotes. As a result, in Sŏngch'ŏl's so-called paradoxical Middle Path, Keyword Meditation renders the use of language meaningless, while the language of tradition as he understands it is used to condemn other viewpoints, thus ultimately bringing everything back to his own perspective. The result is a black- and-white logic, pitting sudden against gradual, that is far apart from the Middle Path between extremist viewpoints characterizing the Buddha's approach (Kalupahana 237).[61] This logic may be summed up in four terms: the Middle Path is inexpressible; the masters of the past were right; I say what they have said, so I am right; Chinul said something else, so he is wrong. In absence of a conception of language like that of the Greek logos, which is both reason and speech and which requires that everything be clear and precise, and of an *agora* allowing an authentic debate, the expression "sudden/gradual debate" becomes a misnomer.

In contrast with Sŏngch'ŏl's mentality of *ad fontes*, Chinul's writings, even though they are also based on the sources, display a much more speculative and balanced mind: both deductive and inductive, reflecting the practice of a Middle Path between radical analysis (*chŏn'ganmun* 全揀門) and comprehensive assimilation

60 *Hwajaengjŏk* 和諍的, *hoesŏkchŏk* 會釋的 (see DDB).

61 Let us keep in mind that the doctrine of the Middle Path is the second of the five main principle used by Sŏngch'ŏl as the foundation of an overhaul of Korean Buddhism. See note 6.

(*chŏnsumun* 全收門) (Chinul, 147~148). Following Qingliang Chengguan 淸涼澄觀 (738~839), Chinul describes seven possible divisions of sudden and gradual (Chinul, 123~ 124). He thus allows a process of spiritual growth, not unlike Plato's gradual ascension toward ultimate truth, albeit the latter rests on an ontology and takes place through the contemplation of the phenomenal world. Chinul's quasi-Socratic quest for truth reminds us of Gandhi's saying that an opinion radically different from his was the most important thing in the world.

Objectively speaking, if Sŏngch'ŏl could have made his point without demonizing Chinul and antagonizing the latter's followers, why didn't he do so (Senécal 2007a, 49~51)? A similar pattern of distortion of the teaching of one's rival has been observed in Shenhui, in the Linji school as it criticized Shenhui, and in Dahui and Paekp'a's behavior; and it was always linked to sociopolitical motivations. Although it is not possible to point directly to Sŏngch'ŏl's motives, it may be underscored that as he attempted to overhaul Korean Buddhism in the second half of the twentieth century, he constructed his verbal assault against Chinul in a way that closely reflects the structure of the Cold War anticommunist discourse of the authoritarian regime under which he carried it out.

The fourth point of structural resonance functions with the aforementioned demonization mechanism. It consist of Presidents Pak and Chŏn's unrelenting quests for legitimacy in order to avoid the risk of low public approval as presidents resulting from their own self-appointments, and the quest of Sŏngch'ŏl to avoid poor acknowledgment by the *saṅgha* as self-appointed meditation master.

Besides their constant brandishing of North Korea's threat (Heo, 25), Pak and Chŏn sought to legitimize the ironfisted security measures of their antidemocratic governments through steady economic growth (Heo, 24, 35). As for Sŏngch'ŏl, beginning with early Buddhism in 1967 and finishing with Huineng in 1987, he kept appealing to diverse layers of the Buddhist tradition to prove that his teaching was orthodox and that Chinul's was not. In the *Han'guk Pulgyo ŭi pŏmmaek* 韓國佛教의 法脈 (Sŏngch'ŏl 1976), he insisted that T'ae'go's teaching corresponded to the sudden/sudden doctrine and that there was no other authentic dharma-lineage in Korea. In the *Sŏnmun chŏngno* (Sŏngch'ŏl 1981), to demonstrate that the sudden/sudden doctrine was the only true one and that Chinul's was unorthodox, he gathered together some three hundred and twenty six quotations pulled out of sixty *sūtras* and treaties (Senécal 2004, 233). In his last work, the *Tonhwang-bon Yukcho tan'gyŏng, hyŏnt'o p'yŏnyŏk* 敦煌本 六祖壇經 縣吐編譯 (Sŏngch'ŏl 1987a), he ultimately resorted to what he believed to be the Sixth Patriarch's *ipsissima verba* to make the same demonstration. Furthermore, in the *Sŏllim ko'gyŏng ch'ongsŏ* 禪林古鏡叢書, to prove that the patriarchs of the past had all transmitted the sudden/sudden teaching *alone*, he had thirty Chinese and two Korean masters' discourse records (*chanshi yulu* 禪師語錄) from the Chanzang 禪藏 translated into Korean. When put together, the aforenamed works represent a considerable amount of material, pervaded by an impressive inner coherence, but obviously characterized by a number of methodological flaws.

Those concerning early Buddhism and Korea's dharma- lineage have already been mentioned. Let us now examine the others.

Overall, in the *Sŏnmun chŏngno*, Sŏngch'ŏl tends to quote Chinul from his anti-gradualist self-centered angle, thus drawing water to his own mill, but distorting the original meaning of what he cites (Park 1992, 253). For instance, in the preface of the work, he falsely pretends that Chinul declared that Shenhui was not Huineng's rightful heir (*chŏkcha* 嫡子) because he was a "chihae chongsa" (Sŏngch'ŏl 1981, 3~4; Senécal 2004, 275~280).[62] The same kind of distortion pervades Sŏngch'ŏl's understanding of the Middle Path as it is displayed in the *Paegil pŏmmun*. Despite evidence to the contrary (Donner, 201~226), he claims, for instance, that the third patriarch of the Tiantai school Zhiyi 智顗 (538~597) interpreted awakening to the Middle Way in a strictly sudden sense, going so far as to suggest that he practiced Keyword Meditation as well (Sŏngch'ŏl 1992b, 46; 67; Senécal 2004, 215~225). Furthermore, in the *Sŏnmun chŏngno*, when he describes the three barriers (*samgwan* 三關) or the three stages of cultivation (*sambundan suhaeng* 三分段修行 or *samdansuhaeng* 三段修行) on the way to awakening, Sŏngch'ŏl inadvertently introduces a gradualist perspective in his own system of thought, thus contradicting himself (Sŏngch'ŏl 1981, 108~119; Senécal 2007a, 46~47). Although his followers claim that he talked from a strictly synchronic perspective,[63] the underlying diachronic viewpoint

62 See note 10.

63 Such a claim amounts to active belief because it refuses to acknowledge the opposite

can hardly be denied (Senécal 2011a, 100 note 37).

As for the Dunhuang version of the *Platform sūtra*, Hongren does not condemn Shenxiu's gradualist poem but on the contrary recommends its study, albeit recognizing the superiority of Huineng's sudden stance. Its content thus cannot be reduced to the sudden/sudden teaching alone (Gómez, 79). The coexistence of these two tendencies within the *sūtra* opens the door for more than one interpretation of Huineng's "*ipsissima verba*;" it also explains why gradualists also refer to the Sixth Patriarch's authority in contemporary Korea (Senécal 2009a, 222~223).

Regarding the content of the *Sŏllim ko'gyŏng ch'ongsŏ*, as mentioned page 339, contrary to Sŏngch'ŏl's perspective Chongho's research has demonstrated that over time Chan and Sŏn masters have insisted more on the sudden/gradual paradigm than upon the sudden/sudden one. Whether the masters whose sayings are found in the *Sŏllim ko'gyŏng ch'ongsŏ* were all strong advocates of the sudden/sudden doctrine remains an opened question.

All this goes to show that the more Sŏngch'ŏl tried to legitimize his sudden/sudden approach, the more he ended up revealing the weaknesses of his stance and falling into the contradictions of authoritarianism, not unlike President Pak's *Yushin* system, which also ran out of steam over time (Heo, 25~26).

The fifth point of structural resonance consists in the similarities between the spatio-temporal coordinates of the dictatorship and the Korean sudden/gradual debate. Geographically, Sŏngch'ŏl and Presidents Pak and

---

and complementary perspective.

Chŏn were all from Kyŏngsang province. Moreover, before settling down at Haein-sa in 1967, Sŏngch'ŏl spent most of his life as a recluse in meditation halls and hermitages located in his native province (1936~1967). Before his awakening, he only left Kyŏngsang province for a winter and a summer retreat in the Diamond Mountains (1939~1940). After his awakening at Tonghwa-sa 桐華寺, he made a summer retreat at Songgwang-sa (1940) in Chŏlla Province. He then went to Ch'ungch'ŏng Province and made retreats in Sudŏk-sa's Chŏnghye-sa (1941~1942), at Man'gong's 滿空(1871~1946) cave located in Kanwŏl-do 看月島 (1942), and in Pŏpchu-sa 法住寺 (1943). After having concluded, as aforementioned, that there were no awakened masters to be found in those places, he went back to the Kyŏngsang area and never left it again (Sŏngch'ŏl 1993a, 747~751; Senécal 2004, 36). Interestingly, Haein-sa belongs to South Kyŏngnam Province's Hapch'ŏn district, which is Chŏn's native place. In contrast, although he was from the Hwanghae Province\ Chinul's activity is closely linked to Kilsang-sa 吉祥寺 (the future Susŏn-sa 修禪社, later called Songgwang-sa), in Chŏlla Province, where he settled in 1197 and stayed until his demise, working at the creation of a new paradigm instead of reviving an old one like Sŏngch'ŏl. There is a long history of deeply entrenched hostility between the Kyŏngsang and Chŏlla Provinces, which was exacerbated by the crushing of the Kwangju Democratization Movement in May 1980. This history, along with the publication of Sŏngch'ŏl's *Sŏnmun chŏngno* and the *Ponji p'unggwang*[64] in December 1981 and 1982 respectively, led many a

64 See note 13.

Chinul follower to perceive Sŏngch'ŏl's "coup" as the beginning of an all out doctrinal war aiming at Haein-sa's hegemony over Korean Buddhism.

More compelling perhaps than those geographical coordinates is the timing of Sŏngch'ŏl's life from 1967 onward, when he was appointed as Haein-sa's *pangjang* after practically three decades of life in solitude. Beside the fact that the real estate conflict between the celibate and the married monks was heading toward its end, thus bringing Buddhism to a state of relative calm, he may well have accepted that nomination because he was emboldened by the overall stabilization of the polity brought by Pak's administration. Furthermore, Sŏngch'ŏl's appointment as *chongjŏng* 宗正 (January 10, 1981) took place only a few months after Chŏn's inauguration as president (September 1, 1980) and his crackdown on Buddhism—about which Sŏngch'ŏl kept silent.[65] Finally, because of ailing health, Sŏngch'ŏl practically stopped exercising his duty as meditation master at the end of the 1986 summer retreat, even though he retained his *pangjang* title (Sŏngch'ŏl 1993a, 751). Judging from the fact that he did not intervene to put an end to Sŏ Ŭihyŏn's infamous administration of the Cho'gyejong (1986~1994),[66] it can also be inferred that he could not fully play his role as *chongjŏng* anymore. In other words, about a year before South Korea approved the new constitution that would allow democratization, Sŏngch'ŏl's activity was drastically

65 See note 22.

66 Since the early nineties until now many articles describing Sŏ's administration have been published. See for instance Kwŏn and Yi chŏk.

reduced.

From the aforementioned data, it can be seen that there are significant zones of overlap between the spatio-temporal coordinates of the ROK's dictatorship and Sŏngch'ŏl's activity in the second half of the twentieth century.

The sixth point of structural resonance between Sŏngch'ŏl and Presidents Pak and Chŏn is their imperviousness to criticism, which ultimately translated into their inability to perceive the signs of the times. Just as Pak failed to grasp how to react to the *Pu-Ma minjung hangjaeng* 釜馬民衆抗爭 of October 1979 and was finally assassinated (Heo, 25~26), Chŏn failed to understand that the drive for democratization would gain unstoppable momentum during the year preceding the hosting of the Seoul Olympic Games, and lead to the end of the ROK's dictatorship (Heo, 37~40). Similarly, even though he was begged in 1987 to say a few words in favor of the democratization movement as the supreme patriarch of the Cho'gye Order, Sŏngch'ŏl remained insensitive to all criticisms as he categorically refused to do so, stating that he was a mountain monk. By choosing not to address the people's concerns at a major turning point in contemporary Korean history, he seems to have missed a unique opportunity to display his awareness of what was happening within the polity. Not surprisingly, his followers now have to struggle to provide a rational explanation for his uncompromising silence; and their task is significantly complicated when they try to maintain simultaneously that he was close to that polity.[67]

In fact Sŏngch'ŏl's allegedly neutral silence at that time is all the more ironic since, as the third section of this essay has abundantly demonstrated, even the Buddha, to whose teaching he (Sŏngch'ŏl) claimed to return to,[68] did not hesitate to develop and maintain relations to kings whenever necessary, going as far as to ask one of them not to carry on armed revenge against his homeland. Moreover, from its inception onward, following the spirit of the *Agañña Suttanta*, Buddhism in Southeast Asia and elsewhere has not only adopted a way to conduct the *saṅgha* in harmony, but has also been looking forward to the installation of an ideal *cakkavatti*—like Aśoka—ruling over a galactic polity. While not equivalent to the spirit of a modern democracy, all this indicates closeness to it rather than to dictatorship or tyranny.[69] Furthermore,

67 "Religion and politics must be completely separated. ··· moreover, I think that religion has to be the delivery room of politics. ··· Religion has to be the foundation of political doctrine. Religion has to be the leading spiritual 'supplier' of politics, its mains spiritual motive power, all political doctrines must be rooted in religion" (Wŏnt'aek 2012b, 178).

68 This paragraph and the following ones do not intend to suggest that early and Aśokan Buddhism might be more true or authentic than Sŏngch'ŏl's polemics. Any such idealization of the past would be contrary to the spirit of Buddhism which "lacks any defining, unalterable essence (an atman, so to speak) and is itself the product of a complex of interdependent and ever-changing conditions" (Gregory 1987, 297). Rather, this section intends to show that Sŏngch'ŏl's polemics have not taken into account how early and Aśokan Buddhism were closely related to the polity, even as they claimed to go back to the Buddha Śākyamuni's teaching and way of life. In other words, although Sŏngch'ŏl's attempt to reform Korean Buddhism is based on a return to the historical Buddha's "original Buddhism," it has obviously failed to see its socio-political aspects. See note 5.

69 According to Davids, the schism which gave birth to Mahāyāna was in part linked to differences in the conception of authority, the Vajjians wanting a less centralized

since early in its history the *saṅgha* had to accept the intervention of heads of state to help it sort out—for better or worse—its inner conflicts. With the successive interventions of Presidents Rhee, Pak and Chŏn in its affairs, Korean Buddhism in the second half of the twentieth century is far from having been an exception to that rule. As direct and decisive as they were, such state interventions rendered the *saṅgha*'s pretensions to political neutrality practically impossible.

Let us take, for example, Sŏngch'ŏl's silence at the time of the Oct. 27 crackdown and its aftermath.[70] Can that silence be purely interpreted as political neutrality, or was it motivated by other reasons? For instance, did Sŏngch'ŏl remain silent because as a *sansŭng* he was poorly informed about what had happened, or was it out of fear for his physical security? Was it out of prudence, as some maintain, to spare further persecutions of Buddhism (Kim Sŏngch'ŏl, 22), or was it out of personal approval of Chŏn's actions? Granted, however, that the Buddha steered clear of politics to avoid disrupting the *saṅgha*'s practice, thus putting the safeguard of practice above everything else, why would Sŏngch'ŏl have kept an approving silence when practice had been seriously disrupted by the state-enforced raid on the Korean *saṅgha*? Could it be out of fear to compromise the broader peace and security provided by the state, even though it was a dictatorship, because without it overall practice would have been even more seriously disrupted? In fact, Sŏngch'ŏl and the Pongam-sa Kyŏlsa[71] 鳳巖寺結社 had to give up their practice in

hierarchy and more autonomy (Tambiah, 160~161, note 1).

70 See note 22.

71 See note 5.

1949 because of the Communist guerilla attacks taking place in the surrounding mountains, thus putting an end to the life of the community of monks intending to reform Korean Buddhism after the Liberation (Wŏnt'aek 1995, 16). Sŏngch'ŏl also had to take refuge in the Pusan area during the Korean War, so he knew from firsthand experience how dramatic the consequences of war could be. In other words, even though he had renounced the world, the Tiger of Mount Kaya knew that the security of the country he lived in, including that of the Kaya massif where he practiced, depended upon the existence of a strong government with a powerful army. Accordingly, we may suppose that Sŏngch'ŏl was not willing to challenge Chŏn as long as he proved capable to provide overall security, even though he was far from being an ideal *cakkavatti*. But even if that hypothesis explaining Sŏngch'ŏl's silence about the Oct. 27 crackdown is correct, that silence cannot be considered neutral, because it obviously was the result of a political choice.

Finally, Sŏngch'ŏl's refusal to take a stand on the democratization movement under the pretext that he was a mountain monk also sounds contradictory when we consider what the fourth section of this essay has clearly demonstrated: that Shenhui (through the *Platform Sūtra*), Dahui,[72] Naong, T'ae'go[73] and Sŏsan[74]—in other words all the main

72 He is quoted thirteen times in the *Sŏnmun chŏngno* (Senécal 2004, 319).

73 Although T'ae'go and Naong are each quoted only once in the *Sŏnmun chŏngno*, vol. 21 and 22 of the *Sŏllim ko'gyŏng ch'ongsŏ* respectively correspond to the translation of their sayings (*ŏ'rok* 語錄) (ibid. 318).

74 Sŏsan too is quoted only once in the *Sŏnmun chŏngno*; however, to prove that he advocated the sudden/sudden teaching like Huineng and himself, Sŏngch'ŏl has added the annotated translation of Sŏsan's *Sŏn'gyogyŏl* 禪敎訣 at the end of the

masters quoted by Sŏngch'ŏl to back his rhetoric of immediacy—were deeply involved in political matters. As a result, the obstinate silence kept by the Tiger of Mount Kaya at a crucial point in time may appear, at best, as an enigma to be solved by historians of later generations or, at worse, as a staggering contradiction between his words and his deeds.

But more serious perhaps than Sŏngch'ŏl's silence on the Oct. 27 crackdown and the democratization movement is the fact that he also failed to understand the need of Korean Buddhism, at the dawn of a new era, for both doctrinal and practical diversity instead of Keyword Meditation absolutism. Some believe, without alluding to politics, that Sŏngch'ŏl's reform has locked Korean Buddhism in the orbit of the Pongam-sa Kyŏlsa, which intended to go back to the Buddha's teaching as he and his companions understood it, thus rendering the tradition incapable of adapting to the modern world (Cho Sŏngt'aek 2011, 43). For Kim Chongin, "Sŏngch'ŏl's sudden/sudden doctrine, based as it is on a fundamentalist ideology, constituted the logical foundation for the emergency exit needed by Korean Buddhism" because it was "in a state of stagnation and decay such that it was incapable to overcome properly its heritage of oppression and the sudden changes of a new cultural environment" (Kim Chongin 2006, 337).

It is well worth noticing that Sŏngch'ŏl's followers all too often

Yukcho tan'gyŏng hyŏnt'o p'yŏnyŏk (Sŏngch'ŏl 1987a, 291~310).

display the same imperviousness to criticism and incapability to perceive the signs of the time as he did, using the rhetorics of immediacy and experience[75] to avoid all discussions and brush away the questions that could point to the great master's weaknesses and contradictions (Senécal 2011a, 94~95). Those two rhetorics are based on a subjectivism that accepts no point of view other than that of Sŏngch'ŏl. In the resulting intransigent discourse, everything proceeds from the ineffable experience of awakening that he is assumed to have made—and all the more important since he is a self-appointed master, as if the egg of his experience necessarily came before the chicken of his discourse (Senécal 2007b, 472~483). But such a subjectivism fails to see that there exists no absolute interpretation of awakening experiences, because those interpretations are always conditioned by causality, i.e. by defined spatio-temporal coordinates, including socio-political ones (Hyŏnŭng 2009, 227~229). Sŏngch'ŏl was not completely unaware of this pitfall. To avoid it, he could have chosen not to talk at all like Vimalakīrti, but he did not so choose (Sŏngch'ŏl 1992a, 14). Consequently, whenever he opened his mouth he spoke a discourse conditioned, at least in part, by the coordinates of the polity of which he was a member. Interestingly, Luca points to the fact that in South Korea under the military dictatorship (1960~1988) the most successful religious groups actively supported anti-communism and capitalism, and never opposed military duty or criticized the working law. She adds that the resulting

75 The former expression has been coined by Faure (1991) and the latter by Sharf (2000b).

consensus perfectly matched the American worldview during the Cold War (Luca 2011, 326~329). Even though Sŏngch'ŏl never adopted such a clear political stance, all the points of structural resonance developed in this chapter, especially the third point, demonstrate either directly or indirectly that the structure of his discourse espoused that of the dictatorship. It may be, at least in part, due to the fact that Sŏngch'ŏl was aware not only of the limits of his discourse but also, to a certain extent, of the contradictions he inevitably fell into, that he finally denied himself and his teaching in his *yŏlbansong*.[76] However, the fact that the Tiger of Mount Kaya had been more or less "divinized" by the media at the time of his dismissal—with its constant use of expressions like "Sŏngch'ŏl *k'ŭnsŭnim*," "K'ŭnsŭnim *t'ansaeng*"[77] or "*Uri sidae ŭi Puch'ŏ Sŏngch'ŏl kŭnsŭnim*"—have greatly contributed to the validation of both his discourse and the subjectivism it proceeds from by rendering all criticism out of the question right from the start.

This section has described the six points of structural resonance between Sŏngch'ŏl's doctrine and the political context in which it was taught. Though none of the points of structural resonance can adequately support the argument of this paper when standing alone, the significance of each one grows exponentially into a compelling constellation when they are put in relation to one another. For instance, the demonizing and antagonizing mechanisms described in the third point are legitimizing techniques which pervade the entire

76 See note 28.

77 A term mostly used when talking about the birth of an extraordinary human being.

history of the sudden/gradual debate. They can also be considered part and parcel of politics worldwide.[78] Nevertheless, when examined in the context of the contemporary Korean sudden/gradual debate and in relation to the overall picture, those mechanisms of misrepresentation of one's rival take on an undeniable significance, the same of which can be said of the other five points of structural resonance. Indeed, for the most part the substance of the six points, when considered separately, is not specific of the Korean sudden/gradual debate. But when those six points are put together, the resulting constellation suggests that the overall structure of Sŏngch'ŏl's life and sudden/sudden teaching mirrors in many regards the dictatorship under which he lived and taught. However, in no way should this entail that the great monk's life and thought are reducible to that dictatorship.

Nevertheless, the resulting constellation allows us to answer the question raised at the end of the second section: "Is it or is it not possible to extract oneself from the political dimension of the polity, while otherwise remaining in touch with some of its other facets as Sŏngch'ŏl attempted to do?" In view of all the aforementioned evidence, although there has never been either a red phone connection nor any other specific form of contact between the presidential Blue House and Paengnyŏn-am,[79] it clearly appears that the Way of the State to

78 Newt Gingrich, for instance, perfectly masters these techniques and teaches them.

79 It is, in part, because of that absence of obvious contact that this article has not attempted to trace circuits of influence or imitation. In order to strengthen the points adduced here, further research could examine whether there are indirect connections

which the Tiger of Mount Kaya belonged paradoxically caught up with his Way as a *sansŭng* (山僧道).

World Conqueror and World Renouncer

In his attempt to reform Korean Buddhism in the second half of the twentieth century, T'oeong Sŏngch'ŏl proclaimed a return to the Buddha Śākyamuni's teaching and promoted the sudden/sudden doctrine of awakening to the Middle Path through the practice of Keyword Meditation. As a result, he condemned as unorthodox Pojo Chinul's sudden/gradual approach and gave rise to the ongoing Korean sudden/ gradual debate. By doing so the Tiger of Mount Kaya placed his reform under the direct authority of the historical Buddha and the Sino-Korean Connection, which includes the Sixth Patriarch Huineng and Linji Yixuan as well as T'ae'go Pou and Sŏsan Taesa. Moreover, by presenting the Buddha and all of the aforenamed masters as unconditional promoters of the sudden-sudden doctrine like himself, Sŏngch'ŏl attempted to gain the legitimacy he otherwise lacked as a self-appointed master. In order to understand better why Sŏngch'ŏl chose this strategy and not another as the foundation of his overhaul of Korean Buddhism, this essay has set

with, for instance, the vigorous hatred of communism among—and the reactionary politics of—Japanese Buddhists before 1945, or the collaboration of the Taiwanese Buddhist community with the "anticommunist" politics of the period of martial law in Taiwan. Connections with Japanese Buddhism through books are certain since Sŏngch'ŏl could read Japanese fluently. Moreover, he most probably went to Japan in his early twenties (Wŏnt'aek 2012c, 27).

the sudden/gradual debate in the broad historic and political context it is embedded. Because of Sŏngch'ŏl's reputation as a world renouncer who adamantly steered clear of politics, almost no research had chosen this angle of approach until now.

Adopting a diachronic perspective, this essay underscores that the Buddha Śākyamuni, early Buddhism and Aśokan Buddhism have all been in close touch with rulers and/or aimed at the enthronement of a dhamma-wheel-turning form of governance. It also highlights the fact that early Buddhism emphasized both the gradual and the sudden characters of the awakening process as well as a variety of practices. Furthermore, surveying the history of the sudden/gradual debate in China and Korea, this essay demonstrates that it has never been purely doctrinal; on the contrary, it has always been closely related to sociopolitical developments. Indeed, in all cases the sudden/sudden doctrine has been used, with or without the support of rulers, as a means to weaken or even suppress one's adversaries in order to achieve supremacy within the tradition, or otherwise simply to assert the status of one's school or of the Buddhist tradition within the polity.

When examined from a synchronic perspective, it appears beyond doubt that the contemporary Korean sudden/gradual debate is no exception to that rule of connection with sociopolitical developments. To be sure, even though Sŏngch'ŏl lived as a world renouncer and apparently did not get state support, the reform he led intended to enhance the social and thus also political status of Buddhism and Buddhist monks after centuries of oppression, and to suppress the sudden/gradual paradigm so as to reinforce Haein-sa's prestige within Korean Buddhism, if not its domination over it. But over and above that, this essay points at a constellation of six points of structural resonance between the spatio-temporal coordinates of Sŏngch'ŏl's activity and the overall organization of his discourse, on the one hand, and the way of proceeding of the state under which he carried his overhaul of Buddhism on the other. This strongly suggests that in many regards the spirit of Sŏngch'ŏl's reformation was shaped by the political and geostrategic landscape in which it was imbedded. In other words, it appears that the contemporary Korean sudden/gradual debate mirrors the socio-political tensions resulting from the division of the Korean peninsula into two at the time of Liberation as well as the global anticommunist atmosphere of the Cold War. The almost constant risk of an all out nuclear war which defined that context may also contribute to explain why the sudden/gradual debate has reached in South Korea a degree of exacerbation unheard of elsewhere before. At this point, nothing allows us to know where Sŏngch'ŏl stood politically; but, even as he placed his reform under the authority of the Buddha Śākyamuni and the Sino- Korean Connection, he displayed an overall understanding of Buddhist doctrine and practice which appears to be shaped by the world-view of the world conquerors who guaranteed the peace and security of the country in which he lived and practiced as a world renouncer.

There is no doubt that T'oeong Sŏngch'ŏl was an exceptionally great monk (Senécal 2012a, 52~53); nevertheless some aspects of his legacy are definitely controversial. History will not forget, for instance, his silence at the time of the 1980 Oct. 27 crackdown and at the peak of the democratization movement in 1987. Accordingly, the best way to transmit an authentic image of him to posterity may be to acknowledge those aspects instead of trying to deny or justify them. To be sure, he was connected to the polity, but obviously not in the way some of his followers would like future generations to believe. His hermeneutics of Buddhism, i.e. his interpretation of the tradition in the second half of the twentieth century, thoroughly reflects a pre-democratization spirit, not a post-democratization one. As we celebrate the 25th anniversary of Korean democratization, it could be of the utmost importance when envisaging the future of the Korean peninsula, of Korean Buddhism and of the worldwide propagation of Keyword Meditation, to keep in mind the socio-political context in which the contemporary Korean sudden/gradual debate was born and which it reflects.

Abstract

To reform contemporary Korean Buddhism T'oeong Sŏngch'ŏl proclaimed a return to the Buddha Śākyamuni's teaching, promoted the sudden/sudden doctrine of awakening to the Middle Path through practice of Keyword Meditation (*kanhwasŏn*), and adamantly condemned Pojo Chinul's (1158~1210) sudden/gradual approach, thus giving rise to the ongoing Korean sudden/gradual debate. Despite Sŏngch'ŏl's reputation as a world renouncer who steered clear of politics, this essay examines the socio-political underpinnings of his reformation and defines six points of structural resonance between it and the way of the authoritarian state under which it was carried out. Those six points form a constellation suggesting that the famous master's hermeneutics of Buddhism, i.e. his overall interpretation of the tradition in the second half of the twentieth century, reflect the national as well as the geo- strategic tensions resulting from the division of the Korean peninsula and the Cold War until 1988. Therefore, on the 25th anniversary of the ROK's democratization, when envisaging the future of the Korean peninsula, Korean Buddhism and the worldwide propagation of Keyword Meditation, it is imperative to keep in mind the socio-political context that shaped Sŏngch'ŏl's approach and continues to inform his legacy.

[부록 2-1] 『미디어붓다』에 게재된 기사

서명원의 '성철논문' 논란 재(再)점화될까?
불교학자 '비판'에 서강대 박사수료생 '반박'

이학종 기자 | urubella@naver.com

서강대 종교학과 교수이며 성철 연구자이기도 한 서명원 신부(이하 서명원)가 지난해 발표한 성철 스님(이하 성철) 관련 저술 『가야산 호랑이의 체취를 맡았다 – 퇴옹성철, 이 뭣고?』에 실린 성철 비판 영어 논문 「퇴옹성철 선사의 유산: 한국돈점논쟁에 반영된 정치적 배경에 대한 고찰」에 대한 공방이 울산대 박태원 교수의 『불교평론』 여름호 기고에 이어 이에 대한 선 전공자 이상호 씨(서강대 대학원 박사과정 수료)의 반론으로 다시금 달아오를 조짐이다.

책이 처음 발표되었을 때에는 언론들은 책 소개에서 성철을 비판하는 현직 신부의 논문을 실린 책이 나왔다는 화제성 보도 외에는 가능한 언급을 자제하는 분위기가 우세했다. 불교학계에서는 서명원의 책에 문제가 많지만 문제를 거론하는 것이 오히려 그의 '노골적 성철 깎아내리기'의 의도를 살려 주는 것이라는 인식으로 언급을 삼가는 분위기였다.

'논문으로서의 격에도 맞지 않고, 내용 또한 견강부회에 자의적 해석이 수두룩한, 더구나 생불로 추앙받았던 성철에 대한 왜곡된 내용을 담고 있다'는 주장들과 함께 시쳇말로 '묵빈대처'하는 것이 최선이라는 공감대가 형성되었던 것도 사실이었다.

그러다가 불교계의 대표적인 학술지인 『불교평론』 여름호(2014년 제16권 제2호)에 박태원 교수(울산대 철학과, 이하 박태원)가 서명원의 저술(논문)에 대해 「돈점돈쟁, 진리담론(法談)인가 권력담론인가-서명원의 '성철 읽기'에 대한 비판적 검토」라는 제목의 기고문이 게재됐다.

이번 『불교평론』 여름호의 박태원 기고문 게재는, 성철이 한국 불교사 및 수행사에서 차지하는 비중으로 볼 때 성철에 대한 논문 저술을 통한 공개적 비판에 침묵하는 것만이 능사는 아니라는, 일단 서명원의 논문에 대한 여러 문제점을 한 번은 짚어보고 넘어가야 한다는 의미로 읽혔다.

박태원은 이 기고문에서 "성철(1912~1993)은 유례가 드문 초인적 수행을 통해 탁월한 깨달음을 성취한 분으로 존중받아 왔으며, 어떻게 읽느냐에 따라 한국 선불교의 현재와 미래 행보가 크게 좌우되는 위상을 지녔다."면서 "그런데 최근 성철과 돈점논쟁을 정치·사회적으로 읽은 서명원의 영문 논문 1편 '퇴옹성철 선사의 유산: 돈점논쟁에 반영된 정치적 배경에 대한 고찰'이 논란이 되고 있고, 그의 논지는 한국 불교인들을, 성철의 돈점론을 비판적으로 음미하는 사람들조차도, 꽤나 불편하게 만드는 시선을 담고 있다."고 기고의 배경을 밝혔다.

박태원은 "서명원의 시선은 성철의 삶과 교의가 국가의 독재방식을 구조적으로 고스란히 반영하고 있다는 관점의 관철에 맞추어져 있으며, '성철의 돈오점수 비판 방식과 독재권력의 상대 진압 방식인 적대화의 동일성'에 비중을 두고 있고, 그 핵심은 '성철의 돈점론과 한국불교의 돈점논쟁은 권력담론'이라는 주장으로 요약될 수 있다."고 설명했다.
박태원은 그러나 (서명원의 주장과는 달리) "성철의 돈점론과 한국 돈점논쟁이 권력담론이 아니라 진리담론(法談)이라고 생각한다."며,

"서명원의 주장과 논거에는 막막할 정도로 손댈 곳이 많아 보인다."고 꼬집었다. 박태원은 '무엇보다 돈점의 문법과 정치·사회적 문법 간 식별과 상호 관계의 처리가 너무 거칠고 성글다는 점, 돈오점수 비판으로 점화된 돈점논쟁의 탐구를 하면서 타당한 논리적 근거 없이 돈점 사상 고유의 범주/맥락의 일탈을 보여 준다는 점, 수준 이하의 이해를 보여 주는 성철 열반송에 대한 '성철 읽기' 등을 예로 들었다. 더욱이 성철이 『선문정로』에서 자신의 타도 대상이었던 지눌을 비판하기 위해 언어폭력(verbal abuse)이라는 방편을 사용한 것에 대해, "투박한 직설적 비판이라고 우회적으로 지적할 수는 있어도, '욕설이자 언어폭력'으로 평가하는 것은 '성철 읽기' 수준의 심각한 결핍을 반영한다."고 직격탄을 날렸다.

박태원은 "지눌과 성철의 대조적인 시선은 정학(定學)의 본령 유지와 복원이라는 의제와 관련된 성철의 절절한 문제의식의 반영으로 보아야 하며, 성철 비판의 주된 논거의 하나로 삼은 '인용문의 자의적 해석'도 성철의 무지나 오류라기보다는 자신의 문제의식과 관점을 천명하기 위한 과도한 해석학적 편집 내지 선택이라는 측면에서 접근해 볼 필요가 있다."며 "현대인들의 정학에 대한 갈증과 요청을 감안한다면, '정학에 대한 근원적 물음'이라는 성철의 의제 설정은 서명원의 혹평처럼 '때를 알지 못한다.'가 아니라, 오히려 '때를 깊은 수준에서 읽는 안목'으로써 선구성과 적절성을 지닌다."고 주장했다. 박태원은 또 "더구나 성철과 마찬가지로 그의 제자들도 비판에 닫혀 있다고 하는 것은 돈점논쟁을 권력담론으로 보는 관점을 관철하기 위한 무리한 인신공격으로 보인다."고 지적했다.

박태원은 이어 "한국 승려들의 정치·사회적 관심과 인식은 높고 견고하다. 정치·사회적 문법과 구도자 문법의 고유성에 관한 문제 등에 관한 성찰과 안목이 다차원에서 쌓여 있고, 표층수가 아닌 심층수의 저력이 있다. 성철 내지 불교에 대한 정치·사회적 읽기는 이를 간과하지 말아야 한다."고 평가하고 "서명원의 글은 돈점논쟁에 연루된 다양한 시선을 재음미할 수 있는 계기를 제공하였고, 성철의 돈점론과 한국불교의 돈점논쟁이 아직 탐구와 이해의 초기 단계에 있음을 확인하고, 무엇보다 돈점논쟁은 권력담론이기는커녕 강력한 진리담론이라는 생각을 다질 수 있었다."며 "이 진리담론은 한국 불교뿐 아니라 불교 자체의 미래 전망에도 중차대한 의미를 지닌다."고 강조했다.

서명원에 대한 박태원의 비판적 기고가 최근(2014년) 발간된 『불교평론』 여름호에 게재된 것과 관련하여 이번에는 서강대 대학원 종교학과에서 박사과정을 수료(2010)한 '선(禪) 전공학자' 이상호 씨(이하 이상호)가 「서명원 교수의 '성철 읽기'를 어떻게 읽을 것인가?」라는 제목으로, 박태원 교수의 서명원 비판과는 상반된 시각의 글을 보내왔다. 이 글은 『미디어붓다』로 오기 전 불교계 몇몇 매체에 게재를 타진했다가, '게재 불가'의 답변을 받은 글이다. 이 글의 작성자 이상호는 서강대 대학원 재학 시 서명원의 과목을 수강한 바 있으나, 직접적인 사제 관계는 아니다. 또 이상호는 박영재 교수 등이 이끄는 선도회에서 활동했으며, 종교는 불교인 것으로 확인됐다.

이상호는 이 글에서 자신의 주장을 펼치는 대전제로 '공진(共振)'의 의미에 대한 불교계의 '몰이해'에 대해 길게 언급하고 있다. "그네의 운동, 라디오 주파수나 TV 채널, 자기공명단층촬영장치(MRI) 등 전혀 상관없이 보이는 활동들 사이에는 공통점이 있다. 과학적으로 고유 진동수를 가지는 모든 물체는 외부에서 같은 진동수의 힘이 주기적으로 전달되면 진폭이 크게 증가하는 현상이 나타난다. 이것을 공명(共鳴)이라고 하는데, 이 원리를 적용한 것이다. 특히 전기·공학 분야에서는 공진(共振, resonance)이라고도 한다. 이를테면 190km/h의 강풍에 견딜 수 있도록 설계된 미국 워싱턴 주 타코마(Tacoma) 해협에 놓인 현수교다리(840m)가 그보다 약한 바람(70km/h)에도 붕괴된 것은 고유 진동수가 일치하는 공진현상 때문이었다. 이처럼 공진은 선택적인 주파수지만 서로 일치하면 작은 힘의 작용으로도 큰 진폭 및 에너지가 전달될 수 있다."

공진에 대한 몰이해가 서명원의 논문을 제대로 읽지 못한 원인이라고 밝힌 것이다. 이상호는 (서명원의 책) 제3부에 영어로 실린 논문 1편(「퇴옹성철 선사의 유산: 돈점논쟁에 반영된 정치적 배경에 대한 고찰」)에 대한 논란이 뜨겁다."며 "당시 국가정치적 상황과 성철의 활동을 여섯 가지 '구조적 공진점(structural resonance)'으로 밝혔는데, 이를 두고 불교계는 '성철이 박정희·전두환 전 대통령과 교류했다'거나 '성철을 정치승으로 묘사하였다' 또는 '독재정치에 편승하였다' 등의 의미로 읽고 해석하여 서명원을 혹독하게 비판하였다."고 주장했다.

"서명원은 그간 신부로서, 불교학자로서, 종교 간 대화에 일조를 해왔지만, 이번 논란으로 그 진정성까지 도전받는 지경에 내몰렸다."고 밝힌 이상호는 "그러나 이런 논란은 몇몇 주요 용어들에 대하여 각자 나름대로 대체하여 해석하고 판단함으로써 논문의 전체 의미를 심각하게 왜곡한 데에서 비롯된 것으로 보인다."며 앞서 언급한 공진의 의미에 대한 곡해를 그 근거로 제시했다. 그에 따르면 "전문 분야의 의미를 그대로 인문학적으로 차용한 '공진'이라는 용어가 논문 전체의 향방을 가늠하는 매우 중요한 핵심어라는 사실에 대해 불교계는 특별히 주목하지 않았다."는 것이다. 다시 말해 "양자 간의 '구조적 공진점'을 말할 때, 서로 직접적인 연관관계가 있었다는 것을 의미하지 않음에도 불구하고, 제대로 그 의미를 살리지 못하고 해석하였다."는 것이다.

이상호는 "한 개인이 같은 시공간의 국가·사회와 전혀 아무런 관계없이 존재할 수 없다는 것도 실존적 존재의 필연적 현상이므로, 이 글에는 공진을 통한 연기론적 담론이 깔려 있음을 전제로 살펴보아야 한다."며 "성철이 독재정치국가라는 상황에서 돈오점수설을 극단적으로 배격하고 돈오돈수설을 선양한 것은, 공진으로 인해 불교계에 미치는 영향의 진폭이 그렇지 않은 상황에서보다 훨씬 더 크게 증폭하여 영향 끼쳤다는 의미로 읽을 수 있으며, 실제 당시 불교계를 풍미하던 돈오점수설이 돈오돈수설로 급격히 기운 데서도 그 여파가 잘 드러난다."고 주장했다.

이상호는 결론적으로 서명원이 구조적 공진점을 분석하여 말하고자 한 것에 대해 "돈오돈수설이 그 당시의 시대상황에서는 크게 영향력을 발휘할 수 있었지만, 다양한 목소리가 공존하는 민주정치 국가 시대의 지금 대중들에게는 새롭게 '공진'할 수 있는 이론과 수행이 필요하며, '성철의 돈오돈수'보다는 '돈오돈수 그 자체'의 의미를 다차원적으로 밝히고, 돈점론의 상호보완적인 통합적 관점 및 간화선의 정통성 계승에 대한 방법을 모색해야 한다."며 "사회적 대통합을 위해서라도 국가는 개별 종파교육에만 치중하지 말아야 하고, 초·중·고 교과과정에 인간의 종교적 본능 및 합리적 이성에 근거한 종교학적 관점의 종교공교육을 체계적으로 시행하여 균형 잡힌 종교관을 유도하고, 불교계 또한 이에 대응할 수 있는 종교학적 이론체계 정립이 절실하다."고 주장했다.

http://www.mediabuddha.net/news/view.php?number=10871

[부록 2-2] 『불교평론』에 게재된 박태원 교수의 논문 요약

돈점논쟁, 진리담론(法談)인가 권력담론인가

박태원 | 울산대 철학과 교수

성철 스님(1912~1993, 이하 성철)은 유례가 드문 초인적 수행을 통해 탁월한 깨달음을 성취한 분으로 존중받아 왔으며, 어떻게 읽느냐에 따라 한국 선불교의 현재와 미래 행보가 크게 좌우되는 위상을 지녔다. 특히 『선문정로(禪門正路)』(1981)를 통해서 당시까지의 한국 선불교의 관행과 토대 자체를 흔들어 버린 돈오점수 비판과 돈오돈수의 천명을 종합적으로 표출한 것은 워낙 근원적인 실참실수의 문제였기에, 공식적이고 학문적인 반응이 나오기까지는 10여 년이라는 꽤 오랜 시간이 걸렸다. 이 돈점논쟁은 구도적 진정성과 상호 존중의 상호작용을 이루며 한국 불교계의 돈점론 이해와 탐구 수준을 지속적으로 향상시켜 왔다.

그런데 최근 성철과 돈점논쟁을 정치·사회적으로 읽은 영문 논문 1편이 교계 안팎에서 화제다. 예수회 신부이기도 한 서강대 서명원 교수(이하 서명원)의 책 『가야산 호랑이의 체취를 맡았다』에 수록된 「퇴옹성철 선사의 유산: 돈점논쟁에 반영된 정치적 배경에 대한 고찰」이 그것이다. 그의 논지는 한국 불교인들을, 성철의 돈점론을 비판적으로 음미하는 사람들조차도, 꽤나 불편하게 만드는 시선을 담고 있다. 그 시선은 성철의 삶과 교의가 국가의 독재방식을 구조적으로 고스란히 반영하고 있다는 관점의 관철에 맞추어져 있다. 즉 '성철의 돈오점수 비판 방식과 독재권력의 상대 진압 방식인 적대화의 동일성'에 비중을 두고 있으며, 그 핵심은 '성철의 돈점론과 한국 불교의 돈점논쟁은 권력담론'이라는 주장으로 요약될 수 있다.

그러나 필자는 (서명원의 주장과는 달리) 성철의 돈점론과 한국 돈점논쟁이 권력담론이 아니라 진리담론(法談)이라고 생각한다. 또한 그의 주장과 논거에는 막막할 정도로 손댈 곳이 많아 보인다. 무엇보다 돈점의 문법과 정치·사회적 문법 간 식별과 상호 관계의 처리가 너무 거칠고 성글다는 점, 돈오점수 비판으로 점화된 돈점논쟁의 탐구를 하면서 타당한 논리적 근거 없이 돈점 사상 고유의 범주/맥락의 일탈을 보여준다는 점, 수준 이하의 이해를 보여 주는 성철 열반송에 대한 '성철 읽기' 등이다. 더욱이 성철이 『선문정로』에서 자신의 타도 대상이었던 지눌을 비판하기 위해 언어폭력(verbal abuse)이라는 방편을 사용한 것에 대해, 투박한 직설적 비판이라고 우회적으로 지적할 수는 있어도, '욕설이자 언어폭력'으로 평가하는 것은 '성철 읽기' 수준의 심각한 결핍을 반영한다. 지눌과 성철의 대조적인 시선은 정학(定學)의 본령 유지와 복원이라는 의제와 관련된 성철의 절절한 문제의식의 반영으로 보아야 하며, 성철 비판의 주된 논거의 하나로 삼은 '인용문의 자의적 해석'도 성철의 무지나 오류라기보다는 자신의 문제의식과 관점을 천명하기 위한 과도한 해석학적 편집 내지 선택이라는 측면에서 접근해 볼 필요가 있다. 현대인들의 정학에 대한 갈증과 요청을 감안한다면, '정학에 대한 근원적 물음'이라는 성철의 의제 설정은 서명원의 혹평처럼 '때를 알지 못한다'가 아니라, 오히려 '때를 깊은 수준에서 읽는 안목'으로써 선구성과 적절성을 지닌다. 더구나 성철과 마찬가지로 그의 제자들도 비판에 닫혀있다고 하는 것은 돈점논쟁을 권력담론으로 보는 관점을 관철하기 위한 무리한 인신공격으로 보인다.

한국 승려들의 정치·사회적 관심과 인식은 높고 견고하다. 정치·사회적 문법과 구도자 문법의 고유성에 관한 문제 등에 관한 성찰과 안목이 다차원에서 쌓여 있고, 표층수가 아닌 심층수의 저력이 있다. 성철 내지 불교에 대한 정치·사회적 읽기는 이를 간과하지 말아야 한다.

서명원의 글은 돈점논쟁에 연루된 다양한 시선을 재음미할 수 있는 계기를 제공하였다. 성철의 돈점론과 한국 불교의 돈점논쟁이 아직 탐구와 이해의 초기 단계에 있음을 확인하고, 무엇보다 돈점논쟁은 권력담론이기는커녕 강력한 진리담론이라는 생각을 다질 수 있었다. 이 진리담론은 한국 불교뿐 아니라 불교 자체의 미래 전망에도 중차대한 의미를 지닌다.

- 『불교평론』 2014년 여름호(제16권 제2호) 수록 논문을 요약

[부록 2-3] 『미디어붓다』에 게재된 이상호 거사의 논문 요약

서명원 교수의 '성철 읽기'를 어떻게 읽을 것인가?

이상호 | 선(禪)학자, 서강대 종교학과 대학원 박사과정 수료

그네의 운동, 라디오 주파수나 TV 채널, 자기공명단층촬영장치(MRI) 등 전혀 상관없이 보이는 활동들 사이에는 공통점이 있다. 과학적으로 고유 진동수를 가지는 모든 물체는 외부에서 같은 진동수의 힘이 주기적으로 전달되면 진폭이 크게 증가하는 현상이 나타난다. 이것을 공명(共鳴)이라고 하는데, 이 원리를 적용한 것이다. 특히 전기·공학 분야에서는 공진(共振, resonance)이라고도 한다. 이를테면 190km/h의 강풍에 견딜 수 있도록 설계된 미국 워싱턴 주 타코마(Tacoma) 해협에 놓인 현수교다리(840m)가 그보다 약한 바람(70km/h)에도 붕괴된 것은 고유 진동수가 일치하는 공진현상 때문이었다. 이처럼 공진은 선택적인 주파수지만 서로 일치하면 작은 힘의 작용으로도 큰 진폭 및 에너지가 전달될 수 있다.

지난해 말 서강대 서명원 교수(종교학과, 이하 서명원)가 성철 스님(이하 성철)에 대한 연구 성과를 바탕으로 『가야산 호랑이의 체취를 맡았다 - 퇴옹성철, 이 뭣고?』라는 책을 출간했다. 성철이 활동하던 시기의 국가 정치·사회적 환경 속에서 실존적 존재로서의 존재방식과 그 결단에 대

한 평가를 보여주고 있으며, 한편으로는 성철과 그분의 수행론에 대한 절대적 이상화를 경계한다. 그런데 제3부에 영어로 실린 논문 1편(「퇴옹 성철 선사의 유산: 돈점논쟁에 반영된 정치적 배경에 대한 고찰」)에 대한 논란이 뜨겁다. 당시 국가정치적 상황과 성철의 활동을 여섯 가지 '구조적 공진점(point of structural resonance)'으로 밝혔는데, 이를 두고 불교계는 '성철이 박정희·전두환 전 대통령과 교류했다.'거나 '성철을 정치승으로 묘사하였다.' 또는 '독재정치에 편승하였다.' 등의 의미로 읽고 해석하여 서명원을 혹독하게 비판하였다.

서명원은 그간 신부로서, 불교학자로서, 종교 간 대화에 일조를 해왔지만, 이번 논란으로 그 진정성까지 도전받는 지경에 내몰렸다. 그러나 이런 논란은 몇몇 주요 용어들에 대하여 각자 나름대로 대체하여 해석하고 판단함으로써 논문의 전체 의미를 심각하게 왜곡한 데에서 비롯된 것으로 보인다. 예를 들면, 전문분야의 의미를 그대로 인문학적으로 차용한 '공진'이라는 용어가 논문 전체의 향방을 가름하는 매우 중요한 핵심어라는 사실에 대해 불교계는 특별히 주목하지 않았다. 양자 간의 '구조적 공진점'을 말할 때, 서로 직접적인 연관관계가 있었다는 것을 의미하지 않음에도 불구하고, 제대로 그 의미를 살리지 못하고 해석하였다.

한편, 한 개인이 같은 시공간의 국가·사회와 전혀 아무런 관계없이 존재할 수 없다는 것도 실존적 존재의 필연적 현상이므로, 이 글에는 공진을 통한 연기론적 담론이 깔려 있음을 전제로 살펴보아야 한다. 성철이 독재정치국가라는 상황에서 돈오점수설을 극단적으로 배격하고 돈오돈수설을 선양한 것은, 공진으로 인해 불교계에 미치는 영향의 진폭이 그렇지 않은 상황에서보다 훨씬 더 크게 증폭하여 영향 끼쳤다는 의미로 읽을 수 있으며, 실제 당시 불교계를 풍미하던 돈오점수설이 돈오돈수설로 급격히 기운 데서도 그 여파가 잘 드러난다.

결론적으로 서명원이 구조적 공진점을 분석하여 말하고자 한 것은 이렇다. 돈오돈수설이 그 당시의 시대상황에서는 크게 영향력을 발휘할 수 있었지만, 다양한 목소리가 공존하는 민주정치 국가 시대의 지금 대중들에게는 새롭게 '공진'할 수 있는 이론과 수행이 필요하며, '성철의 돈오돈수'보다는 '돈오돈수 그 자체'의 의미를 다차원적으로 밝히고, 돈점론의 상호보완적인 통합적 관점 및 간화선의 정통성 계승에 대한 방법을 모색해야 한다고 직언한다.

덧붙여 필자가 제언하고 싶은 것은, 사회적 대통합을 위해서라도 국가는 개별 종파교육에만 치중하지 말아야 한다는 점이다. 초·중·고 교과과정에 인간의 종교적 본능 및 합리적 이성에 근거한 종교학적 관점의 종교공교육을 체계적으로 시행하여 균형 잡힌 종교관을 유도하고, 불교계 또한 이에 대응할 수 있는 종교학적 이론체계 정립이 절실하다.

- 『미디어붓다』 2014년 7월 7일에 게재된 반론을 요약, http://www.mediabuddha.net/news/view.php?number=10871

참고문헌(References)

원전

『금강경(金剛經)』[『대정장(大正藏)』 권8, 235].

『돈황본 육조단경(敦煌本 六祖壇經)』[『대정장(大正藏)』 권48, 2007].

『무문관(無門觀)』[『대정장』 권48, 2004].

『법보단경(法寶壇經)』[『대정장』 권48, 2008].

『벽암록(碧巖錄)』[『대정장』 권48, 2003].

국문

강건기, 김호성 엮음. 1992. 『깨달음(覺), 돈오점수인가, 돈오돈수인가－돈점논쟁의 역사와 현재－』. 서울: 민족사.

고우. 2013. 『고우 스님 강설 육조단경』. 서울: 조계종출판사.

고준환. 2013. 「이 뭣고?」. 김형효, 한승원 외 지음. 『참선 잘하그래이』. 파주: 김영사.

권오룡. 2013. 「서의현 총무원장 사퇴 발표 － 부패 척결을 위한 사부대중의 결실」. 『법보신문』(4월 16일), http://www.beopbo.com/news/articleView.html?idxno=75126 (2016년 11월 13일 확인)

길상 엮음. 2001. 『불교대사전(佛敎大辭典)』. 서울: 홍법원.

______. 2008. 『불교대사전(佛敎大辭典)』. 제4판. 서울: 홍법원.

길희성. 2004. 『보살(菩薩) 예수』. 서울: 현암사.

김경집. 2006. 「성철의 중도관(中道觀)과 실천 방향」. 조성택 엮음. 『퇴옹성철(退翁性徹)의 깨달음과 수행(修行)』. 서울: 예문서원. 255~274.

김광덕. 2008. 「국회의원 299명중 66%가 개신교·천주교」. 『한국일보』(9월 2일),

http://news.hankooki.com/lpage/culture/200809/h2008090203574984330.htm (2013년 10월 7일 확인)

김광식. 2006a. 「이성철의 불교개혁론」. 조성택 엮음. 『퇴옹성철의 깨달음과 수행』. 서울: 예문서원. 216~254.

______. 2006b. 『한국 현대불교사 연구』. 서울: 불교시대사.

김나미. 2011. 「깨달음과 열반의 상관관계」. 『불교평론』 제46호(봄). 과천: 만해사상실천선양회. 195~213.

김방룡. 1999. 「보조지눌과 태고보우의 선사상 비교연구」. 원광대학교 박사학위논문(불교학).

______. 2005. 「간화선과 화엄, 회통인가 단절인가, 보조지눌과 퇴옹성철의 관점을 중심으로」. 불교학연구회 춘계대회 자료집. 5월 21일[서울: 동국대학교].

김상형, 김민수, 고영근, 이승재, 임홍빈 편. 1993. 『금성판 국어대사전』. 서울: 금성출판사.

김성철. 2011. 「현대 한국사회와 퇴옹성철의 위상과 역할」. 『현대 한국사회와 퇴옹성철』. 성철 스님 탄신 100주년 기념 제3차 학술포럼 자료집. 9월 23일[서울: 한국불교역사문화기념관]. 서울: 대한불교조계종 백련불교재단 부설 성철선사상연구원. 7~32.

김영욱. 2006. 「퇴옹의 간화선」. 조성택 엮음. 『퇴옹성철의 깨달음과 수행』. 서울: 예문서원. 106~156.

김영태. 1986. 『한국불교사개설(韓國佛敎史槪說)』. 서울: 경서원.

______. 1997. 『한국불교사』. 수정판. 서울: 경서원.

김원수. 2012. 『마음을 어디로 향하고 있는가』. 파주: 김영사.

김윤수 역주. 2003. 『육조단경 읽기』. 서울: 마고북스.

김종명. 2006. 「성철의 초기불교 이해」. 조성택 엮음. 『퇴옹성철의 깨달음과 수행』. 서울: 예문서원. 71~105.

김종인. 2005. 「한국불교 근대화의 두 얼굴, 만해와 성철」. 『불교평론』 제22호(봄). 과천: 만해사상 실천선양회.

______. 2006. 「한국현실에 대한 성철의 대응과 돈오돈수」. 조성택 엮음. 『퇴옹성철의 깨달음과 수행』. 서울: 예문서원. 300~338.

김종진. 2011. 노덕현의 기사 「성철 스님의 수행 정진은 사회 참여」에 인용됨. 『현대불교신문』 866(12월 14일): 7.

김준기. 2005. 「'50세 출가' 조계종 다시 허용」. 『경향신문』(11월11일). Http://news.khan.co.kr/kh_news/khan_art_view.html?artid=200511111807201&code=940100 (2013년 10월 7일 확인)

김태완 옮김. 2011a~f. 『대혜보각선사어록(大慧普覺禪師語錄)』. 전6권. 서울: 소명출판.

김태훈. 2013. 「간화선 부흥 위해 '조계종 드림팀' 뜬다」. 『세계일보』(4월 9일), http://www.segye.com/content/html/2013/04/09/20130409004066.htm (2013년 10월 7일 확인)

김현호. 1998. 「정부수립 50주년 50大인물 선정」. 『조선일보(朝鮮日報)』(7월 15일): 1; 김종명의 「성철의 초기불교 이해」에 인용됨. 2006. 71.

김형효, 한승원 외. 2013. 『참선 잘하그래이』. 파주: 김영사.

니터, 폴. 2011. 『붓다 없이 나는 그리스도인일 수 없었다』. 정경일, 이창엽 옮김. 서울: 클리어마인드. [Paul F. Knitter. 2009. *Without Buddha I Could not be a Christian*. New York: Oneworld Publications.]

다카쿠스, 준지로(高楠順次朗). 1989. 『불교(佛敎)철학의 정수』. 정승석 옮김. 서울: 대원사. [Takakusu, Junjiro. 1947. *The Essentials of Buddhist Philosophy*. Ed. Wing-Tsit Chan and Charles A. Moore. Honolulu: University of Hawai'i T. H]

단칭선사(丹靑禪師) 풀어씀. 김진무 옮김. 2011. 『혜능 육조단경』. 서울: 일빛.

대한불교조계종 교육원 불교연구소, 대한불교조계종 종교평화위원회. 2010. 『불교와 국가권력, 갈등과 상생』. 서울: 조계종출판사.

대한불교조계종 백련불교문화재단. 2013. 『육조혜능과 퇴옹성철, 그리고 한국불교』. 육조혜능 스님 열반 1300주기 퇴옹성철 스님 열반 20주기 추모 학술포럼 자료집. 9월 25일[서울: 한국불교역사문화기념관]. 서울: 대한불교조계종 백련불교문화재단.

대한불교조계종 백련불교문화재단 부설 성철선사상연구원. 2011a. 『퇴옹성철과 한국 현대불교: 퇴옹성철과 한국 현대불교의 방향』. 성철 스님 탄신 100주년 기념 제1차 포럼 자료집. 3월 24일 [서울: 한국불교역사문화기념관].

______. 2011b. 『퇴옹성철과 한국 현대불교: 한국 근대불교 100년과 퇴옹성철』. 성

철 스님 탄신 100주년 기념 제2차 포럼 자료집. 5월 26일 [서울: 한국불교역사문화기념관].

______. 2011c. 『퇴옹성철과 한국 현대불교: 현대 한국사회와 퇴옹성철』. 성철 스님 탄신 100주년 기념 제3차 학술포럼 자료집. 9월 23일[서울: 한국불교역사문화기념관]. 7~32.

______. 2011d. 『퇴옹성철과 한국 현대불교: 퇴옹성철과 종교의 현실참여』. 성철 스님 탄신 100주년 기념 제4차 학술포럼 자료집. 12월 1일[서울: 한국불교역사문화기념관].

대한불교조계종 백련불교문화재단, 동국대학교 불교학술원 종학연구소, 불교신문사. 2012. 『돈점사상의 역사와 의미』. 동국대학교 불교학술원 종학연구소 춘계학술대회 / 성철 스님 탄신 100주년 기념 제5차 학술포럼 자료집. 3월 29일 [서울: 한국불교역사문화기념관].

대한불교조계종 백련불교문화재단, 불교신문사. 2012. 『돈오돈수와 퇴옹성철의 수증론』. 성철 스님 탄신 100주년 기념 제6차 학술포럼 자료집. 5월 24일[서울: 한국불교역사문화기념관].

대해 역. 2010. 『육조단경』. 서울: 그란 사비두리아.

동국대학교 불교학술원 종학연구소. 2010. 『제1회 간화선 국제학술대회: 간화선, 세계를 비추다 – 간화선의 비교 조망: 배경, 전개, 그리고 실참』. 8월 12일~8월 13일[서울: 동국대학교 중강당].

______. 2011. 『제2회 간화선 국제학술대회 – 간화선, 그 원리와 구조』. 8월 20일~8월 21일 [서울: 동국대학교 중강당].

류제동. 2007. 「지눌과 성철의 공통점에 대한 탐구 – 돈오점수적 구조를 중심으로」. 『*AKSE* (Association for Korean Studies in Europe) 창립 30주년 기념 학술대회』 자료집. 4월 16일~4월 20일[프랑스 두르단].

마성. 2011. 「한국불교 수행법, 무엇이 문제인가?」. 『불교평론』 제48호(가을). 과천: 만해사상 실천선양회. 224~248.

명진. 2011. 『중생(衆生)이 아프면 부처도 아프다』. 서울: 말글빛냄.

문화체육관광부. 2012. 『한국의 종교 현황』. 세종: 문화체육관광부.

박성배. 1992. 「성철스님의 돈오점수설 비판에 대하여」. 강건기, 김호성 엮음. 『깨달음(覺), 돈오점수인가, 돈오돈수인가 – 돈점논쟁의 역사와 현재 –』. 서울: 민족사. 238~277.

______. 2009.『한국사상과 불교: 원효와 퇴계 그리고 돈점논쟁』. 서울: 혜안.

박순애. 2007.「불교신도들의 종교생활과 자원봉사활동 실태 연구」. 성균관대학교 석사학위논문.

박영재. 2009.「무문관(無門關)에 대하여, 표문, 서문 및 무문자서」. 선도회 인사동 모임 자료, http://www.seondohoe.org/257 (2016년 8월 20일 확인)

______. 박영재. 2015.「선도회 박영재 교수와 마음공부 1 – 좋은 이웃 수행전통의 수용 필요」.『불교닷컴』(1월 30일), http://www.bulkyo21.com/news/articleView.html?idxno=27365 (2016년 8월 31일 확인)

박영재, 한재희. 2010.「나눔과 통찰은 둘이 아니다」.『불교문화』(4월). 서울: 대한불교진흥원. 62~66.

박인탁. 2016.「이 절에 발 들이면 반드시 신실한 불자 된다 ④ 서울 화계사」,『불교신문』(승인 3월 8일) 참조, http://www.ibulgyo.com/news/articleView.html?idxno=147249 (2017년 1월 17일 확인).

박정환. 2000.「지눌과 구산의 선사상 비교연구」. 서강대학교 석사학위논문(종교학).

박정희. 2005.『하면 된다! 떨쳐 일어나자』. 서울: 동서문화사.

박해당. 2006.「성철(性徹)의 법맥론(法脈論)에 대한 비판적 검토(批判的 檢討)」. 조성택 엮음.『퇴옹성철의 깨달음과 수행』. 서울: 예문서원. 157~189.

______. 2011.「조선후기불교의 선 논쟁」.『제2회 간화선 국제학술대회 – 간화선, 그 원리와 구조』. 8월 20일~8월 21일[서울: 동국대학교 중강당]. 서울: 동국대 불교학술원 종학연구소. 제2일: 224~246.

백낙청. 2009.『어디가 중도며 어디가 변혁인가』. 파주: 창비.

백련문도회(Paengnyŏn Mundohoe) 엮음. 1995. 다큐멘터리『스님, 성철 큰스님(*Sŭnim, Sŏngch'ŏl k'ŭnsŭnim*)』. 전 5편, VHS. 제작: 리스프로.

버스웰, 로버트. 1999.『파란 눈 스님의 한국 선 수행기』. 김종명 옮김. 서울: 예문서원. [Buswell, Robert E., Jr. 1992. *The Zen Monastic Experience: Buddhist Practice in Contemporary Korea*. Princeton: Princeton University Press.]

법해 기록. 종상 편역. 덕민 감수. 2009.『육조단경』. 서울: 홍법원.

변희욱. 2005.「간화선연구(看話禪硏究)」. 서울대학교 대학원 박사학위논문(철학과).

______. 2010. 「간화선 연구의 현황과 과제」. 『불교평론』 제45호(겨울). 과천: 만해사상 실천선양회. 304~322.

보조사상연구원(普照思想硏究院, 원장 법정) 엮음. 1989. 『보조전서』. 서울: 불일출판사.

불필 스님. 2012 『영원에서 영원으로』. 파주: 김영사.

서명원(Senécal, Bernard). 1996. “Écrire l’histoire du bouddhisme coréen – Lecture critique d’un ouvrage d’introduction – ” (한국불교의 역사를 쓰는 일 – 개설서에 대한 비판적 고찰). *Revue de Corée* 98. Vol. 28, no 1 (30 juin). 5~33.

______. 2004. “La vie et l’oeuvre du Maître Sŏn T’oeong Sŏngch’ŏl 退翁性徹 (1912~1993)” (퇴옹성철 선사의 생애 및 전서). PhD diss., Université Paris 7 – Denis Diderot, UFR LCAO [프랑스 파리 7 – 드니 디드로 대학교박사학위논문(동양학과 한국불교학 전공)].

______. 2005a. 「나는 왜 불교학(佛敎學)을 하는가? – 한국을 알기 위해 접근할수록 매료」. 『불교신문(佛敎新聞)』. 6월 3일, http://www.ibulgyo.com/news/articleView.html?idxno=66332 (2013년 10월 7일 확인)

______. 2005b. 「선문정로(禪門正路)의 전통인식(傳統認識)」. 『백련불교논집(白蓮佛敎論集)』 제15집. 서울: 대한불교조계종 백련불교문화재단. 63~95

______. 2005c. 「비교종교학적 관점에서 본 한국불교의 돈점논쟁(頓漸論爭)」. 『보조사상(普照思想)』 제24집(8월). 서울: 보조사상연구원.

______. 2007a. 「성철 스님 이해를 위한 고찰: 그분의 면모를 어떻게 서양에 소개할 것인가?」. 『불교학 연구』 제17호(8월). 서울: 불교학연구회. 33~53.

______. 2007b. 「성철 스님을 어떻게 이해할 것인가?」. 『무엇이 나의 본래 면목인가? – 성철스님 탄신 100주년 기념 선서 – 본지풍광(本地風光) · 설화(說話)』. 합천: 장경각. 472~483.

______. 2009a. 현대 한국에서의 돈황본 육조단경 (Le Sūtra de l’Estrade dans la Corée contemporaine) → 영문 참고문헌 참조.

______. 2009b. 퇴옹성철 선사의 생애와 전서 [The Life and Works of Dhyāna Master T’oeong Sŏngch’ŏl (1912~1993)] → 영문 참고문헌 참조.

______. 2010.「간화선의 서양 전달과 그 수용 – 입실제도(入室制度)를 중심으로 –」.『한국선학(韓國禪學)』 26호(8월). 서울: 한국선학회. 181~216.

______. 2011a.「조계종의 간화선 세계화 캠페인에 대한 비판적 고찰(A Critical Reflection on the Cho'gye Order's Campaign for the Worldwide Propagation of Kanhwa Sŏn)」. → 영문 참고문헌 참조.

______. 2011b.「대한불교조계종의 간화선 세계화를 위한 캠페인에 관한 비판적 고찰(批判的 省察)」.『믿음과 수행(修行) – 상월원각대선사 탄신 100주년 기념(上月圓覺大禪師 誕辰 100周年 紀念)』. 불학논총. 제2권. 대한불교천태종 총무원, 원각불교사상연구원 엮음. 서울: 대한불교천태종출판부. 152~178.

______. 2012a.「돈오돈수적 견성과 구경각」.『돈오돈수와 퇴옹성철의 수증론』. 성철 스님 탄신 100주년 기념 제6차 학술포럼 자료집. 5월 24일[서울: 한국불교역사문화기념관]. 서울: 대한불교조계종 백련불교재단, 서울: 불교신문사. 38~53.

______. 2012b.「퇴옹성철 선사의 유산: 한국돈점논쟁의 정치적 배경에 대한 고찰」(Sŏn Master T'oeong Sŏngch'ŏl's Legacy: A Reflection on the Political Background of the Korean Sudden/Gradual Debate) → 영문 참고문헌 참조.

______. 2012c.「퇴옹성철 선사(1912~1993)의 유산: 탄생 100년 후, 입적 약 20년 후」[Sŏn Master T'oeong Sŏngch'ŏl's (1912~1993) Legacy: One Century after his Birth and (almost) Two Decades after his Death] → 영문 참고문헌 참조.

______. 2013.「퇴옹성철과 육조혜능: 성철 스님의 '돈황본 육조단경' 현토·편역을 고찰하면서」.『육조혜능과 퇴옹성철, 그리고 한국불교』. 육조혜능 스님 열반 1300주기 퇴옹성철 스님 열반 20주기 추모 학술포럼 자료집. 9월 25일[서울: 한국불교역사문화기념관]. 서울: 대한불교조계종 백련불교문화재단. 117~149.

서현욱. 2015.「TV 보던 아이 "아빠 나왔다"…멸빈 사유는?」.『불교닷컴』(7월 16일), http://www.bulkyo21.com/news/articleView.html?idxno=29074 (2016년 11월 11일 확인)

성철 → 퇴옹성철(退翁性徹)

심재룡. 1994. 『중국불교철학사』. 서울: 철학과 현실사.

______. 1999. *Korean Buddhism* (한국불교). 서울: 집문당.

십자가의 성 요한. 2007. 『영적 찬가 II』. 서한규 옮김. 서울: 게쎄마니. [Thomas M. Reid OCDS. 2006. *The Spiritual Canticle Study Guide*. St. John of the Cross Study Guide. Volume 3 (Michigan: The Grotto Press).]

아키즈키 료민(秋月龍珉), 아키즈키 마히토(秋月眞人). 1996. 『선어록 읽는 방법 – 무문관으로 배우는』. 혜원 옮김. 서울: 운주사.

얌폴스키, 필립. 1992. 『육조단경연구』. 연암 종서 옮김. 서울: 경서원.

양지 평주. 남청 서화. 2015. 『돈황본 육조단경』. 부산: 맑은소리 맑은나라.

원순 강설. 2014. 『돈황 법보단경』. 서울: 법공양.

원규 역주. 2012. 『돈황본단경 주해』. 합천: 장경각.

원택 엮음. 1995. 『우리 시대의 부처 성철 큰스님』. 합천: 장경각.

______. 2001a. 『성철스님 시봉(侍奉)이야기』. 1. 서울: 김영사.

______. 2001b. 『성철스님 시봉(侍奉)이야기』. 2. 서울: 김영사.

______. 2012a. 『성철 스님이 들려준 이야기』. 1. 서울: 글씨미디어.

______. 2012b. 『성철 스님이 들려준 이야기』. 2. 서울: 글씨미디어.

______. 2012c. 『성철 스님 행장 』. 서울: 글씨미디어.

______. 2012d. 『성철스님 시봉이야기』. 개정판. 파주: 김영사.

월암. 2010. 「한국불교 전통선원의 현황과 수행」. 『제1회 간화선 국제학술대회: 간화선, 세계를 비추다 – 간화선의 비교 조망: 배경, 전개, 그리고 실참』자료집. 8월 12일~8월 13일[서울: 동국대학교 중강당]. 제2일: 223~238.

월호. 2009. 『문 안의 수행 문 밖의 수행 - 월호 스님의 육조단경 강의』. 서울: 불광출판사.

윌리엄 페이든. 2005. 『성스러움의 해석』. 이민용 옮김. 서울: 청년사. 196~219. [William E. Paden. 2003. Interpreting the Sacred – Ways of Viewing Religion. Revised and updated ed. Boston: Beacon Press books. 110~124.]

윤성식. 2011. 「시장자본주의의 대안, 불교자본주의」. 조계종 중앙종무기관 종무원 대중강연회. 11월 17일[서울: 한국불교역사문화기념관 전통문화공연장]. 서울: 대한불교조계종 총무원 총무부, 서울: 불교사회연구소.

윤원철. 1995. 「한국 선학(韓國 禪學)에 있어서 방법론적 성찰(方法論的 省察)의 부재(不在)에 대한 단상(斷想)」. 『종교와 문화』 vol., no. 1. 서울: 서울대학교 종교문제연구소.

______. 2006. 「성철 돈오돈수론의 불이법적 세계관」. 조성택 엮음. 『퇴옹성철의 깨달음과 수행』. 서울: 예문서원. 48~70.

______. 2012. 「성철 스님의 돈오돈수와 오매일여」. 『돈오돈수와 퇴옹성철의 수증론』. 성철 스님 탄신 100주년 기념 제6차 학술포럼 자료집. 5월 24일[서울: 한국불교역사문화기념관]. 서울: 대한불교조계종 백련불교재단, 서울: 불교신문사. 54~73.

이나은. 2011. 「심각한 돈(錢)교 폐해…연기에 답 있다」. 『현대불교신문』 863(11월 23일): 1.

이상언. 2009. 「자아성찰과 나눔은 하나」. 『현대불교신문』 747(9월 2일): 4, http://www.hyunbulnews.com/news/articleView.html?idxno=260633 (2013년 10월 7일 확인)

이상호. 2014. 「서명원의 '성철논문' 논란 재(再)점화될까? 불교학자 '비판'에 서강대 박사수료생 '반박'」. 『미디어붓다』(7월 7일), http://www.mediabuddha.net/news/view.php?number=10871 (2016년 2월 5일 확인).

이은윤. 2004. 『육조 혜능 평전』. 서울: 동아시아.

이적. 1991. 「조계종 총무원장 서의현의 정체」. 『말』 4월호, http://www.dbpia.co.kr/Article/97613 (2016년 11월 13일 확인)

이철교, 일지, 신규탁 엮음, 월운 감수. 1995. 『선학사전(禪學辭典)』. 서울: 불지사.

이학종. 2010. 「열도 뒤흔든 도겐의 묵조선풍 바탕에 천동산의 두 거목 正覺·如淨이 있었네」. 『미디어붓다』(7월 11일), http://www.mediabuddha.net/news/view.php?number=12920 (2016년 8월 12일 확인).

이희익 제창(提唱). 2000. 『무문관』. 개정판. 서울: 상아.

인경. 2011. 『쟁점으로 살펴보는 간화선』. 서울: 명상상담연구원.

인광. 2000. 『화두 놓고 염불하세 – 인광 대사 가언록』. 김지수 옮김(서울: 불광출판부).

임승택. 2012. 「초기불교 경전에 나타난 돈(頓)과 점(漸)」. 『돈점 사상의 역사와 의미』. 성철 스님 탄신 100주년 기념 제5차 학술포럼 자료집. 3월 29일[서울:

한국불교역사문화기념관]. 서울: 대한불교조계종 백련불교재단, 서울: 동국대학교 불교학술원 종학연구소, 서울: 불교신문사. 5~27.

전종식 역주. 2008.『돈황본 육조단경』. 서울: 경서원.

정성본 역주. 2003.『돈황본 육조단경』. 서울: 한국선문화연구원.

______. 2004.『무문관』. 서울: 한국선문화연구원.

정영식. 2012.「돈오돈수와 조사론/한국 선의 특질」.『돈점사상의 역사와 의미』. 성철스님 탄신 100주년 기념 제5차 학술포럼 자료집. 3월 29일[서울: 한국불교역사문화기념관]. 서울: 대한불교조계종 백련불교재단, 서울: 동국대학교 불교학술원 종학연구소, 서울: 불교신문사. 71~85.

정유진 역주.2007.『돈황본 육조단경 연구』. 서울: 경서원.

______. 2009.『돈황본 육조단경 비교연구』. 서울: 경서원.

정천기. 2007.「불교 조계종 종정 누가 추대되나」.『연합뉴스』(2월 7일), http://media.daum.net/culture/art/newsview?newsid=20070207162019202 (2013년 10월 7일 확인)

정화 역주. 2012.『돈황본 육조단경』. 서울: 법공양.

제월통광 현토역주. 2008.『증도가 언기주－깨달음의 노래』. 서울: 불광출판사.

조계종 교육원. 2005.『조계종 수행의 길－간화선』. 서울: 조계종출판사.

조명제. 2016.「성철의 불교관과 일본 근대불교학」,『일상생활과 수행은 하나(生修不二)!』. 서강대학교 종교연구소 학술대회 자료집. 9월23일[서울: 서강대학교 김대건관]. 서울: 서강대학교 종교연구소. 000~000.

조성택 엮음. 2006.『퇴옹성철(退翁性徹)의 깨달음과 수행(修行)』. 서울: 예문서원.

______. 2007.「권두언」.『불교평론』 30호(봄). 과천: 만해사상 실천선양회.

______. 2011.「현대 한국사회와 바람직한 승가상」.『퇴옹성철과 한국불교의 방향』. 성철 스님 탄신 100주년 기념 제1차 학술포럼 자료집. 3월 24일[서울: 한국불교역사문화기념관]. 서울: 대한불교조계종 백련불교재단 부설 성철선사상연구원. 37~63.

조준호. 2010.「인도에서의 종교와 정치권력」. 대학불교조계종 교육원 불학연구소 엮음.『불교와 국가권력 갈등과 상생』. 서울: 조계종출판사. 11~51.

조현성. 2013.「'중도'든 '인불'이든 의식개혁에는 공감」.『불교닷컴』(1월 9일 승인), http://www.bulkyo21.com/news/articleView.html?idxno=20082 (2016

년 8월 7일 확인).

존 킹 페어뱅크, 멀 골드만. 2005. 『신중국사(新中國史)』. 김형종, 신성곤 옮김. 수정 증보판. 서울: 까치글방. [John K. Fairbank and Merle Goldman. 1998. *China: A New History*. Cambridge: Belknap Harvard].

종호. 2012. 「중국 선사들의 돈점론과 그 이해」. 『돈점사상의 역사와 의미』. 동국대학교 불교학술원 종학연구소 춘계학술대회/성철 스님 탄신 100주년 기념 제5차 학술포럼 자료집. 3월 29일[서울: 한국불교역사문화기념관]. 서울: 대한불교조계종 백련불교재단, 서울: 동국대학교 불교학술원 종학연구소, 서울: 불교신문사. 39~68.

지눌. 김달진 역주. 1987. 『보조국사전서(普照國師全書)』. 서울: 고려원.

진월. 2008. 「한 불교인의 사례를 통한 자기반성」. 한국기독자교수협의회와 한국교수불자협의회 엮음. 『현대사회에서 종교권력 무엇이 문제인가』. 서울: 동연. 209~223.

채지충(蔡志忠). 1988. 『육조단경』. 서울: 두성.

청화 역주. 2003. 『육조단경』. 서울: 광륜출판사.

최병헌. 1986. 「태고보우(太古普愚)의 불교사적 위치(佛教史的 位置)」. 『한국문화』 합본 4권(제7~8집, 12월). 서울: 규장각한국학연구원. 97~132.

______. 1988. 「조선시대(朝鮮時代) 불교법통설(佛教法統說)의 문제(問題)」. 『한국사론』 19. 별책(8월). 서울: 서울대학교 국사학과. 281~294.

______. 2011. 「한국불교사상의 조계종」. 『AKSE (Association for Korean Studies in Europe) 제25회 학술대회』 자료집. 6월 17일~6월 20일[러시아 모스크바 국립대학교]. Vol 2: 624.

______. 2013. 「한국불교사의 체계적 인식과 이해방법론」. 최병헌 외. 『한국불교사 연구 입문』. 파주: 지식산업사.

최병헌 외. 2013. 『한국불교사 연구 입문』. 파주: 지식산업사.

최봉수. 1992. 「원시 불교에서의 오(悟)의 구조」. 강건기, 김호성 엮음. 『깨달음, 돈오점수인가, 돈오돈수인가』. 서울: 민족사. 31~55.

최연식. 2006. 「'성철(性徹)의 법맥론(法脈論)에 대한 비판적 검토(批判的 檢討)'를 읽고」. 조성택 엮음. 『퇴옹성철의 깨달음과 수행』. 서울: 예문서원. 392~400.

최영창. 2009.「각 단체 신도 더하면 8259만명? 황당한 종교인구 통계」.『문화일보』(1월 22일), http://www.munhwa.com/news/view.html?no=2009 012 201032530074001 (2013년 10월 7일 확인)

최원섭. 2011.「불교의 현대화에 담긴 퇴옹성철의 의도」.『현대 한국사회와 퇴옹성철』.성철 스님 탄신 100주년 기념 제3차 학술포럼. 9월 23일[서울: 한국불교역사문화기념관]. 서울: 대한불교조계종 백련불교재단 부설 성철선사상연구원. 55~65.

칼루파하나, 데이비드. 2008.『불교철학사: 연속과 불연속』. 김종욱 옮김. 서울: 운주사. [Kalupahana, David J. 1992. *A History of Buddhist Philosophy. Continuities and Discontinuities*. Honolulu: University of Hawai‘i Press.]

퇴옹성철(退翁性徹). 1976.『한국불교(韓國佛教)의 법맥(法脈)』. ‘성철 스님 법어집’ 2집 4권. 합천: 장경각.

______. 1976~1993. ‘성철 스님 법어집.’ 전 11권(1집 7권, 2집 4권). 합천: 장경각.

______. 1981.『선문정로(禪門正路)』. ‘성철 스님 법어집’ 2집 2권. 합천: 장경각.

______. 1982.『본지풍광(本地風光)』. 합천: 장경각.

______ 현토(懸吐)·편역(編譯). 1987.『돈황본 육조단경(敦煌本 六祖壇經)』. ‘성철 스님 법어집’ 2집 1권. 합천: 장경각.

______. 1992a.『백일법문(百日法門)』. 상(上): ‘성철 스님 법어집’ 1집 1권. 합천: 장경각.

______. 1992b.『백일법문(百日法門)』. 하(下): ‘성철 스님 법어집’ 1집 1권. 합천: 장경각.

______ 편역. 1993a.『고경(古鏡): 조계선종소의어록집(曹溪禪宗所依語錄集)』. 합천: 장경각.

______. 1993b.『선문정로평석(禪門正路評釋)』. ‘성철 스님 법어집’ 1집 3권, 합천: 장경각.

______. 2006a.『산은 산이요 물은 물이로다』. 합천: 장경각.

______. 2006b.『옛 거울을 부수고 오너라: 선문정로(禪門正路)』. ‘성철 스님 법어집’. 합천: 장경각.

______. 2014a.『백일법문_상』. 개정증보판. 합천: 장경각.

______. 2014b.『백일법문_중』. 개정증보판. 합천: 장경각.

______. 2014c. 『백일법문_하』. 개정증보판. 합천: 장경각.

퇴옹성철, 원택 엮음. 1987~1993. '선림고경총서(禪林古鏡叢書).' 전 37권. 합천: 장경각.

학담. 2011a. 「조계종(曹溪宗)의 연기론적 해체와 건설」. 『한국불교 중흥을 위한 11월 대토론회』. 11월 23일[서울: 한국불교역사문화기념관]. 서울: 조계종 승가교육진흥위원회.

______. 2011b. 노덕현의 기사 「간화선이 조계종의 전부는 아니다」에 인용됨. 『현대불교신문(現代佛教新聞)』 864(11월 30일): 4.

한국 천주교 주교회의. 2010. 『미사통상문』. 제2판. 서울: 한국천주교중앙협의회.

한국 천주교회 창립 200주년 기념 번역. 1998. 『신약성서(新約聖書)』. 개정 보급판. 왜관: 분도출판사.

한국교회미래를 준비하는모임(한미준), 한국갤럽. 2005. 『한국교회 미래 리포트』. 서울: 두란노.

한기선. 2012. 「"간화선, 깨달음 병 안 고치면 재가불교도 희망이 없다"」. 『주간불교』 (12월 28일), http://www.jubul.co.kr/news/24038 (2016년 8월 7일 확인).

한보광, 임종욱 편. 2015. 『중국역대불교인명사전』. 서울: 이화문화사.

현응. 2009. 『깨달음(Bodhi)과 역사(Sattva)』. 서울: 불광출판사.

______. 2016. 『깨달음과 역사(Bodhi & Sattva)』. 서울: 불광출판사.

혜민 (Ryan, Bongseok Joo). 2010. 「돈오의 점진적 체험」. 『제1회 간화선 국제학술대회: 간화선, 세계를 비추다—간화선의 비교 조망: 배경, 전개, 그리고 실참』. 8월 12일~8월 13일[서울: 동국대학교 중강당]. 제1일: 219~240.

혜심, 각운. 김월운 옮김. 2011. 『선문염송·염송설화 2』. 서울: 동국역경원.

혜원. 2008. 『북종선』. 서울: 운주사.

______. 2010. 「선종(禪宗)에서의 수선(修禪)의 전개와 간화선(話頭禪)」. 『제1회 간화선 국제학술대회: 간화선, 세계를 비추다—간화선의 비교 조망: 배경, 전개, 그리고 실참』(KSIWC). 8월 12일~8월 13일[서울: 동국대학교 중강당]. 제2일: 37~58.

영문

AKSE (Association for Korean Studies in Europe). 2007. [Proceedings of] *The 30th Anniversary Conference*. April 16~20 [Dourdan, France].

______. 2011. [Proceedings of] *The 25th Biennial Conference*. June 17~20 [Moscow: Moscow State University].

Bodiford, William. 2010. "Keyword Meditation and Detailed Investigation in Medieval Japan." See Cho'gye Order Institute for the Study of Korean Buddhism, Tongguk University 2010, day 2: 93~121.

Buswell, Robert E., Jr. 1983. *The Collected Works of Chinul. Translated with an Introduction*. Honolulu: University of Hawai'i Press.

______. 1987. "The 'Short-cut'(徑截) Approach of K'an-hua (看話) Meditation: The Evolution of a Practical Subitism in Chinese Ch'an Buddhism." In Gregory 1987, 321~377.

______. 1992. *The Zen Monastic Experience*. Princeton: Princeton University Press.

______. 2010a. "'Kanhwa Sŏn, Illuminating the World': An International Conference on Kanhwa Sŏn in Comparative Perspective: Origins, Development, Practice." See Cho'gye Order Institute for the Study of Korean Buddhism, Tongguk University 2010, day 1: 26~27.

______. 2010b. "Thinking about 'Korean Buddhism': A Continental Perspective." *Journal of Korean Religions*. Vol. 1, no. 1 & 2 (September). Seoul: Sogang Institute for the Study of Religion. 43~55.

Chinwŏl. 2008. "Han Pulgyoin ŭi sarye rŭl t'onghan chagi pansŏng." In *Hyŏndae sahoe esŏ Chonggyo kwŏllyŏk muŏs i munje inga*, ed. Han'guk Kidokcha kyosu hyŏb'ŭihoe and Han'guk kyosu Pulcha hyŏnhaphoe. Seoul: Tongyŏn. 209~223.

Chin'gwan. 2015. *Hyobong Sŏnsa wa Pulgyo sasang* [sŏn master Hyobong and Buddhist thought]. Seoul: Han'gang ch'ulp'ansa.

Cho, Chunho. 2009. "Indo esŏ ŭi chonggyo wa chŏngch'i kwŏllyŏk" [model of Sŭngga desirable for contemporary Korean society]. In Taehan Pulgyo Cho'gyejong 2010, 11~51.

Cho, Hyŏn. 2011. "Sŏn suhaeng, sinbi chŏk kkaedarŭm nŏmŏ kkaedarŭm ŭi sahoehwa rŭl [(let's move) beyond Sŏn practice and mysterious awakening, toward the socialization of awakening]." *Hankyoreh* (16 November), http://www.hani.co.kr/arti/society/religious/505823.html (accessed 29 Feb. 2016).

Cho, Hyŏnsŏng. 2015a. "Haein-sa pangjang sŭnim ch'udae wen BMW, Audi, Porsche [what do BMW, Audi and Porsche have to do with appointing the Sŏn master of Haein monastery]?" *Pulgyo tatkŏm* (24 February), http://www.bulkyo21.com/news/articleView.html? idxno= 27570 (accessed 29 Feb. 2016).

______. 2015b. "Chasŭng sŭnim, 'kajang yŏnghyang ryŏk innŭn chonggyoin' 4 wi" [Chasŭng sŭnim: the fourth most influential religious personality]. Pulgyo chŏnŏl (1 October).

Cho, Myŏngje. 2006. "Kŭnd'ae Pulgyo hak ŭi yŏnghyang kwa Paeg'il pŏmmun [influence of contemporary Buddhist scholarship and Paeg'il pŏmmun]." In [Proceedings of] *1960 nyŏndae chŏnhu sanghwang kwa Sŏngch'ŏl sŭnim ŭi yŏkhal* [the situation before and after the 1960s and Songch'ŏl's role], edited by Sŏngch'ŏl sŭnim yŏlban 13 chugi ch'umo haksul hoeŭi, 30~38. Seoul: Taehan pulgyo chogyejong paengnyŏn pulgyo munhwa chaedan.

Cho, Sŏngt'aek, ed. 2006. *T'oeong Sŏngch'ŏl ŭi kkaedarŭm kwa suhaeng* [awakening and practice of T'oeong Sŏngch'ŏl]. Seoul: Yemun sŏwŏn.

______. 2011. "Hyŏndae Han'guk sahoe wa paramjikhan sŭnggasang." In [Proceedings of] *T'oeong Sŏngch'ŏl kwa Han'guk Pulgyo ŭi panghyang* (*Sŏngch'ŏl Sŭnim t'ansin 100－chu'nyŏn ki'nyŏm che 1-ch'a haksul p'orŏm*). See Taehan Pulgyo Cho'gyejong Paengnyŏn Pulgyo munhwa chaedan pusŏl Sŏngch'ŏl Sŏn sasang yŏn'guso (Korean Buddhist Cho'gye Order, White Lotus Cultural Foundation) 2011, 37~63.

______. 2015. "'Kkaedarŭm kwa yŏksa' e taehan tokpŏp [a way of reading Awakening and History." In [Proceedings of] *Kkaedarŭm kwa yŏksa palgan 25 chunyŏn kinyŏm haksul semina* [scholarly seminar on the commemoration of the twenty-fifth anniversity of the publication of Awakening and History], 33~56. Seoul: Sejong munhwagwan yeinhol.

Cho'gye Order Institute for the Study of Korean Buddhism → Tongguk University Tongguk taehakkyo Pulgyo haksurwŏn chonghak yŏn'guso.

Ch'oe, Pongsu. 1992. "Wŏnsi Pulgyo esŏŭi o ŭi kujo." In Kang Kŏn'gi and Kim Hosŏng, 31~55.

Ch'oe, Pyŏnghŏn. 1986. "T'ae'go Pou ŭi Pulgyosa chŏk wich'i." *Han'guk munhwa*, Happon 4 kwŏn (che 7~8 chip/December). Seoul: Kyujanggak Han'gukhak yŏn'guwŏn. 97~132.

______. 1988. "Chosŏn sidae Pulgyo pŏpt'ongsŏl ŭi munje." *Han'guk saron* 19 (August, 1988). Seoul: Seoul taehakkyo Kuksa hakkwa. 281~293.

______. 2011. "Han'guk Pulgyo sasang ŭi Cho'gyejong."(韓國佛教思想

의 曹溪宗) In [Proceedings of] *The 25th Biennial Conference of Association for Korean Studies in Europe*, June 17~20 [Moscow: Moscow State University]. vol 2: 613~625.

Ch'oe, Wŏnsŏp. 2015. "Kŭndae Pulgyo hak ŭi suyong, Paeg'il pŏmmun ŭl chungsim ŭro" [reception of contemporary Buddhist scholarship: centering around Paeg'il pŏmmun]. In [Proceedings of] *T'oeong Sŏngch'ŏl ŭi Pulgyo chŏnt'ong kyesŭng kwa hyŏndae Han'guk sahoe* [T'oeong Sŏngch'ŏl's takeover of Buddhist tradition and contemporary Korean society], 25~34. Seoul: Taehan Pulgyo Chogyejong yŏksa munhwa ki'nyŏmgwan.

______. 2011. "Pulgyo ŭi hyŏndaehwa e tamgin T'oeong Sŏngch'ŏl ŭi ŭido." In [Proceedings of] *Hyŏndae Han'guk sahoe wa T'oeong Sŏngch'ŏl* (*Sŏngch'ŏl Sŭnim t'ansin 100-chu'nyŏn ki'nyŏm che 3-ch'a haksul p'orŏm*), See Taehan Pulgyo Cho'gyejong Paengnyŏn Pulgyo munhwa chaedan pusŏl Sŏngch'ŏl Sŏn sasang yŏn'guso (Korean Buddhist Cho'gye Order, White Lotus Cultural Foundation) 2011, 55~65.

Ch'oe, Yŏnsik. 2006. "Sŏngch'ŏl ŭi pŏmmaengnon e taehan pip'anjŏk kŏmt'o rŭl ilkko" [(comments made) after reading a critical essay of Sŏngch'ŏl's treatise on Dharma lineage]. In Cho 2006, 392~400.

______. 2011. "How did *Ganhwa Seon* Practice Became Predominant over the Other Buddhist Traditions of the Late Goryeo Dynasty." In Tongguk Institute for Buddhist Studies Research 2011, day 2: 136~158.

Chŏng, Yŏngsik. 2012. "Tono tonsu wa chosasŏn/Han'guk Sŏn ŭi t'ŭkchil [sudden awakening/sudden practice and the Sŏn of the patriarchs: the characteristics of Korean Sŏn]." In [Proceedings of] *Ton-chŏm sasang ŭi yŏksa wa ŭimi* (*Sŏngch'ŏl Sŭnim t'ansin 100-chu'nyŏn ki'nyŏm che 5-ch'a haksul p'orŏm*) [history and meaning of the sudden/gradual thought (fifth scholarly forum for the commemoration of the hundredth anniversary of Sŏngch'ŏl sŭnim's birth)]. See Taehan Pulgyo Cho'gyejong Paengnyŏn Pulgyo munhwa chaedan pusŏl Sŏngch'ŏl Sŏn sasang yŏn'guso (Korean Buddhist Cho'gye Order, White Lotus Cultural Foundation), Tongguk University Tongguk taehakkyo Pulgyo haksurwŏn chonghak yŏn'guso (Cho'gye Order Institute for the Study of Korean Buddhism), and *Pulgyo sinmun* 2012, 71~85.

Chongho. 2012. "Chungguk Sŏnsa tŭl ŭi ton-chŏmnon kwa kŭ ihae." In [Proceedings of] *Ton-chŏm sasang ŭi yŏksa wa ŭimi* (*Sŏngch'ŏl Sŭnim t'ansin 100-chu'nyŏn ki'nyŏm che 5-ch'a haksul p'orŏm*). See Taehan Pulgyo Cho'gyejong Paengnyŏn Pulgyo munhwa chaedan pusŏl Sŏngch'ŏl Sŏn sasang yŏn'guso (Korean Buddhist Cho'gye Order, White Lotus Cultural Foundation), Tongguk University Tongguk taehakkyo Pulgyo haksurwŏn chonghak yŏn'guso (Cho'gye Order Institute for the Study of Korean Buddhism), and *Pulgyo sinmun* 2012, 39~68.

DDB (Digital Dictionary of Buddhism). Accessed October 15, 2013. http://buddhism-dict.net/ddb/index.html

Donner, Neal. 1987. "Sudden and Gradual Intimately Conjoined: Chih-i's T'ien-t'ai View." In Gregory 1991, 201~226.

Dumoulin, Heinrich. 1988. *Zen Buddhism: A History*. Translated by James W. Heisig and Paul Knitter. New York: Macmillan Publishing Company.

Eifring, Halvor. 2010. "Ridding the Mind of Thoughts. Meditation Objects and Mental Attitudes in Hānshān Déqīng's Dharma Talks." See Cho'gye Order Institute for the Study of Korean Buddhism, Tongguk University 2010, day 2: 59~76.

Fages, Martine, and Batchelor Steven. 1999. *La Voie du Zen coréen*. Paris: Dharma.

Fairbank, John K. 1992. *China, A New History*. Cambridge: Belknap-Harvard.

Faure, Bernard. 1991. *The Rhetoric of Immediacy, A Cultural Critique of Chan/Zen Buddhism*. Princeton: Princeton University Press.

______. 1993. *Chan Insights and Oversights: an Epistemological Critique of the Chan Tradition*. Princeton, NJ: Princeton University Press.

Geffré, Claude. 1983. *Le Christianisme au risque de l'interprétation*. Paris: Cerf.

Gimello, Robert M. 1987. "Imperial Patronage of Buddhism during the Northern Song." In [Proceedings of] *The First International Symposium on Church and State in China: Past and Present*, ed. John E. Geddes. Taipei: Tamkang University. 73~85.

Gómez, Luis O. 1987. "Purifying Gold. The Metaphor of Effort and Intutition in Buddhist Thought and Practice." In Gregory 1987, 67~165.

Gregory, Peter N., ed. 1987. *Sudden and Gradual: Approaches to Enlightenment in Chinese Thought*. Studies in East Asian Buddhism 5. Honolulu: University of Hawai'i Press.

______. 1997. "Is Critical Buddhism Really Critical?" In Hubbard and Swanson 1997, 286~297.

Haktam. 2011a. "Cho'gyejong ŭi yŏn'giron chŏk haech'ewa kŏnsŏl." In [Proceedings of] *Han'guk Pulgyo chunghŭng ŭl wihan 11-wŏl tae t'or'onhoe*, ed. Taehan Pulgyo Cho'gyejong sŭngga kyoyuk chinhŭng wiwŏnhoe, November 23 [Seoul: Han'guk Pulgyo yŏksa ki'nyŏm pangmulgwan]. Seoul: Cho'gyejong sŭngga kyoyuk chinhŭng wiwŏnhoe.

______. 2011b. Quoted by No Tŏkhyŏn in "Kanhwa sŏn i Cho'gyejong ŭi chŏnbu nŭn anida." *Hyŏndae Pulgyo sinmun* 864 (November 30): 4.

Heo, Uk and Terrence Roering. 2010. *South Korea since 1980*. Cambridge: Cambridge University Press.

Hitchens, Christopher. 2007. *God is not Great*. New York: Twelve-Hachette Book Group.

Hong, Sasŏng. 2010. *Chŏngbŏp ch'ŏnha rŭl kidarimyŏ* [waiting for a world ruled by the Buddha Dharma]. Seoul: Uri ch'ulp'ansa.

Hu, Shih. 1953. "Ch'an (Zen) Buddhism in China: Its History and Method." Philosophy East and West 3: 3~24.

Hŏ, Usŏng. 2006. "Kandi wa Sŏngch'ŏl [Gandhi and Sŏngch'ŏl]." In Cho Sŏngt'aek, ed.: 187~215.

Hubbard Jamie and Paul Swanson. 1997. *Pruning the Bodhi Tree, The Storm over Critical Buddhism*. Honolulu: University of Hawai'i Press.

Hyemin (Ryan, Bongseok Joo). 2010. "Gradual Experiences of Sudden Enlightenment: the Varieties of Ganhwa Seon Teachings in Contemporary Korea." See Cho'gye Order Institute for the Study of Korean Buddhism, Tongguk University 2010, day 1: 219~240.

Hyenŭng. 2003. *Yukcho Tan'gyŏng* [Platform Sūtra of the Sixth Patriarch]. Translated by Chŏng Sŏngbon. Seoul: Han'guk sŏn munhwa yŏn'guwŏn.

Hyewŏn. 2010. "Sŏnjong esŏ ŭi susŏn ŭi chŏn'gae wa Kanhwa sŏn." See Cho'gye Order Institute for the Study of Korean Buddhism, Tongguk University 2010, day 2: 37~58.

Hyŏnŭng. 2015. "'Kkaedarŭm kwa yŏksa,' kŭ ihu [after Awakening and History]." In [Proceedings of] Kkaedarŭm kwa yŏksa palgan 25 chunyŏn kinyŏm haksul semina [scholarly seminar on the commemoration of the twenty fifth anniversary of the publication of Awakening and History], 7~31. Seoul: Sejong munhwa hoegwan yeinhol.

______. 2009. *Kkaedarŭm (bodhi) kwa yŏksa* (*sattva*). Seoul: Pulgwang ch'ulp'ansa.

Im, Sŭngt'aek. 2012. "Ch'o'gi Pulgyo kyŏngjŏn e nat'anan ton kwa chŏm." In [Proceedings of] *Ton-chŏm sasang ŭi yŏksa wa ŭimi* (*Sŏngch'ŏl Sŭnim t'ansin 100-chu'nyŏn ki'nyŏm che 5-ch'a haksul p'orŏm*). See Taehan Pulgyo Cho'gyejong Paengnyŏn Pulgyo munhwa chaedan pusŏl Sŏngch'ŏl Sŏn sasang yŏn'guso (Korean Buddhist Cho'gye Order, White Lotus Cultural Foundation), Institute for the Study of Sŏngch'ŏl's Sŏn Thought) and Tongguk University Tongguk taehakkyo Pulgyo haksurwŏn chonghak yŏn'guso (Cho'gye Order Institute for the Study of Korean Buddhism), and *Pulgyo sinmun* 2012, 5~27.

In'gyŏng. 2011. *Chaengjŏm ŭro salp'yŏ po'nŭn Kanhwa Sŏn*. Seoul: Myŏngsang sangdam yŏn'guwŏn.

Kalupahana, David J. 1992. *A History of Buddhist Philosophy. Continuities and Discontinuities*. Honolulu: University of Hawai'i Press.

Kang, Kŏn'gi and Hosŏng Kim, ed. 1992. *Kak/kkaedarŭm, tono/tonsu in'ga, tono/chŏmsu in'ga* [awakening/enlightenment: is it sudden awakening/sudden practice, (or) is it sudden/awakening gradual practice?]. Seoul: Minjoksa.

Kim, Ch'ŏlgwan. 2014. "Chin'gwan sŭnim '10.27 pŏbnan' chinsang kyumyŏng undong ŭimi issŏtta" [(according to) Chin'gwan sŭnim, the campaign requiring a close examination of the real facts about the October 27, 1980 crackdown on Buddhism was a meaningful one]. *Midiŏ nyusŭ*, http://www.incheonnews.com/news/articleView.html?idxno=72714 (accessed 29 Feb. 2016).

Kim, Chongin. 2006. "Han'guk hyŏnsil e taehan Sŏngch'ŏl ŭi taeŭng kwa tono/tonsu" [sudden awakening/sudden practice and Sŏngch'ŏl's coping with the reality of Korea]. In Cho 2006, 300~338.

______. 2011. Quoted by No Tŏkhyŏn in "Sŏngch'ŏl Sŭnim ŭi suhaeng chŏngjin ŭn sahoe cha'myŏ." *Hyŏndae Pulgyo sinmun* 866 (December 14): 7.

Kim, Chongmyŏng. 2006. "Sŏngch'ŏl ŭi ch'o'gi Pulgyo ihae" [Sŏngch'ŏl's understanding of early Buddhism]." In Cho 2006, 71~105.

Kim, Hayŏng. 2013. "Chongdo taeu pad'ŭl su issŏ hwanyŏng...Silhyosŏng e ŭimun" [we welcome it since we will be treated as followers...Whether it will be effective remains a question]. Pulgyo sinmun (21 March), http://www.ibulgyo.com/news/articleView.html?idxno=125019 (accessed 29 Feb. 2016).

Kim, Hyŏnho. 1998. "Chŏngbu surip 50-chu'nyŏn Taehan Minguk 50 taeinmul sŏnjŏng." *Chosŏn Ilbo* (July 15, 1998): 1; Quoted in Kim Chongmyŏng 2006, 71.

Kim, Kapsik. 2011a. "Na ŭi sam na ŭi kil/Song Wolju hoegorok (24), 'Sŏngch'ŏl sŭnim puljipin tonjŏm nonjaeng.'" [my life and my way

/ the memoirs of Song Wolju (24), "the sudden/gradual debate set ablaze by Sŏngch'ŏl"]. *Tong-A Ilbo* (5 December).

______. 2011b. "Na ŭi sam na ŭi kil/Song Wolju hoegorok (25) 'Sungsan sŭnim ŭn... taet'ongnyŏng tangsin ŭn 'na' rŭl asio? Chagi rŭl morŭ myŏnsŏ ŏttŏke nara rŭl tasŭrim nikka'" [my life and my way/the memoirs of Song Wolju (25), "Sungsan sŭnim...you president, do you know yourself? How can you rule the country without knowing yourself?"]. *Tong-A Ilbo* (6 December).

______. 2011c. "Na ŭi sam na ŭi kil/Song Wolju hoe'gorok (27), 'yuk pigu halbok sagŏn kwa chŏnghwa undong'" [my life and my way/the memoirs of Song Wolju (27), "hara-kiri of six bhikṣus and the purification movement"]. *Tong-A Ilbo* (8 December).

______. 2011d. "Na ŭi sam na ŭi kil/Song Wolju hoe'gorok (28), 'Pak Chŏnghŭi, Yi Sŭngman taet'ongnyŏng kwa chŏnghwa undong'" [my life and my way/the memoirs of Song Wolju (28)], "Presidents Park Chung-hee and Syngman Rhee and the purification movement"]. *Tong-A Ilbo* (9 December).

Kim, Kudong. 2015. "Yŏksa kukchŏng kyogwasŏ p'yŏnch'an i pimil in'ga" [is the editing of a government-published history textbook a secret?]. *Kyŏngan ilbo* (31 January), http://www.gailbo.com/default/index_view_page.php?part_idx=28&idx=125758 (accessed 29 Feb. 2016).

Kim, Kwangsik. 2006a. "Yi Sŏngch'ŏl ŭi Pulgyo kaehyŏngnon" [buddhist reformism of Yi Sŏngch'ŏl]. In Cho 2006, 216~254.

______. 2006b. *Han'guk hyŏndae Pulgyosa yŏn'gu*. Seoul: Pulgyo sidaesa.

Kim, Kyŏngjip. 2006. "Sŏngch'ŏl ŭi chungdogwan kwa silch'ŏn

panghyang" [orientation of Sŏngch'ŏl's practice and his view of the middle path]. In Cho 2006, 255~274.

Kim, Nami. 2011. "Kkaedarŭm kwa yŏlban ŭi sanggwan kwan'gye?" *Pulgyo p'yŏngnon* sŏnyanghoe. 195~213.

Kim, Sŏngch'ŏl. 2011. "Hyŏndae Han'guk sahoe wa T'oeong Sŏngch'ŏl ŭi wisang kwa yŏkhal." In [Proceedings of] *Hyŏndae Han'guk sahoe wa T'oeong Sŏngch'ŏl (Sŏngch'ŏl Sŭnim t'ansin 100-chu'nyŏn ki'nyŏm che 3-ch'a haksul p'orŏm)*. See Taehan Pulgyo Cho'gyejong Paengnyŏn Pulgyo munhwa chaedan pusŏl Sŏngch'ŏl Sŏn sasang yŏn'guso (Korean Buddhist Cho'gye Order), White Lotus Cultural Foundation 2011, 7~32.

Kim, T'aekkŭn. 2015. "Kim T'aekkŭn ŭi Sŏngch'ŏl sŭnim p'yŏngjŏn — honja kanŭn kil i chung ŭi kirida" [Kim T'aekkŭn's critical biography of Sŏngch'ŏl sŭnim — going alone is the way of a monk]. *Pŏppo sinmun* (27 July).

Kim, T'aewan, trad. 2011a~f. *Taehye Po'gak sŏnsa ŏ'rok* 大慧普覺禪師語錄 (vol.I~VI). Seoul: Somyŏng Ch'ulp'an.

Kim, Taljin, trad. 1987. *Pojo Kuksa chŏnsŏ* 普照國師全書. Seoul: Ko'ryŏwŏn.

Kim, Yŏnguk. 2006. "T'oeong ŭi Kanhwa sŏn" [keyword meditation of Sŏngch'ŏl]. In Cho 2006, 106~156.

Kong, Pyŏngsŏl. 2014. "Sŏngch'ŏl sŭnim Paegil pŏmmun, 22 nyŏn mane kaejŏng chŭngbo p'an palgan" [a revised and enlarged edition of Sŏngch'ŏl sŭnim's Paegil pŏmmun is published 22 years after (the original)]. *Yŏnhap nyusŭ* (11 November).

Korean Buddhist Cho'gye Order, White Lotus Cultural Foundation, Institute for the Study of Sŏngch'ŏl's Sŏn Thought → Taehan

Pulgyo Cho'gyejong Paengnyŏn Pulgyo munhwa chaedan pusŏl Sŏngch'ŏl Sŏn sasang yŏn'guso.

Kwŏn Oyŏng. 2013. "Sŏ Ŭihyŏn Ch'ongmu wŏnchang sat'oe palp'yo－Pup'ae ch'ŏkkyŏl ŭl wihan sabu daechung ŭi kyŏlsil." *Pŏpbo sinmun*. April 16. Accessed October 15, 2013, http://beopbo.com/news/view.html?section=93&category= 99&no=75126

KSIWC → Cho'gye Order Institute for the Study of Korean Buddhism, Tongguk University.

Ku, Taesŏn. 1998. "Sŏngch'ŏl sŭnim sarit'ap 'ilche' nollan" [criticism of Sŏngch'ŏl sŭnim's "made in Japan" śarīra stūpa]. *Hankyoreh* (27 August).

Levering, Miriam. 1999. "Miao-tao and Her Teacher Ta-hui." In *Buddhism in the Song*, ed. Gregory, Peter N. and Daniel A. Getz Jr. Kuroda Institute in East Asian Buddhism 13. Honolulu: University of Hawai'i Press. 188~219.

Luca, Nathalie. 2011. "La répression religieuse: un enjeu national? De l'influence des États Unis dans la répression au Japon et en Corée du Sud." In *État, religion et répression en Asie. Chine, Corée, Japon et Vietnam (VIIIe-XXIe siècles)*, ed. Arnaud Brotons, Yannick Bruneton, and Nathlaie Kouamé (dir.). Paris: Éditions Karthala. 310~339.

Magnin, Paul. 2003. *Bouddhisme, unité et diversité. Expériences de libération* [unity and diversity of Buddhism : experiences of liberation]. Paris: Cerf.

Masŏng. 2011. "Han'guk Pulgyo suhaengbŏp, muŏs i munje inga?" *Pulgyo p'yŏngnon* 48 (Autumn). Kwach'ŏn: (chae) Manhae sasang silch'ŏn sŏnyanghoe. 224~248.

Mautner, Thomas. 2005. *Dictionary of Philosophy*. London: Penguin Reference.

McRae, John R. 1987. “Shen-hui and the Teaching of Sudden Enlightenment in early Ch’an Buddhism.” In Gregory 1987, 227~278.

Midal, Fabrice. 2006. *Quel bouddhisme pour l’Occident?* Paris: Seuil.

Morel, Françoise, trad. 2001. *Le Soutra de l’Estrade du don de la loi*. Paris: La Table Ronde.

Muller, Charles. 2014. *A Korean-English Dictionary of Buddhism*. Seoul: Unjusa.

Myŏngjin. 2011. *Chungsaeng i apŭ’myŏn Puch’ŏ to ap’ŭda*. Seoul: Malgŭl Pitnem.

Nikam, N. A. and Richard McKeon. 1959. *The Edicts of Asoka*. Chicago: University of Chicago Press.

Nonsŏl wiwŏn. 2014. “1 ch’a pŏpin tŭngnok pogo” [announcement of (the end) of the first registration of (Buddhist) corporate bodies]. *Pulgyo sinmun* (8 October), http://www.ibulgyo.com/news/articleView.html? idxno=136492 (accessed 29 Feb. 2016).

Nyusŭ ch’ŏnji p’yŏnjip-bu. 2009. “[Chonggyo yongŏ p’uri] chŭnggyŏng, kapi, chŏngt’o” [elucidation of religious terminology: past, empowerment, pure land]. *Nyusŭ ch’ŏnji* (9 December), http://www.newscj.com/news/articleView.html?idxno=28147 (accessed 29 Feb. 2016).

Ōhasama, S. and A. Faust. 1925. *Zen: der lebendige Buddhismus in Japan* [zen: the living Buddhism in Japan]. Gotha: F.A. Perthes.

Paengnyŏn Mundohoe, ed. 1995. *Sŭnim, Sŏngch’ŏl k’ŭnsŭnim* [sŭnim, the great sŭnim Sŏngch’ŏl]. Vol 5, VHS. Seoul: Leespro.

PACKS (Pacific Asia Conference on Korean Studies). 2006. *The Eighth Pacific Asia Conference on Korean Studies, Conference Programme and Abstracts*. December 15~17 [New Delhi: Jawaharlal Nehru University].

Pak, Haedang. 2006. "Sŏngch'ŏl ŭi pŏmmaengnon e taehan pip'anjŏk kŏmt'o" [a critical essay of Sŏngch'ŏl's treatise on Dharma lineage]. In Cho 2006, 157~189.

______. 2011. "The *Seon* Dispute of the Late Joseon Era." See Cho'gye Order Institute for the Study of Korean Buddhism, Tongguk University 2011, day 2: 224~146.

______. 2015. "Chogyejong chongjo nonjaeng" [controversy around the founder of Chogyejong]. *Pulgyo p'yŏngnon* 62: 8~26.

Park, Jin Y. (Pak, Chinyŏng). 2006. "T'oeong Sŏngch'ŏl ŭi Pulgyo haesŏkhak kwa sŏn pulgyo yulli" [T'oeong Sŏngch'ŏl's hermeneutics of Buddhism and the ethics of Sŏn Buddhism]. In Cho Sŏngt'aek, ed.: 19~47.

______. ed. 2010. *Makers of Modern Korean Buddhism*. Albany: State University of New York Press.

Pak, Puyŏng. 2010. "T'onghap chongdan ch'ulbŏm ha 下 — Pi'gu ch'ŭk chungsim chongdan 'che'gŏn' kwajŏng" [beginning of a unified religious order (part two) — the rebuilding of a religious order centered on the bhikṣus]. *Pulgyo sinmun* (27 February).

Pak, Sŏk. 2004. "Myŏngsang, hyŏndae munmyŏng ŭi wigi ch'iyu hal him katko itta" [meditation has the power to heal contemporary civilization]. *P'ŭresian* (24 May), http://www.pressian.com/news/article.html?no= 44380 (accessed 29 Feb. 2016).

Pak, Taewŏn. 2014. "Tonjŏm nonjaeng, chilli tamnon in'ga (pŏptam) kwollyŏk tamnon in'ga; Sŏ Myŏngwŏn sinbu ŭi Sŏngch'ŏl ilkki e taehan pallon" [is the sudden/gradual debate an argument about truth or about power: a refutation of Father Myŏngwŏn reading of Sŏngch'ŏl]. Sŏ Myŏngwŏn sinbu ŭi Sŏngch'ŏl ilkki e taehan pallon [a refutation of Father Sŏ Myŏngwŏn reading of Sŏngch'ŏl]. *Pulgyo p'yŏngnon* 58: 126~151.

Pak, Wŏnja. 2008. *Na ŭi haengja sijŏl* 1 [my years as a practitioner]. Seoul: Dahal Midiŏ.

Park, Sung Bae(Pak, sŭngbae). 1983. *Buddhist Faith and Sudden Enlightenment*. Delhi: Sri Satguru Press.

______. 1992. "Sŏngch'ŏl sŭnim ŭi tono/chŏmsusŏl pip'an e taehayŏ" [on the criticism by Sŏngch'ŏl sŭnim of the sudden awakening/gradual practice doctrine]. In Kang, Kŏn'gi and Kim, Hosŏng 1992, 238~277.

______. 2009. *Han'guk sasang kwa Pulgyo: Wŏnhyo wa T'oegye, kŭrigo tonjŏm nonjaeng*. Seoul: Hyean.

Patrick, Carré, trad. 1995. *Le Soûtra de l'Estrade du Sixième Patriarche Houei-neng*. Paris: Seuil.

Pojo sasang yŏn'guwŏn, ed. 1989. *Poso chŏnsŏ* 普照全書 [complete works of Pojo]. Seoul: Puril ch'ulp'ansa.

Pŏpchŏn. 1998. "Chosa kkesŏ sŏtchok esŏ osin ttŭt ŭn" [meaning of the patriarch's coming from the West]. *Haein* (2-5 January).

Prebish, Charles S. and Martin Bauman, ed. 2002. *Westward Dharma: Buddhism beyond Asia.* Berkeley and Los Angeles: University of California Press.

Pulp'il. 2012. *Yŏngwŏn esŏ yŏngwŏn ŭro* [from eternity to eternity]. P'aju: Kimyŏngsa.

Pyŏn, Hŭiuk. 2005. "Taehye Kanhwa Sŏn Yŏn'gu." PhD diss., Seoul taehakkyo taehakwŏn, Ch'ŏlhakkwa.

______. 2010. "Kanhwa Sŏn yŏn'gu ŭi hyŏnhwang kwa kwaje." *Pulgyo p'yŏngnon* 45 (Winter). Kwach'ŏn: (chae) Manhae sasang silch'ŏn sŏnyanghoe. 304~322.

______. 2015. "Sŏn ŭi tonjŏm nonjaeng" [sudden/gradual debate in Sŏn]. Pulgyo p'yŏngnon 62: 27~44.

Schlütter, Morten. 1999. "Silent Illumination, Kung-an Introspection, and the Competition for Lay Patronage in Sung." In *Buddhism in the Sung*, ed. Peter N. Gregory and Daniel A. Getz Jr. Honolulu: University of Hawai'i Press. 109~147.

Schumann, Hans W. 1989. *The Historical Buddha*, trad. M. O'C Walshe. Delhi: Motilal Banarsidas Publishers.

Senécal, Bernard → Sŏ, Myŏngwŏn

Sharf, Robert H. 2000a. "How to Think with Chan Gongans 公案." See Cho'gye Order Institute for the Study of Korean Buddhism, Tongguk University 2010, day 1: 49~77.

______. 2000b. "The Rhetoric of Experience and the Study of Religion." *Journal of Consciousness Studies: Controversies in Science & the Humanities*. Vol. 7, no. 11~12 (November~December). Exeter, UK: Imprint Academic. 267~287.

Sheng-yen. 1999. *Subtle Wisdom, Understanding Suffering, Cultivating Compassion through Ch'an Buddhism*. New York: Doubleday.

Shi, Zhiru. 2010. "'Who is Recollecting the Buddha?' Xuyun 虛雲 (1840~1959) and Investigating the Hua To in Modern Chinese Buddhism." See Cho'gye Order Institute for the Study of Korean Buddhism, Tongguk University 2010, day 2: 239~263.

Shim, Jaeryong, 1999. *Korean Buddhism, Tradition and Transformation*. Korean Studies Series # 8. Seoul: Jimoondang Publishing Company.

Sin, Yŏngbok. 2012. *Pyŏnbang ŭl ch'ajasŏ* [exploring the borderlands]. P'aju: Tolbegae.

Sŏ, Myŏngwŏn (Senécal, Bernard). 1996. "Écrire l'histoire du bouddhisme－Lecture critique d'un ouvrage d'introduction－" (한국불교의 역사를 쓰는 것－개설서에 대한 비판적 고찰). *Revue de Corée* 98. Vol. 28, no 1 (30 juin). 5~33.

______. 1998. *Jésus le Christ à la rencontre de Gautama le Bouddha*. Paris: Cerf.

______. 2004. "La vie et l'oeuvre du Maître Sŏn T'oeong Sŏngch'ŏl 退翁性徹 (1992~1993) (PhD diss.). Université Paris 7－Denis Diderot, UFR LCAO.

______. 2006. "The Life of the Sŏn 禪 Master T'oeong Sŏngch'ŏl 退翁性徹 (1912~1993). A Reflection on the Korean Sudden/Gradual Debate." *Conference Programme and Abstracts of the Eighth Pacific Asia Conference on Korean Studies* (PACKS), December 15~17 [New Delhi: Jawaharlal Nehru University].

______. 2007a. "A study for the Understanding of T'oeong Sŏngch'ŏl: How should he be introduced to the Western World?" *Pulgyohak yŏn'gu* 17 (September). Seoul: The Korean Society for Buddhist Studies. 33~54.

______. 2007b. "Sŏngch'ŏl Sŭnim ŭl ŏttŏk'e ihaehal kŏs inga?" In *Mwŏs i na ŭi pollae myŏnmok inga? (Sŏngch'ŏl Sŭnim t'ansin 100-chu'nyŏn ki'nyŏm sŏnsŏ. Ponji p'unggwang sŏlhwa)*. Hapch'ŏn: Changgyŏnggak. 472~483.

______. 2007c. "Le contexte politique du subito-subitisme (頓悟頓修) du Maître Sŏn 禪 T'oeong Sŏngch'ŏl 退翁性徹 (1912~1993)." In [Proceedings of] *The 30th Anniversary Conference of Association for Korean Studies in Europe* (AKSE), April 16~20 [Dourdan, France], 71~73.

______. 2009a. "Le *Sūtra de l'Estrade* dans la Corée contemporaine" [Platform Sŭtra in contemporary Korea]. *Archives de Sciences Sociales des Religions* 147 (juillet-septembre). Paris: L'École des hautes études en sciences sociales. 209~227.

______. 2009b. "The Life and Works of Dhyāna Master T'oeong Sŏngch'ŏl (1912~1993)." (퇴옹성철 선사의 생애와 전서) In *India and Korea Through the Ages*. Ed. Raghavan Vyjayanti. New Delhi: Manak Publications Pvt. Ltd. 259.

______. 2010. "The Transmission & Reception of Hwadu Investigation Meditation (看話禪) in the West: a Research Centered on the Master-Disciple Encounter System (입실제도 入室制度)." *Han'guk Sŏnhak* 韓國禪學 (Journal of Korean Seon Studies) 26 (August). Seoul: Han'guk Sŏnhakhoe. 181~216.

______. 2011a. "A Critical Reflection on the Cho'gye Order's Campaign for the Worldwide Propagation of Kanhwa Sŏn." *Journal of Korean Religions*. Vol. 2, no. 1 (March). Seoul: Sogang Institute for the Study of Religion. 75~105.

______. 2011b. "Taehan Pulgyo Cho'gyejong ŭi Kanhwa Sŏn se'gyehwa rŭl wihan k'aemp'ein e kwanhan pip'an chŏk koch'al." In *Mid'ŭm kwa suhaeng (Sangwŏl Wŏngak Taesŏnsa t'ansin 100-chu'nyŏn ki'nyŏm, Purhak nonch'ong che 2 kwŏn)*, ed. Taehan Pulgyo Ch'ŏnt'aejong Ch'ongmuwŏn and Wŏngak Pulgyo sasang yŏn'guwŏn. Seoul: Taehan Pulgyo Ch'ŏnt'aejong ch'ulp'anbu. 151~178.

______. 2012a. "Tono/tonsu chŏk kyŏnsŏng kwa ku'gyŏnggak." In [Proceedings of] *Tono/tonsu wa T'oeong Sŏngch'ŏl ŭi sujŭngnon (Sŏngch'ŏl Sŭnim t'ansin 100-chu'nyŏn ki'nyŏm che 6-ch'a haksul p'orŏm)*. See Taehan Pulgyo Cho'gyejong Paengnyŏn Pulgyo munhwa chaedan pusŏl Sŏngch'ŏl Sŏn sasang yŏn'guso (Korean Buddhist Cho'gye Order, White Lotus Cultural Foundation, Institute for the Study of Sŏngch'ŏl's Sŏn Thought) and *Pulgyo sinmun*, 2012.

______. 2012b. "Sŏn Master T'oeong Sŏngch'ŏl's Legacy: A Reflection on the Political Background of the Korean Sudden/Gradual Debate." *Seoul Journal of Korean Studies* 25, no. 1 (June). Seoul: Kyujanggak Institute for Korean Studies, 89~126.

______. 2012c. "Sŏn Master T'oeong Sŏngch'ŏl's (1912~1993) Legacy: One Century after his Birth and (almost) Two Decades after his Death." *Journal of Korean Religions*. Vol 3, no 2 (October). Seoul: Sogang Institute for the Study of Religion. 173~186.

______. 2013a. "*Qohéleth* et le *Sūtra* du diamant, sagesses biblique et bouddhique." *Recherches de Science Religieuse* 101/2 (avril-juin). Paris: Revue Trimestrielle. 233~250.

______. 2013b. "T'oeong Sŏngch'ŏl *kwa* Yukcho Hyenŭng: Sŏngch'ŏl *sŭnim ŭi Tonhwang-bon Yukcho Tan'gyŏng* hyŏnt'o p'yŏnyŏk ŭl koch'al ha'myŏnsŏ." In [Proceedings of] *Yukcho Hyenŭng kwa T'oeong Sŏngch'ŏl, kŭrigo Han'guk Pulgyo* (Yukcho Hyenŭng *sŭnim yŏlban* 1300 *chugi*/T'oeong Sŏngch'ŏl *sŭnim yŏlban 20 chugi ch'umo haksul p'orŏm*), September 25 [Seoul: Han'guk

Pulgyo yŏksa ki'nyŏm pangmulgwan]. Hanam: Taehan Pulgyo Cho'gyejong Paengnyŏn Pulgyo munhwa chaedan. 117~149.

______. 2013c. *Kayasan horangi ŭi ch'echwi rŭl mat'atta* [I have picked up the scent of the Tiger of Kaya Mountains]. Seoul: Sogang University Press.

______. 2016. "The philosophy of Sŏn Master T'oeong Sŏngchŏl (1912~1993)." *Journal of Korean Religions*. Vol. 7, no 1 (April). Seoul: Sogang Institute for the Study of Religion. 93~132.

Sŏngch'ŏl. 1976. *Han'guk Pulgyo'ŭi pŏmmaek* [dharma lineage of Korean Buddhism]. 韓國佛教의 法脈. Hapch'ŏn: Changgyŏnggak.

______. 1981. *Sŏnmun chŏngno* 禪門正路 [correct path of Sŏn]. Hapch'ŏn: Changgyŏnggak.

______, tran. 1987a. *Tonhwang－bon Yukcho tan'gyŏng*, hyŏnt'o p'yŏnyŏk. 敦煌本 六祖壇經 懸吐·編譯 [Platform Sūtra of the Sixth Patriarch, annotated translation of the Tonhwang manuscript] Hapch'ŏn: Changgyŏnggak.

______. 1987b. *Sinsimmyŏng chŭngdoga kangsŏl* [lectures on the *Xinxinmin* and the *Zhengdaoge*]. Paengnyŏnam: Changgyŏnggak.

______. 1992a. *Paegil pŏmmun*－sang 百日法門-上 [sermon of one hundred days, vol. Ⅰ]. Hapch'ŏn: Changgyŏnggak.

______. 1992b. *Paegil pŏmmun*－ha 百日法門-下 [sermon of one hundred days, vol. Ⅱ]. Hapch'ŏn: Changgyŏnggak.

______. tran. 1993a. *Ko'gyŏng* 古鏡 [old mirrors of the groove of meditations (Sŏn school) library], *Cho'gye Sŏnjong soŭi ŏ'rok chip* 曹溪禪宗所依語錄集. Hapch'ŏn: Changgyŏnggak.

______. 1993b. *Sŏnmun chŏngno p'yŏngsŏk* 禪門正路評釋 [commentary of the correct path of Sŏn]. Hapch'ŏn: Changgyŏnggak.

______. 2006. *Yet kŏul rŭl pusugo onŏra* [smash the old mirrors and come]. Paengnyŏnam: Changgyŏnggak.

______. 2014a. *Sŏngch'ŏl sŭnim Paegil pŏmmun*, sang, chung, ha [sermon of one hundred days, vol. I-II-III]. Paengnyŏnam: Changgyŏnggak.

______. 2014b. *Sermon of One Hundred Days*. Translated by Hwang Soon-Il and edited by Linda Covill. Oxford: Oxford Center for Buddhist Studies Monographs.

______. 2014c. *Sŏngch'ŏl sŭnim ŭi hwadu kongbu hanŭn pŏp* [method of Sŏngch'ŏl sŭnim for keyword meditation]. Hapch'ŏn-gun: Haeinsa ch'ulp'anbu.

______. 2016. "The Philosophy of Sŏn Master T'oeong Sŏngchŏl (1912~1993)." *Journal of Korean Religions*. Vol. 7, no. 1 (April). Seoul: Sogang Institute for the Study of Religion. 93~132.

Sŏngch'ŏl, and Wŏnt'aek, ed. 1987~1993. *Sŏllim ko'gyŏng ch'ongsŏ* 禪林古鏡叢書 (vol. 37). Hapch'ŏn: Changgyŏnggak.

Strong, John S. 1983. *The Legend of King Aśoka, A Study and Translation of the Aśokāvadāna*. Princeton: Princeton University Press.

Subul. 2010. "Making Kanhwa Sŏn Accessible to the General Public." See Cho'gye Order Institute for the Study of Korean Buddhism, Tongguk University 2010, day 2: 9~35.

T=Taisho Tripitaka

Taehan Pulgyo Cho'gyejong kyoyugwŏn Pulhak yŏn'guso & Taehan Pulgyo Cho'gyejong chonggyo p'yŏnghwa wiwŏnhoe. 2010. *Pulgyo wa kukka kwŏllyŏk, kaltŭng kwa sangsaeng*. Seoul: Cho'gyejong ch'ulp'ansa.

Taehan Pulgyo Cho'gyejong Paengnyŏn Pulgyo munhwa chaedan pusŏl

Sŏngch'ŏl Sŏn sasang yŏn'guso (Korean Buddhist Cho'gye Order, White Lotus Cultural Foundation, Institute for the Study of Sŏngch'ŏl's Sŏn Thought). 2011a. [Proceedings of] *T'oeong Sŏngch'ŏl kwa Han'guk Pulgyo ŭi panghyang* (*Sŏngch'ŏl Sŭnim t'ansin 100-chu'nyŏn ki'nyŏm che 1-ch'a haksul p'orŏm*), March 24 [Seoul: Han'guk Pulgyo yŏksa ki'nyŏm pangmulgwan].

______. 2011b. [Proceedings of] *Han'guk kŭndaePulgyo 100 nyŏn kwa T'oeong Sŏngch'ŏl* (*Sŏngch'ŏl Sŭnim t'ansin 100-chu'nyŏn ki'nyŏm che 2-ch'a haksul p'orŏm*), May 26 [Seoul: Han'guk Pulgyo yŏksa ki'nyŏm pangmulgwan].

______. 2011c. [Proceedings of] *Hyŏndae Han'guk sahoe wa T'oeong Sŏngch'ŏl* (*Sŏngch'ŏl Sŭnim t'ansin 100-chu'nyŏn ki'nyŏm che 3-ch'a haksul p'orŏm*), September 23 [Seoul: Han'guk Pulgyo yŏksa ki'nyŏm pangmulgwan].

______. 2011d. [Proceedings of] *T'oeong Sŏngch'ŏl kwa Chonggyo ŭi Hyŏnsil Ch'amyŏ* (*Sŏngch'ŏl Sŭnim t'ansin 100-chu'nyŏn ki'nyŏm che 4-ch'a haksul p'orŏm*), December 1 [Seoul: Han'guk Pulgyo yŏksa ki'nyŏm pangmulgwan].

Taehan Pulgyo Cho'gyejong Paengnyŏn Pulgyo munhwa chaedan pusŏl Sŏngch'ŏl Sŏn sasang yŏn'guso (Korean Buddhist Cho'gye Order, White Lotus Cultural Foundation, Institute for the Study of Sŏngch'ŏl's Sŏn Thought), Tongguk University Tongguk taehakkyo Pulgyo haksurwŏn chonghak yŏn'guso (Cho'gye Order Institute for the Study of Korean Buddhism), and *Pulgyo sinmun*. 2012. [Proceedings of] *Ton-chŏm sasang ŭi yŏksa wa ŭimi* (*Sŏngch'ŏl Sŭnim t'ansin 100-chu'nyŏn ki'nyŏm che 5-ch'a haksul p'orŏm*), March 29 [Seoul: Han'guk Pulgyo yŏksa ki'nyŏm pangmulgwan].

Taehan Pulgyo Cho'gyejong Paengnyŏn Pulgyo munhwa chaedan pusŏl Sŏngch'ŏl Sŏn sasang yŏn'guso (Korean Buddhist Cho'gye Order, White Lotus Cultural Foundation, Institute for the Study of Sŏngch'ŏl's Sŏn Thought) and *Pulgyo sinmun*. 2012. [Proceedings of] *Tono/tonsu wa T'oeong Sŏngch'ŏl ŭi sujŭngnon* (*Sŏngch'ŏl Sŭnim t'ansin 100-chu'nyŏn ki'nyŏm che 6-ch'a haksul p'orŏm*), May 24 [Seoul: Han'guk Pulgyo yŏksa ki'nyŏm pangmulgwan].

Taehan Pulgyo Cho'gyejong Paengnyŏn Pulgyo munhwa chaedan. 2013. In [Proceedings of] *Yukcho Hyenŭng kwa T'oeong Sŏngch'ŏl, kŭrigo* Han'guk Pulgyo (Yukcho Hyenŭng *sŭnim yŏlban* 1300 *chugi*/T'oeong Sŏngch'ŏl *sŭnim yŏlban* 20 *chugi ch'umo haksul p'orŏm*), September 25 [Seoul: Han'guk Pulgyo yŏksa ki'nyŏm pangmulgwan]. Hanam: Taehan Pulgyo Cho'gyejong Paengnyŏn Pulgyo munhwa chaedan.

Takakusu, Junjiro. 1947. *The Essentials of Buddhist Philosophy*, ed. Wing-Tsit Chan and Charles A. Moore. Honolulu: University of Hawai'i T. H.

Tambiah, S. J. 1976. *World Conqueror and World Renouncer. A Study of Buddhism and Polity in Thailand against a Historical Background.* Cambridge: Cambridge University Press.

Taylor, J. L. 1993. *Forest Monks and the Nation-State: An Anthropological and Historical Study in Northeastern Thailand.* Singapore: Institute of Southeast Asia.

Tongguk University (Tongguk taehakkyo) Pulgyo haksurwŏn chonghak yŏn'guso (Cho'gye Order Institute for the Study of Korean Buddhism). 2010. [Proceedings of] *Ganhwa Seon, Illuminating the*

World/Kanhwa Sŏn, Se'gye rŭl Pich'uda (*Ganhwa Seon in Comparative Perspective: Origins, Development, Practice*) (ab. [Proceedings of] KSIWC 2010). August 12~13 [Seoul: Tongguk University]. Day 1~2.

______. 2011. [Proceedings of] *Ganhwa Seon, its Principle and Structure* (ab. [Proceedings of] KSIWC 2011). August 20~21 [Seoul: Tongguk University]. Day 1~2.

Toulsaly, Catherine, trad. 1992. *Sûtra de la plate-forme*. Paris: Librairie You Feng.

Un, Yŏngjin. 2001. "I gŏt i paro Sŏngch'ŏl sŭnim sarit'ap! 11 wŏl 8 il konggae paktu" [this is exatlly the śarīra stupa of Sŏngch'ŏl! The unveiling on November 8 is approaching!!!]. Intŏ'nct Puchŏ nim t'ŏ chŏnbuldong ŭi nŏrŭn pŏlp'an (Ollain Pulcha tongari), http://bud.kimsch.net/dharmadhatu/bang.php?table=nrbp&query=view&l=10&p=12&go=168 (accessed 29 Feb. 2016).

Vergely, Bertrand. 2006. *Platon* [Plato]. Toulouse: Éditions MILAN.

Victoria, B. D. 2006. *Zen at War*. Oxford: Rowman & Littlefields.

Von Brück, Michael and Whalen-Lai. 1997. *Buddhismus und Christentum*. Munich: Beck.

Wŏnt'aek, ed. 1995. *Uri Sidae ŭi Puch'ŏ Sŏngch'ŏl k'ŭnsŭnim, k'ŭn sŭnim i tŭllyŏ chun iyagi* 1 [Buddha of our time, Sŏngch'ŏl the great sŭnim, stories told by the great sŭnim, 1]. Hapch'ŏn: Changgyŏnggak.

______. 2001a. *Sŏngch'ŏl sŭnim sibong iyagi* 1. Seoul: Kimyŏngsa.

______. 2001b. *Sŏngch'ŏl sŭnim sibong iyagi* 2. Seoul: Kimyŏngsa.

______. 2012a. *Sŏngch'ŏl sŭnim i tŭllyŏjun iyagi* 1 [stories told by Sŏngch'ŏl sŭnim, 1]. Seoul: Kŭlssi midiŏ.

______. 2012b. *Sŏngch'ŏl sŭnim i tŭllyŏjun iyagi* 2 [stories told by

Sŏngch'ŏl sŭnim, 2]. Seoul: Kŭlssi midiŏ.

______. 2012c. *Sŏngch'ŏl sŭnim haengchang* [records of late Sŏngch'ŏl sŭnim's life]. Seoul: Kŭlssi midiŏ.

______. 2012d. *Sŏngch'ŏl sŭnim sibong iyagi*. Revised Ed. Paju: Kimyŏngsa.

______. 2016a. *Sŏngch'ŏl sŭnim ŭi hwadu ch'amsŏn pŏp* [Keyword Sŏn meditation method of Sŏngch'ŏl sŭnim]. Hapch'ŏn-gun: Changgyŏnggak.

______. 2016b. *Sŏljŏn—Pŏpchŏng i mutko Sŏngch'ŏl i taphada* [heated discussions—Pŏpchŏng asks and Sŏngch'ŏl answers]. P'aju: Ch'aek ignŭn sŏm.

Yi, Chaehyŏng (Lee, Chaehyŏng). 2014a. "Sŏ Myŏngwŏn sinbu Sŏgangdae, Sŏngch'ŏl sŭnim ŭi pyŏmhwe nollan" [criticism of the diffamation of Venerable Sŏngch'ŏl by Father Sŏ Myŏngwŏn of Sogang University]. *Pŏppo sinmun* (15 January), http://www.beopbo.com/news/articleView.html?idxno=80185 (accessed 29 Feb. 2016).

______. 2014b. "Sŏ Myŏngwŏn sinbu, Sŏngch'ŏl sŭnim pyŏmhwe nonmun kŭn'gŏ ŏptta" [essay of Father Sŏ Myŏngwŏn difaming Venerable Sŏngch'ŏl is baseless]. *Pŏppo sinmun* (14 January), http://www.beopbo.com/news/articleView.html?idxno=80250 (accessed 29 Feb. 2016).

______. 2014c. "2014 nyŏn Pulgyo haksul kyŏlsan Pulgyo hakkye ŏttŏn il issŏnna [An evaluation of Buddhist scholarship during 2014: what happened within the Buddhist academic field?]." *Pŏppo sinmun* (23 December), http://www.beopbo.com/news/articleView.html?idxno=84981 (accessed 29 Feb. 2016).

Wŏram. 2010. "Contemporary Situation and Practice in the Traditional Buddhist Korean Seon Center." See Cho'gye Order Institute for the Study of Korean Buddhism, Tongguk University 2010, day 2: 223~238.

Yampolsky, Philip B. 1967. *The Platform Sutra of the Sixth Patriarch: the Text of the Tun-Huang Manuscript, Translated, with Notes*. New York: Columbia University Press.

Yi, chŏk. 1991. "Cho'gyejong ch'ongmu wŏnjang Sŏ Ŭihyŏn ŭi chŏngch'e." *Mal*. April. Accessed October 15, 2013. Http://www.dbpia.co.kr/ Article/97613

Yi, Ch'angyun (Lee, Ch'angyun). 2015. "Pŏmgye pip'an to choch'iman Pulgyo paro chamnŭn kŏtto chaega undong toeya [t'ŭkchip chwa'dam] chaega pulcha ka mirae Pulgyo ŭi him ida" — [it is good to criticize the transgression of the precepts, but the reformation of Buddhism (is important) too, and it must come from a lay people's movement—(table talk for a special edition) lay Buddhists are the future, the strength of Buddhism!] *Pulgyo chŏnŏl* (24 December), http://www.buddhismjournal.com/news/articleView.html?idxno=13306 (accessed 29 Feb. 2016).

Yi, Ch'ŏlgyo et al, ed. 1995. *Sŏnhak Sajŏn* 禪學辭典. Seoul: Pulchisa.

Yi, Kiru (Lee, Kiru). 2015. "Kkaedarŭm ŭn hyŏnsi rŭl kochinŭn kŏt inde kŭrŏji mothe koeropta [awakening consists in fixing reality, it is distressing that we cannot manage to do so]." *Hankyoreh* (11 November), http://www.hani.co.kr/arti/society/religious/well /716881.html (accessed 29 Feb. 2016).

Yi, Pyŏnguk (Lee, Pyŏnguk). 2006. "Hamnisŏng kwa ŏmkyŏnk sŏng ŭro parabon Sŏngch'ŏl sasang" [Sŏngch'ŏl's doctrine considered from the viewpoint of rationality and rigor]. In Cho Sŏngt'aek, ed.: 276~299.

Yi, Sangho (Lee, Sangho). 2014. "Sŏ Myŏngwŏn kyosu ŭi 'Sŏngch'ŏl ilkki' rŭl ŏttŏkhe ilgŭl kŏt in'ga" [how to read Professor Sŏ Myŏngwŏn's reading of Sŏngch'ŏl?] *Midiŏ Putta* (7 July), http://www.mediabuddha. net /news/view.php?number=10871 (accessed 29 Feb. 2016).

Yi, Sŏngsu (Lee, Sŏngsu). 2015. "Sŏngch'ŏl sŭnim sasang sŏnyang pŏb'ŏjip pongjŏng pŏbhoe ponghaeng. Pusan kosim chŏngsa, 'Myŏngchu hoeyo' tŭng 80 yŏ kwŏn ollyŏ" [carrying out a Buddhist service to promote the thought of Sŏngch'ŏl sŭnim by presenting the collection of his Dharma talks. Pusan Kosim monastery, beginning with the 'Myŏngchu hoeyo (On grasping the essentials of the mysterious fundamental point), more than 80 books offered]. *Pulgyo sinmun* (24 Aug), http://www.ibulgyo.com/news/articleView.html?idxno=142368 (accessed 29 Feb. 2016).

Yi, Wanyong (Lee, Wanyong). 2015. "'Haein-sa myŏngye hoebok,' Hyangjŏk sŭnim chuji immyŏng" ["Haein monastery regains its honor," the appointment of Hyangjŏk as abbot]. *Kukche sinmun* (19 August), http://www.kookje.co.kr/news2011/asp/newsbody.asp?code=2100&key=20150820.22029201421 (accessed 29 Feb. 2016).

Yun, Ch'anghwa. 2012. "Kyŏnghŏ yŏlban 100 chunyŏn tŭkpyŏl kigo—Kyŏnghŏ ŭi chusa" [special contribution for the hundredth anniversary of Kyŏnghŏ's Nirvāṇa—the disorderly acts of Kyŏnghŏ under the influence of alcohol]. *Pulgyo p'yŏngnon* 52: 189~218.

Yun, Sŏngsik. 2011. Quoted by Lee Naŭn in "Simgak han ton[錢]gyo p'yehae...yŏn'gi e tap itta." *Hyŏndae Pulgyo sinmun* 863 (November 23): 1.

Yun, Wŏnch'ŏl. 2006. "Sŏngch'ŏl tono/tonsuron ŭi puribŏp chŏk se'gyegwan." In Cho 2006. 48~70.

______. 2010. "Zen Master T'oeong Sŏngch'ŏl's Doctrine of Zen Enlightenment and Practice." In *Makers of Modern Korean Buddhism*, ed. Jin Y. Park. Albany: State University of New York Press. 199~226.

______. 2012. "Sŏngch'ŏl sŭnim ŭi tono/tonsu wa o'mae ir'yŏ." In [Proceedings of] *Tono/tonsu wa T'oeong Sŏngch'ŏl ŭi sujŭngnon (Sŏngch'ŏl Sŭnim t'ansin 100−chu'nyŏn ki'nyŏm che 6-ch'a haksul p'orŏm)*. See Sŏngch'ŏl Sŏn sasang yŏn'guwŏn of Taehan Pulgyo Cho'gyejong Paengnyŏn Pulgyo munhwa chaedan, and *Pulgyo sinmun* 2012, 54~73.

Zenkei Shibayama. 1974. *The Gateless Barrier: Zen Comments on the Mumonkan, translated into English by Sumido Kudo*. New York: Harper & Row.

온라인(Websites) 자료

네이버 국어사전, http://krdic.naver.com/ (2016년 8월 11일 확인)

방석영의 페이스북, https://www.facebook.com/profile.php?id=100001818040949&fref=pb&hc_location=friends_tab&pnref=friends.all (2016년 8월 11일 확인)

삼보교단(三寶教團, Sanbō Kyōdan). 야수다니(安谷 白雲, 1885~1973) 노사가 창립한 일본의 새로운 선 수행 단체로 조동종과 임제종의 정신을 잇고 있다. 2016년 12월 6일(최종 수정일). http://www.sanbo-zen. org/ (확인 2017년 1월 15일)

(사)선도성찰나눔실천회[약칭 선도회(禪道會), Hanguk Sŏndohoe]. 2011. 종달 이희익 노사의 유지를 잇는 좌선의 통찰체험을 바탕으로 하는 선도성찰나눔실천회, http://seondohoe.org/ (확인 2017년 1월 15일)

정락인. 2010.「2008년 한국의 종교현황 통계」. chuck69님의 블로그 자료. Accessed October 15, 2013, http://blog.naver.com/chuck69?Redirect= Log&logNo=50099521644

한국불교종단협의회(韓國佛敎宗團協議會, Han'guk Pulgyo Chongdan Hyŏbŭihoe). 2009. 1969년 조계종, 태고종, 법화종, 진각종, 관음종 등이 국내 불교 종단 간의 유대와 협력을 증진하고 불교계 현안 공동 추진하기 위해 창립한 단체, http://www.kboa.or.kr (확인 2017년 1월 15일)

한국종교개혁시민연대. 2008.「17대 국회의원 종교 성향 분석(17 tae kuk'oe ŭiwŏn cho'ggyo sŏnghyang punsŏk)」, http://www.krts.or.kr/bbs/board.php?bo_table=sub_2030&wr_id=1 (확인 2017년 1월 15일)

헌법재판소 홈페이지, https://www.ccourt.go.kr (2016년 8월 11일 확인)

DDB (Digital Dictionary of Buddhism). 1995.『전자불교사전』, http://buddhism-dict.net/ddb/ (확인 2017년 1월 15일)

찾아보기

인명(人名)

책명(冊名)·논문명(論文名)

ㄱ

ㄴ

ㄷ

ㅁ

ㅂ

ㅅ

ㅇ

ㅈ

ㅊ

ㅌ

ㅍ

ㅎ

영문

사찰명(寺剎名)

일반

ㄹ

ㅁ

ㅂ

영문

A

B

C

D

I

J

K

L

M

N

O

P

Q

R

S